Fohrbeck/Wiesand, Wir Eingeborenen

Karla Fohrbeck
Andreas Johannes Wiesand

Wir Eingeborenen

Magie und Aufklärung
im Kulturvergleich

Leske Verlag + Budrich GmbH, Opladen 1981

CIP-Kurztitelaufnahme der Deutschen Bibliothek
Fohrbeck, Karla:
Wir Eingeborenen: Magie u. Aufklärung im Kulturvergleich/
Karla Fohrbeck; Andreas J. Wiesand
Opladen: Leske u. Budrich, 1981
ISBN: 3-8100-0176-7
NE: Wiesand, Andreas Johannes

Satz: Leske Verlag + Budrich GmbH, Leverkusen
Druck und Verarbeitung: Hain-Druck, Meisenheim

Inhaltsübersicht

Vordenkwort

> *„Unsere moderne Gesellschaft muß erst noch beweisen, ob sie Zivilisation in Kultur verwandeln kann."*
> *Walter Gropius, 1961*

Der afrikanische Schriftsteller Meja Mwangi, den man bei einer „kulturellen Tour" durch die größten Museen, die schönsten Nobel-Hotels und die romantischsten Dörfer der Bundesrepublik Deutschland geschleppt hatte, zog im Frühjahr 1980 bei einer Rede („Besuchen Sie einen Eingeborenen!") in Erlangen Bilanz:

> „Es ist schon mitleiderregend, wenn man in ein Museum gehen muß, um seine eigene Kultur zu sehen. Warum bringen sie (= die Europäer) diese Kultur nicht wieder zum Leben, in das tägliche Leben hinein?"

Für aufgeklärte Europäer liegt die Rückfrage auf der Hand: Was ist denn hier mit „Kultur" gemeint? Immerhin arbeiten ja Philosophen, Anthropologen, Kunstwissenschaftler und andere Fachleute gegenwärtig mit etwa 300 verschiedenen *Definitionen von „Kultur"*, wie der Pädagoge Franz Steinbacher 1976 feststellte.

Aufgabe dieses Buches ist es nicht, solchen Definitionen nun noch eine weitere hinzuzufügen, im Gegenteil: wir müssen uns daran gewöhnen, daß es auf dieser Erde (noch) eine große *Vielfalt kultureller Grundüberzeugungen und davon geprägter Lebensformen* gibt und daß die meisten Völker ihre Kultur für viel zu wichtig halten, als daß sie sie etwa nur den Wissenschaftlern, Künstlern oder Kulturpolitikern überlassen würden. Daher ist auch das folgende Ergebnis einer Diskussion zwischen südafrikanischen Jugendlichen (hier zitiert aus der Kapstadter Alternativ-Zeitung „grassroots" vom Mai 1980) ebenfalls nur eine unter einer Vielzahl möglicher Antworten auf die Frage nach dem Kulturbegriff, dessen existentieller Wert jedoch deutlich wird:

> „Kultur ist die Art und Weise, in der die Menschen ihr Leben gestalten, indem sie sich gemeinsam darum bemühen, mit ihrer gesamten Umwelt zu einer Einheit zu gelangen. Sie ist die Summe ihrer Kunst, ihres Wissens und aller ihrer sozialen Institutionen, darin eingeschlossen ihre Formen des Glaubens und der Rituale. ... Kultur bleibt nicht statisch: wenn Menschen zusammenarbeiten, um ihre Gesellschaft zu entwickeln, entwickeln sie auch ihre Kultur."

Wenn uns Afrikaner oder andere Menschen aus der sogenannten Dritten Welt nach unserem Verhältnis zur Kultur fragen, mag dies manchem auch in anderer Hinsicht befremdlich vorkommen. Sollten sich die „Entwicklungsländer" nicht viel eher erst einmal darum kümmern, dem Hunger und anderen *Überlebensproblemen* in der Welt zu begegnen?

Die Unterscheidung zwischen materieller „Basis" und kulturellem „Überbau" („Erst kommt das Fressen, dann die Moral") oder der Glaube an „Sachzwänge" sind jedoch selbst zunächst nichts anderes als ein Ergebnis unserer eigenen kulturellen Entwicklung. In anderen Gegenden der Welt, wo derartige Unterscheidungen nicht überzeugen oder sogar den *Bedeutungen Vorrang vor den Dingen* eingeräumt wird, fühlt man sich daher durchaus zu der Feststellung berechtigt, daß unser Überfluß an Maschinen und anderen Zivilisationsgütern, trotz aller damit teilweise verbundenen Annehmlichkeiten, „den Menschen keine Begründung für ihr Dasein, keine ‚Lebensworte' anbietet, wie wir in Afrika sagen" (so der senegalesische Philosoph Alassane N'Daw bereits im Jahre 1968).

Im Ergebnis des Kulturvergleichs, wie ihn dieses Buch anhand einiger gängiger „Vorurteile" bzw. Interessen unserer Hemisphäre versucht, stellt sich heraus: mit technologischen Patentrezepten und mit einer unreflektierten Übertragung eigener Maßstäbe auf fremde Kulturen ist niemandem zu helfen, geschweige denn „Fortschritt" zu bewirken.

Und weiter: Die Respektierung *kultureller Besonderheiten* sowie ihre Weiterentwicklung in einer sich verändernden Weltlage sind Aufgaben, deren Bedeutung nicht geringer anzusetzen ist als z. B. die Lösung bestimmter wirtschaftlicher Probleme, zumal beides sehr viel miteinander zu tun hat. Federico Mayor von der Weltorganisation für Wissenschaft und Kultur (UNESCO) bei einem Kongreß 1980:

> „. . . die kulturelle Dimension der Entwicklung ist nicht als qualitative Ergänzung des ökonomischen Wachstums zu verstehen, sondern als das eigentliche Ziel allen Fortschritts."

Die politische Umsetzbarkeit dieser Maxime mag gegenwärtig noch fraglich erscheinen. Sicher ist jedoch, daß sie nicht als Gleichgültigkeit gegenüber erniedrigenden Lebensbedingungen, sozialer Ausbeutung oder unterdrückten Menschenrechten in vielen Teilen der Welt verstanden werden darf und auch nicht auf die Idealisierung „einfacher" Lebensformen herausläuft. Die Entwicklung nach eigenen Maßstäben und die Suche nach geschichtlicher Kontinuität sowie neuer kultureller Identität liefert vielen Völkern vielmehr erst die Voraussetzung für humanere Existenzbedingungen.

Mit diesen Feststellungen soll unsere Mitverantwortung für die Lösung großer wirtschaftlicher und sozialer Probleme keineswegs geleugnet werden: Nicht der hierzulande vielbeschworene *„Teufelskreis" aus Bevölkerungswachstum und kultureller Rückständigkeit* ist schließlich für die Armut in vielen Teilen der Welt verantwortlich; nach Ansicht der meisten Beobachter nicht nur aus der Dritten Welt haben dazu viele andere Faktoren beigetragen, wie etwa die soziale Entwurzelung der Menschen, die Zerstörung ihrer Selbstversorgungswirtschaft, die geringen Fortschritte bei einer an den Lebensbedingungen orientierten sozialen Sicherung (die z. B. den Kinderreichtum als Chance der Versorgung förmlich provoziert), die Abhängigkeit zahlreicher Länder von weltweiten Rohstoffkartellen und ihren von außen manipulierten Marktpreisen u. a. m. Viele der alten Hochkulturen und der in ihrem Lebensraum heute immer mehr eingeschränkten schriftlosen Völker waren uns jedenfalls weit voraus, wenn es um die Lösung sozialer Probleme oder die Meisterung von – der Umwelt angepaßten – Überlebenstechniken ging.

Und wer heute z. B. die weltweite „Versteppung" durch Abholzen von Urwäldern beklagt, muß sich auch fragen lassen, wovon denn die betreffenden Länder teure und energiefressende Technologien, die Stützung ihrer (von uns geförderten) landwirtschaftlichen Monokulturen und vor allem den gigantischen Rüstungswettlauf mit von uns gelieferten Waffensystemen bezahlen sollen.

Allzu billig und auch selbstgefällig mutet hier jedenfalls der Rat an, die anderen sollten dann eben auf die Segnungen der Konsumgesellschaft und der Massenkultur verzichten: Selbst vor diese Alternative gestellt, müssen wir uns vielleicht schon bald fragen, was dann an Grundlagen und Maßstäben für ein humanes Zusammenleben bei uns übrigbliebe. Schon heute hat es gelegentlich den Anschein, als ob wir zunehmend zu *Anleihen bei anderen Kulturen* gezwungen werden, um uns unsere eigene Identität wieder mühsam zu erarbeiten.

Im Fernsehen gelangt das bereits zur Zeit der Aufklärung, also vor rund 200 Jahren entwickelte Bild des „edlen Wilden“ zu neuer Blüte, in der Illustrierten-Massenpresse suggeriert schrille Exotik einen hier wie anderswo längst nicht mehr erfüllbaren Traum von der heilen Welt. Blauäugig oder berechnend wollen uns Journalisten und Wissenschaftler, Sektenprediger und vereinzelt auch schon Politiker dazu animieren, die für das Auffüllen von „Sinn-Defiziten“ kaum noch tauglichen Überreste eben jener Aufklärung über Bord zu werfen und uns dafür der „Magie“ von Indianern, Afrikanern oder Polynesiern anzuvertrauen.

Angesichts dieser neuen Form der Ausbeutung scheint es nur verständlich, wenn Menschen aus der Dritten Welt zunehmend verlangen, daß die Bewohner der Industrieländer zunächst einmal selbst in den Spiegel schauen sollten, bevor sie sich über „Sitten und Gebräuche“ in anderen Gegenden der Erde hermachen. Völlig zu Recht wird die Frage gestellt, ob es denn wirklich die Europäer und Nordamerikaner sind, die bisher die *Rationalität und Aufklärung* für sich gepachtet hatten und ob sie nicht vielmehr selbst seit langem gewissen eigenen Spielarten der *Magie* anheimgefallen sind, darunter nicht zuletzt der des unbegrenzten technischen Fortschritts, der des unaufhörlichen wirtschaftlichen Wachstums und der eines überlegenen gesellschaftlichen Wertsystems.

Wie „rational“ ist etwa das protektionistische *Agrarsystem der Europäischen Gemeinschaft,* wenn es einerseits massive Subventionen an die Landwirte verteilt („Erzeugerbeihilfen“ etc.), andererseits ganze Ernten auf die Müllkippen schaffen läßt, weil sie die Preisplanung gefährden könnten („vorbeugende Interventionen“)? Für diese „Überschußbeseitigung“ wurden 1980 nach Regierungsangaben allein im Sektor Obst und Gemüse über 250 Mill. DM ausgegeben, 1981 ist z. B. die Vernichtung von rund 600 Mill. Kilogramm Tomaten vorgesehen.

Wie „fortschrittlich“ ist unser Umgang mit der *Medien-Technologie* und mit einer Flut von fragwürdigen *Arzneimitteln?* In Österreich – und nicht nur dort – wird z. B. nach Ermittlungen des Nachrichtenmagazins „Profil“ (Nr. 10/1981) mit den Methoden von Waschmittelverkäufern und „mithilfe eines umfangreichen Geldflusses zwischen Pharmaindustrie und Ärzten“ auf Kosten von Patienten und Versicherungen der Markt „mit einer Flut von Imitationspräparaten überschwemmt.“

Wie „human“ sind Arbeits- und Lebensbedingungen für *Fremdarbeiter* in Mitteleuropa und Nordamerika, wie „tolerant“ ist man gegenüber *Minderheiten,* warum gibt es sogar im „liberalen“ England Bürgerwehren und Schlägertrupps, die sich gegen Einwanderer oder Sinti (Zigeuner) zusammenrotten?

Zweifel hat hier die Kommission für Jugendfragen der schweizerischen Regierung in ihren „Thesen zu den Jugendunruhen 1980“ befallen:

> „Toleranz und liberaler Pluralismus sind positive Errungenschaften der Aufklärung. Sie sind heute aber zum großen Teil ausgehöhlt und eingeschränkt. Grenzen findet der Pluralismus nicht nur in der Rechtsordnung, die zunehmend enger und kleinmaschiger wird. In den meisten Lebensbereichen, von der Wirtschaft bis zum Straßenverkehr, wird der Spielraum zur individuellen Entfaltung eingeschränkt. . .
>
> Anstelle eines echten Pluralismus sind immer mehr sogenannte Sachzwänge getreten, hinter denen sich ein starkes Normdenken verbirgt, ausgerichtet auf

materiellen Wohlstand, auf Effizienz und auf Anpassung. Pluralismus gibt es höchstens noch in ganz kleinen Bereichen des Privatlebens, und auch hier ist er in einer von Werbung und ‚Images' bestimmten Welt weitgehend das Privileg starker Persönlichkeiten . . .

Nach wie vor hingegen wirkt sich vom Pluralismus das aus, was das Gefährliche an ihm ist: Daß aus einem Gewährenlassen ein Vernachlässigen wird . . . Sprachverlust, Abbruch des Gesprächs sind Folgen einer solchen Vernachlässigung. Die weitverbreitete Isolation, zu der sie führt, wird durch die städtisch-industrielle Lebens- und Arbeitsweise noch unterstützt. Teamarbeit gibt es nur für relativ wenige, und unsere Wohn- und Baukultur ist einseitig auf Rückzug in die eigenen vier Wände ausgerichtet. Diese Entwicklung zur Isolation der Generarationen und der Einzelnen ist langfristig. Sie hat in den derzeitigen Jugendunruhen nur einmal mehr zu einem Ausbruchversuch geführt."

Nach Auffassung des amerikanischen Sozialforschers Daniel Bell („Die Zukunft der westlichen Welt", 1976) ist eine Hauptursache für die „Existenzkrisen" hochentwickelter Industriestaaten und vor allem unserer „nachmodernen Gesellschaft" in der seit 150 Jahren andauernden „Aufspaltung" von Wirtschaft, politischer Ordnung und Kultur mit jeweils eigenen Wertmaßstäben zu suchen.

Bekannt wurden auch die pessimistischen Zukunftsvisionen des „Club of Rome" und der 1980 für die US-Regierung erstellten Enquête „Global 2000". Das „globale", ökonomische, demographische oder ökologische Systemdenken solcher *Weltmodelle* ist allerdings nicht unproblematisch, weil es beim Einzelnen das Gefühl der Machtlosigkeit und damit eine Katastrophenstimmung verstärken kann. Oft sind hier auch die Möglichkeiten einer eher „lokal" ansetzenden Gegenentwicklung nach kulturellen Maßstäben ganz ausgeblendet. Dabei bindet Kultur nicht nur ethnische und soziale Gruppen in ein größeres Wertsystem, sie setzt auch produktive Energien mit Rückwirkung auf Wirtschaft und Technik frei. Außerdem verschafft sie den einzelnen Menschen *Ausdrucksmittel für die Beteiligung an einer größeren Öffentlichkeit.*

Bevor wir jedenfalls allzuviel Selbstmitleid über die „Sinndefizite" unserer Gesellschaft verströmen, sollten wir zur Kenntnis nehmen, daß sich die „Krise der Industriegesellschaften" gegenwärtig sehr viel drastischer in den sogenannten Entwicklungsländern abspielt, dabei gerade in jenen mit forcierter Einbindung in den Weltmarkt, hohen Rüstungskosten, rapider Verstädterung und unangepaßter Technisierung.

Ziel dieses Buches kann es nicht sein, ein buntes oder gar enzyklopädisches Panorama kultureller Alternativen einer 3., 4. oder auch 5. Welt zu entfalten, vielmehr stehen hier unsere *eigene Art der Lebensorganisation,* ihre Grundlagen und ihre Entwicklungsfähigkeit zur Diskussion, sollen im Vergleich zu anderen Kulturen gewissermaßen einem Härtetest unterzogen werden. „Wir" Eingeborenen, das sind in diesem Test (und in diesem Buch) die Menschen der „entwickelten" Industrieländer in West und Ost mit ihren Zielen und Maßstäben, ihren Institutionen und Systemkonflikten, vor allem aber mit ihren *Selbstdarstellungen und Geltungsansprüchen* gegenüber anderen, angeblich „weniger entwickelten" Gesellschaften.

Zeitungsartikel und Illustrierten-Photos, Anzeigen und PR-Beiträge, Filme und Rundfunksendungen, Bücher und Politikerreden, Umfragen, Gespräche und entwicklungspolitische Planungen aus dem letzten Jahrzehnt (mit Schwerpunkt von 1975-80) ergeben hier ein Mosaik von Interessen und Vorurteilen in der sogenannten „Öffentlichen Meinung". Die Prüfung ihres „magischen" oder „aufgeklärten"

Gehalts durch eine Gegenüberstellung mit aktuellen und älteren, meist aus der kulturanthropologischen Feldforschung gewonnenen Informationen über Denk- und Lebensweisen außerhalb unseres Kulturkreises war im Grunde längst fällig. Sie soll im Buch auf zwei unterschiedlichen Ebenen geschehen:

– In *Teil I* werden einige gängige, „populäre" Vorurteilsmuster (Stereotype) über Menschen aus „Entwicklungsländern" oder „Steinzeit-Gesellschaften" auf ihre Bedeutungskerne überprüft und direkt mit Verhältnissen in „unserer" Realität konfrontiert. Nun stellt sich plötzlich heraus: „Wir" sind die abergläubischen Eingeborenen; das Bild der „gelben Ameisen" in übervölkerten Regionen könnte auch für Mitteleuropa recht gut passen; seltsame oder abstoßende Sitten und Gebräuche von „Primitiven" und „Wilden" wirken oft geradezu fortschrittlich im Vergleich mit dem, was man bei uns jeden Tag erleben oder beobachten kann. Sollten wir gar „Kannibalen" sein?

  Die in diesem Teil des Buches beabsichtigte Verunsicherung des Lesers ist kein Selbstzweck. Sie soll vielmehr die Fähigkeit und Bereitschaft zur Selbsterkenntnis schärfen, indem sie dazu zwingt, *Ähnlichkeiten im scheinbar Verschiedenen* zu erkennen.

– Auch in *Teil II* des Buches stehen jeweils „Vorurteile" am Beginn jedes Abschnittes, doch betreffen sie hier eher die „aufgeklärte Magie" technokratischen Planungsdenkens und ideologische Evolutions- und Systemtheorien.

  Berücksichtigt werden in den Gegenüberstellungen dieses Teils unter anderem Aspekte von Rechts- und Eigentumssystemen, geschichtliche und geografische „Weltanschauungen", Kulturfähigkeiten oder das Arbeitsethos und seine entwicklungspolitischen Perspektiven. Anders als in Teil I soll der Kulturvergleich hier dazu zwingen, *Unterschiede im scheinbar Ähnlichen* und die kulturelle Vieldeutigkeit scheinbar objektiver „Gesetzlichkeiten" zu erkennen.

Fachliteratur zum Thema „Dritte Welt/Entwicklungspolitik" (die dieses Buch nicht ersetzen kann und will) wird zunehmend durch „Engagement in der Sache" gekennzeichnet, bei den wichtigsten sozial- und kulturanthroplogischen Studien war das auch früher schon der Fall. Die Autoren dieses Kulturvergleichs bekennen sich zu ihrer Betroffenheit, verhilft sie doch – in Verbindung mit geeigneten methodischen Grundlagen – zur Überwindung der Gleichgültigkeit gegenüber eigener wie fremder Realität und damit zu einer „objektiveren" Anschauung der Welt.

Die Erinnerung an eigene, teilweise verschüttete kulturelle Besonderheiten, an vielseitige Gestaltungspotentiale aus Vergangenheit und Gegenwart, wie sie gerade durch den Vergleich mit bisher oft verachteten vorindustriellen Kulturen provoziert werden kann, wird für die Menschen der Industrieländer in dem Maße wichtiger, in dem ihr bisheriges geo-strategisches und weltwirtschaftliches „Krisen-Management" Sicherheit und Wohlstand nicht mehr garantiert. Zahlreiche „Dritte-Welt-Gruppen", kirchliche Initiativen, Werkstätten für „Kleintechnologie" etc. haben in den letzten Jahren dafür bereits konkrete Beispiele geliefert, die sie teilweise als „Alternativen zum Wettrüsten" begreifen.

Nicht erst das (keineswegs nur ökonomisch zu erklärende) wachsende Selbstbewußtsein der Länder des islamischen Kulturkreises oder die radikale Infragestellung unserer Rechts- und Eigentumsvorstellungen etwa in den indianischen Freiheitsbewegungen Nord- und Lateinamerikas, sondern unsere eigenen Religions- und Bilderkriege, Bücherverbrennungen und Kulturkämpfe sollten uns auch daran erinnern: *Kulturfragen sind Machtfragen* und können zu einem erbitterten Kampf um die Vorherrschaft werden, die Welt als einen Sinn- und Legitimationszusammenhang zu deuten und zu gestalten.

Aktuelle Beispiele sind hier die Auseinandersetzungen um *neue Medientechnologien* (wie etwa das grenzüberschreitende Satellitenfernsehen), die in vielen Ländern, auch in Europa, als Machtkampf mit multinationalen Kulturkonzernen und ihren Programmangeboten begriffen werden: Zwar hat man sich seit einigen Jahren auf internationalen Konferenzen von Konzepten einer einheitlichen „Weltkultur" verabschiedet, der Schutz der eigenen kulturellen oder ethnischen Identität, um die in vielen Ländern noch gerungen wird, bleibt jedoch eine Zukunftsausgabe.

Indem dieses Buch zum Wagnis einer gleichberechtigten (und friedlichen) *kulturellen Konkurrenz* auffordern will, versucht es zugleich, etwas vom Unverständnis gegenüber Problemen und Lebens- oder Denkweisen in den Ländern der sogenannten Dritten Welt abzubauen. Dies könnte umso eher gelingen, als es von seiner Entstehung her selbst manche Ähnlichkeiten mit einem afrikanischen oder asiatischen Entwicklungsprojekt hat:

- Es beanspruchte viel mehr *Zeit* (1974-81) als ursprünglich geplant war;
- seine *Zielsetzungen* veränderten sich mehrfach, wobei alltägliche Erfahrungen der Autoren oft wissenschaftlichen Zettelkästen und Bibliotheken den Rang abliefen;
- deshalb mußte es auch mehrfach umgeschrieben werden, bis schließlich manche schwerfälligen *fachlichen Denkschienen* in eine Art „angepaßte Technologie" der Selbsthilfe bzw. des Selberdenkens überführt werden konnten;
- in vielen Diskussionen, darunter nicht zuletzt mit Partnern aus der „Dritten Welt" und mit Schülern und Lehrern im eigenen Land, ließen sich die Autoren auch von dem notwendig *exemplarischen Charakter* des ganzen Projekts und seiner Inhalte überzeugen – sie arbeiten selbst schon wieder an der Fortschreibung und Erweiterung der Informationsbasis mit dem Ziel neuer Projekte und freuen sich inzwischen darüber, durch aktuelle Ereignisse in einem positiven Sinne „überholt" zu werden (so z. B. durch das Ergebnis einer UN-Sonderkonferenz vom Frühjahr 1981, nach der die „harte Werbung" für industrielle Babynahrung in der „Dritten Welt" künftig unterbunden werden soll – vgl. dazu Kapitel 13).

So falsch es ist, im sozialen und kulturellen Umfeld von Projekten der Entwicklungspolitik nur „Störfaktoren" zu vermuten, so falsch wäre es also nach Meinung der Verfasser, die verändernden Begleitumstände beim Schreiben dieses Buches unter negativen Vorzeichen zu sehen.

Allerdings ist insbesondere dem Verleger für die Geduld und die Hilfestellungen zu danken, mit denen er das Projekt seit Anbeginn begleitete, im gleichen Sinne auch verschiedenen Referenten im Bereich der Öffentlichkeitsarbeit des Bundesministeriums für Wirtschaftliche Zusammenarbeit (BMZ). Das BMZ hat für die Konzeptionsphase die notwendigen Forschungsmittel bereitgestellt und Auslandsreisen ermöglicht – es hat nicht versucht, den Inhalt dieser Buchfassung zu beeinflussen, weshalb die Verfasser dafür gerne die alleinige Verantwortung übernehmen.

Zentrum für Kulturforschung
Bonn im Mai 1981

Dr. Karla Fohrbeck
Dr. Andreas Joh. Wiesand

Teil I:
Zivilisierte Wilde und exotische Europäer

Heilige Taube
Romanische Malerei (Ausschnitt): Der heilige Geist senkt sich als Taube herab.
(aus Jacques le Goff, 1964)

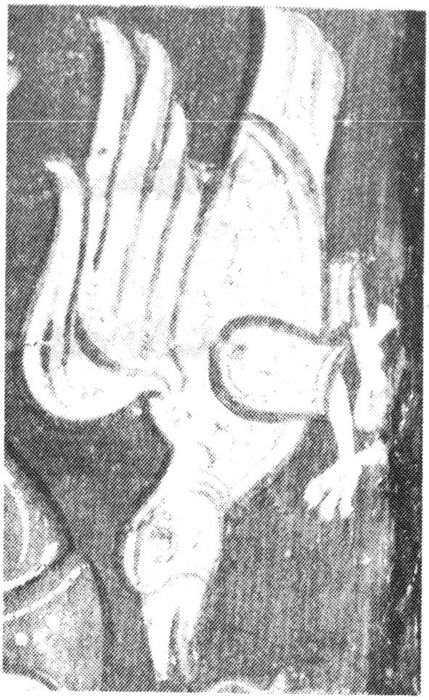

Friedenstaube

Profane Taube
Als Umweltgefahr nicht nur in Venedig.

Heilige Kühe – Heilige Hunde

Alltägliche Tierkulte
Das Vorurteil: Hungern für Heilige Kühe
„Ihre“ heiligen Kühe:
Wirtschaftlicher Nutzen
. . . und symbolische Bedeutung
Anderer Leute heilige Rinder
Heilige Tierkulte
Unsere heiligen Hunde
Tieranimismus . . . und Menschenliebe

1

Indisches Rind –
„Millionen Inder hungern lieber als ihre heiligen Kühe zu schlachten."

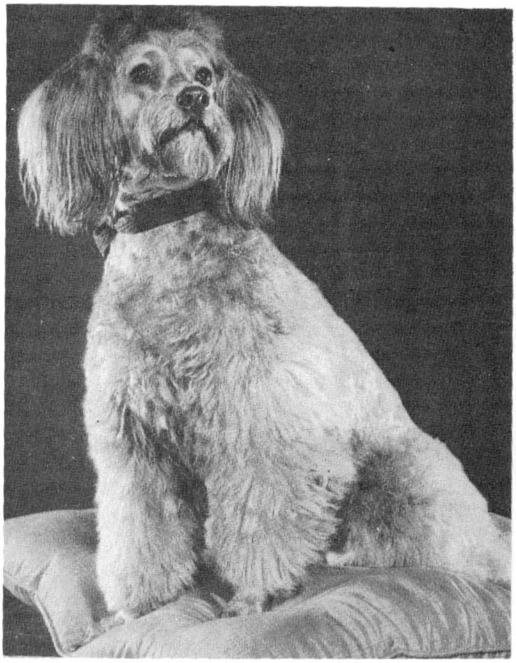

Deutscher Liebling –
„Rund 6000 Zentner Hundekot werden pro Tag auf westdeutschem Boden abgesetzt."

Kuhkulte auch in heutiger Zeit – *Appenzeller* Lederhosen-Schmuck 1978

Das Vorurteil: Hungern für Heilige Kühe

Daß in Indien Millionen von Menschen verhungern und wirtschaftlicher Fortschritt sich nicht durchsetzen kann, hat nach gängiger Auffassung vor allem mit einem Problem zu tun: der völlig rückständigen Sitte, heilige Kühe anstelle hungernder Kinder zu füttern.

Dies ist, auf einen Nenner gebracht, das Klischee, das man in Presse, Schulbüchern, Fernsehen und selbst in der Wissenschaft immer wieder antreffen kann. Der Naturwissenschaftler *W. Wieser:*

> „In Indien, das immer wieder trotz verschiedener Hilfen von schweren Hungersnöten heimgesucht wird, partizipieren 40 Millionen heiliger Rinder an der spärlichen Nahrung und verhindern dadüber hinaus eine rationelle Milchproduktion. Die besondere Tradition, die es gläubigen Hindus verbietet, diese Tiere zu jagen oder zu töten, ist so stark, daß jeder Versuch, diesen wirtschaftlich selbstmörderischen Teufelskreis zu durchbrechen, bisher gescheitert ist.“ (1970, 167)

Bei uns müssen die Heiligen Kühe bereits als allgemeines sprachliches Symbol für Unvernunft und Aberglauben in unterentwickelten Ländern herhalten. Die einen leiten daraus den Auftrag ab, einer rückständigen Gesellschaft mehr ökonomische „Vernunft“ beizubringen. Die anderen begründen damit das Argument, daß Entwicklungshilfe in Ländern, die an solchen unverständlichen Traditionen festhalten, von vornherein aussichtslos sei.

Die Vertreter beider Ansichten unterstellen offenbar, daß unser Verhältnis zur Tierwelt grundsätzlich nur „rationale“ Züge aufweise und übersehen gleichzeitig, daß sich in den meisten Gesellschaften ganz allgemein im Verhältnis von Mensch und Tier, wie insbesondere zu bestimmten Tiergattungen und Tiersymbolen eine Vielzahl von wirtschaftlichen, historischen und religiösen Bedeutungen und Bewertungen nachweisen läßt.

„Ihre“ heiligen Kühe: Wirtschaftlicher Nutzen . . .

In der Diskussion über die „heiligen“ Kühe der Inder wird in der Regel auf den wirtschaftlichen Hintergrund der Rinderzucht nicht näher eingegangen. Bereits für die (vor über 3000 Jahren) vom Norden her nach Indien eindringenden Hirtenvölker der Arier, ebenso für die späteren indischen Ackerbaukulturen war das Rind ein Wirtschaftsfaktor von lebenswichtiger Bedeutung. Nutzen brachte es in seiner Eigenschaft als Milchlieferant, wegen des Dungs (der als Brenn- und Baumaterial, als Ersatz und zur Schonung des geringen Baumbestandes sowie zur Feldverbesserung eingesetzt wurde) und als Zug- und Lasttier. Um diese Existenzreserve vor allem auch in Zeiten der Not, der Dürre oder Überschwemmung zu erhalten, untersagten in früherer Zeit die buddhistischen und hinduistischen Lehrer das kurzsichtige Abschlachten der Tiere durch entsprechende Gebote, gestützt durch religiöse Legenden, Sagen und Mythen über Kühe und Rinder.

In dieser wirtschaftlichen Funktion sind auch heute noch die Rinder für die ohnehin meist vegetarisch lebende Dorfbevölkerung eine durchaus nützliche Ergänzung der Viehhaltung. Inzwischen befassen sich Regierungsprogramme damit, die Züchtungen zu verbessern und so beispielsweise den bisher geringen Milchertrag zu steigern.

In manchen Kulturen sind es nicht Rinder, sondern andere Nutztiere, die als überlebensnotwendige Gefährten des Menschen einen besonderen Schutz, in gewissem Sinne sogar Verehrung genießen:

„Um das Kamel dreht sich bei den Rendille (Kenia) alles. Rinder können sie nur in wenigen vom Klima begünstigten Landstrichen halten, und ihre vielen Schafe und Ziegen schätzen sie weit weniger als die Kamele, die sie aus beinahe religiöser Scheu nie schlachten, außer zu besonderen Ritualen ein Hengstfohlen oder ein Kamelwallach bei drohender Hungersnot in der Trockenzeit . . .

Wenn es überhaupt regnet, dann meist im November oder April. In der härtesten Trockenzeit tränken die Rendille ihre Kamele nur alle 14 Tage, sonst – solange die Vegetation noch ein bißchen Feuchtigkeit hergibt – brauchen die Tiere monatelang kein Wasser. Dann leben auch die Hirten nur von Milch und Blut, und wenn die Milch knapp wird, trinken sie eben mehr Blut. Erst, wenn der Durst unerträglich wird, wandern die Hirten zur nächsten Wasserstelle, oft bis zu 60 Kilometer weit. Doch Durst zu haben, ist verpönt – die Krieger in den Satelliten-Camps sollten „wie Kamele“ werden.“ (G. *Schlee,* 1978, 98f.)

In einem Bericht über die Forschungen des „Kamel-Experten“ *H.-J. Schwartz* heißt es im SPIEGEL Nr. 33/1980:

„Bei den Rendille und den meisten Hirtenvölkern am Horn von Afrika gilt das Kamel als „Atallah“, als Gabe Gottes. Es dient ihnen nicht nur als Reit- oder Lasttier, sondern auch als Nahrungsmittel- und Geträkespeicher . . .

Die Vorteile sind nicht von der Hand zu weisen: Kamele geben rund 3000 Liter Milch im Jahr, Kühe unter ähnlichen Bedingungen nur tausend Liter. Kamele schonen die Umwelt, weil sie mit ihren Tellerhufen keine Erosionsschäden verursachen wie die anderen Paarhufer und weil sie anders als Kühe und Ziegen beim Fressen das Gras nicht mit der Wurzel ausreißen . . .

Auf einer internationalen Kamel-Konferenz in Khartum (Sudan) empfahlen im Frühjahr Experten aus fünf Kontinenten den Regierungen der Dritten Welt, verstärkt auf Kamele als Transportmittel zurückzugreifen, weil sie Lastwagen hoch überlegen sind.“

. . . und „symbolische“ Bedeutung

Während früher die Kühe insofern „heilig“ waren, als sie eine unverzichtbare Lebensgrundlage darstellten (und die weißen Kühe dies stellvertretend für ihre nützlicheren Alltagsartgenossen öffentlich in Erinnerung hielten), hat im Bewußtsein der Hindubevölkerung heute die symbolische Bedeutung der „heiligen Kühe“ ihre wirtschaftlichen Funktionen fast überlagert:

„Für mich stellt der Schutz der Kuh das wunderbarste Phänomen der menschlichen Entwicklung dar. Hier übertrifft sich der Mensch gleichsam selber. Die Kuh bedeutet für mich die gesamte unter dem Menschen stehende Schöpfungswelt. Durch die Kuh wird dem Menschen eindringlich zum Bewußtsein gebracht, daß er eins ist mit allem, was lebt. Warum die Kuh zur Heiligung auserwählt wurde, ist mir klar. Die Kuh war in Indien die beste Gefährtin des Menschen. Sie spendete dem Menschen vielerlei. Sie gab nicht nur Milch, sondern machte erst die Landwirtschaft möglich. Die Kuh ist das lebende Symbol göttlichen Mitleids ... Sie ist die Mutter von Millionen indischer Menschen. Schutz der Kuh bedeutet Schutz der gesamten stummen Schöpfung Gottes ..." (Mahatma *Gandhi,* zitiert nach E. *Schwalm,* 1974, 17)

„Eine Quelle des Lebens:

Seit unzähligen Jahrhunderten sind Rinder für Indien die wichtigsten Tiere gewesen. Ochsen dienten als Zugtiere; wegen der ständig unzureichenden Lebensmittelversorgung war Kuhmilch immer ein Hauptnahrungsmittel; Kuhmist diente lange Zeit in den meisten indischen Häusern als Brennmaterial, da es nie genug Holz gab.

Die Verehrung der Kühe ist vom Leben der Hindus nicht zu trennen, so tief ist sie in der Tradition verwurzelt. Kühe gelten allerdings nicht wirklich als heilig – der Hinduglaube untersagt nur, sie zu töten. Darüber hinaus sind sie Sinnbilder des als idyllisch empfundenen Landlebens. Selbst der Erhalter des Universums, Krischna, wuchs unter Rindern und Rinderhirten auf ... Mehr noch als Kühe wurden Stiere verehrt. Als Symbol der Fruchtbarkeit brachte man den Stier mit Schiwa in Verbindung und schmückte daher dessen Tempel mit großartigen Stierskulpturen." (L. *Schulberg,* 1974, 46)

Anderer Leute Heilige Rinder

Auch die abendländische Mythologie, insbesondere die des Mittelmeerraumes, kennt die Verehrung von Rindern: Die kuhäugige Hera als Schönheitsideal, Zeus in Gestalt des kretischen Stiers (der Europa trägt!), die ägyptische Isis mit Kuhhörnern gehören zu den populären Gestalten der Religions- und Kunstgeschichte. Andere ackerbau- oder viehzuchttreibende Gesellschaften lehnen auch heute noch unser eingeengtes Konsumentenverständnis vom Rind als Schlachtvieh ab; die alpenländischen Bauerngemeinden liefern hier nur ein Beispiel:

„Wenn irgendwo ein Nachhall des antiken Kuh-Kults zu spüren ist, dann hier, denn zur Kuh haben die Appenzeller Männer fast ein erotischen Verhältnis ... Ausdruck solcher Kuh-Verliebtheit ist der Schmuck der Männer und auch schon der Buben: eine goldene Kuh im Ohrläppchen, von dem bei den Männern zu festlichen Anlässen die ‚Ohrschueffle' baumelt, eine goldene Miniaturrahmkelle. Und den Steg des Hosenträgers ziert ein Messingbeschlag mit Kühen – ein Hirtenvolk" (*R. Klofat,* 1978, 143f)

Eine Sonderform der Viehnutzung gibt es bei Rinderhirten-Stämmen im Sudan und Osten Afrikas. Hier spielt das Vieh zum Teil eine ähnliche Rolle wie für uns das Geld; es wird nicht nur als Nutzvieh betrachtet, es ist auch als Tauschwährung anerkannt (und zwar nicht nur beim → Brautkauf), und es erhöht, wenn gehortet, das

Germanischer Trinkhorn-beschlag
in Ochsenkopfform aus der älteren Kaiserzeit

„Heilige" Kühe, Ochsen und Stiere – Existenzgrundlage in ackerbau- und viehzuchttreibenden Gesellschaften:

Mesopotamien:
Königsgräber von Ur (3. Jahrtausend v. Chr.)

Griechenland:
Europa auf dem Stier (Zeus) – Tempel von Selinunt (6. Jh. v. Chr.)

Ägypten:
Die Göttin Isis mit den Kuhhörnern

Deutschland:
Evangelist Lukas mit dem Stier (Tilman Riemenschneider)

Ansehen und den gesellschaftlichen Machtanspruch des Besitzers. In der Konkurrenz zur internationalen Geldwirtschaft verlieren diese „bovinen Wirtschaftssysteme" jedoch an Einfluß, zumal sie – wie andere Formen landwirtschaftlicher oder industrieller Monokulturen – auch die Umweltzerstörung fördern können (z. B. durch Bodenerosion).

Unsere heiligen Hunde

Würden Inder ähnlich oberflächliche Schlüsse über unsere Gesellschaft ziehen, wie wir das in ihrem Fall tun, müßten sie zu dem Ergebnis kommen, daß auch bei uns bestimmte Tierarten trotz ihrer massenhaften Verbreitung als heilig gelten. Dies trifft besonders für Katzen und Hunde zu, denen zum Teil mehr Freiheiten, Pflege und Lebensraum gewährt werden als Kindern. In den Vereinigten Staaten bewegt sich das Verhältnis von Einwohnern zur Anzahl der Hunde mit etwa 6:1 durchaus im Rahmen dessen, was auch für die indischen Kühe gelten kann; und was die Belästigung und volkswirtschaftliche Schädigung angeht, gewinnt der Schrecken sogar statistische Qualität:

> „Rund 6000 Zentner Hundekot werden pro Tag auf westdeutschem Boden „abgesetzt". Jährlich 17 Millionen Portionen „der gesundheitsgefährenden Substanz" gehen etwa allein auf die Straßen und Grünanlagen Dortmunds nieder, wie die örtliche Stadtverwaltung kürzlich bekanntgab – die Dortmunder Hundepopulation: rund 16000 Stück.
>
> Schlimmer noch: Nahezu 10000 Kinder werden alljährlich vom Hund gebissen, ferner 3000 Briefträger – ein Blutzoll freilich, so alt wie die Post. Hinzu kommt, vergleichsweise harmlos, die Belästigung durch Gebell und Gewinsel, nicht zu reden von erlittener Angst angesichts zähnefletschender Wächter in Treppenhäusern oder Vorgärten – jeder fünfte Mieterprozeß in Westdeutschland dreht sich um einen Hund." (DER SPIEGEL 5/1976)

Während die indischen Kühe (nicht nur unter Philosophen) noch als Sinnbild der angestrebten Harmonie mit der Natur begriffen werden können, wird dieser Aspekt bei westlichen Hunden und Katzen mit zunehmender Verstädterung zur Nebensache. Engagierte Verhaltensforscher wie *Horst Stern* und *Konrad Lorenz* sprechen im Blick auf unser Verhältnis zu den Haustieren sogar schon von „sozialer Sodomie" (Unzucht mit Tieren).

„Tieranimismus . . ."

Unserem Tierkult fehlt schließlich jene soziale und religiöse Verbindlichkeit, die dem Privatinteresse an der Nutzung der Natur Grenzen setzt. Dafür steht die familiäre und individuelle Gefühlsbindung zum Tier im Vordergrund, die Völkerkundler früher bei sogenannten primitiven Gesellschaften als *Seelenglaube* oder Animismus belächelten.

Nach einer Umfrage des IFAK-Instituts aus dem Jahre 1976 glaubten bei uns aber immerhin 67% der Hundehalter und 43% der Nichthundebesitzer daran, daß Hunde

eine Seele haben und nahezu jeder 2. Hundehalter stellte fest, daß sich „Herr und Hund“ in ihrem Wesen mit der Zeit immer ähnlicher werden. Die Vereinsamung vieler älterer oder alleinstehender Menschen und die Tendenz zur Kleinfamilie mit geringer Kinderzahl hat die Rolle solcher Haustiere als Gesprächs- und Lebenspartner offenkundig gefördert. Die Übertragung der eigenen Gefühle und Wünsche auf die mitlebenden Tiere ist fast normal, so verbreitet ist sie. Und nicht alles daran ist bloße Projektion. Die Verhaltensforscher weisen immer wieder darauf hin, daß Tiere innerhalb ihrer Gruppe unterscheidbar sind, einen individuellen Charakter haben, lern- und wahrscheinlich auch leidensfähig sind.

In fast allen Gesellschaften pflegt man daher seine Haustiere ohne Not nicht zu essen. Wenn, dann schlachtet oder tötet man sie möglichst nicht selber, sondern beauftragt damit Fremde oder Spezialisten, etwa einen bestimmten Berufsstand (Tierarzt) oder eine entsprechende Kaste. Bevor man die eigenen Haus-, Hof- und Weidetiere einverleibte, verfremdete man sie auch durch das in der Geschichte verbreitete Ritual des auf den ersten Blick nur abergläubisch und unverständlich erscheinenden *Tieropfers.* Dabei holte man sich von den Ahnen oder Göttern das kulturelle Einverständnis, ohne Verletzung der gemeinschaftlichen Werte und ohne schlechtes Gewissen diese Tiere auf erlaubte Weise verspeisen zu dürfen, wobei sich die Vor-

oder Überväter im allgemeinen mit den weniger genießbaren oder nicht so beliebten Teilen (Eingeweide, Blut) zu begnügen hatten. Uns empört jedenfalls schon, daß Italiener ihre Singvögel für Leckerbissen halten, und Katzen-, Hunde- oder Pferdefleisch gehören im allgemeinen nicht zur deutschen Speisekarte.

... und Menschenliebe

Daß solche Tierliebe bei uns wie andernorts die allgemeine Menschenliebe und Menschlichkeit bei weitem übertreffen kann, daß Barbarei mit ihr durchaus verträglich erscheint, ist in der politischen Öffentlichkeit und in künstlerischen Aktionen immer wieder angeprangert worden. Die Tierliebe *Himmlers* und der Schäferhund *Hitlers* sind sprichwörtlich, ebenso die Tatsache, daß Tierschutzverbände bei weitem mehr Mitglieder zählen als Kinderschutzverbände und für ihre Schützlinge in mancher Hinsicht sogar mehr Rechte erkämpfen. Von der Tierliebe auf besondere Menschenliebe zu schließen ist, wie die Auseinandersetzung von *Heinrich Himmler* mit einem passionierten Jäger besonders krass belegt, eine unhaltbare Beschönigung:

> „Wie können Sie nur ein Vergnügen daran haben, auf die armen Tiere, die so unschuldig, wehrlos und ahnungslos am Waldrand äsen, aus dem Hinterhalt zu schießen, Herr Kersten? Denn es ist, richtig gesehen, reiner Mord ... Die Natur ist so wunderschön, und jedes Tier hat schließlich auch ein Recht zu leben. ...
> Ob die anderen Völker im Wohlstand leben oder ob sie verrecken vor Hunger, das interessiert mich nur insoweit, als wir sie als Sklaven für unsere Kultur brauchen, anders interessiert mich das nicht. Ob bei dem Bau eines Panzergrabens 10000 russische Weiber an Entkräftung umfallen oder nicht, interessiert mich nur insoweit, als der Panzergraben für Deutschland fertig wird. Wir werden niemals roh und herzlos sein, wo es nicht sein muß; das ist klar. Wir Deutschen, die wir als einzige auf der Welt eine anständige Einstellung zum Tier haben, werden ja auch zu diesen Menschentieren eine anständige Einstellung einnehmen, aber es ist ein Verbrechen gegen unser eigenes Blut, uns um sie Sorge zu machen ..." (zitiert nach *U. Erckenbrecht*, 1975, 62)

Heute noch stößt bei uns jeder nur vermeintliche Angriff auf die privaten Heiligtümer in Katzen- und Hundegestalt auf größte Widerstände – bis hin zur tätlichen Bedrohung eines Hamburger Stadtreinigungsexperten, der vorgeschlagen hatte, freilaufende Hunde aus den öffentlichen Parks zu verbannen.

Daß umgekehrt Menschen in Indien mit Empörung auf das entwicklungspolitische Ansinnen reagieren, ihre unter wirtschaftlichen und Umweltgesichtspunkten zum Teil ebenfalls nur noch eingeschränkt „zweckrationalen" Umgangsformen mit Tieren und speziell ihren weißen Kühen umstandslos abzuschaffen, sollte daher – aus dem eigenen Glashaus betrachtet – nicht mehr so unverständlich sein. Würde man alle weißen Kühe Indiens schlachten, würden die dortigen Nahrungsprobleme doch nur, so hat man berechnet, um 3-4 Wochen aufgeschoben.

Nackte Wilde und Superbusen

Der Busen ist hier kein Tabu
Schamlos zeigen sie ihre Beine
Das Vorurteil: Sittenlose Nacktheit
Nackte Scham . . .
und schamlose Angezogenheit?
Vom Nutzen der Doppelmoral:
Textilexport . . . und Sextourismus
An- und Ausziehtourismus
Exotenwelt schon für Kinder:
Vom Federschmuck zum Mao-Look
Wie normal sind Extreme?
Vom Lippenflock zur Lippenscheibe
Vom Normalbusen zur Sexbombe

2

„Der Busen ist hier kein Tabu"

... das fiel Anne bei ihren Verwandten auf

Die Deutsche Anne

Mir ist es peinlich, mit den Frauen auf dem Land zu sprechen, die barbusig herumlaufen. Ich versuche krampfhaft wegzuschauen, aber irgendwie macht das keinen guten Eindruck. Ich muß versuchen, mich etwas gelassener zu verhalten, zumal sie ja selbst nichts dabei finden. Auch ihre Männer nicht. Es mag ja sein, daß der Busen in Afrika total für Kinder reserviert ist. Und da Kinder hoch erwünscht sind, ist ein Busen hier nicht mehr oder weniger als eine Babyflasche.

Auf der anderen Seite: Als ich neulich mein Hotel in Shorts verließ, versammelte sich in Windeseile ein Schwarm junger Afrikaner um mich, die wie Teenager kicherten. Damals habe ich gedacht: Ich kann mich doch über meine Beine weiß Gott nicht beklagen und hatte keine Ahnung, worum es ging. Heute ziehe ich nur noch lange Röcke an.

Man muß sich daran gewöhnen, daß Afrikaner nicht nur das Fleisch, sondern auch den Knochen dazu essen. Geröstete Ameisen oder Heuschrekken sind ebenfalls nicht ganz mein Fall. Immerhin ist es mir gelungen, bei der letzten Einladung eine Handvoll Ameisen mit unbewegter Miene zu verspeisen. Ich habe lediglich nach Salz verlangt.

Aber die Afrikaner haben natürlich völlig recht: Die Natur liefert ihnen das Protein sozusagen gratis ins Haus. Das ist zumindest bei den Heuschrecken der Fall. Sie fallen in riesigen Schwärmen ein.

Eine andere Schwierigkeit ist die „afrikanische" Zeit. Da können zehn Minuten alles bedeuten: Eine halbe Stunde, eine Stunde oder zwei — je nachdem. Damit hängt es natürlich zusammen, wenn wir finden, Afrikaner seien unzuverlässig. Aber im Grunde ist es nur eine Aufforderung, selber drüber nachzudenken, was denn wieviel Zeit kostet. Wenn man das tut, lernt man eine ganze Menge. Man lernt die Dinge richtig einschätzen. Und man lernt, daß sie ihre Zeit brauchen.

Vorurteile und Unverständnis ...

Europäer und Afrikaner

Anne aus Hamburg ist mit einem Kenianer verheiratet. Mit ihrem Mann verbrachte sie einen zweimonatigen Urlaub in dessen Heimatdorf. Sie lernte Afrika anders als die Touristen kennen. Sie lebte in der großen Familie ihres Mannes, schloß sich nicht aus der dörflichen Gemeinschaft aus.

Afrikanerin Awiny

„Schamlos zeigen sie ihre Beine"

... das versteht Awiny bei den Weißen nicht

Die Frauen der Touristen aus Europa zeigen schamlos ihre Beine. Kein Wunder, daß sie auf diese Weise unsere jungen Männer verderben. Wenn wir unsere Kinder stillen, starren ihre Männer uns mit unverschämten Blicken an. Stillen ihre Frauen etwa nicht?

Europäer essen Dinge, die mir den Magen umdrehen: Sie essen das gefrorene Fleisch blutloser Hühner; sie essen Eier, die zwar gebraten, aber noch schleimig sind; sie essen Frösche und rohes Fleisch. Ihre Frauen rauchen, obwohl sie noch Kinder bekommen können.

Sie sagen, der Kiefernknochen der Antilope, den ich um den Hals trage, sei schwarze Magie. Aber ich sah einmal, wie eine Nonne das Kreuz, das sie um den Hals trug, mit beiden Händen umfaßte, ihre Augen schloß und unverständliche Worte murmelte, als sie sah, wie ein Blitz in eine Hütte einschlug. Ich war einmal in einer ihrer Kirchen. Dort haben sie davon geredet, daß sie das Fleisch und Blut eines Menschen oder ihres Gottes essen. Bis dahin wußte ich nicht, daß Europäer Kannibalen sind.

Ich könnte niemals tanzen wie die Europäer. Sie umfassen sich in aller Öffentlichkeit dabei, sogar ihre eigenen Verwandten. Sie tanzen mit ihrer Kusine, mit ihrer Schwester, sie tanzen sogar mit der eigenen Mutter.

Europäer teilen die Zeit in Abschnitte ein. Sie schreiben eine bestimmte Zeit für alles vor: für Essen, Schlafen, Waschen. Wir tun die Dinge, wenn die Zeit dafür gekommen ist. Die Zeit, eine Sache zu tun, kann nicht verschwinden. Wir stillen unsere Kinder, wenn sie hungrig sind, wir schlafen, wenn die Müdigkeit kommt. Wir sorgen für einen Gast, wenn er da ist, auch wenn er sich nicht angemeldet hat.

Vielleicht ist das der Grund dafür, daß Europäer niemals Zeit haben. Ihr eigentlicher Herr ist das tickende Ding, das sie am Arm tragen.

... auf beiden Seiten

Mit ihrer Schwägerin Awiny führte Anne lange Gespräche über Europa und Afrika. Dabei kamen eine Menge Vorurteile auf beiden Seiten zum Vorschein. Sie sind so typisch, daß es sich lohnt, einige davon aufzuzeigen; scheinen aber nicht so tief, daß man sie nicht abbauen könnte. Man muß sich der Maßstäbe bewußt sein, mit denen man mißt, mit denen man gemessen wird. Man muß wissen und akzeptieren, daß der andere einem anderen Kulturkreis angehört, daß er anders ist.
Nachfolgend die Berichte von Anne und Awiny.

(WELTBLICK 4/1976)

Das Vorurteil: Sittenlose Nacktheit

Der Übergang des Menschen vom paradiesischen (Natur-)Zustand zum menschlichen (Kultur-)Zustand wird seit altersher mit Hilfe der Feigenblätter von Adam und Eva markiert.

Inzwischen trägt man in den meisten Teilen der Welt etwas mehr auf dem Leibe, denn im allgemeinen soll ja weniger die Abgrenzung vom unzivilisierten Naturzustand geleistet werden, sondern eher die von Nachbarn und anderen Konkurrenten um das bessere Aussehen.

Wieviele modische Zwiebelschalen zum Zwecke dieser Unterscheidung an- oder abgelegt werden, ist weitgehend abhängig von den jeweiligen klimatischen und geographischen Umweltbedingungen: Die Wüstengebiete mit ihren tageszeitlichen und die nördliche Erdhalbkugel mit ihren jahreszeitlichen Temperaturschwankungen liefern gewiß mehr Anlaß zu dichter Körperbedeckung als die wärmeren und warmfeuchteren Erdgebiete.

Was man dagegen im einzelnen bedeckt oder unbedeckt läßt, ob Busen oder Beine, und mit welcher Art von Kleidungsstücken man dies tut, wird nicht nur von der „Mode", sondern auch von Geschichte, Brauchtum, Geschlecht, Religion, beruflicher Tätigkeit, sozialem Stand oder Tageszeit beeinflußt.

Nackte Scham . . .

Nach unserer Vorstellung besteht ein enger Zusammenhang zwischen vollständiger Bekleidung und Schamhaftigkeit oder umgekehrt zwischen Nacktheit und sexueller Zügellosigkeit. Diese Vorstellung übersieht aber die Tatsache, daß im oben beschriebenen Sinne eigentlich praktisch niemand völlig „nackt', herumläuft: Ohne Körperbemalungen, passende Frisuren, Lendenschnur, Stammestätowierungen, Schmuck oder eben nur die Bedeckung bestimmter Körperpartien kämen sich die in tropischen Regionen lebenden Landbewohner genauso schamlos nackt vor wie wir ohne entsprechenden Anzug im Büro.

Moderne Verhaltensforscher wie *Eibl-Eibesfeld* (hier bei seinem Besuch der Yanomani-Indianer in Brasilien) gehen an diesen interkulturellen Vergleich heute mit weit größerer Offenheit heran als einst christliche Missionare und puritanische Krämerseelen:

> „Auch die Frauen (der Yanomani) gingen für unsere Begriffe splitternackt. Sie trugen nichts außer einer dünnen, fein gearbeiteten Schnur um den Leib. Ihre Scham war vollkommen unbedeckt. Eine trug zusätzlich zwei dünne Schnüre kreuzweise über Schulter und Brust.
>
> Die Frauen wähnten sich aber mit ihrer einfachen Lendenschnur durchaus züchtig bekleidet, das merkte ich, als ich bald darauf eine solche Lendenschnur haben wollte. Zuerst verstanden sie mich nicht recht, dann gab es ringsum ein Gekicher und Gelächter, und die befragte Schöne verbarg lachend ihr Untergesicht hinter einer Hand, neigte den Kopf zur Seite, stieß dann ihre Nachbarin an, kurz,

sie war höchst geniert. So lernte ich, daß die Frauen und Mädchen sich ohne diese Schnur unanständig nackt fühlten, was nicht hinderte, daß einige sie dann doch gegen weiße Glasperlen eintauschten. Sie zogen sich allerdings sogleich eine andere an, um wieder ordentlich gekleidet zu sein.

In ähnlicher Weise fühlten sich die Männer nackt, wenn sie ihre Penisschnur lösten oder wenn sie von selbst aufging.

Es handelt sich bei diesen Schnüren wohl um Überbleibsel einer Bekleidung, denn nackt kamen die Ahnen der Yanomani ganz sicherlich nicht während der Eiszeit über die Beringstraße. Hier im tropischen Regenwald legten sie die Kleidung als unzweckmäßig ab, bis auf jenes Restchen, das sie brauchten, um sich „kultiviert" zu fühlen und vielleicht auch, um die Spannung der Koketterie erleben zu können. In diesem Sinne ist die Bekleidung, rudimentär, wie sie ist, doch funktionell, weil symbolisch." (*Eibl-Eibesfeld,* 1976, 99 f)

. . . und angezogene Schamlosigkeit

Paradox genug: Während die „Wilden" offenbar Scham empfinden können, obwohl sie nach unseren Begriffen nahezu nackt herumlaufen, muß ein unvoreingenommener Beobachter unserer Gesellschaft – hier der Häuptling *Tuiavii* aus Tiavea, der vor etwa 50 Jahren Europa bereist haben soll – praktisch zu einem entgegengesetzten Schluß gelangen: Kleidung und Schamlosigkeit sind durchaus gleichzeitig denkbar.

„Weil nun die Leiber der Frauen und Mädchen so stark bedeckt sind, tragen die Männer und Jünglinge ein großes Verlangen, ihr Fleisch zu sehen, wie dies auch natürlich ist. Sie denken bei Tag und bei Nacht daran und sprechen viel von den Körperformen der Frauen und Mädchen und immer so, als ob das, was natürlich und schön ist, eine große Sünde sei und nur im dunkelsten Schatten geschehen dürfe. Wenn sie das Fleisch offen sehen lassen würden, möchten sie ihre Gedanken mehr an andere Dinge geben, und ihre Augen würden nicht schielen und ihr Mund würde nicht lüsterne Worte sagen, wenn sie einem Mädchen begegnen." (*Tuiavii,* 1973, 13)

Diesen Aspekt der Doppelmoral unserer Bekleidungsrituale beschreibt auch *R. König* in seiner Soziologie der Mode:

„In der Tat versucht die Kleidung zwei in sich widersprüchliche Dinge zum Ausgleich zu bringen: Sie „unterstreicht unsere Reize und dient gleichfalls der Sicherung des Schamgefühls. Beidem gemeinsam liegt aber die geschlechtlich-triebhafte Wurzel zugrunde, die das eine Mal bejaht, das andere Mal verneint wird." (1967, 15)

Vom Nutzen der Doppelmoral:
Textilexport . . .

Aus dem Export dieser Doppelmoral hat Europa durchaus seinen Nutzen gezogen, wie das folgende „Märchen" deutlich macht:

Schamlose Nacktheit . . .

„Gebt ihnen etwas Geld, damit sie uns einen ihrer Stammestänze zeigen!“

Wir möchten, daß Sie uns besser kennenlernen.
Hier sagen wir Ihnen, wie Erdgas von Mobil die deutsche Energiebilanz verbessert.
Wie halten wir uns die Reni warm?
Mobils Anteil an der inländischen Erdgasförderung war auch 1978 bemerkenswert: 22 Prozent. Diese Menge reicht aus, um alle Haushalte Bayerns rund ein viertel Jahr lang mit Energie zu versorgen; Heizung, Badewasser, Teekessel, Schwimmhallen und Bierzelte.
Tatsächlich verteilen wir unser Erdgas gleichmäßiger. Es strömt zu Verbrauchern in Cuxhaven ebenso wie nach Bielefeld oder Paderborn.
Allein nach München liefern wir ständig so viel Erdgas, daß damit rund 33.000 Haushalte versorgt werden können. So haben wir eine gute Chance, uns die Reni warmzuhalten.

Es war einmal ein freundlicher englischer Forscher namens *Henry Morton Stanley*. Der gelangte auf seinen Reisen auch ins dunkle Afrika und entdeckte, daß die Eingeborenen dort keinerlei Scham, Kultur und Religion besaßen, vielmehr in schrecklicher Barbarei und im Götzendienst verharrten.

Nach England zurückgekehrt, versammelte er angesehene Kaufleute um sich und erzählte ihnen, wieviele Hunderttausende von Metern britisches Tuch notwendig sein würden, wollte man die splitternackten afrikanischen Wilden wenigstens notdürftig damit bedecken. Von seinem Bericht waren die rechtschaffenen Männer so bewegt, daß sie sogleich beschlossen, der Sittenlosigkeit ein Ende zu bereiten. Sie rüsteten große Schiffe mit Bibeln und Stoffballen aus und betrauten auch kräftige Männer mit der Mission, die schamlosen Afrikaner zu bekleiden. Und so kam das Christentum auch nach Afrika, und die englischen Tuchhändler gelangten zu Ansehen und Wohlstand . . .

Das ist natürlich kein Märchen, und es hat auch von seiner Aktualität über die Jahre nur wenig eingebüßt. Heute wissen wir freilich beides zu nutzen: Exotische Nacktheit der „Wilden" ebenso wie ihre wirtschaftliche Bedeutung als Absatzmarkt für unsere Industrien:

> „Für die Touristik" – so ein westdeutscher Kaufmann – sind „buntbemalte, maskengeschmückte Eingeborene von Interesse. Für uns zählen sie nur, wenn sie neben dem Paradiesvogelkopfputz und der Sanduhrtrommel auch die Textilmode, die Armbanduhr und den Transistor akzeptieren." (nach *P. Baumann/H. Uhlig*, 1974, 17)

. . . und Sextourismus

Die gar nicht mehr so häufige Nacktheit der Menschen in einigen Gegenden der Erde eignet sich heute allerdings nur noch begrenzt zur Ankurbelung einer Konjunktur für unsere Textilindustrie (vielmehr machen uns auf diesem Gebiet einige Staaten der Dritten Welt inzwischen selbst erfolgreich Konkurrenz.) Dafür eignet sie sich umso mehr als Traumziel für eigene Schamlosigkeit: Die Blüte des sogenannten „Sextourismus" wäre allein schon ein Argument gegen das Klischee, daß wir uns – bloß weil wir in Kleidern stecken – durch besondere Moral auszeichneten.

Seit Beginn der 70er Jahre wird die bundesdeutsche Unterhaltungspresse von einer Welle exotischer, mit barbusigen Damen reichlich versehener Berichte über die angebliche Sex-Freudigkeit und Duldsamkeit von Frauen in der Dritten Welt überschwemmt. Jedes zweite Titelbild der Zeitschrift PRALINE (Bauer-Verlag) war z. B. 1971 mit einem asiatischen oder afrikanischen Sex-Objekt geschmückt, wobei in den Berichten von Gazetten dieses Schlags Mädchen aus Südostasien, aus Thailand, besonders gut wegkamen. Binnen kurzer Zeit hatten die großen Reiseveranstalter, die früher Fahrten in dieses Gebiet nur als Exklusiv-Touren für vorwiegend kulturell interessierte Wohlhabende organisierten, die neuen Marktchancen erkannt und boten nun Flüge nach Thailand – z. T. mit sehr deutlichen Hinweisen auf das „Nachtleben" – zu Normalverbraucher-Preisen an. Bereits 1972 flogen über 20000 Bundesbürger mit meist sehr vordergründigen Interessen nach Thailand („wo", laut STERN, „die zarten

Keineswegs nur als ausgefallene Anekdote, sondern häufig genug als organisierter Auszieh-Tourismus spielt sich in den Besuchszentren der südlichen Halbkugel folgende Szene ab: Der Touristen-Autobus nähert sich, die Mädchen befreien die Brüste schnell vom BH oder der normalen Bluse . . . für die Show werden sie schließlich bezahlt. Hier: folkloristische Dayak-Mädchen auf Borneo.

Ertl zeigt das Schöne an Bayern
In Mode und Politik grundverschiedener Ansicht, im Fach auf einer Wellenlänge: Bundeslandwirtschaftsminister Josef Ertl (Politik: liberal, Mode: Lederhosen) und sein Pekinger Amtskollège Huo Shilian (Politik und Mode: Mao-Look) trafen sich in Bad Wiessee, um Landwirtschaftliches zu betrachten. Da Landschaft durchaus zur Landwirtschaft gehört, bekam der Gast aus der Volksreplubik auch reichlich Gelegenheit, Bayerns Schönheiten zu bewundern, und da gibt es ja noch mehr als nur die Krachledernen des Herrn Ministers. *(Zeitungsbericht)*

Auszieh- und Anzieh-Tourismus

Mädchen walten") und jedes folgende Jahr setzte weitere Rekordmarken, bis 1976 die Thais selber einen Riegel vorschoben. Aber noch am 26.3.1981 schreibt die F.A.Z.: „Negative wirtschaftliche und kulturelle Folgen des *Tourismus in der dritten Welt* ... sind von Kirchenvertretern aus Samoa, Australien, Singapur und Trinidad in Bonn beklagt worden. Auf einem Seminar der evangelischen Zentralstelle für Entwicklungshilfe zum Thema ‚Tourismus in die dritte Welt' sagten sie, der Tourismus wirke sich dort besonders nachteilig aus, wo er ... kleine Gebiete, etwa Inseln, in Mitleidenschaft ziehe.

Als Folge einer solchen Überfremdung, die mit der Errichtung von Großhotels und der damit verbundenen Störung der Umwelt beginnt, entstehen, so teilen es die Kirchenvertreter mit, Ungerechtigkeiten und Abhängigkeiten, gegen die sich die Einheimischen selten zur Wehr setzen können. In Asien, sagten sie, *habe der sogenannte Sex-Tourismus sogar zu neuen Formen der Ausbeutung geführt.*

Anzieh-Tourismus

Nun gibt es nicht nur den internationalen „Ausziehtourismus", sondern auch den ebenfalls auf Exotik spekulierenden „Anzieh-Tourismus". In vielen Ländern werden sowohl die Nacktheit wie der nicht minder folkloristische Aufputz künstlich inszeniert:

Wenn sich der Reisebus oder der Landrover mit den Touristen nähert, ziehen in Paraguay, in Kamerun oder auf den Philippinen die Show-Objekte ihre Büstenhalter aus und ihre Kollegen in den US-Indianerreservaten, im bayerischen Alpenvorland oder im türkischen Anatolien ihre Trachtenkostüme an. Das Lederhosen-Image der Deutschen wird hier ähnlich vermarktet wie der „typische" Stierkämpfer- oder Flamencotänzerinnen-Look der Spanier und wie das angebliche Erscheinungsbild einiger afrikanischer oder asiatischer Völker, die sich trotz ihrer reichen kulturellen Vergangenheit für ein geringes Entgelt primitivieren lassen. Wie dieses Geschäft – bei uns und anderswo – organisiert wird, verdeutlicht der folgende Bericht:

> „Der Deutschen Zentrale für Tourismus (DZT), deren Aufgabe es ist, dafür zu sorgen, daß möglichst viele ausländische Urlauber möglichst viel Geld (7,1 Milliarden Mark im letzten Jahr) in die Republik bringen, sind die bayerisch gefärbten Gedanken ihrer Zielgruppe nicht unbekannt. Neben dem oben geschilderten Kraut- und Bier-Image registrieren die DZT-Manager auch noch immer Auswirkungen des Nationalsozialismus.
>
> „Solche Verzerrungen", erläutert der für diesen Problemkreis bei der DZT mitverantwortliche Dr. Krüger, „können nur sehr schwer korrigiert werden! Für uns hat nun mal das Wort ‚Oktoberfest' einen beträchtlichen Aufmerksamkeitswert im Ausland. Da stellen viele automatisch eine Assoziation zu Deutschland her."
>
> Fachmann Krüger ist zwar nicht gerade glücklich über solch engstirnige Gedankenspiele, hält es aber für unmöglich, dieses Image korrigieren oder gar abbauen zu können, denn dazu wäre eine gigantische Werbekampagne notwendig. Ihre Wir-

kung wäre zudem nicht sicher abzuschätzen. „Außerdem würde das Unsummen kosten, so viel Geld können wir gar nicht auftreiben! Deshalb versuchen wir lieber, die vorhandenen Vorstellungen für unsere Zwecke zu nutzen", heißt es bei der DZT.

Folglich muß der kleine blonde Junge, der in den im Ausland verteilten Prospekten Deutschland-werbend über romantische Wiesen rennt, eine Lederhose tragen. Und er tut es auch." (DIE ZEIT, 10.9.1977)

An diesem Beispiel wird uns deutlich, wie wenig die Tourismus-Kostümierungen mit dem Aussehen und Leben des „Normalbewohners" bei uns und anderswo zu tun haben: Die Masse der Bevölkerung in der Dritten Welt läuft jedenfalls in relativ dürftiger Einheitskleidung herum, während die wohlhabenderen Schichten sich zunächst in einer ersten Welle der Fortschrittsgläubigkeit von ihren vielfältigen Kleidungstraditionen entfernt und westlichen Modevorstellungen zugewandt haben. Inzwischen beginnen national-kulturelles Selbstbewußtsein und individuelles Modebewußtsein wieder zu einem Umdenken zu führen.

Für den Verhaltensforscher *Ch. Adler* (1980, 41) ist es keine Frage mehr, ob der heute übliche Ferntourismus noch etwas mit „Völkerverständigung" zu tun hat:

„Alle Touristengruppen verbindet die Kurzzeitigkeit ihres Aufenthaltes in einem Gastland, die Kurzzeitigkeit des Aufenthaltes an einem speziellen Ort und die Kurzzeitigkeit der Reise generell. Eine Pauschaltour dauert selten länger als vier Wochen. Oft werden in diesem Zeitraum mehrere Länder besucht, und wenn eine Reisegruppe durch ein Dorf kommt, dann hält sie sich nur kurz dort auf. Bestenfalls verbringt man eine Nacht und zieht anderntags weiter. Die fehlende Möglichkeit eines Touristen, sich in einem Lande einzuleben, hat bedeutenden Anteil am *Phänomen des Trümmertourismus.*

Ein Kontakt mit Einheimischen setzt nämlich auch Zeit voraus, die Touristen nicht zur Verfügung steht. Darüber hinaus erfordert ein Kennenlernen und besseres Verstehen auch ein gewisses Einfühlungsvermögen in die Situation anderer Menschen, in ihre Lebens-, Denk- und Arbeitsweise. Wie sollte ein Tourist innerhalb eines zweistündigen Aufenthaltes im balinesischen Städtchen Klungkung, während eines nur dreitägigen Stops auf Bali und einer insgesamt zwanzigtägigen Südostasienreise, ein Gefühl für diese Dinge entwickeln können? Er kann es nicht, selbst wenn er die besten Absichten dazu hätte. Sein Eindruck von der Bevölkerung Klungkungs entspricht einem Abziehbild. Umgekehrt erhalten auch die Einheimischen keine Gelegenheit, uns als Menschen kennenzulernen. Für sie sind wir ebenso wandelnde Abziehbilder, platt und ohne Leben. Folglich kann der Ferntourismus in seiner heutigen Form niemals zu einer Verständigung zwischen den Völkern beitragen, er ist unpersönlich und kalt."

Wie normal sind Extreme?

Die Vorarbeit für Fremdenklischees und Vorurteile über das äußere Erscheinungsbild der Menschen wurde und wird nicht zuletzt von solchen Berufsangehörigen

Vom Lippenpflock zur Lippenscheibe

(Wohlmeinendes Original . . .)

Die Sitte, die Lippen aufzuschneiden und von frühester Jugend an zu dehnen, so daß sie schließlich eine bis zu tellergroße (herausnehmbare) Holzscheibe aufnehmen können, ist auf sehr kleine Gebiete beschränkt. Die Lippenscheibe ist keine bewußte Verunstaltung der Frauen, sondern das örtliche Extrem des in Afrika weitverbreiteten Lippenpflocks, der die Mundpartie entsprechend betonen soll. (Ursprünglich soll der Schmuck dazu gedient haben, Sklavenjäger davon abzuschrecken, die Leute zu fangen.)

Wenn man vom Tschadsee aus südlich reist, den Schari und Logone aufwärts, kann man von Stamm zu Stamm diese Auswüchse nachbarlicher Konkurrenz beobachten: Der Lippenpflock wird immer breiter und schließlich zur Scheibe. Diese außergewöhnliche Sitte ist auf wenige Stämme beschränkt. Die jungen Frauen geben sie zunehmend auf.

a) normaler Lippenpflock

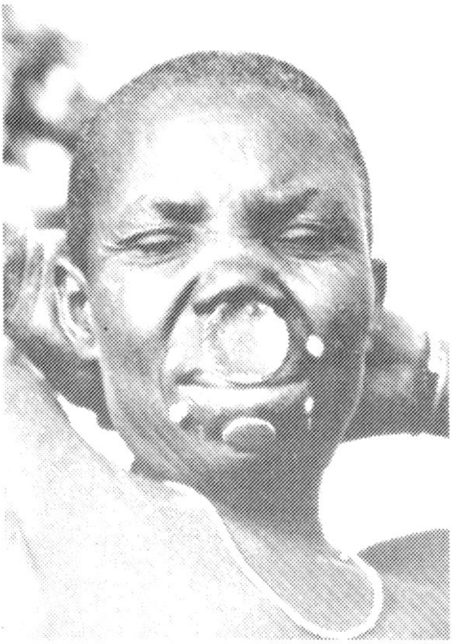

b) extremer Lippenpflock

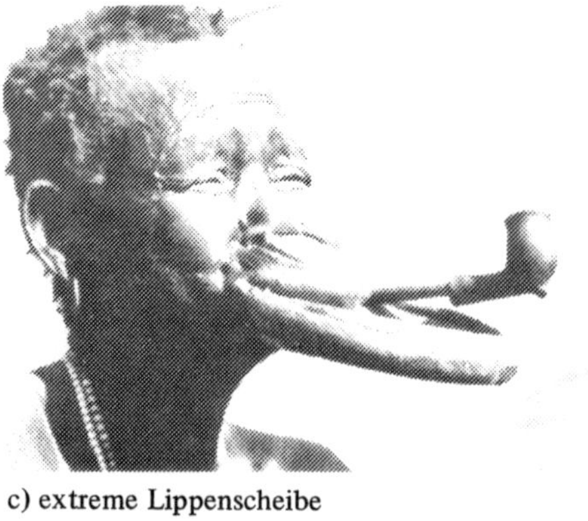

c) extreme Lippenscheibe

Vom Normalbusen zur Sexbombe

(. . . und bösartige Übersetzung)

Die Sitte, die weibliche Brust mithilfe von Hormonspritzen, künstlichen Plastikeinlagen oder (für den kleineren Geldbeutel) mit Unterstützung von gefütterten und ausgestopften Büstenhaltern optisch zu vergrößern, ist in der westlichen Welt auf bestimmte Modezeiten und Gruppen beschränkt. Der Superbusen sogenannter Sexbomben ist keine bewußte Verunstaltung der Frauen, sondern das Extrem des ansonsten weitverbreiteten Normalbusens.

Wenn man vom Neckermannkatalog bis zur Playboy-Illustrierten die Frauenideale vergleicht, kann man die Auswüchse weiblicher Konkurrenz im Wettbewerb um und für den Mann beobachten: Der Busen wird immer größer . . . Diese außergewöhnliche Sitte ist trotzdem auf wenige Filmschauspielerinnen und ihre Fans beschränkt. Die jungen Frauen orientieren sich kaum noch daran.

a) Normalbusen der Normalfrau

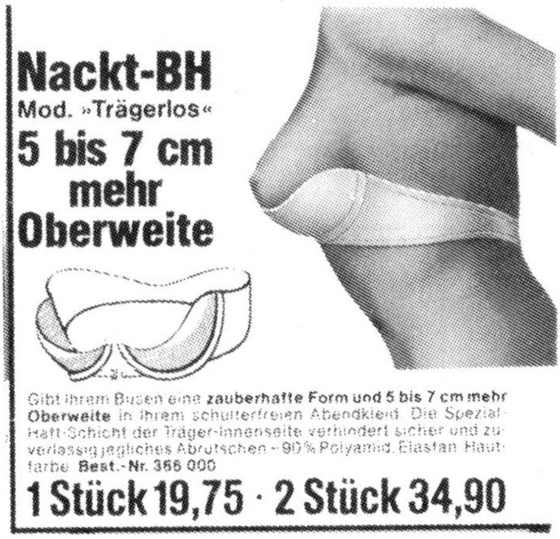

b) Idealbusen der Normalfrau

c) Superbusen der Idealfrau:

geleistet, die sich ansonsten viel auf ihren kritischen Geist zugute halten: Fernseh- und Pressejournalisten übertreffen sich oft geradezu in der Suche nach einem exotischen Umfeld für ihre Berichte, ergehen sich in Überheblichkeiten oder lassen sich auch ganz einfach für Interessen von Reiseveranstaltern einspannen, wenn sie zu Besichtigungsfahrten eingeladen werden. Die Ergebnisse sind entsprechend:

In einem Fernsehbericht über aktuelle Ereignisse aus dem Nahen Osten müssen verschleierte Frauen für einen dekorativen Hintergrund sorgen, obwohl in dem betreffenden Land heute die meisten Frauen unverschleiert herumlaufen; die beliebte Fernseh-Show „Spiel ohne Grenzen" wählt sich als Hauptthema „Menschenfresser in Afrika" aus und läßt die Akteure im Bastrock oder im „Forscher-Look" auftreten, die „NEUE RUHR-ZEITUNG" gibt dem Bericht über ein neues Touristenzentrum in Afrika die Schlagzeile: „Tam-Tam und oben ohne ..." Solche Beispiele für die Desinformation des Publikums oder auch nur für schlichte Gedankenlosigkeit der jeweils verantwortlichen Redakteure lassen erkennen, warum (heute wie in früheren Jahrhunderten) die phantasiegeschmückten Schauergeschichten der Reise-, Märchen- und Illustriertenerzähler in der Publikumsgunst erfolgreicher abschneiden als Berichte über das normale Alltagsleben in fernen Ländern: Extreme sind besser zu merken und bilden die Grundlage für Konkurrenz- und Abgrenzungsverhalten. Einfacher läßt sich der oft „primitive" Umgang mit Bildern und Informationen auch so erklären:

Kannibalismus und Abendmahl

Aktueller Kannibalismus
Das Vorurteil: Menschen auf der Speisekarte
Der eingebildete Kannibalismus
Der symbolische Kannibalismus
Mythen und Märchen
Der Ausnahme-Kannibalismus
Kopfjägerei, Vorstufe zum Kannibalismus?
Geistige Entwicklungshilfe nötig

3

Aktueller Kannibalismus?

Viele Journalisten, Sachbuchautoren oder Zeichner glauben offenbar noch immer, daß sie besonders witzig oder ‚up-to-date‘ sind, wenn sie bei uns in der Öffentlichkeit das Vorurteil von den Kannibalen verbreiten. Der Vorwurf grausamer Menschenfresserei bezieht sich, stellvertretend für andere „Barbaren“ in der Dritten Welt, vor allem auf die Afrikaner. Etwas von diesem Versuch, andere als Barbaren, als Nicht-Menschen zu charakterisieren, überlebt heute selbst in gutgemeinten antikolonialistischen Gegenpositionen, wie sie die Karikatur (8) ausdrückt.

(1) Im Witz:

„Jetzt siehst du, was sie mit all den Sachen für die Dritte Welt machen.“
(Bild am Sonntag 7.12.1980)

(2) Im Schlager:

Erik Silvester, 32, Schlagersänger, erfuhr, wie unterschiedlich die Branche auf Kannibalismus reagiert. Auf seiner neuen Platte besingt er – Gipfel des hintergründigen Humors heimischer Schlagerdichter – die Wilden im Busch: „Wenn die Trommel ruft, wird ein Mensch gesucht, den man in den Kochtopf steckt, weil er schmeckt.“ Während Dieter „Thomas“ Heck die einfältigen Reime in seiner ZDF-„Hitparade“ vorstellte, mochte Werner Buttstädt, Chef der NDR-„Schaubude“, von dem „Machwerk“ nichts wissen. Da mehrere ARD-Sender das Silvester-Lied nicht spielen, produzierte der Sänger eine entschärfte Zweitfassung: „Wenn die Trommel ruft, liegt was in der Luft, was man Hula-Liebe nennt, die kein Ende kennt.“
(STERN 11, 1976)

(3) In der Presse:

GABUN – schwarzes Disneyland . . .
PRUNK UND PALÄSTE, ZAUBERER UND KANNIBALISMUS

. . . An den Rändern von Libreville aber läßt der Hauptstadtglanz nach. Der Regierung ist es auf dem Land nicht einmal gelungen, den Kannibalismus völlig auszurotten.

Allerdings wird niemand mehr seines Fleisches wegen umgebracht. Die noch existierenden Menschenfleischesser, so heißt es, begnügten sich mit den sterblichen Überresten derer, die eines gewaltlosen Todes starben.
(DER SPIEGEL 33/1977)

(4) Im Schulbuch der heute Erwachsenen:

„. . . In den Dörfern, die sie durchqueren, grinsen die Schädel verspeister Menschen und Affen von hohen Stangen.“
(Erdkunde im 6. Schuljahr, Westermann Verlag 1957).

(5) Im Pennäler Lied:

„Negeraufstand ist in Kuba – Schüsse gellen durch die Nacht, Polizei wird abgeschlachtet – und in Büchsen eingemacht . . . in den Teichen schwimmen Leichen – mit den aufgeschlitzten Bäuchen, In den Bäuchen steckt das Messer – von dem bösen Menschenfresser . . .“

(6) Im Kino Programm (1979):

(7) In der Werbung:

(Anzeige in SPIEGEL und FAZ)

(8) In der politischen Karikatur:

(Aus: *Juso – Zeitschrift der Jungsozialisten in der SPD,* Nr. 1/2 1973)

Das Vorurteil: Menschen auf der Speisekarte

Zivilisierte Menschen sind selbstverständlich keine Kannibalen. Die Unzivilisierten oder Barbaren erkennt man dagegen leicht an ihrem Hang zur Menschenfresserei.

Vor allem bei Afrikanern, selbst bei solchen in höheren Positionen, muß man hier immer mit dem Schlimmsten rechnen:

„Sind wir das Menü?"

Eine boshafte Glosse veröffentlicht die italienische Zeitung „Il Giornale" zur Wahl des Senegalesen Amadou Mahtar M'bow zum neuen Direktor der UNO-Organisation für Erziehung, Wissenschaft und Kultur, UNESCO. M'bow sei bis zu seinem neunten Lebensjahr Analphabet gewesen, habe mit 26 Jahren Mittelschulreife bekommen und sei nach kurzer Wirkenszeit als Volksschullehrer in Mauretanien plötzlich zum Erziehungsminister von Senegal avanciert. In seiner Einführungsrede habe er versprochen, „den großen Reichtum der traditionellen afrikanischen Gesellschaft" in sein neues Amt einzubringen. „Il Giornale" fragt: „Welche Rolle sollen jetzt die Europäer beim kulturellen Zusammenspiel an der UNESCO-Tafel bekommen? Sind wir Gäste oder sind wir das Menü?" (Hamburger Abendblatt vom 17.12.1974)

Generalsekretär M'bow und die Millionen anderer Afrikaner, die wie er durch die berühmt-berüchtigten Kannibalenwitze und Menschenfressererzählungen diskriminiert werden, dürften sich schwerlich damit trösten, daß es schon immer und überall auf der Welt üblich war, über fremde Gesellschaften Greuelmärchen zu verbreiten. Denn der Kannibalismusvorwurf will ja nicht (nur) schlechte Meinungen über andere Menschen fördern, sondern er stempelt diese geradewegs zu Nichtmenschen.

Sieht man einmal vom Kannibalismus als bei uns geläufigem Vorurteil ab und prüft, ob er denn überhaupt je real existierte oder noch existiert, dann verflüchtigt sich das Phänomen recht schnell in Legenden, Abenteuergeschichten und üble Nachrede. Auf jeden Fall erweisen sich die Quellen zum Thema Menschenfresserei, seien es nun Reiseberichte, Abbildungen oder „seriöse Studien", als ungeeignet, irgendetwas über die Lebensverhältnisse von Dorf- oder Großgesellschaften in der Dritten Welt auszusagen.

„Vorkommen und Bedeutung des Kannibalismus sind", so faßte es der Sozialanthropologe *R. Piddington* vorsichtig zusammen, „in der öffentlichen Meinung stark übertrieben worden. Obwohl auf der Erde vereinzelt zu finden, war doch die große Mehrheit der einfachen Gesellschaften nie zu den Kannibalen zu rechnen, und selbst die wenigen verbleibenden Völker pflegten nur sehr selten Menschenfleisch zu essen." (1963, 394)

Der eingebildete Kannibalismus

Ein bezeichnendes Licht auf die *dubiosen Quellen,* aus denen nicht nur Reiseschriftsteller, Kolonisatoren und Missionare, sondern bis vor kurzem auch ernsthafte

Wissenschaftler ihre Aussagen über Kannibalen stützten, werfen jüngste Forschungen des amerikanischen Anthropologen *W. Arens* (1979). Nachdem er Hunderte von Berichten überprüft hatte, fand er keinen einzigen Fall, in dem sich der angebliche Verzehr von Menschenfleisch auf Beobachtungen „aus erster Hand" stützen konnte. Entweder wurden Geschichten vom Hörensagen für bare Münze genommen, obwohl sie erkennbar nur den Zweck verfolgten, etwa ein Nachbarvolk in den Augen Dritter schlecht zu machen, oder man griff auch unbekümmert zum Mittel der Fälschung, wenn dies den eigenen Interessen gerade zupaß kam (z. B. bei der Rechtfertigung des Sklavenhandels).

Dabei entwickelte sich die Sage von den Menschenfressern regelrecht zum *Wandermythos*, erfunden und verbreitet zunächst von Spaniern und Portugiesen, als diese „die Wilden" in Lateinamerika zu zivilisieren bzw. zu unterwerfen begannen, brauchbar immer noch, als das Kolonialinteresse die Blicke von Engländern, Franzosen und Deutschen auf die weißen Flecken im schwarzen Afrika lenkte.

Ein Standardwerk über Sitten und Gebräuche fremder Länder, das noch heute an Universitäten in Gebrauch ist, *W. G. Sumners* „Folkways", stützt sich in seinen Ausführungen über den Kannibalismus auf Berichte, die sämtlich vor der Jahrhundertwende von anderen Forschern und Reisenden zusammengetragen wurden, auch hier meist schon aus dritter und vierter Hand. Zum Teil mag dabei sogar Ungewohntes oder auch Abschreckendes die Phantasie der Berichterstatter beflügelt haben:

Erwiesen ist zum Beispiel, daß einige Gesellschaften in tropischen Regionen des Kannibalismus verdächtigt wurden, weil sie Affen verzehrten, deren Fleisch und Knochen denen von Menschen sehr ähnlich sind. Nachdem auch Untersuchungen aus jüngster Zeit praktisch keine Beweise für tatsächliche Vorkommen von Menschenfresserei erbracht haben, dürfte die Inaktualität dieses Phänomens offenkundig sein.

Aktuell bleibt dagegen nach wie vor der bei uns verbreitete *Kannibalenwitz*, und er gibt manchen Anlaß zum Nachdenken: Bezeichnend ist zum Beispiel, daß es stets Weiße sind, die da in Gestalt friedlich-harmloser Forscher und Touristen als Opfer der bösen Schwarzen herhalten müssen: Es braucht kein Psychologiestudium, um die Entlastungsfunktion dieses Bildstereotyps zu erkennen, eignet es sich doch hervorragend, die in kolonialistischer Zeit von Weißen verübten Grausamkeiten zu verdrängen und sogar auf die unterdrückte Gruppe (als „Projektionsbild") abzuwälzen. Für eine derartige Interpretation spricht auch der stets in den Witz-Zeichnungen auftauchende überdimensionale Emaille-Kochtopf: Dergleichen Küchengeräte gehörten immerhin zur Eßkultur der Kolonialherren . . .

Als seriöse Denksportaufgabe frischt im Mai 1980 das Fachblatt SPEKTRUM DER WISSENSCHAFT den aufgeklärten Umgang mit Kannibalen auf:

> „Sechs Missionare und sechs Kannibalen können mit einem Vier-Personen-Boot einen Fluß überqueren, ohne daß die Missionare an einem Ufer oder im Boot in der Minderheit sind. Dieser Digraph zeigt die einfachste Lösung: Von den drei Missionaren und Kannibalen, die auf die andere Seite des Flusses rudern, gehen je zwei an Land und ein Missionar und ein Kannibale fahren zurück. Nach neun Fahrten sind alle zwölf Personen unversehrt übergesetzt."

Die nach Abzug des „eingebildeten Kannibalismus" noch verbleibenden, nachgewiesenen Praktiken sind vorwiegend symbolischer Art, haben also eine *kulturelle Bedeutung.* Mit dem Fleisch z. B. eines Ahnen, Feindes oder nahestehenden Angehörigen sollen dessen Lebenskraft, bestimmte Eigenschaften oder einfach das Andenken an ihn buchstäblich oder symbolisch einverleibt werden. Daß letztlich auch uns derartige Vorstellung nicht fremd sind, beweist das christliche *Ritual des Abendmahls,* über das in der Bibel geschrieben steht:

> „Und er nahm das Brot, dankte und brach's und gab's ihnen und sprach: Das ist mein Leib, der für Euch gegeben wird; das tut zu meinem Gedächtnis.
>
> Desselbigen gleichen auch den Kelch, nach dem Abendmahl, und sprach: Das ist der Kelch, das neue Testament in meinem Blut, das für Euch vergossen wird." (*Lukas* 22, 18f)

Uns mag heute die Verbindung von Abendmahl und Kannibalismus abwegig oder fast nebensächlich erscheinen. Jahrhundertelang haben sich aber nicht nur die christlichen Kirchenväter, sondern ganze Völker über der Frage zerstritten, ob es sich bei diesem Ritus um ein „realistisches" oder (nur) sinnbildliches Mahl handele. Über dieser Abendmahlsfrage spalteten sich nicht nur Theologen, und nicht nur der byzantinische Bilderstreit (4. - 9. Jh.) und die Auseinandersetzung zwischen Calvinisten und Lutheranern (16. Jh.) zeugen davon, auch heute noch bildet sie eines der wichtigsten Hindernisse für die gegenseitige Anerkennung von katholischer und protestantischer Religionsauffassung. Einen symbolischen, sinnbildhaften Bezug kann man dabei nicht einmal den Abendmahlsrealisten absprechen, also denen, für die Brot und Wein im Augenblick der „Wandlung" vor dem Altar sich tatsächlich in Leib und Blut Christi verwandeln: Auch sie vollziehen letztlich diesen Ritus, um durch die Einverleibung der Gotteskraft teilzuhaben an der Glaubensgemeinschaft.

So realistisch muß man sich den (auch dann noch seltenen) symbolischen Kannibalismus in vorindustriellen Gesellschaften und in manchen frühen Hochkulturen vorstellen, wenn man den Quellen hier trauen darf:

> „Hier sind die Vorstellungen von Leben und Tod unlöslich miteinander verwoben. Man tötet z. B. die Alten um ihretwillen, bevor ihre Lebenskraft erschöpft ist; man verspeist ihr Fleisch und übernimmt ihren Namen, um ihnen auch nach dem Tode das Leben zu sichern, indem man sich auf seltsame Weise mit ihnen vereinigt. Wenn dann aus anderen Gedankengängen heraus die Leichenverbrennung Eingang findet, so kann ein Überrest des früheren Kannibalismus bewahrt bleiben; das ist an einigen Stellen Indiens und Amerikas der Fall, wo die Asche des Toten mit dem Getränk der Überlebenden vermischt wird." (K. *Birket-Smith,* 1948, 354)

Aus unserer eigenen Frühgeschichte werden solche Praktiken ebenfalls behauptet:

> „Die Wenden (ein Stamm im heutigen Schleswig-Holstein) töteten ihre alten Eltern und sonstigen Angehörigen; anschließend kochten und aßen sie die Toten. Den Alten war es wohl lieber, so zu sterben als sich in einem mühevollen Lebensende schwach und gebrechlich dahinzuschleppen." (J. G. *Frazer,* 1912, 14)

Das Heidnische im Gottestum und das Göttliche im Heidnischen Kult wurde – in satirischer Distanz – schon Mitte des 19. Jh. zum Gegenstand der Aufklärung:

> *„Menschenopfer heißt das Stück*
> *Uralt ist der Stoff, die Fabel*
> *In der christlichen Behandlung*
> *Ist das Schaupiel nicht so gräßlich*
>
> *Denn dem Blute wurde Rotwein*
> *Und dem Leichnam, welcher vorkam,*
> *wurde eine harmlos dünne*
> *Mehlbreispeis transsubstituiert –*
>
> *Diesmal aber, bei den Wilden,*
> *War der Spaß sehr roh und ernsthaft . . .“*
> *(Heinrich Heine,* 1956, Bd. 2, 240f)

Mythen und Märchen, heute auch in neuerer Gestalt als Film (Vampyrfilme), überliefern in vielfältiger, populärer Weise *Urängste der Menschen* vor sie bedrohenden Fremdlingen und Mächt(ig)en. Der Kannibalismus veranschaulicht solche Bedrohung zum Beispiel in der griechischen Schöpfungssage. Die Abstammung der Götter, die ja als Idealisierung der Eigenschaften des Menschen begriffen werden müssen, wird auf den barbarischen riesenhaften Titanenfürsten Kronos zurückgeführt, der seine eigenen Kinder frißt (das Bild der allesverschlingenden Zeit, der Menschen wie Götter unterworfen sind):

> „Alle seine Kinder verschlang der große Kronos, sobald eines aus dem heiligen Leib der Mutter zu ihren Knien kam. Er war der König unter den Söhnen des Uranos, und er wünschte nicht, daß ein anderer Gott nach ihm in Besitz dieser Würde gelange. Er hatte von der Mutter Gaia und von seinem Vater, dem gestirnten Himmel, erfahren, daß es ihm bestimmt sei, durch einen starken Sohn gestürzt zu werden. Darum war er fortwährend auf der Hut und verschlang seine Kinder: ein unerträglicher Kummer für Rhea. Als sie nun im Begriff war, Zeus zu gebären, den künftigen Vater der Götter und Menschen, wandte sie sich an ihre Eltern, die Erde und den gestirnten Himmel, damit sie mit ihr einen guten Rat fänden, wie sie das Kind unbemerkt auf die Welt bringen und Rache nehmen könnte, des Vaters und der übrigen Kinder wegen, die der große Kronos, von krummen Gedanken, verschlungen hatte. (K. *Kerenyi,* 1968, 25)

Frühmorgens, ehe die Kinder erwacht waren, stand sie schon auf, und als sie beide so lieblich ruhen sah, mit den vollen roten Backen, so murmelte sie vor sich hin: „Das wird ein guter Bissen werden!“ Da packte sie Hänsel mit ihrer dürren Hand, trug ihn in einen kleinen Stall und sperrte ihn mit einer Gittertür ein; er mochte schreien, wie er wollte, es half ihm nichts. Dann ging sie zur Gretel, rüttelte sie wach und rief: „Steh auf, Faulenzerin, trag Wasser und koch' deinem Bruder etwas Gutes, der sitzt draußen im Stall und soll fett werden. Wenn er fett ist, will ich ihn essen.“ Gretel fing bitterlich zu weinen an; aber es war alles vergeblich, sie mußte tun, was die böse Hexe verlangte. (Märchen der Gebrüder *Grimm*)

In Melanesien gibt es einen vergleichbaren Mythos von der Entstehung der Welt, nur wird dort der allesverschlingende Riese am Ende von seinen Überwindern in einem „heiligen Mahl“ selbst verzehrt – ein Ritual, das lange Zeit auch von den Menschen im Archipel nachvollzogen worden ist (in nachgewiesener Form allerdings nicht mit Menschen-, sondern Schweinefleisch).

In den jedermann bekannten und sehr beliebten Hexen- und Menschenfressermärchen lebt die Auseinandersetzung mit den ‚übermächtigen Gegnern und Störenfrieden der Menschen weiter. Die Überwindung dieser Bedrohung hat sich immer wieder, nicht nur in den angeblich besonders magischen Zeitaltern konkrete Hilfsfiguren, *Sündenböcke* gesucht, auf deren Kosten dann das eigene Selbstwertgefühl wieder aufgebaut wurde. Dabei ist es nicht einmal entscheidend, ob (wie es vor allem psychoanalytische Deutungen behaupten) der Tötungswunsch gegenüber familiären und gesellschaftlichen ‚Über-Ichs‘ hier seinen Ausdruck findet, oder ob es sich dabei um Abwehrversuche gegenüber andersartigem Verhalten, Aussehen oder Ansprüchen von Fremdlingen und Außenseitern handelte.

Kannibalismus ohne höhere Bedeutung, also aus wirklichen *Mangel- und Notsituationen* heraus entstanden, wird von allen möglichen Zivilisationstypen vereinzelt berichtet. Dazu gehören Reportagen über notleidende Eskimos ebenso wie solche über versprengte japanische Soldaten im 2. Weltkrieg auf den Philippinen oder solche über Insassen eines am Amazonas abgestürzten Flugzeugs, die vor dem Hungertode standen. Die Überwindung der Tabuschwelle vor dem Verzehr von Menschenfleisch in solchen äußersten Notlagen stellte die Betroffenen im allgemeinen vor größte seelische Probleme.

Nicht verdrängt, sondern „vorbeugend" aufgearbeitet wurden solche *Tabu-Konflikte* mithilfe eines Kults bei den Kwakiutl–Indianern an der amerikansichen Nordwestküste, über den *Benedict* (1957, 139ff) berichtet: „Der außerordentliche Widerwille, den die Kwakiutl gegen den Genuß von Menschenfleisch empfinden" kam in einem Ritus zum Ausdruck, bei dem ein Stammesangehöriger –gewissermaßen stellvertretend für die übrigen – Fleischfetzen von toten oder sogar von (den am Kult teilnehmenden) lebenden Menschen zu sich nahm, diese aber anschließend sogleich wieder erbrach. Ungefähr vier Jahre lang war diese Person dann vom Leben des Volkes weitgehend ausgeschlossen, in der Anfangszeit wurde er sogar so behandelt, als müsse er die Menschwerdung noch einmal ganz von Anfang an vollziehen, zum Beispiel „von neuem gehen, sprechen und essen lernen. Man nahm an, daß seine Seele (bei dem Ritus) so weit fortgewesen sei, daß sie sich in der alten Umwelt gar nicht mehr auskennen könne." (140) Wer die Kwakiutl wegen solcher Praktiken nun unter die Kannibalen einreiht, verkennt die offensichtlich entgegengesetzte Bedeutung der geschilderten Handlung, die eher als eine Art soziales Lehrstück gegen die Unmenschlichkeit gelten kann.

Aus der Vergangenheit sind noch eine Reihe von *Sonderformen* des Kannibalismus bekannt: Sie werden im Zusammenhang mit Straf- und Vergeltungsaktionen erwähnt, dienten zur Unterstreichung sozialer Ausnahmesituationen oder mögen als Folge von Aggressionsausbrüchen aufgetreten sein:

> „Wenn wilde, brutale Emotionen geweckt werden, in höheren Zivilisationen durch Kriege und Konflikte, kann die kannibalistische Anlage sich erneut entwickeln . . . 1564 töteten Türken den polnischen Soldaten Vishnevitzky, der ihnen große Schwierigkeiten bereitet hatte, und aßen sein Herz." (*Sumner*, 1960, 289)
>
> „Im Louvre hängen zwei Bilder, gemalt von einem elsässischen Maler der Revolutionszeit, die für die Farbe Rot das Blut von Aristokraten verwenden. Genauer: Farbe, die gewonnen wurde durch das Zerstampfen von beigesetzten Herzen der Prinzessinnen des königlichen Hauses." (J. Gross FAZ Magazin 5/1981)

Noch im 1. Weltkrieg erzielte die psychologische Kriegsführung verschiedener Länder in der Feindpropaganda Erfolge damit, daß sie den Gegner unter anderem des Kannibalismus bezichtigte, den zu besiegen denn auch besonders ruhmvoll war. Heute, 30 Jahre nach dem 2. Weltkrieg, erfreuen sich sogar friedliche Sekretärinnen wieder an dem Gruseleffekt, den touristische Fern- und Abenteuerreisen in die angeblich „unerforschten Gebiete" der angeblich „berüchtigten Kopfjäger im Busch von Ecuador" versprechen (Bonner Generalanzeiger vom 22.3.1980).

Kopfjägerei – Vorstufe zum Kannibalismus?

Sumatra: Auf den Spuren der Kopfjäger am Toba-See

(DIE WELT, 1978)

Abenteuer-Urlaub auf den Philippinen

Unter Kopfjägern

In der Hauptstadt Manila warten 8000 Luxus-Hotelbetten auf Gäste, aber nur eine Düsenstunde entfernt leben Kopfjäger und Steinzeitmenschen unberührt von jeglichem Massentourismus . . .
(CAPITAL, 1977)

Kopfjäger heute: Ein nettes, lustiges Völkchen

(ZEIT-Magazin, 1978)

Präparierte Kopfjagdtrophäe der Marind-anim/ Südsee (Berlin, Völkerkundemuseum)

Fortschritt?
Vom Reisebericht (19. Jahrhundert) . . .

. . . zum Kinofilm unserer Tage

Vietnam-Polizisten des „Phoenix-Programms“ und ein Gl mit den abgeschlagenen Köpfen von angeblichen Vietkong-Kämpfern. Die CIA zahlte für jeden Kopf 200 bis 2000 Mark (DER STERN)

Es ist ein alter Trick der Weißen, den schwarzen Mann zum Menschenfresser, den roten oder gelben zum Kopfjäger zu stempeln, so daß sich praktisch von selber versteht, auf wessen Part der liebe Gott die Menschlichkeit gesät hat und auf wessen Kosten und Rücken sich der Fortschritt entwickeln darf. Denn gerade auf dem Gebiet der Kriegsführung sind wir schließlich besonders „progressiv": Dafür steckt die Anschaulichkeit heute in der Quantität der atomaren Vernichtungsphantasien oder der täglichen Verkehrsaggressionen, nicht im einzelnen „steinzeitlichen" Opfer-Ritual.

Seid anständig

(Nr. 35/1977, SPIEGEL-Titel „Das Bild vom bösen Deutschen")

Mit Interesse verfolge ich die sogenannte „Kampagne gegen den häßlichen Deutschen im Ausland". Dabei wird man als Afrikaner in Deutschland häufig Menschenfresser genannt. Sogar in Gesprächen mit allen Bevölkerungsschichten, von Pennern bis zu Professoren, fallen allzu oft solche bösen Andeutungen. Auch in deutschen Comics, Kinderbüchern, Zeitschriften und Tagesblättern gehört dieses Image von Afrika als Land der Kannibalen fast zur Tagesordnung. Ich habe die beigefügten Karikaturen ausgeschnitten. Fazit: Man begeht hierzulande die gleichen Fehler wie in den Ländern, wo man pauschal die Deutschen mit Nazis identifiziert. Come on, good old Germany, be fair.

Kiel — AKO AMADI
Nigerianischer Student am Institut für Meereskunde

Bild am Sonntag

„Zur Henkersmahlzeit möchte er gern den Direktor verspeisen"

aus: DER SPIEGEL Nr. 42/1977

Daß sich Afrikaner über Kannibalen-Witze nicht gerade auf die Schenkel klopfen vor Lachen, sollte eigentlich nicht verwundern. Sind wir doch schon äußerst empfindlich, wenn ausländische Karikaturen, Filme oder Schulbücher die keineswegs steinzeitliche Erinnerung an Deutsche als SS-Schergen wachhalten.

Brautpreis und Sozialstaat

Der Brautpreis:
Realer und symbolischer Wert
Das Vorurteil:
Brautpreis = Frauenhandel
Heiratspolitik
Funktion des Brautpreises
Afrikanische Heiratsbräuche
Wie umgeht man den Brautpreis?
Mitgift und Aussteuer:
Wie Bräute ihre Männer kaufen
Wer mich mal kriegt,
macht eine gute Partie
Aussteuer-Ideale
Ehe als Privatsache

4

Der Brautpreis – realer und symbolischer Wert

Ökonomische Bedeutung des afrikanischen Brautpreises

In den meisten Gesellschaften ist Heiraten mit einem Austausch von Geschenken und der Verteilung von Reichtum verbunden. Mit Ausnahme Amerikas ist der Brautpreis die häufigste Form von Heiratstransaktion. (Eine Auswahl von 238 Gesellschaften Afrikas ergab, daß 195 (82 %) die Institution des Brautpreises besaßen.) Die Mitgift ist im vorkolonialen Schwarzafrika unbekannt.

Der Brautpreis besteht aus Zahlungen und Geschenken, die von der Verwandtschaftsgruppe des Bräutigams an die der Braut abgegeben werden. Diese Zahlungen legitimieren die Ehe und regeln die Zugehörigkeit der Kinder zur Gruppe des Mannes. Es ist falsch, den Brautpreis als eine Bezahlung für eine Frau zu betrachten. Sein Inhalt ist meistens gesellschaftlich festgelegt und variiert höchstens nach der Stellung des Bräutigams, aber nicht nach der der Frau. In den hier betrachteten Gesellschaften werden Allianzen und Beziehungen durch den Austausch von Gütern hergestellt und gefestigt. Bei einer Ehe handelt es sich um eine sehr wichtige Allianz. Die Frau gilt als der höchste Wert, den eine Gruppe besitzen kann. (Die Frau ist wichtig sowohl als Produzentin als auch als Produzentin von Produzenten.) Die Güter, die den Brautpreis ausmachen, werden nie als Ausgleich für eine Frau betrachtet. Die Gruppe, die die Frau empfängt, steht immer in einer Abhängigkeit von der Gruppe, die die Frau abgibt. Dies zeigt sich in der hierarchischen Ordnung bei Zeremonien oder durch die Verpflichtung eines Mannes, während seiner Ehe Geschenke an seinen Schwiegervater zu machen und für diesen Arbeit zu verrichten.

Der Brautpreis ist kein Spiegelbild der Mitgift. Er wird von der Gruppe des Bräutigams gesammelt und unter der Gruppe der Braut verteilt, er stellt also eine Umverteilung von Reichtum dar. Die Mitgift dagegen ist ein Geschenk von der Familie der Braut an die Braut selbst. Sie stellt einen Ersatz für das Erbe dar.

(*J. Ballot*, 1976, 26)

Brautschmuck, Handgeld und Leihkauf bei den Germanen

Zur Zeit der Merowinger (430-751) trat das Mädchen in feierlichem Staat, das Haar geschmückt, mit ihrem erwählten Jüngling in den Kreis der Anverwandten, reichte ihm sittsam die Rechte, die sich beim Händedruck mit ein paar Geldstücken füllte, ließ sich einen Kuß auf die Lippen drücken und den Verlobungsring an den Finger stecken . . .

Der altgermanische Jüngling kaufte sein Mädchen von ihrem Vater los. Das dazu nötige Handgeld spielte in alter Zeit auch bei den Indern, Kelten, Juden, Griechen und Römern eine große Rolle. Im Egerland hieß die Verlobungszeremonie noch lange ‚Leihkauf‘ oder ‚Lenkauf‘. Die Römer unterstrichen überhaupt jedes Geschäft durch ein Handgeld, und oft war die Verlobung – nicht nur im Römerlande – ein reines Geschäft und ein gut Teil Überlegung, ob sich Acker zu Acker finde. ‚Geld, di mag i‘, gilt nicht nur in Franken. Auf einem großen Hof ‚stand‘ die Verlobung erst, wenn die rechtliche Seite der Vermögensverhältnisse geklärt war.“

(*H. und H. Lehmann,* München o. J., 20 f)

Mitgift und Altersversorgung im 19. Jahrhundert

Bis weit ins 19. Jahrhundert waren in Europa Ehe- und Besitzübernahme-Verträge verbreitet, in denen zugleich die Versorgung der Eltern und anderer Familienmitglieder geregelt wurde. In einem sogenannten „Ehezärtel“ aus Wilhelmsburg bei Hamburg, das im Jahre 1681 aufgesetzt und bei dem die älteste Tochter der Witwe Wülfken als Hoferbin bestimmt wurde, heißt es anläßlich deren Verlobung:

„Margarethe Wülfken, Witwe von Siefert, hat ihre Tochter 1. Ehe, mit Tewes Wülfken gezeuget, mit Henke Wülfken, Sieferts Bruder, verlobt. Sie übergibt ihm Haus und Hof mit Ländereien, Mobilien (ohne ihr Bett und Kiste) Betten, Hausgerät, Pferde, Wagen Pflug, Eggen, 9 1/2 Morgen Land, Kohlhöfe ...

Die Mutter wird vom Hof unterhalten, sonst bekommt sie jährlich zum Ochsen 10 Reichsthaler, zum Schwein 5 Reichsthaler, 2 Scheffel Rocken, 1 Weizen ... süss und sauer Milch, Woche 2 Pfund Butter im Sommer, 1 Pfund im Winter, 2 Kleek Kohlhof, darin 1 Pamotten (Bergamottenbirnbaum), 1 Zuckerbirn, 1 Apfelbaum.“ (aus *H. Keesenberg*, 1972, 30/57)

Indischer Heiratsmarkt 1980

Zu Beginn jeder Wochenendausgabe der indischen „Hindustan-Times“, die vor allem von „gebildeten“ Schichten gelesen wird, finden sich einige Seiten mit hunderten von Heiratsannoncen. Wie der folgende Auszug erkennen läßt, ist in den Anzeigen von „Liebe“ nicht die Rede. Deutlich wird aber auch, daß die früheren strikten Kasten-Vorschriften für Heiraten sich allmählich zu lockern scheinen („untere Kaste kein Hindernis“), dafür aber Ansprüche an den ökonomischen, sozialen und/oder Bildungs-Status vor allem des künftigen Ehemanns und seiner Familie eine umso größere Bedeutung haben.

THE HINDUSTAN TIMES WEEKLY SUNDAY NOVEMBER 16 1980

MATRIMONIALS FOR BRIDES

GURSIKH, beautiful match for handsome, well educated, Army Officer (Captain), 26, 179 cms., have very high circle, family of high status, having well established business in Delhi and New Delhi. Own property in posh locality. Income five figures. Box 55458-CA, Hindustan Times, New Delhi-110001.

MEDICO match for American qualified Engineer Economist, M.E., M.A., Doctoral candidate, drawing handsome salary, belongs to respectable Hindu family, 30 yrs., 167 cms., visiting India till December First. Immediate marriage. Post Office Box 765, New Delhi-110001. 55138-CA

HOMELY girl for Chartered Accountant, 27/ 177, top Khatri family, only son, very well established. Caste immaterial. Box 56706-CA, Hindustan Times, New Delhi-110001.

MATCH for Rajput handsome boy, 28, drawing 850, manager hotel, expected call abroad. Service class no bar. Box 123626-CH, Hindustan Times, New Delhi-110001.

WANTED good looking, homely and smart, Graduate girl from respectable family for very smart, handsome, fair, tall, Khatri boy of well connected and respectable family, 30 yrs., 172 cms., working as Officer in Nationalised Bank in Delhi. Caste no bar. Box 122858-CH, Hindustan Times, New Delhi-110001.

MATRIMONIALS FOR BRIDES

MEDICO match for 28½ yrs. Punjabi boy, M.Sc., M.S Ph.D. (Biochemistry), settled America. Visiting India shortly. Apply Box 56939-CA, Hindustan Times, New Delhi-110001.

MEDICO Brahmin, settling America, fair, 27, 171, seeks alliance from fair, cultured, Medico/Professional brides willing to migrate. Early simple marriage Serious parties give fullest details. Caste immaterial. Box 54616-CA Hindustan Times, New Delhi-110001.

CHARMING, fair, professionally qualified Graduate match for Economic Graduate Vaish boy, 26, 175, locally employed, top company, monthly emoluments exceeding 1800/-. No bars. D-2, Kailash Colony, New Delhi-48 55519-CA

BRIDE for 28 years, UDC. Govt. service. Caste no bar. Box 55516-CA. Hindustan Times, New Delhi-110001.

AFFECTIONATE Science Graduate girl for Vishvakarma youth, 26, Supervisor 900/-, Defence factory. Box 123514-CH, Hindustan Times, New Delhi-110001.

BRIDE for South Delhi propertied, highly educated, non-Aggarwal Vaish family, Army Captain, Helicopter Pilot, 29 years, tall. No sub caste bar. Box 56239-CA, Hindustan Times, New Delhi-110001.

Das Vorurteil:
Brautpreis = Frauenhandel

Inbegriff der Rückständigkeit und Primitivität, darüber hinaus auch eine grobe Mißachtung der Würde der Frau, ist vielen Zeitgenossen die ihnen fremde, aber ansonsten in der Welt weit verbreitete Sitte des Brautpreises:

„Werner Freund und Horst Gruber bei den Mujus auf Neuguinea. Dieser Stamm kennt noch die Vielweiberei. Für ein Steinbeil kann man sich dort eine Frau kaufen" (QUICK, 8/1973)

Wo Bauern ihre Töchter verkaufen . .

Eigener Bericht - SAD

Paris, 24. Januar

Die Lage der 850 Millionen Chinesen in der Volksrepublik China ist keineswegs rosig: Die Menschen leben in überbelegten Wohnungen, Nahrungsmittel sind streng rationiert, für jede Reise braucht man eine Genehmigung, und der ideologische Zwang ist allumfassend.

Dieses Bild entwirft ein französisches Ehepaar, Jacques und Claudie Broyelle, das 20 Monate in Peking lebte, in der Pariser Wochenzeitung „L'Express". Die Broyelles arbeiten als Korrektoren an der französischsprachigen Ausgabe von „Peking-Information" mit.

Sie berichten, in der Provinz Setschuan, die während der Kulturrevolution zu „einem der ärmsten Landstriche Chinas" wurde, hätten Bauern trotz drohender Strafen wieder ihre Töchter verkauft. Auch die Prostitution sei, obwohl verboten, wieder aufgelebt.

HAMBURGER ABENDBLATT 24.1.1978

Wer Begriffe wie Kauf, Tausch und Handel so unverblümt auf fremde Heiratsbräuche überträgt, erweckt damit bei uns die Vorstellung, es handele sich hier um etwas ähnliches wie das Kaufverhalten einer Hausfrau im Supermarkt – oder schlimmer: wie das Verhalten des Mannes im Eros-Center („käufliche Liebe").

Für die Hausfrau ist der Kaufakt jedoch ein höchst eingeschränkter Handel: Eine Schweinshaxe ist ihr kaum mehr wert als der Preis, den sie dafür gezahlt hat, die Bedeutung der eingekauften Haxe erschöpft sich weitgehend im Verzehr und aus dem Handel selber ergeben sich im allgemeinen auch keine weiteren Verbindlichkeiten zwischen Käuferin und Verkäufer.

Die Rechte und Pflichten und die wechselweisen Beziehungen, die sich aus der Heirat – bei uns wie anderswo – ergeben, lassen sich dagegen nicht auf einen solch einmaligen Akt und schon gar nicht auf die bloße Übergabe eines Steinbeiles an den Brautvater (oder eines Blumenstraußes an die künftige Brautmutter) einengen. Dieser Vorgang fügt sich im Gegenteil in ein ganzes Geflecht von Gegenseitigkeitsbeziehungen und „Tauschaktionen" nicht nur zwischen den beiden Brautleuten, sondern vor allem auch zwischen ihren Familien-, Bekanntschafts- und Freundesgruppen ein. Damit wird auch der Vorgang der Eheversprechung und Eheschließung zum Bestandteil eines komplizierten Tauschsystems von Gütern, Dienstleistungen, Geschenken, Symbolen, Ehrerbietungen, Besuchen und Gefälligkeiten, das selber immer schon eine bestimmte Vorgeschichte hat, aus der wiederum ganz bestimmte Zukunftserwartungen oder auch -belastungen erwachsen.

Heiratspolitik

Wirtschaftliche und Machtinteressen spielen bei einer Versippung verschiedener Familiengruppen durchaus auch in materiell nicht so reich ausgestatteten Gesellschaften eine beachtliche Rolle, also nicht nur bei den Überlegungen unserer Bauern, wer in wessen Hof einheiratet und nicht erst in der ausgeklügelten Heiratspolitik europäischer Adelshäuser oder bei der Konzernbildung in der industriellen Gründerzeit.

Modern ist es immer noch, wenn Eltern oder Heiratsinstitute nach der „passenden Liaison" für Kinder oder Kunden suchen, und bekannt (und keineswegs verpönt) sind der Mitgiftjäger ebenso wie die weibliche Raffinesse bei der Suche nach einer „guten Partie".

Führerschein der Liebe

Welche sinnliche Frau von **Format und Kultur weckt mit** ihrer Liebe einen jungen, **unerfahrenen Mann, 32, Abitur** (durch Fehlspekulation in finanziellem Engpaß/Studienabbruch) zu Lebenskunst und Lebensgenuß?

Sie soll ihm nicht nur die Ausnahmezustände seelischer und körperlicher Leidenschaft lehren. Sie soll ihm auch zeigen, wie man erlesen ißt, welche Reize Literatur und Musik haben und wie man sich eine Wohnung nicht nur teuer, sondern auch schön einrichtet. Schließlich soll seine Lebenspartnerin auch eine finanziell aufbauende Chance für ihn darstellen. Bildzuschriften erbeten unter **N T 325905** an die Frankfurter Allgemeine, 6 Ffm. 1, Postfach 2901.

Wie stark die wirtschaftlichen Interessen direkt oder indirekt unser europäisches Heiratssystem bestimmen – ohne daß wir deswegen gleich vom Frauen- oder Männerkauf reden würden – zeigt im übrigen die statistische Tatsache, daß die Heiratshäufigkeit zwischen verschiedenen Gesellschaftsklassen immer noch keineswegs so hoch ist wie es unser demokratisches Bild von der offenen Gesellschaft oder die Film- und Heftromanideologie von den reinen Liebesheiraten zwischen Graf und Bauerntochter, Arzt und Krankenschwester glauben machen wollen.

Auch wir finden aber, daß das „Wesen" der Heirat mit den (ohnehin häufig verdrängten) wirtschaftlichen Hintergründen oder Begleiterscheinungen nicht ausreichend und schon gar nicht angemessen beschrieben ist. Obwohl wir sehr vieles in Geld messen, bestehen wir hier wie auch in der Kunst, bei Geschenken oder bei der Ehrung hervorragender beruflicher Leistungen darauf, daß noch andere, „eigentliche" Werte und Absichten im Spiel sind, die sich nicht einfach in Geld ausdrücken lassen. Empörung über den zu wörtlich genommenen und damit scheinbar barbarischen „Brautkauf" ist daher fehl am Platze:

Ob die Familie des Bräutigams oder der Braut in diesem Handel mehr zu leisten hat und in welcher Form das wechselseitige Geben und Nehmen geschieht (Besitztausch, Arbeitsleistungen, Schmuck und Geschenke bis hin aber auch zur Ausnutzung der so entstandenen Abhängigkeiten) wird bei einem Nomadenstamm erfahrungsgemäß anders geregelt als bei einer wohlhabenden indischen Kaufmannskaste, bei den Hafenarbeitern in Norddeutschland anders als den bayerischen Großbauern. So können Mitgift und Brautpreisregelungen gleichzeitig bestehen und einmalige Austauschrituale (wie das Wechseln der Trauringe bei modernen Ehepaaren, die diesen Vorgang als völlig privaten ansehen, der nicht einmal ihre Eltern angeht) sind ebenso bekannt wie solche, die in kompliziertem Wechselverhältnis die Familien über die Dauer einer ganzen Ehe abhängig halten oder in Freundschaft aneinander binden.

Die vielfältigen Erscheinungsformen der Brautpreissitte (im islamischen Gebiet Milchpreis genannt), haben also mit den unterschiedlichen Aufgaben zu tun, die sie als Bestandteil des Ehevertrages und innerhalb der späteren sozialen und wirtschaftlichen Verwandtschaftsbeziehungen zu erfüllen hat.

Funktionen des Brautpreises:

In Gesellschaften, in denen größere Familienverbände das soziale Leben bestimmten bzw. noch heute bestimmen, erfüllte das Brautpreis-System vor allem folgende Aufgaben:

a) Zunächst einmal ging es um eine materielle *„Heiratssicherheit"*. Der künftige Ehemann bekundet mit dem Brautpreis die Ernsthaftigkeit seiner Heiratsabsichten, indem er sich gegenüber den eigenen und künftigen Verwandten wirtschaftlich verpflichtet. So man den deutschen und anderen märchenverkleideten Überlieferungen glauben will, konnte bei reichen Brauteltern an die Stelle materieller Güter auch eine ideelle Leistung treten etwa dadurch, daß dem künftigen Schwiegersohn drei Prüfungsaufgaben vorgelegt wurden. Von Mohammed wird berichtet, er habe von seinem Schwiegersohn als Beweis für die Ernsthaftigkeit seiner Liebe verlangt, daß er (der Krieger) seinen Schild übergebe – ein wirkliches Opfer also. Selbstbewußte und umworbene Bräute erwarten heute in Europa oder in den USA als Liebespfand Sportautos oder Diamanten.

b) Später wird der Brautpreis zur *„Eheversicherung"*. Er schützt die Ehefrau vor allzu schlechter Behandlung und erschwert dem Mann die Scheidung. Dieser muß es sich – so die Theorie – gründlich überlegen, ob er sich von seiner Frau trennt, denn wenn sie ihre Schuldlosigkeit nachweisen konnte, verlor er seine „Investition". Das in der Herkunftsfamilie der Frau verbliebene Vermögen diente dann als eine Art Unterhaltsausgleich nach der Scheidung, gegebenenfalls (wenn sie nicht wieder heiratete) auch als Alterssicherung. Umgekehrt hielt der Brautpreis auch die Frau zu Wohlverhalten und Treue an, denn im Interesse ihrer Familie kann die Zerstörung der Ehe nicht liegen, bedeutete sie doch, daß zumindest der Wertzuwachs, wenn nicht der gesamte Brautpreis an die Familie des Mannes zurückgezahlt werden mußte.

c) Eine dritte wesentliche Funktion des Brautpreises bestand in der *Entschädigung* für die der Brautfamilie verlorengegangene Arbeitskraft bzw. der für die Braut aufgewendeten Ausgaben. Umgekehrt brauchte die Brautfamilie diese Werte auch, um selber für die eigenen Söhne Frauen aus anderen Familien „einzutauschen", und dadurch das Gleichgewicht in der eigenen Gruppe (Arbeitsfähigkeit, Nachkommenschaft) zu sichern. Damit werden durch eine Heirat vielfältige rechtliche, wirtschaftliche und soziale *Gegenseitigkeitsbeziehungen* zwischen den beteiligten Familien oder Stammesgruppen geschaffen und sowohl durch den Brautpreis wie häufig auch durch Gegenleistungen der Brauteltern dokumentiert. Den Grundsatz des gegenseitigen Austauschs von Frauen, Leistungen oder Gütern unterstreicht man in einigen Gegenden Europas, Asiens und Ozeaniens noch heute dadurch, daß die Brauteltern – zum Teil unter Verwendung des erhaltenen Brautpreises oder aufgrund eigenen Konsumverzichts – die aufwendigen Hochzeitsfeierlichkeiten auszurichten haben.

d) In einigen Gesellschaften erfüllten die Heiratsbräuche auch einen gewissen *wirtschaftlichen Ausgleich* zwischen Gruppen oder Personen mit unterschiedlichem Status. Angesammelter Reichtum wird umverteilt und in nichtwirtschaftliche (soziale) Werte rückinvestiert. Die Höhe des Brautpreises bestimmte sich dabei auch weniger, wie wir vermuten würden, nach dem „Wert" der „gekauften Braut", sondern nach Besitz und Rang der Familie des Mannes. War die Verwandtschaft des Bräutigams wohlhabend, mußte sie in den oft zähen Verhandlungen vor der Eheschließung mit einem höheren Preis rechnen als eine vergleichsweise ärmere Familie.

e) Neben den materiellen Aspekt dieser Regelungen tritt oft ein besonderes *moralisches Verpflichtungssystem* zwischen dem Bräutigam und seiner eigenen Verwandtschaft: Wohlhabendere ältere Verwandte müssen bei uns und anderswo mit einspringen, damit die mit einer Heirat verbundenen Aufwendungen und die Gründung einer neuen Existenz überhaupt möglich werden. Dies kann mit der offen ausgesprochenen oder stillschweigenden Erwartung verbunden sein, daß die Eheleute sich später ihrerseits erkenntlich zeigen werden, wenn ihre Hilfe benötigt wird. Sowohl beim Aufbringen des Brautpreises wie bei seiner Verteilung sind im

Afrikanische Heiratsbräuche

„Eine afrikanische Hochzeit ist in verschiedener Hinsicht den alten englischen (angelsächsischen) Heiratsbräuchen ähnlich . . . Zunächst ist die Heirat nicht Sache des Staates, sondern stellt eine vertragliche Verbindung zweier Personengruppen dar, der Verwandtschaft des Mannes und der Verwandtschaft der Frau . . ., die in dem gemeinsamen Interesse an der Ehe und ihrer Dauerhaftigkeit sowie an den Kindern aus dieser Vereinigung basiert (letztere sind ja später mit beiden Gruppen verwandt). Zweitens findet sich generell in Afrika – wie auch im frühen England und in vielen anderen Gesellschaften der Erde heute noch – die Einrichtung des Brautpreises, der vom Bräutigam oder seinen Angehörigen dem Brautvater oder Vormund der Braut entrichtet wird . . . und der als wesentlicher Aspekt der Sicherung einer „legalen" Ehe und „legitimer" Kinder gilt.

Manche sehen im Brautpreis einen „Brautkauf", in dem Sinne etwa, in dem sich heute ein Engländer ein Pferd oder ein Auto kauft. In Südafrika wurde früher sogar die traditionelle Heirat mit ihrem Brautpreis (Vieh) offiziell als „unmoralischer Handel" und als ungültig für die Ehegründung bezeichnet. Die Vorstellung, daß der Afrikaner seine Frau in gleicher Weise „kauft" wie ein Engländer Vieh, beruhen aber auf Ignoranz oder auf blinden Vorurteilen . . .

Bei einigen afrikanischen Gesellschaften ist es auch üblich, daß der künftige Ehemann, anstatt Geschenke zu übergeben, auch selber Dienstleistungen für die Brautfamilie erbringen muß – wir kennen die Parallele aus dem Alten Testament (Genesis XXIX), wo Jakob seinem Onkel (Mutterbruder) Laban sieben Jahre für jede von dessen Töchtern Leah und Rachel dienen mußte . . .

Um die afrikanische Heirat zu verstehen, sollte man sie nicht als ein einmaliges Ereignis oder als bloße Abmachung, sondern als einen sich lange hinziehenden Entwicklungsprozeß auffassen . . . Die umfangreichen Heiratszeremonien, die nicht nur in Afrika, sondern überall in der Welt sehr verbreitet sind, lassen sich nur dann erklären, wenn man sie als rituellen oder symbolischen Ausdruck dafür ansieht, daß jede Heirat einen Bruch der natürlichen Familienbande der Frau darstellt . . .

In den sogenannten primitiven Gesellschaften ist der Austausch von Wertsachen (oder von Arbeitsleistungen) ein normales Verfahren, um freundschaftliche Beziehungen zwischen verschiedenen (Stammes-) Gruppen und einzelnen ihrer Mitglieder entweder zu begründen oder zu festigen."

(A. R. Radcliffe-Brown, 1965, 46 ff)

★ ★ ★ ★ ★ ★ ★

„Bei manchen afrikanischen Völkern hat der Brautpreis die ethische Bestimmung verloren. Die Habgier ließ ihn zum verbissenen Feilschen um den Wert eines Frauenkörpers absinken. Das Mädchen wird zum Objekt für materielle Spekulationen des Vaters, der sich über die Neigungen seiner Tochter hinwegsetzt. Er verheiratet sie nicht mit jenem Mann, der dem Mädchen gefällt, sondern mit jenem, der ihm am meisten bezahlt."

(P. Fuchs, 1966, 49)

Wie umgeht man den Brautpreis?

Für den gar nicht seltenen Fall, daß ein Heiratswilliger sich nicht zur Zahlung des verlangten oder üblichen Brautpreises imstande sah, gab es in afrikanischen und asiatischen Gesellschaften durchaus noch andere Lösungen, die ein erhebliches Maß an sozialer Phantasie erkennen lassen:

Möglichkeit 1: „In einem solchen Fall tritt der junge Mann mit dem Mädchen seiner Wahl und deren Eltern vor den Ältestenrat und beantragt matrilokale und matrilineale Eheschließung. Das Paar lebt dann wie ein anderes verheiratetes Paar zusammen, aber ihr Haushalt gehört zur Familie der Frau und nicht zu der des Mannes; außerdem erhalten die Kinder den Namen des mütterlichen Clans."
(*L. Leakey,* 1974, 133)

Möglichkeit 2: „Wenn ein Mann kein Vieh besaß, so bedeutete dies nicht, daß er nicht heiraten konnte. Vieh im Besitz eines Onkels oder eines entfernten Vetters oder irgendeines anderen Stammesangehörigen konnte stets für den Brautpreis herangezogen werden. In einem solchen Falle entschieden die Stammesältesten in der Regel, daß mehrere Personen gemeinsam dem Mann das Vieh zur Verfügung stellen sollten, der selber keines besaß. Man erwartete nicht, daß er dieses zurückzahlen sollte. Statt dessen aber verlangte man von ihm, daß er in späteren Jahren einmal seinerseits Vieh zur Verfügung stellen solle, wenn sich der Sohn irgendeines anderen Stammesangehörigen in einer ähnlichen Lage befinden sollte."
(*T. Mboya,* 1966, 165)

Möglichkeit 3: „Ein mittelloser junger Mann kann aber auch einen reichen Stammesältesten ersuchen, für ihn den für die Eheversicherung erforderlichen Betrag an die Familie seiner Auserwählten zu zahlen. Dafür begibt er sich in die Abhängigkeit des wohlhabenden Stammesgenossen. In solchen Fällen geschieht es häufig, daß der Alte seinen Vasallen im Laufe der Zeit als Adoptivsohn oder sogar als Erben anerkennt."
(*L. Leakey,* 1974, 133)

Möglichkeit 4: Wenn, z. B. in besonders patriarchalischen Gesellschaften, die Brautpreissitte zur Spekulationsbörse der Familienoberhäupter ausartete, blieb im Notfall immer noch die Möglichkeit, mit der Braut zu fliehen oder sie zu „rauben". Natürlich bedeutete dies zugleich auch, daß man sich von den Lebensräumen beider Familiengruppen weit entfernen mußte.

Möglichkeit 5: Es sind nicht nur individuelle Wege bekannt, die Brautpreisverpflichtungen zu umgehen, sondern auch kollektive. Ganze Dörfer, Lokalgruppen oder Stammesgruppen umgingen diesen komplizierten Tausch von Frauen gegen Dienstleistungen oder Güter oder Geld und tauschten ihre Frauen direkt gegen Frauen des Nachbarstammes. Auch diese Form des „Naturaltauschs" (klassische Form: Schwester und Bruder heiraten Bruder und Schwester) entwickelte sich gelegentlich vom einfachen Direkttausch bis zum mehrere Generationen umfassenden Kreditsystem, dann nämlich, wenn keine heiratsfähige Schwester oder Cousine für die neue eigene Frau übergeben werden konnte und statt dessen Verabredungen und Versprechungen für andere, jüngere oder noch nicht einmal geborene Kinder getroffen wurden.

allgemeinen zahlreiche Mitglieder beider Familien beteiligt. So waren zum Beispiel bei zwei derartigen Transaktionen, über die *P. H. Gulliver* (1955, 231/236) von den Turkana/Ostafrika berichtet und bei denen jeweils über 50 Stück Großvieh die Besitzer wechselten, auf der Seite der Familie des Bräutigams 16 Personen, auf jener der Brautfamilie 10 Personen als Geber bzw. Empfänger in die Heiratsvorbereitung einbezogen.

Bei aller grundsätzlichen Anerkennung der „sinnvollen" Aspekte von Regelungen wie dem Brautpreis-System kann doch nicht übersehen werden, daß die Verhandlungen über seine Höhe und Verteilung in der Regel zwischen den männlichen Familienoberhäuptern geführt wurden:

> „Zwar ist es richtig, daß dadurch die Frauen nicht zu bloßem Vieh degradiert werden, es ist aber auch wahr, daß der Brautpreis ein äußerst wirksames Machtmittel in der Hand der Männer ist und daß die Unterordnung der Frauen unter die Herrschaft der Männer auf diese Weise verfestigt worden ist. bzw. heute noch wird." (W. *Goldschmidt,* 1977, 296).

Mitgift und Aussteuer – wie Bräute ihre Männer „kaufen"

Die Mitgift ist ursprünglich nicht, wie man annehmen könnte, die einfache, logische Umkehrung der Brautpreissitte. Mit der Übergabe der Braut an ihren künftigen Mann hatte die Brautfamilie ihre Leistung in der Hauptsache abgegolten; den Brautpreis schuldeten der Bräutigam und seine Familie gleichsam als Gegengabe, um das Gleichgewicht zwischen den Gruppen zu erhalten und damit die Brautfamilie den Verlust einer Frau ausgleichen konnte, indem sie eine gleichwertige für einen der eigenen Männer einhandelte und dadurch die Lücke wieder schloß. Die Mitgift dagegen war eine „Gabe", die die Brautfamilie gerade nicht dem Bräutigam, sondern der Braut selber mitgab – in Form von Schmuck, Land, Kapital oder anderen Werten. Zum Teil wurde diese Praxis mit der Brautpreisregelung gekoppelt, der Tochter wurde dann ein Teil des Brautpreises als persönliche Ausstattung wieder mitgegeben. Zum Teil handelte es sich einfach um das ihr zustehende Erbe.

Fast alle Mitgiftsysteme dieses klassischen Typs waren mit der Absicht verbunden, der wegziehenden Tochter in fremder Umgebung persönliche – auch wirtschaftliche – Unabhängigkeit zu garantieren. Diese Absicherung war vor allem in streng patriarchalischen oder mobilen Gesellschaften, in denen die Tochter weit weg von den Eltern wohnte und dort kaum mehr Rückhalt suchen konnte, oft die einzige rechtliche Maßnahme, der Frau eine gewisse individuelle Selbständigkeit und Achtung im fremden Familienverband des Mannes zu gewährleisten. Die römische Frau zum Beispiel unterstand spätestens seit dem 2. Jahrhundert n. Chr. nicht mehr der absoluten Gewalt des pater familias, sondern behauptete u. a. ihre finanzielle Autonomie dadurch, „daß sie über ihr Vermögen und ihre Mitgift zumindest zu einem Teil allein verfügen konnte und das Geld bei einer Scheidung wieder zurückbekam" (I. *Linfert-Reich,* 1975, 22f).

"Wer mich mal kriegt, macht eine gute Partie. Denn meine Eltern haben für mich einen INRENTA-Sparplan abgeschlossen."
INRENTA ist ein DWS-Fonds deutscher Rentenwerte mit der ausgewogenen Ertrags- und Risikomischung. Zahlreiche festverzinsliche Wertpapiere verschiedener Art mit unterschiedlichen Zinssätzen und Laufzeiten sichern Ihnen einen soliden langfristigen Spargewinn. INRENTA bekommen Sie in über 1.300 Geschäftsstellen unserer Gesellschafterbanken ... der ☑ Deutschen Bank und weiterer renommierter deutscher Banken und Bankiers.
DWS
...denn Geldanlage ist Vertrauenssache
DWS Deutsche Gesellschaft für Wertpapiersparen Postfach 26 34 6 Frankfurt am Main 1

Und dann sprachen sie mit den Eltern, dem Pfarrer und dem Leiter unserer Bank.
Heiraten ist schön, kostet aber fast immer eine Menge Geld. Fur einen Hausstand braucht man heute zwischen 10 000 und 30 000 Mark.
Zu den vielen guten Ratschlägen, die Brautpaare von Eltern, Tanten und Bekannten bekommen, möchten wir ihnen einen sehr wertvollen mit in die Ehe geben.
Vergleichen Sie die Banken, bevor Sie einen Kredit aufnehmen. Bei 10 000 Mark (Laufzeit 36 Monate) kann Ihnen das bis zu 1000 Mark mehr Wirtschaftsgeld einbringen. Das zeigt, wie unterschiedlich die Konditionen von Bank zu Bank sind.
Je mehr Sie über Banken wissen, desto besser für uns.
Wir sind für Wettbewerb auch unter Banken. Und weil Wettbewerb schon immer gut für die Preise war, wirkt sich das so aus:
1. Wir achten darauf, daß die Gebühren und Zinsen, die wir für einen Ratenkredit berechnen, niedriger sind als üblich. Sie gehören deshalb immer zu den niedrigsten.
2. Das gilt auch für unsere Dispositionskredite.
3. Wir haben ein neuartiges Sparbuch erfunden, das BfG-Kapital-Sparbuch. Es bringt deutlich mehr Zinsen als andere.
4. Beim Gehaltskonto geben wir im Monat sechs Freibuchungen.
5. Ist keine BfG in Ihrer Nähe, kommen Sie trotzdem zu guten Konditionen für Spareinlagen und Kredite. Wir haben dazu eigens eine Briefbank gegründet, die Ihnen alle Unterlagen per Post zuschickt: Schreiben Sie an die BSV Bank, Postfach, 6000 Frankfurt (Main).
Wie das bei günstigen Angeboten so ist, haben nicht nur die Kunden etwas davon. Wir freuen uns über 126 800 neu eröffnete Konten allein in den letzten zwei Jahren.
BfG. Die Bank für Gemeinwirtschaft.

Die in Europa übliche Aussteuer- und Mitgiftpraxis hat damit freilich kaum mehr etwas zu tun. In der Konkurrenz um den Mann, der wirtschaftliche Sicherheit bieten konnte, trat der Gedanke der „Wertsteigerung" der heiratsfähigen Frau in den Vordergrund, was der Eheschließung einen viel materialistischeren Anstrich geben und die Würde der Frau viel eher verletzen konnte als das zuvor geschilderte Brautpreissystem in seiner ursprünglichen Bedeutung. Die Mitgift steigerte die Attraktivität der Braut, sie wurde zum Aufpreis und zur Zugabe an den Bräutigam. Die Aussteuer stellt gleichsam das existentielle Minimum dessen dar, was die Braut an Hausrat in die Ehe einbringen mußte und worauf sie bei uns bis vor gar nicht allzu langer Zeit ihren Eltern gegenüber sogar Rechtsanspruch hatte (bis das Recht auf Berufsausbildung auch für Mädchen selbstverständlich und ebenfalls einklagbar wurde). Einige westliche Gesellschaften wie das heutige Griechenland kennen noch solche Mitgiftregelungen mit Gesetzeskraft (die durch Vertrag mit dem Ehemann zu besiegelnde ‚proika'):

> „32 Paragraphen regeln die Aussteuerung – Paragraphen, die Generationen das Leben vergällt, Familientragödien mit Mord und Totschlag und psychischem Leid heraufbeschworen haben.
>
> . . . Größe, Wert und Beschaffenheit von Wohnungen, Häusern und Grundstücken, Menge und Masse von Goldsovereigns, Hausrat und Möbeln werden nach wie vor in den Proika-Verträgen bis ins kleinste Detail aufgeführt. Nicht selten zerbrechen Eheversprechen, wenn es dem Umworbenen am Ende doch nicht genug ist.
>
> Am ersten Lebenstag einer Tochter wird gemeinhin mit dem Sparen für den Kuhhandel angefangen. So muß denn die Geburt einer jeden weiteren Tochter in weniger reichen Häusern als Katastrophe empfunden werden. Nicht wenige Väter haben sich wegen weiblich-freudiger Ereignisse das Leben genommen.
>
> Eine „gerontokori", ein altes Mädchen, zu werden ist das Schlimmste, was einer Griechin zustoßen kann, außerdem wirft sie Schande auf die Familie." (DER SPIEGEL, 39/1977)

Ehe als Privatsache?

Durch die mehr als ein Jahrtausend währende politische, religiöse und wirtschaftliche Kolonialisierung und Missionierung der nichteuropäischen Welt waren lokale und verwandtschaftsgebundene Rechtsordnungen und Sozialbeziehungen ständig von Auflösungstendenzen bedroht, gleichgültig, ob diese Bedrohung nun unter den Fahnen des Islam oder unter den Vorzeichen des Christentums, unter den Ansprüchen des Weltkommunismus oder unter denen der wissenschaftlich-technischen „Aufklärung" verkündet wurde. Industrialisierung, Mobilität, Verstädterung, Vereinzelung der Menschen und die Verbreitung der Geldwirtschaft haben zur Auflösung oder doch Entartung dieser traditionellen Heiratsregeln, speziell der Brautpreis-Sitten geführt:

> „Die traditionellen Güter, die den Brautpreis ursprünglich ausmachten, waren Prestigegüter, die nicht in die allgemeine Warenzirkulation einbezogen waren. Die Einführung von Geld als allgemeines Zahlungsmittel hat dazu geführt, daß der

Brautpreis heutzutage fast ausschließlich aus Geld besteht. Folglich wird der Brautpreis mehr und mehr als ein Kaufpreis betrachtet. Väter, die ihren Töchtern eine Ausbildung bezahlt haben, hoffen, durch den Brautpreis diese Ausgaben wieder hereinzuholen. Z. B. bestand der traditionelle Brautpreis bei den Kikuyu 1937 aus 30 – 80 Ziegen, eine für jedermann erreichbare Summe, während 1966 der Brautpreis für eine Lehrerin oder Krankenschwester 2 000 Schillinge und noch einige Schafe und Rinder betrug. Bei einem jährlichen Pro-Kopf-Einkommen von 600 – 800 Schillingen ist dies eine beträchtliche Summe. Die Folge dieser Entwicklung ist, daß Männer mehr und mehr ihre Frauen als Eigentum betrachten und die Einmischung in ihre Ehe durch Verwandte der Frau nicht dulden." (*J. Ballot,* 1976, 24)

Bei den früheren argrarischen Gesellschaften Nord- und Mitteleuropas wurde die Tradition des Brautpreises, die dort ebenfalls zur Regelung von Gruppenbeziehungen gepflegt wurde, mit der Christianisierung aufgegeben: Nun waren die Ehen weniger Bindeglied zwischen verschiedenen Sippen, sondern wurden „vor Gott" (später „vor dem Gesetz") geschlossen. Diese scheinbare moralische Aufwertung der Ehe übertrug zwar die Kontrolle über das individuelle Verhalten der Eheleute vom Sippenrecht auf das kirchliche und später das staatliche Recht, hatte aber keineswegs zur Folge, daß bei der Heirat materielle oder Prestigegesichtspunkte nun keine Rolle mehr spielten.

Die Oper „Hamburger Schlachtzeit oder Der mißlungene Betrug" (1727), in der der Komponist Keiser selbst den bei der Ehestiftung dominierenden Geschäftssinn der Hamburger Oberschicht aufspießte, fiel gleich nach der Premiere der Zensur der damaligen Kulturbehörde zum Opfer: „Kein besser Mittel ist auf Erden/ Geschwinde grosz und reich zu werden/ Als kuppeln by dem Freyn/Die Müh ist leicht und klein/Ein Biszchen ungewissenhaft/Und unverschämt zu seyn/ Und trägt uns doch ein grosses ein." (*Reinhard Keiser,* 1674-1739, hier zitiert nach DIE ZEIT 4/1978)

Zwar ist der Heiratsvertrag als Bestandteil eines komplizierten Systems, mit dem sich die Generationen gegenseitig verpflichteten und absicherten, zunehmend einem anonymen, sozialstaatlich begründeten „Generationenvertrag" gewichen. Der Staat und nicht mehr der Familienverband regelt jetzt, wie alte Menschen zu versorgen sind, welchen Abfindungsanspruch die Frauen (oder Männer) im Scheidungsfalle haben und wem dann die Kinder oder gar Waisenkinder zugesprochen werden. So sehr uns aber heute die Ehe als Privatsache erscheinen mag, so sehr bleibt sie doch nach wie vor an die gesellschaftlichen Grundsätze der Gegenseitigkeit gebunden.

Unser eigenes Beispiel zeigt im übrigen, daß die mit der Eheschließung verbundenen materiellen Spekulationen allein durch die Einführung sozialstaatlicher Sicherungssysteme noch keineswegs beendet sein müssen – auch hier ist der Fortschritt durchaus relativ: Vor allem die Rolle des Ehepartners als Spekulationsobjekt kann erst dann überwunden werden, wenn Risikoausgleich und Lebenschancen nicht nur materiell bestimmt werden, sondern ebenso von der Ausbildung persönlicher Fähigkeiten und individuellem Gestaltungswillen abhängen.

1882:
„Das häusliche Glück".
Haushaltungsunterricht für Arbeiterfrauen.

Zu einem ordentlichen Hausstande sind

a. unbedingt nothwendig:

auch bei den beschränktesten Mitteln.

I. Möbel.

	M.	P.
1. Ein Tisch für's Wohnzimmer	10	—
2. Ein kleiner Tisch . . .	6	—
3. Vier Stühle	6	80
4. Eine Bettlade	19	—
5. Eine Kommode . . .	24	—
6. Ein Küchenschrank . .	12	—
7. Ein Ofen mit 2 Löchern	36	—
8. Eine Kesselbank . . .	2	50
9. Ein Wandbrett . . .	2	—
10. Ein Kleiderbrett . . .	2	20

II. Küchengeräthe.

	M.	P.
1. Ein Kohlenbecken mit Löffel	3	—
2. 2 Ofenringe und Stocheisen	2	20
3. Ein Wasserkessel . . .	7	—
4. Zwei eiserne Kessel . .	3	40
5. Eine Kuchenpfanne . .	2	—
6. Zwei irdene Kochtöpfe .	—	80
7. Vier steinerne Töpfe .	1	—
8. Ein irdener Durchschlag	—	30
9. Ein steinerner Wasserkrug	2	—
10. Schüssel und Teller . .	4	—
11. Messer, Gabeln und Löffel	4	—
12. Kaffekanne, Tassen, Gläser	5	—
13. Eine Kaffemühle . . .	2	50
14. Eine Petroleumlampe .	2	50
15. Zwei Eimer und 2 Bütten	7	—
16. Haarbesen, Schrubber, Bürsten	4	—
17. Zwei Gemüsetonnen . .	4	—
18. Ein Bügeleisen mit Bolzen	8	—

b. wünschenswerth:

noch zu dem unter a. Aufgeführten.

I. Möbel.

	M.	P.
1. Ein Sopha	45	—
2. Vier bessere Stühle . .	24	—
3. Ein Glasschrank . . .	30	—
4. Ein Kleiderschrank . .	36	—
5. Ein Waschtisch	10	—
6. Eine Nachtkommode . .	8	—
7. Ein Spiegel	6	—
8. Eine Wanduhr . . .	10	—
9. Ein Küchenheerd . . .	45	—
10. Eine Anricht	18	—

II. Küchengeräthe.

	M.	P.
1. Ein Suppenkessel . . .	4	10
2. Ein Bratkessel	1	50
3. Ein Kaffeebrenner . .	3	—
4. Ein Blechsieb	3	—
5. Eine Kartoffelreibe . .	—	50
6. Gewürzdosen	2	—
7. Salzmörser	1	—
8. Eine Kaffeeservice . .	10	—
9. Schüssel und Teller . .	20	—
10. Messer, Gabeln und Löffel	9	—
11. Ein Messerkörbchen . .	1	—
12. Eine Zimmerlampe . .	3	—
13. Waschlumpen 2c. . . .	6	—
14. Ein Blecheimer . . .	3	—
15. Waschkörbe	8	—
16. Handstauber und Schaufel	1	50
17. Verschiedene kleinere Sachen	10	—

1977:
Die Zeitschrift FÜR SIE

☐	1 Eßtisch zum Ausziehen	150,– bis	400,– DM
☐	4 Stühle	240,– bis	600,– DM
☐	1 Wohnzimmerschrank bzw. Anbaumöbel	650,– bis	4 000,– DM
☐	1 Deckenleuchte	55,– bis	400,– DM
☐	1 Stehlampe	80,– bis	300,– DM
☐	1 Couch	250,– bis	3 000,– DM
☐	2 Sessel	200,– bis	2 000,– DM
☐	1 Couchtisch	100,– bis	600,– DM
☐	1 Teppich (ca. 200 x 300 cm)	150,– bis	800,– DM
		1 875,– bis	12 100,– DM
☐	1 Kaffeeservice (für 6 Personen, 15teilig, Porzellan)	40,– bis	300,– DM
☐	1 Eßservice (für 6 Personen, 23teilig, Porzellan)	115,– bis	450,– DM
☐	1 Teekanne	11,– bis	33,– DM
☐	1 Tortenplatte	9,– bis	60,– DM

Vielweiberei und Liebesehe

5

Formen der Ehe

Monogamie:
(ein Mann und eine Frau) Romantische Liebesehe im Abziehbildchen

Polyandrie: (eine Frau und mehrere Männer) Eskimofrau mit ihren zwei Ehemännern, Netsilik-Stamm, Arktisch-Kanada

Polygamie: (Vielweiberei)
Wieder zunehmend bei den
Mormonen in Amerika.

Das Vorurteil:
Gruppensex oder Liebesheirat

Die Kolonialisierung der Welt aus wirtschaftspolitischen Interessen wurde in Europa, besonders ausgeprägt im puritanischen England des 18. und 19. Jahrhunderts, durch moralische Missionsprogramme bemäntelt. Neben anderen heidnischen Sitten und Gebräuchen geißelte man mit besonderem Abscheu die verwerfliche Praxis der Vielweiberei als sexuelle Ausschweifung und als Beleidigung der christlichen Moral, gegen die man als Europäer anzugehen hatte. Auch nichtchristliche Evolutionstheoretiker, die die Geschichte als unaufhaltsames Fortschrittsmodell rekonstruierten, sahen in den Familienstrukturen, die nicht auf der Einehe basierten, untrügliche Kennzeichen für rückständige, unzivilisierte Verhaltensweisen. So auch der Theoretiker und Hobby-Ethnologe *Friedrich Engels:*

> „Wir haben demnach drei Hauptformen der Ehe, die im ganzen und großen den drei Hauptstadien der menschlichen Entwicklung entsprechen. Für die Wildheit die Gruppenehe, für die Barbarei die Paarungsehe, für die Zivilisation die Monogamie, ergänzt durch Ehebruch und Prostitution. Zwischen Paarungsehe und Monogamie schiebt sich ein, auf der Oberstufe der Barbarei, das Kommando der Männer über Sklavinnen und die Vielweiberei ... (auch bei uns kann) vor dem Mittelalter von individueller Geschlechtsliebe nicht die Rede sein. (1891/1964, 85ff)

Noch im 20. Jahrhundert blühen phantasievolle Vorstellungen über die angebliche sexuelle Enthemmung, die ungeregelten Ehesitten und die übermäßige Potenz der farbigen Völker, sei es bei Kulturphilosophen wie *Oswald Spengler,* sei es in den Angstvorstellungen weißer Minderheiten in Nordafrika, die *Frantz Fanon* (1961) psychoanalytisch untersuchte, sei es schließlich in den alltäglichen exotischen Schauergeschichten der Unterhaltungspresse oder auch harmlose Harems-Witzchen.

Was Völkerkundler und unvoreingenommene Landeskenner gegen solche Vorstellungen vorgebracht haben, ließ sich weniger gut unter die Leute bringen: Gegen die sittliche Diskriminierung der Vielehe ist oft genug eingewandt worden, daß selbst die Bibel im Alten wie auch im Neuen Testament diese Institution durchaus anerkennt. Die Folge dieser Widersprüchlichkeit war es, daß es zum Beispiel in Afrika und Nordamerika (Mormonen) zu zahlreichen christlichen Sektengründungen kam, die sich mit gutem Gewissen zugleich auf die Anschauungen der Bibel und ihre eigenen Traditionen berufen konnten.

Was die von Engels behauptete Entwicklungspyramide betrifft – dort die „Wilden" und „Barbaren" mit Gruppensex und Vielweiberei, hier die Zivilisierten mit Monogamie und Liebesheirat – so hat sie von der Wissenschaft bisher keine wirkliche Stütze erhalten. Die Vielweiberei ist nirgendwo eine „Gruppenehe" mit „Gruppensex", sondern besteht im Durchschnitt aus ehelichen, also legalen und stets individuellen Beziehungen eines Mannes zu zwei, in Ausnahmefällen auch zu mehr Frauen.

> „Es gibt keinen Beweis für die Existenz der sogenannten Gruppenehe . . . Die Vorstellung, daß derartiges existiert oder jemals existierte, beruht wahrscheinlich auf einer Verwechslung zwischen der Ehe auf der einen Seite und bestimmten erlaubten Formen der außerehelichen Sexualbeziehungen auf der anderen Seite." (*R. Piddington,* 1963, 114)

Die Unterscheidung zwischen *legalisierten, weil ehelichen Sexualbeziehungen* und üblichen, mehr oder weniger *tolerierten außerehelichen Verhältnissen* ist uns ja ohne weiteres geläufig, ohne daß wir uns deshalb als primitiv empfinden würden.

Was dem ersten Anschein nach tatsächlich vom Eheverständnis zahlreicher außereuropäischer Gesellschaften abweichen könnte, ist dagegen das *Konzept der romantischen Liebe* als Basis für die (individualisierte) Ehe. Auch hier zeigt aber eine genauere Prüfung, daß es sich dabei doch eher um eine verbreitete, erwünschte Idealvorstellung und keineswegs um die Alltagsrealität handelt. Umgekehrt gehört zwar die Liebesheirat im allgemeinen nicht zum traditionellen Ideal vorindustrieller Kulturen, kommt dafür aber in der Realität durchaus nicht so selten vor, wie wir immer zu glauben geneigt sind. Was uns offenbar wirklich unterscheidet, ist die ideale zeitliche Abfolge, in der Liebe und Ehe aufeinander bezogen sind. Um noch einmal den amerikanischen Anthropologen *R. Piddington* zu zitieren:

> „Ganz allgemein könnte man sagen, daß in unserer Heiratsideologie die Liebe zweier Menschen v o r der Ehe üblich ist, während die Vorstellung einfacher Gesellschaften eher das Gegenteil annimmt. Als sich Dr. Richards, die (als Anthropologin) unter den Bemba arbeitete, über einen Jungverheirateten erkundigte: „Liebt der X seine Braut sehr?", erhielt sie die überraschende Antwort: „Wie kann er sie jetzt schon lieben? Wie kann er über ihr Herz Bescheid wissen, bevor beide miteinander alt werden?" (a.a.O.)

Polygamie heißt: Ehe mit mehreren Partnern des anderen Geschlechts. Aus der reichhaltigen Literatur zum Thema Verwandtschaft und Familie sind nur eine Handvoll Gesellschaften bekannt, in denen die *Vielmännerei (Polyandrie)* als legale und nicht einmal ausschließliche Eheform praktiziert wird, u. a. bei den Eskimos, in Südindien und in Tibet. Ein Überblick über 862 statistisch erfaßte Kulturen ergibt, daß dagegen 720, also 83% die *„Vielweiberei"* (korrekt: *Polygynie* oder Mehrfrauenehe) erlauben oder bevorzugen, während nur 16% die Einehe (Monogamie) zur Norm erhoben haben (Anhaltswerte nach *G. P. Murdock,* 1967).

Selbst in den zahlreichen Gesellschaften, in denen die Polygamie eine gültige Rechtsform darstellt, findet sich als Regelfall dennoch am häufigsten

> „die monogame Einzelfamilie, bestehend aus dem Familienkern, der Mutter und ihren unmündigen Kindern und dem Vater, wobei die „soziale Elternschaft" stets wichtiger ist als die biologische. Polygame Ehen sind meist auf vermögende Bevölkerungsteile oder besondere Umstände beschränkt (z. B. Unfruchtbarkeit oder Hilfsbedürftigkeit der Frau)" (*R. Schott,* o. J. 485)

Piddington berechnete 1963 die Polygamie bei den *Hehe* in Ostafrika: Von 4054 Männern waren 25% nicht verheiratet (vor allem die unter 30jährigen). Von den verheirateten 3028 Männern lebten 62% genau wie bei uns in Einehe, 28% hatten 2 Frauen. Es blieben also 10% der verheirateten Männer (bzw. 8% aller Männer), die reich und angesehen genug waren, um für 3 oder gar mehr Frauen sorgen zu können.

Vergleicht man also einmal nicht gesellschaftliche Ideale miteinander, sondern das, was in den Gesellschaften verwirklicht werden kann, dann kommt man zu einem ganz anderen Ergebnis als Evolutionstheoretiker à la *Friedrich Engels,* dann heißt es nämlich:

> „Die Einehe herrscht auf den tiefsten Kulturstufen vor. Weder der wirtschaftliche Hintergrund, noch die einfachen Gesellschaftsverhältnisse lassen hier irgendeine Form des Harems zu. Das schließt jedoch nicht aus, daß einige wenige, besonders hervorragende Männer mehr als nur eine Frau haben können; die Schwierigkeit, eine größere Familie zu unterhalten, wird aber bei Jägervölkern die Polygamie (von griechisch *polys* = viel) innerhalb enger Grenzen halten. Bei den Rentiereskimo westlich der Hudsonbucht gab es 1922 auf 102 Familien nur 19 Fälle, wo ein Mann zwei Frauen (aber nie mehr) hatte. Hauptsächlich dann, wenn die Gattin in die Jahre kommt, oder wenn sie sich als unfruchtbar erweist, muß sie sich in eine Mitbewerberin um die Gunst des Eheherrn finden. Oft geschieht das aber nicht nur mit ihrer vollen Billigung, sondern zudem noch auf ihre eigene Aufforderung hin." (*K. Birket-Smith,* 1948, 272)

Auch bei Völkern mit größerem materiellen Reichtum und differenzierteren Rechtsverhältnissen haben generell die meisten der heiratsfähigen Männer nur eine Frau und jedenfalls nur wenige mehr als zwei. Die Möglichkeit, mehr als eine Frau zu heiraten, ist auch hier beeinflußt von Faktoren wie politisches Ansehen, wirtschaftliche Macht und Familiengröße. Sie wird geregelt durch religiöse oder rechtliche Vorschriften, die zum Beispiel ein Mindestsoll für den Brautpreis festlegen. Es ist also kein Wunder, daß man sich mehrere Frauen meist erst im gesetzteren Alter leisten kann:

Die Durchschnittspolygamie bei den Jie (Ostafrika)

Durschnittsalter der Männer	Anzahl der Ehefrauen (in % der Männergruppe)							Männer insgesamt
	0	1	2	3	4	5	6	abs.
30-45 Jahre	10%	76%	10%	2%	2%	–	–	91=100%
über 45 Jahre	–	31%	37%	15%	11%	5%	1%	62=100%
alle Männer über 30 Jahre (Durchschnitt)	6%	58%	21%	7%	6%	2%	–	153=100%

Ein Jie heiratet selten vor dem 30. Lebensjahr. Die durchschnittliche Zahl der Ehefrauen betrug in dem hier von *P. Gulliver*, 1955, 242f untersuchten ostafrikanischen Stamm der Jie 1,6, wobei die über 45jährigen auf 2,3 die „jüngeren" (30-45 Jahre) dagegen nur auf 1,1 Frauen kamen.

Besonders in partriarchalischen, vor allem den wohlhabenderen Gesellschaften ist die Konkurrenz um Frauen eine Macht- und Prestigefrage; doch gibt es auch andere Beispiele. So berichtete *Margaret Mead* aus Neuguinea von Gruppen, wo die Polygamie stärker als Ethik sozialer Verpflichtungen begriffen wird:

> „Bei den *Arapesh* sind Streitigkeiten zwischen den Männern auf ein Minimum beschränkt. Vielweiberei bedeutet für sie die Pflicht, für die Witwe und die Waisen des Bruders zu sorgen, sie ist kein Beweis der Überlegenheit über andere Männer. Zwischen den Generationen der Väter und jener der Söhne sind Konflikte um Frauen nicht möglich; denn wenn ein Mann das Alter von fünfunddreißig Jahren erreicht hat, dann sucht er keine Frau für sich selbst, sondern für seinen Sohn oder seine Söhne. Dieses Suchen und Auswählen erfolgt unter den sechs- bis zehnjährigen Mädchen, und der Vater vertritt dabei ausschließlich die Interessen seines Sohnes. Auf diese Weise ist eine der abstoßendsten Formen des Kampfes um Frauen, der zwischen Vater und Sohn, in dem Reichtum, Macht und Prestige gegen Jugend und Kraft gesetzt werden, ausgeschaltet." (1959, 48f)

Wenn sich trotz wirtschaftlicher und wohl auch gewisser psychologischer Probleme und trotz aller „Missionsbemühungen" die Mehrfrauenehe in vielen Gegenden der Welt als Institution so lange erhalten hat, dann ist zu vermuten, daß gewisse Vorteile zumindest für eines der beiden Geschlechter damit verbunden sind.

Polygamie aus der Sicht des Mannes

Folgt man hier der einschlägigen Literatur, so sind es in erster Linie die Männer, die aus dieser Einrichtung ihren Nutzen ziehen. So werden z. B. von *C. Sigrist* (1967, 170), *C. A. Schmitz* (1964, 35) oder *P. Fuchs* (1966, 53) folgende Privilegien des polygamen Mannes zusammengetragen:

- Da die Familie in erster Linie Wirtschaftsgemeinschaft ist, bedeuten mehrere Frauen für die Familie des Mannes *mehr Arbeitskräfte*. Es kann mehr Land bebaut werden, bis zu einem gewissen Grad auch mehr Arbeitsteiligkeit beim Kochen, Kindererziehen, Handel oder Gewerbe genutzt werden.
- Mehrere Frauen bedeuten außerdem *weitreichende Verwandtschaftsbeziehungen*,

denn sie kommen, wenn sie nicht gerade Schwestern sind, im allgemeinen aus verschiedenen Stammesgruppen. Da Verwandtschaft ja nicht nur freundschaftlichen Rückhalt garantiert, sondern auch Rechtsverpflichtung und politisches Bündnis darstellt, kann in solcher Heiratsdiplomatie ein zentrales Machtinteresse stecken.

– Eine auf diese Weise gefestigte und ausgebaute wirtschaftliche und politische Stellung eines Familienoberhaupts begünstigt natürlich auch das *politische Ansehen,* die soziale Stellung und die *Autorität,* die ein Mann mit großer Familie in seinem eigenen Dorf, Stammesverband oder sonstiger politischer Einheit erringen kann.
– Gestützt wird dieses Prestige durch die Möglichkeit einer solchen polygamen Familie, wirtschaftlichen Überfluß an Nahrungsmitteln oder Bier u. a. zu erzeugen, der dann nach den Regeln der uns bekannten Vergleichsgesellschaften in Form größerer *Feste* verbraucht werden mußte, die wiederum das persönliche Ansehen im Ort erhöhten. Auch andere *häusliche Annehmlichkeiten* kann sich der Patriarch ausrechnen, mindestens dann, wenn sie nicht gleichzeitig durch Streitigkeiten der Frauen getrübt werden, sondern diese – wie das Idealbild es darstellt – gemeinsam und in Eintracht um sein Wohlbefinden besorgt sind.
– *Sexuelle Privilegien,* von denen so viel und so gern von hiesigen Schlüssellochguckern geflüstert wird, sind nicht etwa im Gruppensex zu finden. Die Polygamie baut genauso wie die Monogamie auf Einzelbeziehungen auf und die Regeln für den abwechselnden Beischlaf sind im allgemeinen an strengen Gerechtigkeitsvorstellungen orientiert. Sie kommen aber dann zur Geltung, wo die erste Frau zum Beispiel ins höhere Alter vorrückt und die jüngere attraktiver ist, wo eine der Frauen während der in vorindustriellen Gesellschaften sehr langen Stillzeit (oft 3 - 4 Jahre) sich ausschließlich um das Kind kümmert und sexuell tabu ist, oder während der Periode oder der Krankheit einer der Frauen und aus ähnlichen keineswegs „sittenlosen" Gründen.
– Weiterhin garantiert nur die große Familie das Lebensideal, viele Kinder zu haben, besonders in Gruppen, in denen der eigentliche Reichtum im *Kinderreichtum* besteht. Denn Kinder erst und viele Nachkommen vergrößern und festigen die Arbeits- und Wirtschaftskraft des Familienverbandes. Söhne sind ein Rückhalt bei politischen und kriegerischen Auseinandersetzungen, Töchter sind dank der Brautpreisregelung durchaus keine Negativinvestition und wichtig in der Verwandtschaftsposition zu Nachbargruppen. Im Alter garantieren die Kinder (und deren Arbeit und Respekt) den weiteren Existenzanspruch und Unterhalt sowie die Achtung in der Gruppe. Und nach dem Tod sorgen sie durch Opfer und Gedenkrituale für die längere soziale und kulturelle Präsenz unter den Lebenden, für die gute Erinnerung.

Alles in allem kann man eigentlich auch mit modern trainierter Vernunft recht gut einsehen, warum sich diese Institution der Mehrfrauenehe, zumindest ihr Idealbild, in lokalen Gesellschaften so nachhaltig behauptet hat – allerdings vorerst nur, wenn man die Vorteile aus der Position des männlichen Familienoberhaupts betrachtet.

Die Polygamie aus der Sicht der Frau

Die ältesten und verbreitesten Überlieferungen über die Entstehung der Polygamie berufen sich auf die Vorteile, die diese Eheform angeblich für die Frauen hatte. Nach diesen auch in der Anthropologie und Völkerkunde akzeptierten Spekulationen entstand die Vielweiberei aus der Arbeitsteilung zwischen den Geschlechtern, sozusagen aus einem „Sachzwang": Die Männer übernahmen danach stets die riskanteren Aufgaben (Jagd, Krieg, Seefahrt, Verteidigung) und ihre Sterblichkeitsquote lag entsprechend höher. Es gab also entsprechenden Frauenübersschuß und die Polygamie entwickelte sich gleichsam als soziale Einrichtung: Die alleinstehenden Frauen und Kinder konnten auf diese Weise einem schon bestehenden Familienverband angegliedert und in dessen Schutz gestellt werden und der Gruppenzusammenhalt insgesamt blieb geregelt und gesichert.

Es ist nicht ganz von der Hand zu weisen, daß hier vielleicht ein Männermythos am Werke war. Zumindest erklärt diese „Erklärung" nicht die große Verbreitung dieser Institution, sondern bestenfalls Sonderfälle in der Geschichte bestimmter Gruppen. Anhand der uns bekannten polygamen Gesellschaften läßt sich diese These jedenfalls nicht mehr überprüfen: In ostafrikanischen Gesellschaften, von denen wir die statistischen Zahlen kennen, beträgt das Verhältnis von Frauen : Männern wie bei uns auch kaum mehr als 52 : 48%. Es stellt sich daher die Frage, wo der „Männerüberhang" bleibt, wenn viele Frauen sich in der Ehe weniger Männer befinden?

Das Rätsel ist relativ leicht zu lösen: In diesen Gesellschaften wird nämlich nicht nur (wie fast überall auf der Welt) die wirtschaftlich-soziale Ehefähigkeit der Frau früher zugeschrieben als dem Mann, wodurch sich die Zahl der heiratsfähigen Frauen gegenüber der der heiratsfähigen Männer vergrößert. Man erlaubt den jungen Männern, wie aus dem statistischen Altersgefälle der Polygamie ersichtlich, darüber hinaus erst sehr spät die Familiengründung, die an den Brautpreis und entsprechende Verwandtenhilfe gekoppelt ist. Oft sind sie schon über 30 Jahre, bevor sie die nötigen Initiationen und Prüfungsaufgaben bestanden haben oder lebten fünf Jahre in separaten Altersklassen und eigenen Dörfern als Junggesellen, bevor sie an der Macht, auch der über Frauen, teilhaben durften.

Eine zweite Spekulation behauptet, die Polygamie habe den Vorteil, „im Interesse der Frau" den Status der Nachkommen gesetzlich zu regeln, denn auf diese Weise gebe es keine unehelichen Kinder. Diese Spekulation geht sehr von den hiesigen Verhältnissen aus und angesichts der Diskriminierung von ledigen Müttern in westlichen Gesellschaften mag das als Vorteil erscheinen. Je günstiger aber heutzutage die Bedingungen für eine Mutterschaft ohne Ehe werden, je selbständiger die Frauen auch wirtschaftlich sind und je toleranter die öffentliche Meinung in diesem Punkt, umso weniger ist einzusehen, warum Frauen und Kinder einen anerkannten Status nur unter der Aufsicht des Mannes erhalten sollen – gleichgültig, ob auf der Basis von Einehe oder Vielehe. In den meisten polygamen Gesellschaften ist Kinderreichtum ein so hoher Wert, daß uneheliche Kinder im allgemeinen sofort adoptiert werden.

Auch die „fortschrittlichen" Errungenschaften des Islam, der die Zahl der Frauen in einer polygamen Ehe auf vier begrenzte, werden aus der Sicht von Frauen etwas skeptischer beurteilt. Wie man an Statistiken aus aller Welt ablesen kann, waren Ehen mit mehr als vier Frauen in den meisten Gesellschaften sowieso sehr selten, der Mann konnte seine Frauen unter dörflicher und verwandtschaftlicher Kontrolle auch keineswegs willkürlich behandeln. Der Fortschritt war eher ein relativer und bezog sich vor allem auf die Stadtbevölkerung, deren Privatleben nicht in gleicher Weise öffentlicher Kontrolle unterlag und für die mit den religiösen Vorschriften des Koran eine solcherart einschränkende Moral Ersatz bieten mußte. Die Position des Mannes ist aber gerade im Islam viel höher als die der Frau und für viele ‚primitive' Frauen bedeutet(e) die Unterordnung unter das islamische Patriarchat einen Rückfall hinter vergleichsweise demokratische Lebensformen der ‚heidnischen' Lokalgesellschaft.

So brutal fremdbestimmt, wie wir das System der Heiratspolitik zwischen Familien oder größeren Verwandtschaftsgruppen gegenüber den „Opfern" (den Frauen oder Kindern) bewerten würden, wurde es offenbar von den Betroffenen selber nicht unbedingt empfunden. Abgesehen davon, daß das übergeordnete Interesse, in der gleichen „Klasse" zu heiraten – wie bei uns auch – mit den individuellen Neigungen durchaus vereinbar sein kann, und abgesehen davon, daß im schlimmsten Fall (z. B. wenn sich die Eheleute nicht vertrugen) das Eherecht als Wirtschafts- und Erbfolgerecht nicht notwendig die außereheliche Sexualität und Liebe verbietet, weisen Anthropologen immer wieder darauf hin, daß ja auch wir nicht als widernatürlich empfinden, daß wir uns unsere Eltern, Geschwister oder andere nahestehenden Personen nicht selber aussuchen können und daß sich trotzdem Elternliebe, Geschwisterliebe, Verwandtenliebe entwickeln – auf wahrscheinlich ähnliche Weise wie anderswo eben auch die Gattenliebe.

Es ist einigermaßen schwierig, angesichts der sehr verschieden strukturierten Völker, die bei uns unter dem Sammelbegriff der „Primitiven" vereint werden, allgemeine Aussagen über die Vor- und Nachteile der Vielfrauenehe für die Frau zu machen. „Objektive" Vergleichsmaßstäbe der Völkerkundler sucht man in dieser Frage vergebens, da jeder „Feldforscher" mehr oder weniger für sich arbeitete, die meisten von ihnen männlichen Geschlechts waren und die Einmütigkeit bestimmter Betrachtungs- und Vergleichsmethoden oft auf nichts anderes als die heimischen und allen gemeinsamen Vorurteile zurückzuführen ist. Einigkeit herrscht in der Wissenschaft zumindest über die folgenden *Vorteile für die Frau:*

- Die Möglichkeit für Frauen, sich die Arbeit untereinander aufzuteilen und dadurch
- ein Mehr an Freizeit und ökonomischer Freiheit zu erwirtschaften (Bewirtschaftung eigener Felder, Handel, Kindererziehung), damit verbunden
- größere individuelle Entfaltungsmöglichkeiten, emotionelle Unabhängigkeit vom Mann und die Vorteile einer größeren Kommunikationsgemeinschaft, einer Frauen-Öffentlichkeit.

So mag es durchaus sein, daß eine Frau ihren Mann aus persönlichem Interesse dazu auffordert, noch einmal zu heiraten, damit ihre häuslichen und wirtschaftlichen Pflichten erleichtert werden. In der idealen polygamen Ehe sind dabei alle Frauen durch herzliche Freundschaft miteinander verbunden und der Mann weiß sie als ausgeglichene und starke Persönlichkeit gerecht und liebevoll zu behandeln. Dieses Ideal wird jedoch von der Wirklichkeit ebenso abweichen wie das Ideal der ewigen zärtlichen Liebesehe in Gesellschaften, die die Einehe zum Prinzip erhoben haben.

Unter den Vertreterinnen der internationalen Frauenbewegung sind die Meinungen gespalten. *Marie-Luise Janssen-Jurreit* zählt eine Reihe von *Nachteilen für die Frauen* auf, die zum Teil aber auch für den noch jungen Mann gelten (1976, 164):

- Verfügung über die Person der Frau durch ihre Verwandten (Kinderverlobung durch den Vater);
- Verfügungsrecht über die Sexualität der Ehefrau sowohl zum eigenen wie zum fremden Gebrauch (eheliche Sexualpflicht der Frau, Frauentausch bzw. Frauenausleihe);
- Männliche Polygamie ohne Zustimmung der Ehefrau;
- Streitigkeiten unter den Frauen, die in ihnen wichtigen Angelegenheiten kein öffentliches Mitbestimmungsrecht haben.

Demgegenüber weist aber *Julia Ballot* nach, daß dieses Ehesystem zwar auch seine Schwächen hat, aber keineswegs eine stärkere „Unterdrückung der Frau" bedeuten muß als sie erfahrungsgemäß bei uns in der monogamen Kleinfamilie stattfindet:

> „Es muß im Auge behalten werden, daß in Gesellschaften, wo die produktiven und gesellschaftlichen Aufgaben zwischen den Geschlechtern klar aufgeteilt sind und wo Arbeit und Vergnügen eher mit Gleichgeschlechtlichen geteilt werden, Männer und Frauen keine intensive Beziehung zueinander haben und Frauen weder unbedingt daran interessiert sind noch es notwendig haben, einen Mann fest an sich zu binden . . .
>
> Afrika weist eine Sonderform der Polygynie auf: Im Gegensatz zu ihren Geschlechtsgenossinnen in asiatischen Ländern genießt die Afrikanerin eine gewisse Autonomie in der polygynen Familie. Sie wohnt in einem von den anderen Frauen abgetrennten Bereich, sie bekommt von dem Besitz ihres Ehemannes Felder und/oder Vieh nach ihren Bedürfnissen zugeteilt, deren Produkte ihr allein gehören, und es kann weder von ihrem Mann noch von den anderen Ehefrauen ohne ihre Erlaubnis darüber verfügt werden. Die Felder, die sie bestellt, oder das Vieh, das sie melkt, sind als das Erbe ihrer Söhne klar gekennzeichnet. Bei dieser Form der Polygynie ist die Frau voll am sozialen und produktiven Leben beteiligt.
>
> Streitigkeiten unter den Ehefrauen eines Mannes sind nicht immer vermeidbar, aber es gibt keine Zeichen dafür, daß Frauen in Afrika mit dieser Art des Zusammenlebens bewußt unzufrieden wären.
>
> Eine zweite Ehefrau bedeutet für die erste eine Arbeitserleichterung. Auch die Tatsache, daß Frauen während der Stillzeit für den Ehemann sexuell tabu sind, was dazu führt, daß traditionell die Frau in Afrika während ihrer Lebenszeit wenige Kinder zur Welt bringt, ist nur in polygynen Ehen durchführbar. In den Städten Afrikas, wo heute die monogame Ehe herrscht, bekommen Frauen in geringem Abstand nacheinander mehrere Kinder. Dies bedeutet zusätzliche Arbeitsbelastung und Krankheitsanfälligkeit für die Frau. Die Isolation von der Großfamilie und das Fehlen von Mit-Frauen hat zur Folge, daß die Frau allein die Erziehung der Kinder und ihre Haushaltspflichten übernehmen muß. Als Lösung schicken viele Frauen in der Stadt ihre Kinder zu Verwandten aufs Land, wo sie dann von der Mutter getrennt aufwachsen.
>
> Die heutige Entwicklung zur Monogamie – vor allem in den Städten – bedeutet in Afrika eine ökonomische und emotionelle Abhängigkeit der Frauen von ihren

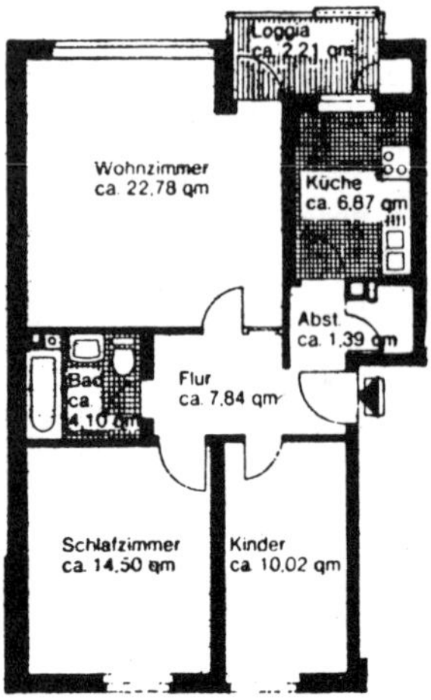

Gemauerte Ehe- und Familienformen

In vielen Teilen der Welt ist der Familienverband keine so private Einrichtung wie wir heute für uns gerne annehmen; auf ihr bauen weitergehende rechtliche, wirtschaftliche und politische Strukturen einer Gesellschaftsordnung auf. Entsprechend der Familienstruktur sind zum Beispiel die Wohnanlagen in vielen Ländern stärker gemeinschafts- und gruppenbezogen. Die Normwohnung einer durchschnittlichen monogamen Kleinfamilie bei uns oder der Wohnblock, der diese „Einzeller" ohne Gemeinschaftsbindung neben- und übereinanderreiht, bedeuten, wenn sie als sogenannter Fortschritt auf andere Gesellschaftsformen übertragen und aufgepropft werden, oft einen radikalen und beschleunigten Zusammenbruch der dortigen Lebensformen und kulturellen Traditionen.

Wohnanlage einer Großfamilie in Nord-Kamerun: Die im Sudan/Zentralafrika verbreiteten „Sippenburgen" werden in unterschiedlichen Formen aus Lehm oder Ton errichtet und beherbergen größere Familienverbände. Neben Vorratspeichern, die z. T. in die Wohngebäude integriert sind, gibt es oft eigene Häuser für die Männer, die Frauen sowie – ebenfalls nach Geschlecht getrennt – die Kinder, deren eigenständiger Lebenszuschnitt damit unterstrichen wird.

Langhaus der Iban (Sarawak/Borneo): Die Langhäuser der Iban sind ein Beispiel für Gemeinschaftsarchitekturen mit privaten familiären „Rückzugsbereichen". Jede Familie besitzt eine „Scheibe" des Hauses mit einem abgeschlossenen „Appartment" im hinteren Teil (a). Über die ganze Länge des Baus verläuft ein breiter „Flur" ohne Zwischenwände (b), in dem sich die Familien treffen und gemeinsame Arbeiten verrichten können, der jedoch bei zeremoniellen Anlässen für die Besitzer reserviert werden kann. Außen schließt sich eine Terasse an (c), auf der z.B. Wäsche oder die Reisernte getrocknet werden. Lediglich die Zugänge zum Haus (d) sind gemeinschaftlicher Besitz aller Familien (vgl. näher *J.D. Freeman* in *J. Goody*, 1971, 15-52)

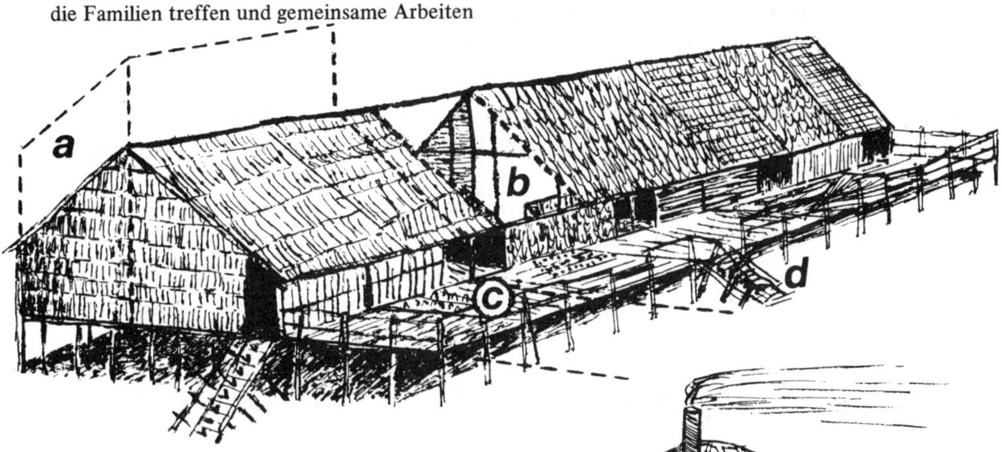

Mongolische Jurte (Winterausrüstung): Die im zentralasiatischen Raum auch bei nomadischen Tartaren, Kirgisen, Kasachen, Turkmenen und Kalmücken verbreiteten Jurten werden aus mehreren Lagen Filz auf Holzgerüsten errichtet (heute oft zusätzlich durch Stoffplanen geschützt). Im Sommer wird die feste Türe durch einen aufrollbaren Vorhang ersetzt, die Filzbahnen lassen sich dann zur besseren Belüftung nach oben klappen (a). Im Inneren der Jurte habe Menschen und Gegenstände ihren traditionellen Platz. Neben dem Hausaltar und der zentralen Feuerstätte (heute oft durch Familienbilder und einen gußeisernen Ofen ersetzt) finden sich z.B. in der „Frauen-Abteilung":

1. Platz für Kleinkinder und wichtige Gäste (warm!)
2. Platz für die Alten
3. Weibliche Besucher
4. Jugend, Arme Leute etc.

T. Aufgerollte Teppiche
S. Kisten für Stoffe, Schuhe, Bekleidung etc.
G. Geräte für den Haushalt
H. Essensvorräte

In der „Männer-Abteilung" sind dagegen reserviert:

5. Platz für männliche Besucher
6. „Ehrenplatz" (z.B. für den ranghöchsten Gast)

R. Kisten für die Reit- und Jagdausrüstung
V. Vorrats-Ballen
M. Ledersäcke mit vergorener Milch (das Lieblingsgetränk).

(nach *T. Faegre*, 1979, 79-98)

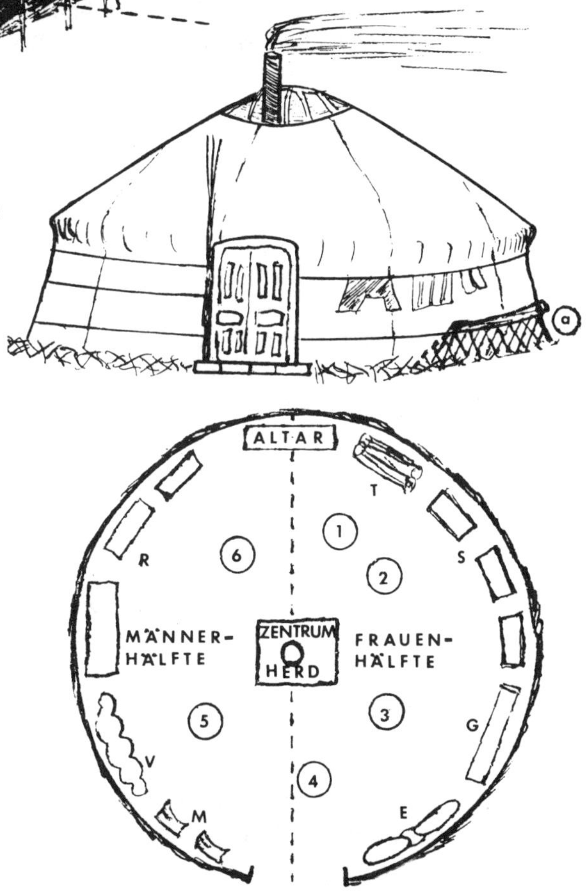

Ehemännern und vor allem eine Arbeits- und Gesundheitsbelastung durch mehr Kinder. Da diese Entwicklung zur Monogamie auf Grund der Ökonomischen Entwicklung nicht mehr aufzuhalten ist, sollte den Frauen heute durch vernünftige Geburtenkontrolle die Möglichkeit gegeben werden, zu entscheiden, wann und wieviel Kinder sie bekommen wollen." (*J. Ballot,* 1976, 24f)

Als 1975, dem von der UNO deklarierten „Jahr der Frau", in Ghana ein Nationaler Frauenrat ins Leben berufen wurde, hatte dieser auch Wichtigeres auf seine Fahnen geschrieben als etwa die Abschaffung der Polygamie. Den engagierten afrikanischen Frauenrechtlerinnen ging es viel eher um eine stärkere Gleichberechtigung im Erziehungswesen, um wirtschaftliche Unabhängigkeit, um die Abschaffung der noch weithin üblichen grausamen Beschneidungszeremonien für Frauen und die Diskriminierung von Witwen.

Soweit in einigen islamischen Ländern eine vorsichtige Emanzipation der Frau zu beobachten ist (oder auch gefördert wird), setzt diese weniger am Lebenszusammenhang der Vielehe an, sondern mehr an der Bedeutung der Frau für den Arbeitsmarkt, das Militär oder die Befreiungsbewegungen (z. B. in Palästina, Lybien, Eritrea).

Patriarchalische Verhältnisse und die Ideologie der männlichen Überlegenheit sind jedenfalls nicht an die Vielehe gebunden, sondern haben sich ebenso gut, wie die Geschichte des Bürgertums zeigt, auf der Basis der Monogamie entwickelt.

Moral und Doppelmoral

Der Fortschritt in der Geschichte der menschlichen Moral und also auch auf dem Gebiet der Ehe ist zweifelhaft und wenn eine Kultur einer anderen ihre „höhere" Moral aufzwang, dann bestand sie oft in nicht viel mehr als einer etwas komplizierteren Doppel-Moral: Der Deckmantel der neuen Ethik oder Religion hinderte meist nicht, daß die bewährten eigenen Lebensgrundsätze so gut wie möglich beibehalten oder weiterentwickelt und angepaßt wurden. Bei der Christianisierung der polygamen „Wilden" blieb denn meist nichts anderes übrig, als dieses auch bei uns bewährte System zu tolerieren, wenn nicht gar zu fördern. Ein Indianer aus dem kanadischen Mackenzie-District schildert einen solchen Kompromiß seines Urahnen:

> „Als der katholische Priester ins Land kam und meinen Ahnen mit sieben Frauen antraf, sagte er: ‚Du mußt alle bis auf eine Frau wegschicken, weil das gegen die katholische Religion verstößt! Mein Ahn stritt sich lange mit dem Missionar und beschloß endlich: ‚Na gut, aber zwei von ihnen will ich behalten! Die anderen schickte er zu den verschiedenen Stammesgruppen wieder zurück, mit denen er durch sie bisher verbunden gewesen war. Beim nächsten Besuch schlug der Priester ihm dann einen Kompromiß vor: ‚Du kannst nur eine Ehefrau haben, aber die andere kann Deine Haushälterin sein'. Zwar wußte damals niemand in diesem Land, was eine Haushälterin ist, man kannte nicht einmal das Wort. Aber sie lebten gut auf diese Weise" (nach *E. Slobodin,* 1966, 73).

In den westlichen (christianisierten) Ländern ist das Ideal einer Ehe die ewigdauernde einmalige Liebesgeschichte – das Happy End der *Liebe vor der Hochzeit* als

Dauerzustand auch danach. Postkarten- und Hollywood-Klischees liefern auch dann das Muster, wenn es sich in Wirklichkeit um höchst begrenzte Auswahlchancen handelt:

„Werfen wir einen Blick auf die Junggesellenzeit von Leslie Listless. Er sah recht gut aus, wenn er auch etwas übergewichtig war. Er war gesellig, wußte sich gut zu benehmen und amüsant zu plaudern. Er besaß den Grad eines Magisters der Betriebswirtschaft von Stamford und hatte eine gutbezahlte, aussichtsreiche Stellung.

Trotz starker Konkurrenz konnte ihn schließlich Lucy vor den Altar bringen. Da war nämlich auch Liz, Absolventin der englischen Philologie, die Public Relations machte, und Mary, die einer wohlhabenden Familie entstammte, Soziologie studiert hatte und bei einer Adoptions-Organisation arbeitete.

Liz war die attraktivste, Mary die freundlichste und Lucy die lebenslustigste. Aber ihre Werbemethoden waren identisch. Jede hatte ihn mehrere Male in ihre Wohnung eingeladen, die stets makellos aufgeräumt war, wenn er kam. Jede kochte vorzüglich. Jede zeigte sich mehr daran interessiert, über seine Arbeit zu plaudern. Jede ließ durchblicken, daß sie gern Kinder hätte – wenn auch nicht sofort. Jede äußerte sich abfällig über kämpferische Suffragetten. Jede hielt possessive Frauen für etwas Schreckliches. Jede vertrat die altmodische Ansicht, daß die Karriere des Mannes Vorrang habe. Jede ging nach geziemend gespielter Zurückhaltung mit ihm ins Bett und tat das Ihre mit Anstand. Leslie wählte Lucy, weil er glaubte, in sie verliebt zu sein.

Das wird natürlich weitgehend als der ehrbarste, ja in vielen Kreisen sogar als der einzig zulässige Grund für eine Eheschließung angesehen. Wie all diese modernen Ehepaare schätzten sich auch Leslie und Lucy außerordentliche glücklich, daß ihre Ehe auf einer gesicherten seelischen Grundlage ruhte ..." (*M. Page,* 1973, 266f)

Den Mann (oder die Frau) kann man nach dieser Auffassung nicht mit anderen „teilen". Und dieses radikale Prinzip hat dann natürlich zur Folge, daß eine „neue Liebe" eben den radikalen Bruch einer „alten" Ehe nach sich zieht. Da auf die Liebe nach der Hochzeit über die lange Strecke von 50 und mehr gemeinsamen Lebensjahren (bei einem angenommenen Heiratsalter von 20 und einer angenommenen Lebenserwartung von 70 Jahren) auch bei uns kein unbedingter Verlaß ist, schleichen sich Gewohnheiten wie feste Geliebte neben der Ehe oder die „Vielweiberei auf Raten" (Mehrfach-Heiraten) auf inzwischen recht normale Weise ein.

Gesellschaften mit anderen Lebens- und Eheauffassungen kennen die Liebe vor der Hochzeit zwar auch, bestimmen sie aber in der Öffentlichen Ideologie nicht zum alleinseligmachenden Heiratskriterium. Man sucht in der Ehe vor allem Familie, Sicherheit, gesellschaftliches Ansehen, was die Entwicklung der bindenden *Liebe nach der Hochzeit* ja keineswegs ausschließt. In der Praxis dürfte sich da manches ausgleichen, was sich in der Theorie zu himmelweiten Unterschieden ausmalen läßt.

Westliche *Scheidungs-Statistiken* sind, was den Vergleich etwas erschwert, nicht auf Menschen und Biografien, sondern auf die Zahl alljährlicher „Fälle“ bezogen. So weiß man zum Beispiel aus dem Statistischen Jahrbuch 1980 der Bundesrepublik, daß 1977 von 337 Tsd. deutschen Männern, die heirateten, rund 52 Tsd. (also 15,5%) geschieden waren. In den höheren Altersgruppen, den sogenannten besseren und besten Jahren der Männer, erhöht sich naturgemäß auch bei uns der Anteil der Geschiedenen:

- von den Männern zwischen 40 und 45 Jahren, die 1977 heirateten, waren 51% geschieden,
- von denen zwischen 45 und 50 waren 62% geschieden,
- von denen zwischen 50 und 55 Jahren waren es 57%.

Auch bei uns ist es seit langem üblich, daß sich der Mann eine zweite oder dritte Frau nimmt, wenn er der ersten überdrüssig ist, sie ihm zu alt, zu unattraktiv, nicht mehr zu seinem gesellschaftlichen Ansehen passend erscheint und er findet, daß eine neue eben jünger, angenehmer, reicher, gebildeter, aktiver und für einen Neubeginn geeigneter ist. Er behält aber dann seine erste Frau nicht weiter im Familienverband, auch wenn sie tüchtig ist, Kinder hat oder soziale Gründe dafür sprechen könnten, sondern läßt sich von ihr scheiden:

> „Kritiker sagen, die Scheidung sei jetzt schwieriger, zeitraubender und teurer als bisher. Merkwürdigerweise kommt dieser Vorwurf am lautesten von den Angehörigen der Opposition, die noch vor kurzem das Gegenteil behauptet und der Koalition nachgesagt haben, daß eine Ehe leichter zu lösen sei als ein Mietvertrag, ja sie beabsichtige die Einführung der *„Vielweiberei auf Raten“*. Diesen Leuten geht es offenbar nicht um sachliche Kritik, sondern um reine Polemik.“ (*H. J. Vogel,* Bundesminister der Justiz, Informationen des BMJ 26.1.1978)

Filmschauspieler und erfolgreiche Karrieremacher wurden bislang am häufigsten bestaunt ob ihrer hohen Scheidungsmoral und der damit verbundenen „Skandale“. Inzwischen wagen sich auch andere Spitzen der Gesellschaft mit ähnlicher Konsequenz an die Öffentlichkeit:

Immer mehr Politiker lassen sich scheiden

„Das ist nicht nobel und kostet Stimmen“

HAMBURGER ABENDBLATT 16.3.1979

Über diese Doppelmoral wundert man sich nun wieder im Ausland. Warum die vielen Ehen und Liebschaften solcher „Erfolgsmänner" heimlich oder bestenfalls bei Filmstars bewundern und dann in der politischen Öffentlichkeit doch tabuieren und verdrängen? Anläßlich der aufgebauschten Skandalgeschichte um *John F. Kennedy's* Liebesaffairen schrieben Leser aus Indonesien und den Philippinen im US-Magazin „Time" (23.2.1976)

„Hat TIME geschlafen? In den späten 50er Jahren gehörte es zum Allgemeinwissen, daß der CIA-Film über Präsident *Sukarnos* Schlafzimmerfähigkeiten von ihm selber so sehr als Kompliment empfunden wurde, daß er (ohne Erfolg) versuchte, davon Kopien für öffentliche Vorführungen in Indonesien zu bekommen, um dadurch sein Ansehen unter seinen Landsleuten zu steigern" (Park Howarl, Reno)

„Nachdem ich jetzt schon einige Jahre in Asien lebe, amüsiert mich der Unterschied in den Reaktionen auf die Aufdeckung der Tatsache, daß *John F. Kennedy* auch andere Frauen hatte. Hier denken die Leute, dies sei Teil einer konsequenten Glorifizierungskampagne" (Dennis B. Block, Manila)

Sieht man auf unsere westlichen Gesellschaften mit dem Blick des Anthropologen, dann findet man die Polygamie in ihren beiden Erscheinungsformen recht weit verbreitet, und zwar nicht nur in der Form von festen Nebenfrauen oder Hausfreunden (die auch in „primitiven" Gesellschaften bekannten Kurzaffairen nicht mitgerechnet). Als „Vielweiberei" und „Vielmännerei" tritt sie – wie *C. A. Schmitz* (1964, 34) oder *C. Sigrist* (1967) bei einem Blick auf unsere Kultur feststellten, statt in der anderswo üblichen Gleichzeitigkeit vor allem in der Summe der *sukzessiven* Ehen eines Mannes oder eine Frau auf.

Man kann also immerhin mit Grund vermuten, daß der Anteil der Männer in der Bundesrepublik, die in ihrem Leben „nur" eine Ehefrau hatten, sicher nicht höher liegt als etwa bei den polygamen Hehe in Ostafrika, wo er 62% betrug. Der „Rest" hat, die Affären nicht mitgerechnet, ebenfalls mehrere Ehefrauen geheiratet. Da das Heiratsalter aber bei Männern und Frauen bei uns relativ nahe beieinander liegt (Männer heiraten erstmals etwa im Alter von 25, Frauen im Alter von 23 Jahren), entsteht jedoch nicht ein solcher Frauenüberhang auf der einen bzw. eine Schlange ehefreudig wartender Männer auf der anderen Seite.

Was für die Männer und ihre hiesige Vielweiberei auf Raten gilt, gilt umgekehrt also auch für die Frauen, die Vielmännerei auf Raten betreiben. Je selbständiger sie werden, umso eher geht die Initiative auch von ihnen aus. Die Mehrfachverheiratung als solche unterscheidet uns also in der Praxis gar nicht so sehr von anderen Gesellschaften (die die Scheidung natürlich auch kennen) – wohl aber die moralisch durchaus zwiespältige Sitte, Menschen, mit denen wir einen größeren Teil unseres Lebens verbracht und mit denen wir eine soziale Identität aufgebaut haben, plötzlich zu verstoßen und dann meist nicht einmal mehr zu kennen.

Die sogenannte Liebesehe

Klischee

... und Wirklichkeit

Bauernliebe in der Oberpfalz –
Anton war zur Zeit als Knecht im Württembergischen. Dort hat er 1937 Ottilie kennengelernt. „Mir san beim gleichn Bauern gwen. Sie in Kouhstall, und i hab de Pferd gmacht. No ja, wie's halt sou geht, i hab ihr halb ab und zu gholfn. Und dann is es halt sou weit wordn. Gspielt ham ma halt a weng, wie's halt so dahergeht. Na hab i gsagt: Jetzt geht's Heiratn los."
(GEO 11/1977)

Ideal...

Liebe: spezifisch menschliche Einstellung oder Beziehung zu einem bestimmten Menschen, einer Sache oder einer Idee, die sich als Bedürfnis äußert, sich mit ihm bzw. ihr zu identifizieren. ... Erfüllung findet L. nur, wenn sie auf Gegenseitigkeit beruht. Liebende streben nach Dauerhaftigkeit ihrer Beziehung (→ *Ehe*), was nicht ausschließt, daß sie unter dem Einfluß äußerer Faktoren oder auch unterschiedlicher Entwicklung beider Partner schwinden oder zerbrechen kann ... Während unter den Bedingungen des Kapitalismus die Beziehungen zwischen den Menschen allgemein und zwischen den Geschlechtern speziell von Besitzverhältnissen, Klassengegensätzen und Standesvorurteilen durchdrungen sind und die darauf beruhende „doppelte Moral" auch die L. in ihrem sittlichen Gehalt belastet, verstärkt sich unter dem Einfluß der objektiven Gegebenheiten und der Kulturentwicklung in der sozialistischen Gesellschaft der real-humanistische Charakter zwischenmenschlicher Beziehungen auf allen Ebenen ...
(Kulturpolitisches Wörterbuch/DDR, 1978, 454-6)

... die Liebe ist stärker als der Tod – Themen türkischer Volkslieder

Inhalt	Zahl der Stücke	Anteil in %
Liebe	161	18
Verlobung und Hochzeit	35	4
Wiegen- und Kinderlieder	17	2
Klage (Tod)	102	11
[Tanz	268	30]
Hirtenleben	45	5
Soldatenleben	28	3
Ballade	21	2
[Epos	136	15]
Wanderung	17	2
Religion	18	2
Spiel und Wettkampf	6	1
Trinklieder	6	1
Inhalte, die nur bis 5mal vertreten sind	39	4
Insgesamt	899	100

(*K. Reinhard* 1962, 14)

Nur ein Ehegrund

„Beim Ehestiften ignorieren primitive Gesellschaften Gefühle nicht deswegen, weil sie sich ihrer nicht bewußt wären, sondern weil sie die romantische Liebe als eine Form temporären Irreseins ansehen. Das tun sie aus zwei Gründen. Erstens entzieht sie sich der rationalen Erklärung. Zweitens dauert sie selten lange. Die amerikanischen Indianer beispielsweise blickten mit Nachsicht auf jene, die von ihr befallen waren, denn sie wußten, daß sich die Opfer schließlich wieder erholen würden. Sie sahen den Zweck der Ehe nicht in der Verbindung zweier Individuen, sondern vielmehr zweier Familien zum gegenseitigen wirtschaftlichen Vorteil.

Der wichtigste Einwand gegen unsere fixe Idee der Verliebtheit als Grundlage der Ehe besteht nicht darin, daß diese Liebe notwendigerweise nach einiger Zeit erlischt, sondern daß der Mann später zu praktischen Überlegungen gelangt, die schließlich überwiegen können.“
(*M. Page,* 1973, 263)

Private Liebe

„Die Behauptung, bei Ehen in ‚primitiven Gesellschaften‘ sei keine wirkliche Liebe im Spiel, ist völlig unzutreffend. Im Gegenteil: Anthropologen werden ständig mit Beispielen echter Zuneigung konfrontiert, besonders in Krisensituationen, wenn jemand krank wird oder stirbt. Emotionale Bindungen zwischen Mann und Frau sind anderswo nicht weniger existent, bloß weil sie nicht von dem gleichen Wust romantischer Klischees umgeben sind wie er für ‚zivilisierte‘ Gesellschaften typisch ist und weil Anstand und Takt das öffentliche Zurschaustellen von Gefühlen verbieten.“
(*R. Piddington,* 1963, 173)

Komplizierte Wissenschaft

Hans Martin Pawlowski, Professor für Bürgerliches Recht und Zivilprozeßrecht an der Universität Mannheim, über die „Bürgerliche Ehe": „Die Ehe als dauerhafte Beziehung zwischen zwei heterosexuellen Partnern ist keine Naturkategorie, sondern eine kulturspezifische Institution. Gesellschaftlicher Druck, offenbart durch einen sozialen Initiationsritus, konstituiert eine Partnerbeziehung mit physischen, ökonomischen, religiösen usw. Beziehungsaspekten. Der kulturelle Druck organisiert affektive und rationale Erwartungsmuster, die so auf Dauer gestellt werden. Selektionskriterium für die Partnerwahl ist in modernen Gesellschaften die Liebe, die durch legale und sakrale Sanktionierungspraktiken einzementiert werden soll. Die Organisation der Gefühlshaltungen läuft über mehrere Stufen – etwa Werbung, Liebschaft, Verlobung, Ehe – und konserviert auf diese Weise gemeinsame Erinnerungen."
(DER SPIEGEL 25/1976)

Konflikt mit der Gottesliebe

„Die eheliche Liebe steht (zwar) nicht im absoluten Widerspruch zu dem, was das Christentum verlangt. Aber sie bringt die große Gefahr mit sich, daß man im Diesseits steckenbleibt, in Genuß, Familienfreuden und Ansehen das einzige Ziel erblickt und die Ehe in eine rein weltliche Angelegenheit ausarten läßt. Für den Verheirateten ist es schwieriger als für den Ehelosen, schon in diesem Leben den Wandel eines Himmelbürgers zu führen, dem Leitbild der Seligpreisung zu folgen, arm und sanftmütig zu sein, Verfolgungen freudig zu ertragen und Hunger und Unterdrückung hinzunehmen. Wann ist einmal eine Familie so sehr ein Herz und eine Seele, daß sie sich freudig den Forderungen des Gottesreiches stellte?"
(*L. Legrand,* 1966)

Ungleiche Romantik

„Das Wort Liebe hat für die beiden Geschlechter durchaus nicht denselben Sinn, und hierin liegt eine Quelle der Mißverständnisse, die sie voneinander trennen. *Byron* hat ganz richtig bemerkt, daß die Liebe im Leben des Mannes nur eine Beschäftigung bleibt, während sie das eigentliche Leben der Frau ausmacht.

Männer haben zu gewissen Zeiten ihres Lebens leidenschaftliche Liebhaber sein können, es gibt aber keinen einzigen unter ihnen, den man als einen großen Liebenden ansprechen könnte. Selbst in ihrem heftigsten Überschwang geben sie sich nie völlig auf. Selbst im Kernpunkt ihres Lebens bleiben sie so etwas wie souveräne Eigenwesen. Die geliebte Frau ist nur einer unter andern Werten. Die Männer wollen sie ihrer Existenz einverleiben, aber nicht mit ihrer ganzen eigenen Existenz in ihr versinken. Für die Frau dagegen ist die Liebe eine völlige Selbstaufgabe. Die Liebe wird für sie zu einer Religion."
(*S. de Beauvoir,* 1965, 119)

Ahnenkult und Heldendenkmal

Privater und öffentlicher Ahnenkult
Das Vorurteil:
„Geisterglaube" und Totenkult
Funktionen der Ahnenverehrung:
Das geschichtliche Erbe. . .
Gruppenidentität und -abgrenzung . . .
. . . Individuelle Statuszuweisung
Physischer, sozialer und kultureller Tod
Der Friedhof: Ein soziales Zentrum

6

Privater Ahnenkult

Oben: Ahnentafel aus dem Versandhandel (Deutschland).
Rechts: Totenschädel und Statuette in der Familie der Verstorbenen (Neuguinea).
Unten: Hausaltar eines Rockfans (Deutschland)

Das Vorurteil:
Geisterglaube und Totenkult

In einem der zahlreichen in jüngster Zeit erschienenen Bildbände, die auf die attraktive Exotik sogenannter Primitiver spekulieren, wird zur Erläuterung von Ahnenfiguren und Hausaltären in Ozeanien u. a. folgendes aufgeführt:

> „Man findet darin den geradezu besessenen Sinn für das Magische und den unruhigen Jenseitskult, die den archaischen Künsten eigen sind . . . Die Ahnenfiguren sind in den archaischen Künsten keine einfachen Bildnisse der Verstorbenen, sondern man hält sie für den Sitz ihrer Seelen, die sich dort durch reale Anwesenheit verkörpern" (Lekturama, o. J., 10 u. 18)

Ob es den ungenannten Autoren dieser oder anderer völkerkundlicher Populärveröffentlichungen wohl in den Sinn käme, die „Hausaltäre" und Familienalben auf europäischen Wohnzimmerbuffets, die Heldendenkmäler in unseren Parks oder die „lebendigen Bilder" von Friedrich II, Napoleon, Cäsar oder Hitler, die auf Breitleinwand und in Farbe in den Kinos flimmern, als „Sitz der Seelen" zu verdächtigen? hinter jedem Kopf eines Staatsmannes auf einer Briefmarke oder Münze zugleich einen ganz realen „Geist von Verstorbenen" zu vermuten?

Wir erwarten ganz selbstverständlich, daß man beim Umgang mit unseren „Ahnen" zwischen Abbildern und dem, was man damit ausdrücken will, zu unterscheiden weiß. Anspruch auf eine etwas differenziertere Betrachtungsweise können aber auch jene Völker erheben, deren Ahnenbilder heute in ihren eigenen Ländern kaum mehr zu finden sind: Sie wurden seit über 100 Jahren waggonweise von Missionaren, Völkerkundlern und Kaufleuten in europäische Sammlungen verschleppt oder am Ort als „Götzen" zerstört – oder verkommen immer mehr zum Touristenkitsch.

Der Ahnenkult, besser: der überlegte *Umgang mit den Vorfahren,* denen man nicht nur die private Existenz, sondern auch Status, Besitz und möglicherweise bestimmte Eigenschaften, Talente oder Charakterzüge verdankt, ist zunächst einmal keineswegs ein Kennzeichen einfacher Stammesgesellschaften. Im Gegenteil, eine besondere Ausprägung erfuhr er in den sogenannten Hochkulturen, darunter in solchen, auf die wir uns heute gerne noch berufen (Ägypter, Griechen, Römer). Und auch bei uns existiert er nicht nur als Relikt, sondern taucht in verschiedensten Bereichen immer wieder auf. Das hat seinen Grund darin, daß Ahnenkulte sich in ihrem Sinngehalt und ihrer politischen Bedeutung keineswegs auf einen Geisterglauben reduzieren lassen. Wer Bilder von Verstorbenen oder auch nur Sinnbilder ihrer Fähigkeiten und Eigenschaften als „Denkmäler" überleben läßt, will damit etwas über den emotionalen, sozialen oder kulturellen Zusammenhang aussagen, in dem er sich selbst zurechtfinden und erkennen kann.

Weil die beabsichtigten Aussagen sehr unterschiedlich sein, sich z. B. sowohl auf die Privatsphäre einer Familie wie auf größere soziale Gruppen beziehen können, sind auch die *Art und Symbolik der Ahnen-Denkmäler* sehr vielfältig. Allgemein läßt sich dazu anmerken, daß sie ihren Charakter als „reale" (bei uns meist fotografische) Abbilder umso schneller verlieren, je weniger es noch Personen mit konkreter Erinnerung an spezielle Eigenschaften der Verstorbenen gibt und je größer die Zahl der Menschen wird, die durch den Kult oder das Denkmal beeinflußt werden sollen. Dafür treten mit wachsendem zeitlichem Abstand und mit zunehmender Allgemeinverbindlichkeit eines Vorfahren dessen „ideale" Wesenszüge immer stärker hervor. Dies muß dann zwangsläufig zu einer Vereinfachung oder Konzentration der Symbolik führen, die allein es ermöglicht, daß wir noch erkennen, wer und was mit der Abbildung oder Schilderung gemeint ist – im Grunde handelt es sich hier um eine Konkretisierung einiger weniger Charakterzüge, die zugleich eine Abstraktion von der realen Gesamtpersönlichkeit der Verstorbenen bedeuten muß.

Funktionen der Ahnenverehrung: Das geschichtliche Erbe . . .

Die sehr intensiven Studien und Fachdiskussionen, die zu Fragen des „Totenkults" und seiner Symbole angestellt worden sind, haben eine Reihe universeller Funktionen zutage gefördert, die sich in Gesellschaftstypen nahezu aller Zivilisationsstufen nachweisen lassen:

Eine grundlegende Funktion der Ahnenverehrung ist darin zu sehen, daß sich die Lebenden durch den Bezug auf geschichtliche „Urväter", Gründer oder Propheten auf die Erhaltung und *Weiterführung einer Überlieferung,* eines kulturell-religiösen, politischen oder fachlich-beruflichen Erbes verpflichtet. Deutlich wird dies etwa bei Religionsstiftern oder mythischen Helden, die für nicht durch Verwandtschaft verbundene Gruppen einen ähnlichen ethischen und politischen Bezugspunkt bilden wie die Ahnengruppe oder der Stammvater als „kollektives Über-Ich" einer durch Familienbeziehungen geprägten Gemeinschaft.

In der Geschichtsauffassung Israels drückt sich dies in der Überzeugung aus, daß der von Moses mit Gott geschlossene Vertrag in der Geschichte durch das ganze Volk verwirklicht werden muß. In ähnlicher Weise fühlten sich die Clangruppen nordamerikanischer Indianergesellschaften durch die Bindung an einen mythischen Clanvater zur Wahrung der durch ihn versinnbildlichten Traditionen, Riten und Kulturgüter verpflichtet.

Bei uns sind derartige Traditionen vor allem in einem Bereich verbreitet, in dem der Verdacht des Aberglaubens besonders heftig zurückgewiesen würde: Die Wissenschaften, angefangen von der Philosophie bis hin zu den Naturwissenschaften, sind überwiegend in „Schulen" organisiert, deren gemeinsames Ethos sich aus den Lehren und dem Vorbild bedeutender Vorgänger selbst dann noch speist, wenn „wissenschaftlicher Fortschritt" solcher Verehrung an sich längst hätte Einhalt gebieten müssen. Sogar *Sigmund Freud* entwickelte sich zum unsterblichen Ahn ganzer Generationen von Wissenschaftlern und Praktikern, obwohl die Ironie der Geschichte es will, daß gerade der Begründer der Psychoanalyse die „Bewältigung" der Ahnen zum wesentlichen Programm erhoben hatte.

... Gruppenidentität und -abgrenzung ...

Eine spezifisch politische Rolle kann dem Ahnenkult aus seiner Bedeutung für die *Regelung von Beziehungen sozialer oder ethnischer/nationaler Gruppen* untereinander zuwachsen. Oft liefert erst die Verehrung eines „repräsentativen" Vorfahren oder Idols den Kitt, ohne den eine Gemeinschaft auseinanderfallen, nicht zu einer Identität finden würde. Dabei ist nicht nur an „Nationalhelden" zu denken, wie sie im asiatischen Raum z. B. Gandhi, Ho-Chi-Minh oder Atatürk darstellen, sondern vor allem an die Gründer, Identitätsstifter oder mythischen Ahnen kleinerer gesellschaftlicher Einheiten, die gleichwohl für die Stabilität des größeren Ganzen von entscheidender Bedeutung sind. Dazu der französische Anthropologe *Claude Levi-Strauss:*

> „Damit die Sozialordnung aufrecht erhalten bleibe ... muß die Dauer und die Solidarität der Clans, die die Segmente sind, aus denen sich die Gesellschaft zusammensetzt, gesichert werden. Diese Dauer und diese Solidarität können nur auf individuellen Gefühlen beruhen und diese erfordern, damit sie sich wirkungsvoll kundtun können, einen kollektiven Ausdruck, der sich auf konkrete Objekte fixieren muß:
>
> | | | | | |
> |---|---|---|---|---|
> | Individuelle Zusammengehörigkeitsgefühle | ⟶ | Ritualisierte kollektive Ververhaltensweisen | ⟶ | Repräsentatives Objekt der Gruppe |
>
> So läßt sich die Rolle erklären, die in den heutigen Gesellschaften den Symbolen, wie Fahnen, Königen, Präsidenten und so weiter, zuerkannt wird." (1965, 80)

Claude Levi-Strauss will also die „repräsentativen Symbole", zu denen z. B. auch (genealogische) Herkunftszeichen wie Wappen, Stammbäume oder Tiersymbole (die unpräzise sogenannten „Totems") gehören, keineswegs nur bei vorindustriellen Gesellschaften suchen.

Daß solche Symbole nicht etwa schmückendes Beiwerk sind, sondern eher den Charakter menschlicher „Duftmarken" haben, also ähnlich wie bei Katzen und Waldtieren exklusive *Einflußzonen* oder auch *Tabubereiche* kenntlich machen, zeigt noch die jüngste europäische Geschichte: Die Ausstellung „arischer" Ahnenpässe und die Verwendung des Hakenkreuzabzeichens zur Demonstration einer Zugehörigkeit zu den „deutschen Stämmen" auf der einen sowie die Markierung mit dem Judenstern als Identifikations- und Verfolgungssymbol auf der anderen Seite sind die extremsten Formen sozialer Abgrenzung mithilfe genealogischer Praktiken und Symbole, die die Menschheit in Erinnerung hat.

Nahezu universell findet sich in ansonsten kaum hierarchisch organisierten Lokalgesellschaften Asiens, Afrikas und Ozeaniens der Ahnenkult als Begründung und Mittel für den Ausschluß der Frauen von Stammespolitik und Stammesphilosophie. Ihnen, den Fremden und in einigen Gesellschaften auch den per Genealogie (Lineage) vom Landbesitz ausgeschlossenen Stammesmitgliedern versuchte man, den Unterschied zwischen dem politisch-philosophischen Gehalt des Ahnenkults und dem vordergründigen Ahnenritual zu verbergen – es liegen allerdings zahlreiche Beispiele dafür

Öffentlicher Ahnenkult

Lebensziel: Überwindung des Todes

„Wir leben nur dann frei von Todesangst, wenn wir uns beständig derer bewußt bleiben, die vor uns lebten und erst ermöglichten, daß wir leben. Denn so können wir hoffen, daß auch die Nachlebenden sich unserer erinnern und uns so Unsterblichkeit gewähren. Das Lebensziel eines Griechen bestand darin, sich erinnerbar zu machen, indem er Taten vollbrachte, die für den Bestand seiner Polis von Bedeutung blieben . . .“ (*B. Brock* 1977)

Deutsches Kriegerdenkmal (oben); Denkmal des Dichters Theodor Körner (unten).

Kollektive Erinnerung:
Briefmarke, Münze, Indianischer Totempfahl.

Monumentale Totenmale:
Zwei von einigen hundert Kollossalstatuen (bis zu 60 t schwer) auf der pazifischen Osterinsel. Sie galten ursprünglich als Götterbilder, sind aber inzwischen als Statuen eines „Ahnenkultes“ erkannt worden (ca. 1100-1650).

vor, daß der dafür gelegentlich veranstaltete Mummenschanz mit dem (Aber)glauben an eine reale körperliche Präsenz unlängst Verstorbener jedenfalls von den klügeren „Laien" durchschaut wurde. Von vielen Völkerkundlern, die ja selbst als „Fremde" nur bedingt in die Geheimnisse solchen Zaubers eingeführt wurden, kann man dies leider nicht in gleicher Weise behaupten. Ahnenfiguren auf den Neuen Hebriden (Südsee) „deutet" z. B. *F. Krause* wie folgt:

> „Die Figuren bedeuten die Annen ihrer Besitzer ... Demnach wird durch die Figuren nicht die Gegenwart der Verstorbenen versinnbildlicht, sondern sie sind meiner Überzeugung nach wenigstens ursprünglich die toten Ahnen selbst, die ... im Männerhaus oder bei den Zeremonien gegenwärtig sind." (1931/1966, 228)

Da stellt sich doch die Frage: Sind Jesus oder Pontius Pilatus in unseren regelmäßig zu Ostern in den Kirchen veranstalteten Passionsspielen jeweils „leibhaftig" anwesend? Oder: Steht zu befürchten, daß Bismarck eines Tages von seinem Denkmals-Sockel am Hamburger Hafen heruntersteigen und jenen danken wird, die alljährlich dort zur Kranzniederlegung erscheinen?

... *Individuelle Statuszuweisung*

Von besonderer Bedeutung ist der Ahnenkult für die *rechtliche und wirtschaftliche Stellung des Einzelnen innerhalb seiner Gruppe.* Die Direktheit der Zuordnung eines Gesellschaftsmitglieds zu seinen Vorfahren begründet z. B.:

- bei den Somali in Ostafrika einen mehr oder weniger großen Rechtsanspruch auf die stets knappen *Wasser- und Weideplätze* (er mußte seine Genealogie daher gut im Gedächtnis behalten!);
- bei den Indianern der Nordwestküste Amerikas einen Anspruch auf unumschränkte *Gastfreundschaft* und auf Hilfe bei Auseinandersetzungen in der Fremde (die Zugehörigkeit zu einer gemeinsamen Ahnengruppe konnte hier an den im Dorf aufgestellten „Totempfählen" abgelesen werden);
- bei den Chinesen wie in anderen Hochkulturen die Rechtmäßigkeit einer *Erbfolge* und damit u. U. eines *Herrschaftsanspruchs* (in der chinesischen Geschichte ist zu gewissen Zeiten die „Stammbaumklitterei" üblich gewesen, mit der die Position zwischen und innerhalb von dynastischen Gruppen verbessert oder verschlechtert werden konnte);

Die Abstammung ist jedoch nicht nur unter erbrechtlichen Gesichtspunkten für den einzelnen und seine Gruppe interessant. Erwartungshaltungen verpflichten auch in nicht-materieller Hinsicht, „in der Linie" zu bleiben. Wer das Glück oder Unglück hat, von einem bekannten Künstler, Politiker, Unternehmer oder Wissenschaftler abzustammen, weiß von Schulzeiten an meist ein Lied davon zu singen, wie man ihn darauf verpflichtet, sich des berühmten Namens würdig zu erweisen. Und die Psychoanalyse ist stets gut beschäftigt, diese familiären Über-Ich-Erwartungen durch Wiederholungsrituale, Geisterbeschwörung und „Bewußtwerdung" zu brechen, um dem geplagten Individuum einen Neuanfang ohne die ständige (unbewußte) Präsenz der Ahnen zu ermöglichen.

Physischer, sozialer
und kultureller Tod

Wenn der jeweils Älteste, Herrschende oder Erbverwalter einer Gruppe stirbt, kommt es in nahezu allen Gesellschaften zu krisenhaften Zuspitzungen unter den Lebenden oder im Verhältnis zwischen Lebenden und mehr oder weniger entfernten „Ahnen". Spätestens bei den mit einem solchen *physischen Tod* eingeleiteten Umwälzungen wird deutlich, daß es nicht der realen körperlichen Präsenz eines Menschen bedarf, damit er eine Rolle in seiner Gruppe spielt. Nicht abergläubische Sitten und Gebräuche sind es also, die in den „kleinen", vom Einzelnen stärker abhängigen Gesellschaften die Beziehungen zwischen Lebenden und Toten kennzeichnen, sondern höchst irdische Widersprüchlichkeiten:

Auf der *sozialen Ebene* ist normalerweise der Tod eines Angehörigen oder akzeptierten Vorbilds den Interessen der Lebenden entgegengesetzt, weil er zunächst einmal dem Gruppenzusammenhang stört. In Begräbnisritualen, bei denen die Toten aus der Gemeinschaft der Lebenden ausgeschlossen werden, kommt dieser oppositionelle Aspekt vielfach zum Ausdruck – auch wir kennen ja noch eine Reihe von *Verhaltenstabus* (z. B. die Ächtung einer sofortigen Wiederverheiratung nach dem Tod eines Ehepartners), die als „Schonfristen" dienen und in denen die Gruppenbeziehungen wieder neu geordnet werden können.

In *kultureller oder emotioneller Hinsicht* stören dagegen Tod und Leben einander nicht in gleicher Weise. Die Übergänge bleiben eine Zeitlang fließend, die Toten leben noch. Das gilt einmal individuell: in ihrem Denken und in ihren Gefühlen können die Überlebenden den Toten auch weiterhin freundlich oder ablehnend gegenüberstehen. Das gilt zum anderen aber auch für die Gruppen: Die Lebenden können nur aufgrund der geschichtlichen Leistungen oder Irrtümer der Toten überleben, erst die *Kontinuität der Generationen,* die Gemeinschaft der Lebenden und Toten garantiert den Zusammenhalt von Gruppen und schafft damit das, was wir „Gesellschaft" nennen.

Der Religionswissenschaftler *J. S. Mbiti* beschreibt die Todesphasen in der (ost-)afrikanischen Philosophie folgendermaßen: (J. S. Mbiti, 1970)

> „Tod ist ein Vorgang, bei dem ein Mensch stufenweise von der SASA-Zeit (= die persönliche, geschichtliche Zeit) in die ZANAMI-Zeit (= die mythische Zeit) hinübergeht. Nach dem körperlichen Tod existiert die Persönlichkeit vorerst noch weiter in der SASA-Zeit, verschwindet also nicht plötzlich aus ihr. Der Mensch wird von Verwandten und Freunden erinnert, die ihn im Leben kannten und die ihn überleben. Sie beziehen sich namentlich auf ihn, auch wenn sie das nicht unbedingt öffentlich tun, sie denken weiterhin an seine Person, seinen Charakter, seine Worte und die Ereignisse seines Lebens . . .
>
> Die sogenannte Ahnenverehrung hat absolut nichts mit Magie zu tun, selbst wenn diese Handlungen dem Außenstehenden, der die Situation nicht versteht, so erscheinen mögen.
>
> Mit der Zeit verschwinden die Lebend-Toten aus dem Horizont der SASA-Zeit. Dieser Punkt wird dann erreicht, wenn unter den Überlebenden niemand mehr existiert, der die Verstorbenen noch namentlich erinnert. Dann ist der Vorgang des Sterbens abgeschlossen. Aber die Lebend-Toten lösen dann ihre Existenz im-

mer noch nicht völlig auf: sie erreichen jetzt den Status der kollektiven Unsterblichkeit ...

Würden die Lebend-Toten von einem Tag auf den anderen vergessen, dann würde das bedeuten: sie sind aus der SASA-(Erinnerungs-)Zeit ausgelöscht, also exkommuniziert, wären zu einem Dasein als Nicht-existente verdammt. Dies jedoch ist für jeden Afrikaner die schlimmste überhaupt denkbare Strafe. Die Toten tun alles, um in Erinnerung zu bleiben, und die Lebenden tun ebenfalls alles, um dieses Schicksal zu vermeiden."

Diese Todesvorstellung entspricht zwar nicht wortwörtlich, wohl aber sinngemäß dem, was auch bei uns in Ideen, Riten oder sozialen Verhaltensweisen verbreitet ist. Wer stirbt, ist zunächst einmal nur physisch tot: seinen sozialen Tod, den Verlust des Status und der ihm von seiner Gruppe oder der Gesellschaft insgesamt beigemessenen Aufgaben erleidet er meist erst eine gewisse Zeit danach. Der Mensch als Persönlichkeit stirbt in der Erinnerung der Überlebenden erst, wenn er als „Ahne" zum „Geist" wird, wenn also die Erinnerung an seine wesentlichen individuellen Charakterzüge immer mehr verblaßt. Dieser „kulturelle Tod" kann im Einzelfall das physische und soziale Sterben noch lange überdauern und findet erst mit dem Erlöschen jeglicher Erinnerung an einen Verstorbenen seinen Abschluß. Sowohl der soziale wie der kulturelle Tod sind von den Lebenden beeinflußbar, noch bevor sie physisch sterben, sei es, indem sie Kinder als Stammhalter in die Welt setzen, sei es durch besonders ausgebildetet Fähigkeiten oder „Heldentaten", sei es durch ein „für die Ewigkeit" geschriebenes Buch (meist hält es doch nur einige Jahre!) oder sei es auch durch die Stiftung von Preisen und anderen Institutionen.

Nicht zu verkennen ist dabei, daß die organisierte Ahnenverehrung leicht zum *Spiegelbild der Machtverteilung* innerhalb von Gruppen oder ganzen Gesellschaften werden kann:

Es werden lediglich diejenigen Menschen nach ihrem körperlichen Tod weiter in der Erinnerung behalten, die politischen oder wirtschaftlichen Einfluß hatten bzw. künftigen Generationen als Kriegs- oder Kulturheroen ein Vorbild sein sollen. Daran hat sich auch heute grundsätzlich nichts geändert: Ständig verbesserte Speichertechniken (Bibliotheken, Foto- und Filmaufzeichnungen, Datenspeicherung durch Computer usw.) können nicht verhindern, daß sich die Gesellschaft als „Stellvertreter" nur solche – übrigens fast ausschließlich männlichen – Persönlichkeiten „merkt", deren Einfluß innerhalb ihrer Hierarchie schon zu Lebzeiten erheblich war. Verkannte Genies sind Mangelware. Aber Ausgrabungen sind immer wieder möglich.

Der Friedhof: Ein soziales Zentrum

Der „Ahnenglaube" läßt sich offenkundig nicht auf die oft recht vordergründigen Riten und Symbole reduzieren, die man überall auf der Welt beobachten kann beziehungsweise als Relikte im Antiquitätenhandel oder in Völkerkunde-Museen antrifft. Es scheint vielmehr ein nahezu universelles Interesse der Menschen zu sein, nicht nur ihre Gegenwart, sondern auch ihre Zukunft – ihr Weiterleben nach dem Tod mithilfe des Erinnerungsvermögens der Überlebenden – selbst aktiv mitzubestimmen.

†

Zur frommen Erinnerung
im heiligen Gebete
an den ehrengeachteten Herrn

Karl Merwald,

Poſtbote in Uffing,
geboren am 10. November 1855,
geſtorben am 21. Oktober 1908.

Ach, er ſtarb! Er ſtarb zu früh
Für mich und für die Meinen,
Die alle wehmutsvoll um ihn,
Den guten Vater, weinen.
Ach, welch' ein Leiden, welch' ein Schmerz
Wir blutet immer mehr das Herz
Bei meiner Kinder Tränen;
Nichts — ſtillet unſer Sehnen,
Gib, Herr, uns Troſt! und Frieden
Sei ewig ihm beſchieden.

Süßes Herz Jeſu ſei meine Liebe!
(300 Tage Ablaß).

Süßes Herz Mariä, ſei meine Rettung!
[300 Tage Ablaß].

Man bittet, obenſtehende Abläſſe dem
teuren Verſtorbenen zuzuwenden.

Druck von Joſ. Fürſt, Murnau.

Memento Mori:

„Auf dem Friedhof von Montmartre – Trampelpfade zu den großen Namen“ (DIE ZEIT, 6.6.81)

„Steine erzählen Geschichte, Friedhof Köln-Kalk – Heute eine Art Freilichtmuseum“ (Kölner Stadtanzeiger 1.11.79)

Auf dem Friedhof von Genua – „Über den Gräbern ein Lachen, ein Besuch in der sinnenfrohen Stadt der Toten“ (DIE ZEIT, 30.1.81)

„Immergrün, das Milliardengeschäft mit der Grabpflege“ (CAPITAL 11/79)

Vielbesuchte Katakomben in Rom

Der lange Weg des Toten zum Jenseits

Megalithgrab mit Steingravierungen 1200-1000 v. Chr./Schweden

		Abstraktes Jenseits	Das letzte Feld d. Jenseits bleibt leer; es bezeichnet den Teil des Kosmos, der sich der kulturellen Vorstellung u. Ordnung entzieht.	
Auf diesen Steinen = Axt und Radkreuz abgebildet: Symbole für die kulturelle u. kosmologische Weltordnung (männlich/weiblich)	⊕ ⊕	*Kulturelles Jenseits*	⊕ ⊕	Der Verstorbene geht in das ewige Reich der kulturellen Ordnung ein; die persönliche Erinnerung erlischt.
Konkrete Erinnerung an den Tod des Verstorbenen (die Bestattungsrituale und -festlichkeiten).	Leichenspiele (Wagenrennen) Opferkessel, Menschen Musik	*Soziales Jenseits*	2 Schiffe 4 Pferde Wasser Beile, Lanzenspitzen, 1 Schiff	Konkrete Erinnerung an das Leben des Verstorbenen (sein Beruf, sein Besitz)
(Erläuterung)	*Bildfolge*	*(Gang)*	*Bildfolge*	*(Erläuterung)*

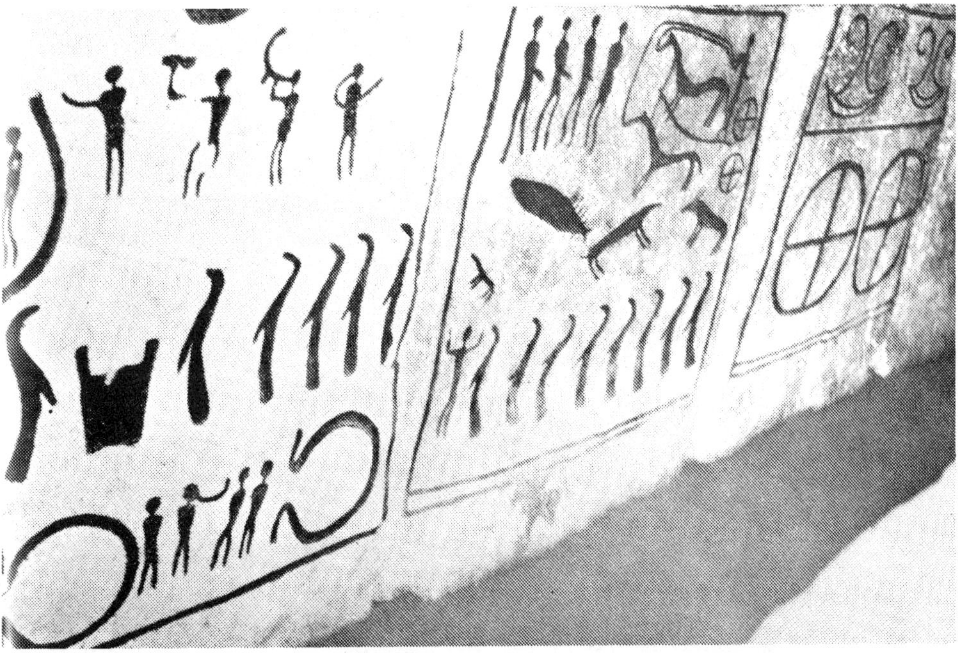

Daß mit dem körperlichen Tod „alles aus" ist, nicht einmal mehr die „Seele" in irgendeiner Form überlebt – davon waren jedenfalls bei einer Umfrage im Jahre 1971 nur etwa 1/3 der erwachsenen Deutschen fest überzeugt: Nachdem die Kirchen mit ihren Schilderungen eines überirdischen Paradieses bzw. einer unterirdischen Hölle inzwischen ja sehr vorsichtig geworden sind, kann man in solchen Umfrageergebnissen zumindest die vage Hoffnung vieler Menschen auf ein über den körperlichen Tod hinaus verlängertes Leben erkennen.

Wenn in anderen Kulturen dieser Hoffnung durch besondere Zeremonien oder über Ahnenbildnisse ein eigener Ausdruck verliehen wird, wenn es so zumindest einem Teil der Gestorbenen gelingt, im Gedächtnis oder sogar in alltäglichen sozialen Handlungen der Lebenden weiterhin präsent zu sein, handelt es sich dabei nur um kulturell abweichende Erscheinungsformen einer Grundauffassung, die uns selbst – wenn wir sie schon nicht teilen mögen – eigentlich nicht „primitiv" vorkommen dürfte.

Wem das alles jedoch immer noch fremdartig erscheint, der möge sich zum Beispiel an die Friedhofskulturen aller Zeiten erinnern, an die Mausoleen, Pyramiden und Denkmäler sowie an einfache Grabstätten in unseren Massenfriedhöfen, die gleichwohl eine der wichtigsten sozialen Kommunikationsorte in unserer Gesellschaft sind (rund 800 Millionen Friedhofsbesuche wurden 1975 in Deutschland gezählt; die Kinos verzeichneten im gleichen Jahr nur ca. 130 Millionen Besuche, Theater brachten es auf knapp 30 Mill. und die drei Fußballbundesligen gar nur auf etwa 13 Millionen Besuche).

Und wer im Bayerischen Wald an Wegkreuzungen, Brücken oder Kapellen noch heute auf ganze Reihen mannshoher aufrechter Bretter stößt, die mit Namen und Gedenksprüchen versehen sind, wird bei Nachfrage erfahren, daß es sich hier um „Totenbretter" handelt, die den Vorübergehenden nicht nur zur Erinnerung an die Verstorbenen dienen, sondern darüber hinaus eine ganz konkrete seelsorgerische Aufgabe erfüllten: Die Seelen der Toten bedurften solange der Gebete der Gemeinschaft, bis sich niemand mehr an sie erinnerte. Symbolisch fiel der Zeitpunkt der „Erlösung" der Seele, also der Zeitraum, in dem die Lebenden den Toten zu vergessen beginnen, mit dem Vermodern des Holzes zusammen. Wie listig die ländliche Bevölkerung mit ihrem Glauben umzugehen wußte, mag man daraus ersehen, daß in vielen Fällen der Erlösung bzw. dem Vergessen dadurch nachgeholfen wurde, daß man besonders weiches und damit leicht verderbliches Holz für die Totenbretter verwendete.

Magie und Placebo

7

Verbreiteter Aberglaube

Für den Europäer ist es nützlich, den Hexenglauben in Afrika zu studieren, weil er zugleich einen guten Eindruck von der Geistesverfassung unserer eigenen Vorfahren vermittelt. Für den Afrikaner sind derartige Vorstellungen aber immer noch Teil der Traditionen seines Landes und es gibt auch wenig Anzeichen dafür, daß etwa der Glaube an Hexerei mit der zunehmenden Erziehung zurückgehen würde ...

Die Kikuyu glauben sowohl an Hexerei wie an Magie: Sie denken, daß jemand aus Furcht vor einer Verwünschung sterben kann, daß er aufgrund eines feierlichen Eides krank werden und dahinsiechen kann oder daß er Schaden nimmt, wenn sich eine Hexe mit ihm beschäftigt ...

Religion ist die einzige Kraft, die den Glauben an Hexerei wirklich ersetzen kann ... Im modernen Afrika ersetzen Glaube und Moral des Christentums langsam die alten abergläubischen und verderblichen Praktiken, vereinen die Mitglieder unterschiedlicher Stämme und Familien und helfen den Menschen, sich den Notwendigkeiten des modernen Lebens anzupassen.
(*G. Parrinder,* 1963, 128/158/207)

Ein Neger in Salisbury, Rhodesien, verkauft Zaubermittel gegen Krankheit. Trotz fortschreitender Technik glauben viele Afrikaner immer noch an die Macht der Magie. (Schulbuch für den Geschichtsunterricht)

Juju-Markt in Nigeria: Durch Zauber Erfolg im Geschäftsleben (DER SPIEGEL, 52, 1970)

Der Traum vom Jungbrunnen

Heiliger Brunnen „Notre Dame de la Clarté“ (Baud/Morbihan, Frankreich)
Das Wasser dieses Brunnens soll gegen Augenkrankheiten helfen. In der Bretagne und in anderen Gegenden Europas gibt es noch hunderte solcher „heiliger Brunnen“ (in Betrieb). Sie gehen meist auf vorchristliche Quellen zurück und wurden später von der katholischen Kirche geweiht.

Liebe – Glück – Erfolg

Selbstmeisterung des Schicksals mit dem „Stein des Feuers“
Befreien Sie sich von Ihrem Pessimismus, Ihrer Ängstlichkeit und bekämpfen Sie Ihre Entmutigung und den Mißerfolg. Schon die Lektüre dieser einmaligen Dokumentation wird Ihnen Rückhalt und Kraft geben.
Ja, Sie werden überrascht sein über das, was Sie entdecken werden.

Kostenlos können Sie – noch heute – unsere interessante Broschüre anfordern.

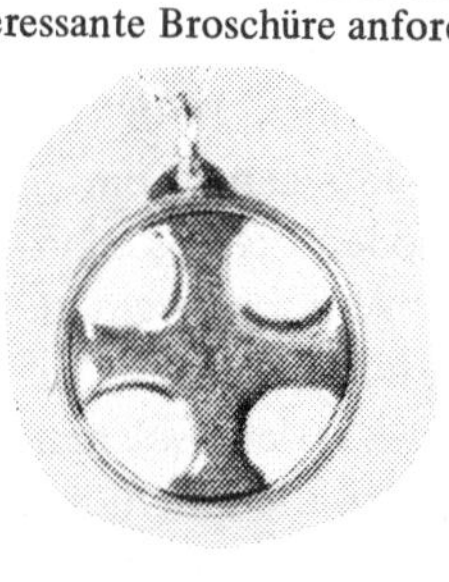

Diese Glücksbringer trägt Daliah Lavi an einem dünnen Goldkettchen um den Hals: „Sie bestimmen die Zukunft und bringen mir immer Glück. ich trage sie seit vielen Jahren und glaube fest daran.“
Bunte Illustrierte

Das Vorurteil:
Vernunft contra Zauberei

Zur eigenen Erheiterung und um den hierzulande erreichten Stand der Aufklärung etwas herauszuputzen, werden immer wieder gern Berichte über den Aberglauben der „Primitiven“ oder ganz allgemein der Völker in der Dritten Welt geschrieben, verbreitet und gelesen. Angeprangert wird die geschäftliche Ausnutzung solcher „magischer“ Heilserwartungen. Vor allem der afrikanische „Medizinmann“ ist hier ein beliebtes Demonstrationsobjekt für Schulbücher, Nachrichtenmagazine und Illustrierte oder auch die Reiseprospekte für den Ferntourismus.

Fauler Zauber aus dem Katalog

BUNTE-Korrespondent Joachim Appel berichtet aus Nairobi:

Medizinmänner sind in Afrika seit eh und je angesehene Leute gewesen. Daran hat sich auch heute nichts geändert. Nur die Methoden sind anders geworden. Die Medizinmänner Kenias gehen mit der Zeit.

Während der Magier früher die bösen Geister noch selbst beschwor, macht er es sich heute bequemer. Der Versandhandel hat auch in Afrika Fuß gefaßt. Amulette, Wundermittel, Liebestränke, Talismane und was es sonst noch alles gibt, werden von findigen Medizinmännern per Katalog angeboten. In Ruhe kann man sich zu Hause aussuchen, was man benötigt.

Für umgerechnet 100 Mark erhält man einen Ring, der, dreimal am Finger gedreht, Erfolg beim anderen Geschlecht garantiert. Für 20 Mark erhält man bereits ein Amulett, welches den Träger gegen Gefahren im Straßenverkehr schützt. Fast 300 Mark muß man für eine knallbunte Weste opfern, die dann aber Ehre, Einfluß, Macht und Glück sichert. Pülverchen und Flüssigkeiten für und gegen alles, was man sich denken kann, sind verhältnismäßig preisgünstig zu haben.

Natürlich wird alles mit Garantie geliefert. Wirkt es dann nicht, so schiebt man die Schuld nicht auf den Medizinmann, sondern darauf, daß man das Mittel falsch angewandt hat. Es ist nicht selten, daß Kunden drei- und viermal hintereinander irgendein Liebespulver bestellten. Wenn es dann irgendwann einmal mit der Liebe klappt, sind diese Menschen felsenfest davon überzeugt, daß dies nur dem Zaubermittel zuzuschreiben ist.

(BUNTE ILLUSTRIERTE)

Wer im Glashaus sitzt, soll nicht mit Steinen werfen, lehrt der Volksmund. Und nicht nur „das Volk“ sitzt im Glashaus. Denn Außenstehende hätten, was unsere Geschichte angeht, genügend Gelegenheit, nicht nur den Fortschritt, sondern auch Aberglauben und Scharlatanerie zu beobachten und, wenn sie ähnlich kurzschlüssig spekulierten, von solchen Phänomenen auf den Geisteszustand der Gesamtgesellschaft zu schließen. Massenmedien aller Art berichten noch 1978 von Teufelsaustreibern und Hexen in Europa, von Kulten und Wahrsagern, vom blühenden Geschäft mit Talismanen, Horoskopen, Glücksspielen oder (der Konkurrenz mit den modernen Naturwissenschaften angepaßten) Rutengängern, Erdstrahlern, Hypnotiseuren und anderen professionellen Zauberern. Zum beliebten Gesellschaftsspiel gehört es durchaus auch in den sogenannten gebildeten Kreisen (solchen, die mit dem Abitur der „Reife“ teilhaftig wurden), ganze Gruppen, die ihnen unangenehm sind, zu verteufeln, auf die „Verführungen" der Werbung hereinzufallen und selber von den Zauberwirkungen wissenschaftlichen Geheimwissens und magischer Zahlentricks zu profitieren.

Vor allem im Bereich der Statistik sind diese Techniken hoch entwickelt, läßt sich doch mit den gleichen Zahlen – wie unsere Wirtschaftsinstitute bei ihren jährlichen Prognosen vor Augen führen – sowohl ein volkswirtschaftlicher Aufschwung wie eine allgemeine konjunkturelle Rezession voraussagen. Mit ein bißchen Zauberei vermögen es im übrigen auch Historiker, komplexe geschichtliche Zusammenhänge derart zu reduzieren, daß sie für jedermann als das Werk geschichtsmächtiger, fast übernatürlicher Einzelgänger erscheinen müssen: So galt bis vor einiger Zeit der amerikanische Präsident *Abraham Lincoln* wegen seiner Rolle im Bürgerkrieg für viele Südstaatler als eine Art Teufelsgestalt, die den „American Dream" zerstört habe, und zahlreiche Bücher und Filme versuchten in Adolf Hitler den großen Magier zu beschwören, dem die Menschen im Dritten Reich gegen ihren „eigentlichen" Willen verfallen seien.

Magie mit doppeltem Boden

Aufklärung, technischer Fortschritt und der Bedeutungsverlust der Kirchen haben keineswegs zu einer Abnahme des Massenaberglaubens (und dem Geschäft damit) geführt:

> „Die Behauptung, daß das magische Denken abgenommen hätte, läßt sich kaum mit den Zwangsneurosen vereinbaren, die Freud als zentralen Prozeß in der Persönlichkeit des westlichen Menschen der Neuzeit identifiziert hat. Dementsprechend verdrängt das magische Denken im westlichen Bewußtsein die Religion, und nicht etwa andersherum. Die mechanische Manipulierung von Mensch und Natur, die Identifizierung des Ichs mit Außenstehenden, der Triumph der Säkularisation und die Blüte von tausendundeinem Kult, die ohne realistischen Hintergrund Belohnungen versprechen, die weite Verbreitung von Drogen, die bedeuten, daß der Verstand wie eine Maschine behandelt wird – alle diese miteinander zusammenhängenden Prozesse bezeichnen die Zunahme des modernen „magischen" Denkens, das mit dem primitiven nicht verwechselt werden darf." (*S. Diamond,* 1976, 51f.)

Neben neurotischen Zwangsvorstellungen und schlichter Leichtgläubigkeit lassen sich freilich auch sehr einleuchtende Deutungen für die Verbreitung magischer Denk- und Handlungsweisen anführen:

> „Was häufig Magie genannt und als primitiver oder fruchtloser Aberglaube abgetan wird, ist doch unter praktischen Gesichtspunkten ein bedeutender kultureller Faktor. Eine sorgfältige Prüfung der Begleitumstände der „Magie" müßte an erster und wichtigster Stelle zeigen, daß sie niemals Techniken und Inhalte von lösbaren praktischen Aufgaben zu beeinträchtigen sucht: Sobald eine Gesellschaft die mit bestimmten Aufgabenstellungen verbundenen Probleme gelöst hat, wird nicht mehr versucht, diese Lösung auch durch magische Handlungen zu beeinflus-

sen. So findet man z. B. keine Magie im Zusammenhang mit dem Feuermachen, der Herstellung von (Stein-)Werkzeugen, der Töpferei, dem Kochen oder Waschen. Überall dort aber, wo Zufälligkeiten oder vom Menschen nicht beeinflußbare Kräfte dessen Ziele gefährden könnten, werden in der Regel magische Praktiken angewandt. Letztere finden wir also z. B. in Bereichen wie der Kriegsführung und Brautwerbung sowie in Aktivitäten, die von Regen oder Trockenheit, Wind oder Gezeiten abhängen. Eine sorgfältige, wirklichkeitsnahe Untersuchung der Zusammenhänge zwischen Magie und praktischen Aufgabenstellungen muß außerdem zum Ergebnis führen, daß magische Praktiken durch die Schaffung eines positiven psychologischen Klimas von Optimismus und Selbstvertrauen die geistige Konzentrationsfähigkeit des Menschen fördern können ... Zusammenfassend läßt sich also sagen, daß Magie in der Vorstellung der Menschen überall dort Erfolge ermöglichen kann, wo rationale Handlungsweisen versagt haben. Zusätzlich können magische Praktiken dort, wo sie gemeinschaftlich organisiert und ausgeübt werden, die Führung von Gruppen unterstützen, deren Zusammenhalt fördern und einen Beitrag zur Aufrechterhaltung von Disziplin, Ordnung und Gemeinschaftsgefühl leisten.“ (*B. Malinowski,* 1961, 48f.)

Der Aberglaube und das Vertrauen in „übernatürliche Kräfte“ ist in Europa so verbreitet wie anderswo und wer sich in einem Gebiet aufgeklärt glaubt, fällt morgen in einem anderen, von dem er nichts versteht, auf die absurdesten Behauptungen herein. Der Kampf gegen solchen Aberglauben wird inzwischen nicht mehr mit Strafen oder religiöser Verdammung geführt, sondern setzt bei der „Aufarbeitung“ irrationaler Vorstellungen und Ängste an.

Freilich kann gerade der so geführte Kampf gegen die Magie leicht vergeblich sein, denn eine Reihe von Berufen oder Kasten ist zur *Sicherung ihrer Existenz* und Machtstellung auf die Nutzung solcher Ängste angewiesen: Politiker, Priester, Medizinmänner und eine ganze Illusionsindustrie in Kultur, Werbung und Massenmedien leben davon – ohne daß man hierfür nationale Besonderheiten oder ein „Nord-Süd-Gefälle“ bemühen müßte. Oft genug bedarf es aber gar nicht der öffentlichen oder „geheimen Verführer“, man denke nur an das *Interesse* nahezu aller sozialer Gruppen, *Sündenböcke für eigene Schwächen* zu finden. *Charles Darwin* berichtet von einem alltäglichen Beispiel während seiner Reisen in Südamerika:

> „Ich glaube nicht, daß die Feuerländer sehr viel abergläubischer waren als einige unter unseren Seeleuten, denn ein alter Bootsmann glaubte zum Beispiel fest, die einander folgenden schweren Stürme, die wir bei Kap Hoorn zu bestehen hatten, seien der Anwesenheit von Feuerländern bei uns an Bord zuzuschreiben.“ (zit. nach *K. F. Kohlenberg,* 1968, 128)

Auch die Machtlosen finden also noch Wege, ihre eigenen Abhängigkeiten und Unzulänglichkeiten durch die Anschwärzung von Störenfrieden oder Außenseitern zu bemänteln, sich damit gleichsam in die Position der „Gerechten“ hineinzumogeln: Wenn schon nicht Teilhabe an der Macht „von oben“ – dann wenigstens ein Abwälzen der Verantwortung auf noch Abhängigere, über die man so gleichfalls Macht zu erringen hofft. Wer versucht, allein mit Hilfe von „Aufklärung“ und rationalen Erziehungsmethoden magisches Denken und abergläubische Suche nach Sündenböcken abzubauen, wird regelmäßig an derartigen „Machtfragen" scheitern, wie uns heute zahlreiche gutgemeinte, aber unzureichend vorbereitete Entwicklungsprojekte vor Augen führen.

Vogelschau und Froschperspektive: Ist Wissen Macht?

Die Teilhabe an „vernünftigem" Wissen ist nirgendwo demokratisch geregelt – in der nur scheinbar heilen Welt sogenannter Primitiver ebenso wenig wie bei uns, wo man über eine sich ständig verbreiternde „Wissenschaft" (knowledge gap) diskutiert. Vernünftig kann in unserem Verständnis nur sein, wer prinzipiell über alle geistigen, sozialen und technischen Reserven verfügen kann, die er zum Überleben und zur Bewältigung gesellschaftlicher Aufgaben benötigt. Wer Erfahrungen in systematische Zusammenhänge einzuordnen, Vergleichsmaßstäbe zu ihrer Bewertung heranzuziehen und so unterschiedliche Bedeutungen scheinbar gleichartiger Phänomene zu erkennen vermag oder sich erschließen kann, ist weniger als andere auf Aberglauben und Ohnmachts-Magie angewiesen. Diejenigen, die derartige Chancen nicht haben oder haben dürfen, können mit ihren Erfahrungs- und Wissensbruchstücken den Alltag zwar ebenfalls bewältigen (unter Umständen auf viel angenehmere Weise), sind aber abhängig von Rat- und „Sinngebern" für das Außeralltägliche, darunter auch solchen, die mit Angst und Unwissen ihr Geschäft machen.

Magisches Denken ist also weder eine Charakterfrage noch eine Sache der Rassen- oder Volkszugehörigkeit.

Die Frage muß vielmehr lauten: Wer sind in einer Gesellschaft die zugelassenen Verwalter, Interpreten und Gestalter von Wissen? Ein *„Vernunft- und Wissensgefälle"* findet sich selbst in vergleichsweise einfachen Gesellschaften. So unterscheiden die Bambara und verschiedene Sudanvölker zumindest zwischen „vordergründigem" und „tiefgründigem" Wissen (so wie wir etwa zwischen Laien- und Expertenwissen). Die Dogon (Nigeria) unterscheiden nach den Untersuchungen von *Marcel Griaule* sogar vier Wissensformen, die sie als Erkenntnis „von vorn", „von der Seite", „von hinten" und als „Erleuchtung" (parole claire) bezeichnen. In unsere Umgangssprache (und in gewissem Sinne auch in die abendländische Philosophie) übersetzt, bedeuten diese vier Erkenntnisstufen etwa: vordergründiges Denken, ein Ding von zwei Seiten sehen, Hintergründe erkennen, den eigentlichen Sinn oder das Wesen einer Sache bestimmen.

Nur eine geringe Zahl politischer und sinnvermittelnder Experten verfügt jeweils über die höchsten Stufen der Erkenntnis, über das *Systemwissen.* Bei den Bambara kommt Griaule (1952, 563-568) auf etwa 5 bis 7% von umfassend gebildeten Männern; bei den Dogon waren es 8 bis 10% der männlichen und entsprechend etwa 4% der gesamten Bevölkerung. Dieser Anteil von Gebildeten oder „Wissenden" entspricht durchaus den uns vertrauten Verhältnissen, wenn man ihn mit Hochschulabsolventen oder betriebsinternen Hierarchien vergleicht. Am unteren Ende der Wissens- (und Macht-)Pyramide ist bislang fast überall die große Masse der Laien und Nichteingeweihten, darunter vor allem der Frauen und Kinder, angesiedelt. Ihr Wissen ist vergleichsweise bruchstückhafter, situationsgebundener, sinnlicher, widersprüchlicher und subjektiver.

Mit dem „gesunden Menschenverstand" oder dem *Alltagswissen* ist man zur praktischen Bewältigung von Lebenssituationen und zur Orientierung im zwischenmenschlichen Kontakt zwar nicht einmal schlecht bedient, denn hinter manchem „*Herrschaftswissen*" verbirgt sich oft nicht viel mehr als aufgeblähter Mumpitz oder blasse Theorie. Andererseits geht es aber beim Systemwissen weniger um Tauglichkeit in der Praxis, sondern eher um eine Legitimation von Machtansprüchen weniger Spezialisten und Wissensverwalter, die ihre Funktionen der direkten Kontrolle durch die weniger gut Informierten zu entziehen suchen.

Das vielleicht wichtigste Ergebnis einer Analyse zum Bild der Dritten Welt in deutschen Schulbüchern *(K. Fohrbeck/A. J. Wiesand/R. Zahar, 1971)* war es denn auch, daß den für späteren Führungsaufgaben in Wirtschaft und Gesellschaft bestimmten Gymnasiasten die Welt in Zusammenhängen, sozusagen in der „Vogelschau" präsentiert wurde, während sich Hauptschüler aus ihren Geografiebüchern nur ein bruchstückhaftes, exotisches Weltbild aus der „Froschperspektive" zusammenreimen konnten.

Der alte Spruch „Wissen *ist* Macht" wäre also dahin abzuwandeln, daß Macht ihr eigenes Wissen benötigt, um sie gesellschaftlich legitimieren zu können.

Durchschaute Magie

Zunächst einmal mag es wie eine krasse Benachteiligung vor allem der Frauen aussehen, wenn sie an bestimmten Ritualen des politischen oder zeremoniellen Lebens kaum aktiv beteiligt sind. *Marie-Louise Janssen-Jurreit* formuliert sarkastisch die Publikumsrolle von Frauen in australischen Stammesgesellschaften:

> „Die Frauen haben bei diesen Zeremonien eine gewichtige Rolle, sie müssen sich in gebührender Entfernung vom Ort des Geschehens davon beeindrucken lassen ... als unwissende Statistinnen eines Dramas, dessen wesentliche Inhalte ihnen verborgen bleiben, da nur die alten Männer das ganze überschauen und regeln" (1976, 157)

Oft mag es aber auch nur dem oberflächlichen Beobachter so scheinen, als ob die Frauen bei bestimmten Kulthandlungen stets in der Rolle andächtiger Statisten verharrten:

> „Kulthandlungen, wie das Schlagen der Wassertrommeln und das Flötenspiel sind den Frauen (bei den Tschambuli/Neuguinea) kein Geheimnis, sie hören aber andächtig zu, wenn die Stimme des Krokodils ertönt. Ich fragte eine von ihnen: ‚Wißt ihr denn, wie dieses Geräusch entsteht?' ‚Natürlich', erwiderte sie, ‚das ist die Wassertrommel, doch sagen wir nicht, daß wir das wissen, sonst würden sich die Männer ja schämen.' Als ich junge Männer fragte, ob ihre Geheimnisse den Frauen bekannt seien, antworteten sie: ‚Ja, sie kennen sie, sind aber so freundlich, so zu tun, als kennten sie sie nicht, weil sie fürchten, daß wir uns schämen würden. Und wir schämen uns vielleicht so arg, daß wir zuschlagen.' (*M. Mead,* 1959, 116)

Inzwischen haben selbst die Ethnologen, die diese Gesellschaften bereisten und als geborene Uneingeweihte anfangs sehr vieles von dem wörtlich nahmen, was für die eingeweihten Eingeborenen mit vielfältigsten Bedeutungen und Hintergedanken belegt ist, etwas von der *Doppelbödigkeit des Aberglaubens* und magischer Praktiken begriffen. So berichtet *C. Kaufmann* über das Ende eines geheimen Männerfestes bei den Kwoma in Neugiunea:

> „Die Schnitzereien werden nun versteckt ... das Männerhaus wird gewischt, und schon ist keine Spur mehr zu sehen. Wirklich: Die Geister haben vergangene Nacht diesen Höllenspektakel aufgeführt! – so kann man nun den Kindern und Frauen erzählen, die, abgesehen von ganz Kleinen, genau wissen, wo die Männer sich in dieser Nacht herumgetrieben haben." (1968, 96)

So wie bei uns ein Politiker durchaus damit rechnen muß, daß seine feierliche Fernsehansprache am häuslichen Familientisch nicht ganz so ernst genommen wird, womöglich von der Hausfrau durch den Kakao gezogen wird, so findet auch nicht jeder rituelle Vorwand, jede magische Handlung anderswo gläubige Wörtlichnehmer. Daß sich die Laien dennoch gerne an Wallfahrten, Nikolausfeiern, Kulthandlungen oder politischen Veranstaltungen unter Beschränkung auf die ihnen zugedachte passive Rolle beteiligen, hat nicht nur damit zu tun, daß sie andernfalls wegen Ungehorsams in Schwierigkeiten kommen könnten, sondern beruht auch auf dem Interesse, in die Erlebnisse der Gemeinschaft einbezogen zu sein.

Anders sieht die Sache dann aus, wenn die Frauen sich selber die Rolle von Sinnstiftern und Rätselgebern anmaßten, also selber „magische Kräfte" entfalteten. Zahlreiche Schöpfungsmythen und Märchen verweisen hier die Frau in ihre angeblich natürlichen Schranken:

> „In Fällen, wo Frauen nicht nur klug, sondern „wissend" sind (vgl. die Sagen von der Turandot, der Sphinx u. a.), dürfen sie nicht natürliche Wesen sein, sondern treten entweder verzaubert oder selbst als Zauberinnen auf und stellen die Gesellschaft damit in gefährlicher Weise infrage, ja drohen sie zu vernichten (Köpfen der Freier bzw. der Nicht-Rätsellöser). Ihre Macht gilt als böse und kann im allgemeinen nur von einem guten Menschen, oft auch einem Toren, in jedem Fall aber einem Mann gebrochen werden ..." (*K. Fohrbeck,* 1970, 114).

Umfangreiche Kulthandlungen und feierliche Zeremonien gewinnen ihre Bedeutung unter anderem dadurch, daß sie in aller Regel nicht täglich vollzogen werden, ihr Vollzug also ein *herausgehobenes Ereignis* oder eine *Krisensituation im Leben einer Gesellschaft* oder Gruppe markiert. Wie *Alois Hahn* im einzelnen ausführt, findet man rituelle Praktiken, die für den Außenstehenden schnell mit dem Begriff Magie abgetan sind, insbesondere dort,

> „wo Umstände des Handelns nicht voll kontrollierbar sind ... aber auch angesichts der Abhängigkeit von überlegenen sozialen Zwängen, angesichts der Ohnmacht gegenüber den Mitmenschen." (1977, 70)

Angesprochen und vor allem mobilisiert wird in kultischen Handlungen das Gemeinschaftsgefühl der Beteiligten und damit ihre Kraft zur Lösung von Problemen, zur Verminderung von kollektiven Ängsten, zur Konzentration auf eine bestimmte Aufgabe oder zur Bestätigung einer Führungsautorität. Das Zeremoniell hoher weltweiter und kirchlicher *Feiertage* überall auf der Welt unterstreicht noch heute diese Funktionen.

Wie wirkt ein „Placebo"-Medikament?

dpa/lh. Frankfurt/Mainz. Der Glaube an Arzt und Arzneimittel wirkt offenbar bei vielen kranken Menschen psychologisch erklärbare Wunder. Mit an sich wirkungslosen Scheinmedikamenten (sogenannten Placebos), die den Patienten verabreicht werden, können nämlich bis zu *80 Prozent der Fälle von Schlafstörungen,* 50 bis 70 Prozent der Kopfschmerzfälle sowie 50 bis 60 Prozent der rheumatischen und der Beschwerden im Magen-Darm-Kanal gebessert oder gar „geheilt" werden. ...

„Nicht alle Menschen reagieren allerdings auf ein Scheinmedikament", betont Prof. Kuschinsky: „In zahlreichen Untersuchungen wurde geprüft, welche Gruppen von Personen besonders gut auf Placebo (Lateinisch „ich werde gefallen") reagieren. *Dabei zeigte sich, daß Alter, Geschlecht und Intelligenz keine Rolle spielen.* Außerdem kann die Reaktionsfähigkeit auf Placebo bei demselben Menschen von Periode zu Periode wechseln. Auch kann jemand bei Kopfschmerzen auf Scheinmedikamente ansprechen, bei rheumatischen Beschwerden aber nicht und umgekehrt." Die psychische Einstellung des Patienten spielt dabei eine ebenso große Rolle wie die Persönlichkeit des Arztes." (*Handelsblatt* 1975)

Los Angeles, 29. August (AP). Der Wirkung von Leerpräparaten aus Kochsalz- oder Zuckerlösungen – sogenannten Placebos – sind die Forscher nun einen Schritt weiter auf die Spur gekommen. In Los Angeles wurde eine Studie veröffentlicht, aus der hervorgeht, daß diese Pillen, so sagen es jedenfalls die Wissenschaftler, tatsächlich das menschliche Gehirn dazu bringen können, einen anhaltenden Schmerz auf natürlichem Weg auszuschalten. Mitarbeiter der Universität Kalifornien teilten mit, sie hätten eine einleuchtende Erklärung für die Wirkung der Placebos gefunden: Bisher habe man gesagt, die Stoffe seien aus pharmakologischer Sicht wertlos: ihre „Wirkung" beruhe allein auf psychischen Gründen, auf Einbildung also. Nun aber habe man festgestellt, daß die Einnahme des Blindpräparates den Organismus zur Bildung von schmerzstillenden Verbindungen veranlasse, die unter dem Namen Endorphine bekannt sind. Nach dem Ergebnis der Forschungsarbeit wirken Placebos bei einem Drittel der Patienten (FAZ 3.9.1978)

Beispiel: Untersuchung über die Wirksamkeit eines Rheuma-Mittels
Quelle: Geigy AG 1977)

„In einer multizentrischen Doppelblindprüfung in der Bundesrepublik Deutschland wurden die Wirksamkeit von je 3mal täglich 25 mg Voltaren und Antirheumatikum A sowie von Placebo bei 345 Patienten mit weichteilrheumatischen Erkrankungen miteinander verglichen. Bereits nach kurzfristiger Anwendung erwies sich Voltaren, nach dem Urteil der Prüfärzte als das Präparat mit der höchsten Erfolgsquote. Bei insgesamt 82 % der mit Voltaren behandelten Patienten wurde Beschwerdefreiheit oder Besserung der Beschwerden erzielt."

Zu dieser Feststellung scheint eine Nachbemerkung angebracht, die zugleich ein besonderes Kapitel der Magie anspricht: Die Zahlen-Akrobatik. Der Firma Geigy soll die relative Wirksamkeit ihres Mittels hier nicht bestritten werden, ebenso richtig ist aber auch, daß die gleichzeitig getestete Placebo-Arznei immerhin insgesamt 70 % der Patienten zu Beschwerdefreiheit oder Besserung verhalf. Da die Patienten ja nichts über die Art der ihnen gegebenen Mittel wußten, muß bis zum Beweis des Gegenteils angenommen werden, daß der größte Teil der „Wirksamkeit" von Voltaren ebenfalls auf Placebo-Effekte zurückzuführen und damit psychologischer Art ist. Diese These wird auch dadurch erhärtet, daß das Placebo-Mittel in weiteren Tests ähnliche Nebenwirkungen hinsichtlich der Verträglichkeit zeigte wie die „echte“ Arznei. Hier die statistische Übersicht zur Wirksamkeit der getesteten Mittel:

Zustand der Patienten nach Gebrauch der Mittel:	Voltaren n	Voltaren %	Anti-rheumatikum A n	Anti-rheumatikum A %	Plazebo n	Plazebo %
beschwerdefrei	44	38	29	25	26	23
gebessert	51	44	61	53	54	47
unverändert	21	18	24	21	31	27
verschlechtert	0	0	1	1	3	3
insgesamt	116	100	115	100	114	100

* * * * * * * * * * *

Fetisch und Amulett: Magie für den Hausgebrauch

Für die Krisen, Probleme oder Wünsche des Individuums gibt es darüberhinaus einen Vorrat anschaulicher, „verdinglichter“ Schutz- und Hilfsmittel – sozusagen eine Magie für den Hausgebrauch. Streng genommen müßte man hier zumindest zwischen *Amuletten* (meist zur Abwehr bestimmter Gefahren), dem *Talismann* (Glücksbringer) und dem *Fetisch* (programmierte Kraftquelle oder Wunschsymbol) unterscheiden, doch werden in der Umgangssprache diese Begriffe und ihre Bedeutungen häufig vermischt. Wichtiger als Benennungsprobleme sind auf jeden Fall die Trägereigenschaften, die Funktionen, die die so bezeichneten Gegenstände für ihre Besitzer erfüllen können.

Zum Beispiel können bestimmte Objekte, ein Talismann ebenso wie etwa Arzneimittel (oder das, was dafür gehalten wird), Menschen unter Umständen zur Sammlung von Kräften oder zur Konzentration auf Heilung und Gesundung verhelfen wie zugleich ihre psychische Entlastung von aktuellen Sorgen fördern. Verständige Medizinmänner bei uns und in der Dritten Welt wissen daher die *„Heilerfolge“ von Scheinmedikamenten* („Placebos“) durchaus therapeutisch zu nutzen.

Ein bestimmter Gegenstand, etwa ein Talisman, kann aber auch auf ein umfassenderes Bedeutungssystem hinweisen. Über solche Bruchstücke, deren ursprünglichen Sinngehalt der Einzelne unter Umständen gar nicht mehr nachvollziehen kann, nimmt er dennoch teil am größeren Ganzen. Beispiele:

> Das im tibetanischen Kulturraum oft auf Amuletten verbreitete Zeichen *ōm,* diente ursprünglich mystischen Betrachtungen, denn es verkörpert Grundprinzipien des Kosmos und symbolisiert zugleich drei wesentliche Elemente der buddhistischen Lehre. Damit verbirgt „sich hinter diesem recht einfachen Zeichen eine ganze Philosophie, die sich dem überwiegenden Teil jener, deren Amulettdöschen ein solches Zeichen aufweist, ganz und gar entzieht.“ *(P.H. Pott, 1976,*

Auch über den Sinngehalt des christlichen *Kreuzsymbols*, das eine ganze Amulettindustrie beschäftigt, läßt sich Ähnliches sagen. Der Alltagsgebrauch hat es zwar in gewisser Hinsicht entwertet, doch kann es neben privater Sinngebung (z. B. einer Erinnerung an die Eltern) auch heute noch für viele Angehörige der christlichen Kultusgemeinschaft einen „höheren" Wert haben; sein Sinn liegt dann in der Vermittlung zwischen diesen Menschen und einem größeren Bedeutungssystem, das sie anerkennen. Für den Außenstehenden sind solche Werte jedenfalls aus dem Kreuz selber nicht unbedingt ersichtlich, er mag sie sogar als absurd, magisch oder unlogisch empfinden: „Unsere gedankliche Verbindung von Lämmern, Tauben und Kreuzen mit dem Totenkult – auf jedem Friedhof findet man sie – kann ein Eskimo für Anzeichen reiner Schizophrenie halten." *(R. Linton, 1958, 10)*.

Um Mißverständnisse zu vermeiden, muß betont werden, daß weder das tibetanische noch das christliche Kultsymbol an sich „magischen" Charakter haben, ebensowenig natürlich auch andere, z. B. politische Symbole (wie das aus der indischen Mythologie stammende Hakenkreuz). Wenn derartige Symbole aber ihres ursprünglichen Sinns oder ihrer sozialen, gemeinschaftsbezogenen Funktionen entkleidet und allein für private Sinngebungen, Abwehrhaltungen oder Schutzbedürfnisse verwendet werden, sind sie ohne weiteres mit in die große Familie der Talismane, Glücks- und Zauberzeichen, Fetische und sonstigen Heils- und Unheilssymbole einzureihen. Auch in diesen Fällen muß aber nicht nur Irrationalität und Aberglaube im Spiel sein:

- Die Firma, die in zweifellos sehr vordergründiger Absicht einen „Stein des Feuers" als Glücksamulett anpreist, kann sich durchaus auf Erkenntnisse der modernen Psychologie berufen, wenn sie in Anzeigen formuliert: „Selbstmeisterung des Schicksals mit dem ‚Stein des Feuers'! Befreien Sie sich von Ihrem Pessimismus, Ihrer Ängstlichkeit und bekämpfen Sie ihre Entmutigung . . ." Es ist längst bekannt, daß es so etwas wie eine *Selbsthypnose* zur Stärkung des eigenen Ichs geben und daß diese durch besondere symbolische Bedeutungsträger gefördert werden kann. Es muß ja schließlich nicht unbedingt ein magischer Stein, ein Tierkreiszeichen oder Kleeblatt sein: Selbst Intellektuelle können eine Stärkung, Selbstverpflichtung und Sinngebung z. B. durch Abbilder (Photos) ihrer Angehörigen oder eines „Vorbilds" empfangen, das im einen Fall Bismarck, im anderen vielleicht Che Guevara heißen mag.
- Eng verwandt mit diesen Funktionen ist die *kommunikative Bedeutung*, die *Vergegenständlichung* von Gedanken und Wünschen im Zusammenhang mit einem Partner oder Angehörigen, die viele Menschen mit bestimmten Objekten verbinden: „Wir alle kennen aus Filmen oder eigener Erfahrung die Szene, in der ein Liebender den Liebesbrief seiner Geliebten küßt, als sei es sie selbst. Wir alle kennen auch den Ausdruck ‚Unterpfand der Liebe'. Hier wird das Amulett ‚Liebesbrief' mit dem Charakter einer anderen Person belegt. Die Kommunikation wird als Gegenstand, der Gedanke als Ding gesehen . . . Das Amulett ist ein Unterpfand für kommunikative Beziehung. Es tritt an die Stelle des Partners und bringt ‚Glück', weil es den Besitzer sicher macht (Autosuggestion)." (*B. Brock*, 1977)

– Die Angehörigen einfacher, vorindustrieller Kulturgemeinschaften, von uns des Aberglaubens am meisten verdächtigt, haben vielfach Amulette verwendet, deren Aufgabe man am besten mit ihrer Rolle als *Gedächtnisstütze,* etwa als Merkhilfe im Rahmen von Erziehungsprogrammen beschreiben könnte. So findet sich z. B. bei den Eskimos gerade gegenüber Kindern die Sitte, sie durch Bildsymbole auf alle möglichen Gefahren hinzuweisen, die ihnen in der (dort tatsächlich) „feindlichen" Umwelt drohen können oder sie durch andere Objekte an bestimmte Tugenden und Ideale zu erinnern, die für ihr Leben einmal wichtig werden können. „Ein Knabenpelz der Netsilik-Eskimo, der von *Knud Rasmussen* ins dänische Nationalmuseum gebracht wurde, ist mit nicht weniger als 80 verschiedenen Amuletten versehen." (*K. Birket-Smith,* 1968, 341)
In solchen Gebräuchen ist ungefähr soviel „Magie" enthalten wie in der bei uns gebräuchlichen Sitte, sich einen Knoten in ein Taschentuch zu machen, wenn man sich unbedingt an etwas Bestimmtes erinnern will. Einen ähnlichen Zweck verfolgen Objekte, die nicht an Zukünftiges, sondern *an bereits Vergangenes erinnern* und damit zugleich ihre Besitzer vor anderen auszeichnen sollen. Uns ist diese Spielart des Amuletts besonders durch Orden und andere „Ehrenzeichen" vertraut, die Verdienste, Status oder besondere persönliche Fähigkeiten auch im Nachhinein förmlich „beschwören".

Erst dann, wenn Menschen ihre Amulette und Fetische nicht mehr als Mittler von Gedanken und Gefühlen, von Wünschen und Bedeutungen (sozusagen als „Stellvertreter-Objekte") durchschauen, beginnt das, was man mit Fug und Recht als magisches Denken bezeichnen kann. Hier macht sich nämlich der Mensch selbst zum Objekt, indem er einem Gegenstand „übernatürliche" Macht über sich zutraut, diesen nicht mehr als Teil eines größeren Wirkungs- und Sinnzusammenhangs erkennt. Um solche Fälle aufzuspüren, brauchen wir uns aber nichts über angeblich besonders abergläubische Afrikaner erzählen zu lassen, sondern können die Fetische gleich vor unserer Haustüre einsammeln:

> Braunschweig, 14. Oktober (Reuter). Immer wieder schlagen Geschäftemacher Kapital aus der Angst vor Krankheit oder Alter: eine 90 Jahre alte Frau und ihre fast erblindete 72 Jahre alte Schwester in Braunschweig ließen sich von zwei hausierenden Heilmittelhändlern 140 Kurpackungen einer Verjüngungskur verkaufen – der Vorrat hätte für vierzehn Jahre gereicht. 18000 Mark hob die jüngere der beiden Schwestern dafür von ihrem Konto ab . . .
>
> Die niedersächsischen Ärzte warnen jetzt vor den sogenannten Biobatterien oder Reenergeten. Diese Geräte sollen unter das Bett gelegt werden und dann angeblich schädliche Erdstrahlungen abhalten. 100 Mark kassieren die Betrüger von jedem Kunden für den Apparat, dessen Materialwert Pfennigbeträge ausmacht.
>
> Beim Zerlegen entpuppten sich die Biobatterien als zusammengewürfeltes Sammelsurium aus einer kleinen Glaskugel, Gummiringen und einigen Gramm Calciumchloridkristallen. Dies alles ist in ein diskusförmiges Kunststoffgehäuse gestopft und ergibt den „Wunderapparat". In aller Deutlichkeit qualifiziert die Ärztekammer Niedersachsen Sinn und Zweck der Geräte: sie sollen Hersteller und Vertreter die Taschen füllen. (FAZ v. 15.10.1977)

Medizinmann und Schamane

Dem wissenschaftlichen Fortschrittsglauben galten lange Zeit vorwissenschaftliches Volkswissen und außereuropäische Medizintraditionen als magischer Hokuspokus. Die empirische Naturheilkunde der Kräuterweiblein und Medizinmänner fiel ebenso unter dieses Verdammungsurteil wie die Einbeziehung von Malerei, Musik, Hypnose, Autosuggestion oder die Analyse der Tiefenbeziehungen zu „Ahnen" und personifizierten Urängsten in die psychotherapeutische Praxis von Medizinschamanen. Während man sehr genau die „ernstzunehmende" Medizin von vordergründigen Praktiken der Quacksalber-Konkurrenz zu unterscheiden suchte, schüttete man vielfach das Kind gleich mit dem Bade aus und brach einen jahrhundertealten fruchtbaren Erfahrungsaustausch mit Medizin-Philosophien ab, die den Menschen nicht auf seine biologischen Funktionen reduzierten, sondern seine Bezüge zur gesellschaftlichen und natürlichen, ja kosmischen Umwelt mit berücksichtigten. In den letzten Jahren hat die Kritik an der spezialisierten westlichen Medizin zugenommen, die Versorgungslücken in der Volksmedizin sind offensichtlich, der nicht nur modische Rückgriff auf das Erfahrungswissen anderer Kulturen spricht sich herum. Vom Ruch der Magie befreit ist letzteres allerdings erst, seit es von uns den Segen der Wissenschaftlichkeit erhalten hat – auch dies eine Art magischen Rituals, und eine Machtfrage.

Ostasiatische Medizinphilosophie

„Das Prinzip der Einheit, welches allen traditionellen orientalischen Heilverfahren zugrundeliegt, ist wesentlich für das Verständnis dafür, warum das Do-In im Osten so wirksam ist. Die Heilkraft dieser alten Medizin ist nicht zu leugnen (und durch 4000jährige Praxis bewiesen) . . . Wenn ein Orientale zum Patienten wird, . . . erwartet er keine Wunderheilung, sondern eine allmähliche Wiederherstellung der Gesundheit mit Hilfe eines Ratgebers (Arzt), obwohl auch er seinen Teil dazu beitragen muß. Er ist ein Patient (ein Geduldiger) im buchstäblichen Sinne des Wortes . . . Heutzutage verlangen und erwarten die westlichen Patienten in der Regel immer noch von ihren Ärzten eine schnelle und spektakuläre Behandlung (Dies erklärt, warum die Akupunktur mit ihren Versprechungen schneller Heilprozesse solch eine Mode wurde).
(Do-In 2, *J. de Langre* o. J. 25)

Volkshygiene und Ganzheitsmedizin im Islam

„Zweifellos hat höhere Einsicht den Stifter des Islam geleitet, die Gesundheitspflege zur religiösen Pflicht, zu einer Sache des Kults zu erheben. Die teilweise dem Ritual der arabischen Heiden, dem Juden- und Christentum entlehnten Vorschriften (Körperwaschung, Gebetsgymnastik, Alkoholverbot, Fasten u. a.) werden wohl nicht zu Unrecht (trotz aller symbolischen Auslegung) als uralte, zum Teil tief mit dem Leben der vorislamischen Völker des Morgenlandes, in ihrem Stammesritual verwurzelte Grundsätze der Hygiene, der Vorbeugung und Krankheitsverhütung interpretiert . . . Die Anfänge der morgenländischen Heilkunde sind durch die engen Beziehungen charakterisiert, die islamische Ärzte zwischen dem Gang der Gestirne und

dem Auftreten von Krankheiten hergestellt und bei der Anwendung ihrer therapeutischen Maßnahmen stets in Betracht gezogen haben . . . Es waren islamische Ärzte und Adepten, die an das Wissen der Antike anknüpften, es systematisierten und durch eigene, weiterreichende Erfahrungen förderten. Ihre Lehrbücher und wissenschaftlichen Enzyklopädien dienten auf weite Jahrhunderte dem Abendland als Grundlage und Stütze des medizinischen und naturwissenschaftlichen Unterrichts (‚scholastische' Periode), bis erst im 16. Jh. allmählich die großen Reformbestrebungen in Europa einsetzten".
(D. Brandenburg, 1975, 20, 16, 11)

Aktuelle Steinzeit-Medizin

„Schon der Mensch der Steinzeit (4000 v. Chr.) kannte zweckmäßige Heilmethoden und bediente sich wahrscheinlich pflanzlicher Heilmittel. Aus der altägyptischen Heilkunde (3000-300 v. Chr.) sind medizinische Aufzeichnungen auf Papyri erhalten geblieben, die von praktischen Kenntnissen in der Naturmedizin berichten, und die Heilkundigen der Azteken und Inkas kannten bereits über 1 500 Heilkräuter und wußten die einheimischen Drogenschätze zu nutzen. Als „ein göttliches Geschenk an die Menschen" erkannten griechische und römische Gelehrte den Reichtum an Heilkräutern und so verwundert es nicht, daß selbst der aufgeklärte Mensch des 20. Jahrhunderts noch von der „Herrgotts-Apotheke" spricht. Das Reich der Pflanzen ist die größte Apotheke der Welt."
(Reformhaus-Anzeige, 1977)

Papua-Neuguinea – Medizinmann mit Diplom

Port Moresby, 19. März (Reuter). Die Medizinmänner von Papua-Neuguinea werden möglicherweise schon bald ihre Kunstfertigkeit vor einer Kommission beweisen müssen, bevor sie weiter praktizieren dürfen. In einer Resolution nämlich hat das Parlament in Port Moresby die Regierung aufgefordert, alle Medizinmänner wie herkömmliche Ärzte registrieren zu lassen. Der Minister für Angelegenheiten der Provinzen, Oscar Tammur, sagte, man wolle zwischen jenen Medizinmännern unterscheiden, die ihren Patienten nicht vorhandene Fähigkeiten vorspiegelten und sie ausbeuteten und jenen, die tatsächlich Krankheiten heilen könnten.
(FAZ, 20. 3. 1976)

Kenya – Musiktherapie

„Die Patientin ist zehn Jahre verheiratet und wartet seither vergebens auf Kinder, ein in ländlicher Gegend belastender Zustand. Der Medizinmann behandelt die Frau erfolgreich in einem drei Tage währenden Ritual.

Auffallend sind die Metronom-Werte der für dieses Beschwerdebild zuständigen Trommelrhythmen: 36-72-144. 72 entspricht etwa der menschlichen Pulsfrequenz, die Trommel übernimmt deutlich diesen Biorhythmus. Der Medizinmann ist kein Zauberer, sondern am ehesten mit dem europäischen Heilpraktiker zu vergleichen. Er behandelt im Rahmen eines Rituals vorwiegend psychosomatische Krankheiten, in dem unter anderem Musik-, Schock-, Urschrei- und Bewegungstherapie angewendet werden. Der Medizinmann ist kein gefürchteter und gemiedener Zauberdoktor, sondern eine hochintelligente und außergewöhnlich sensible Persönlichkeit, die mitten in der Dorfgemeinschaft lebt. Der Berufsstand stirbt leider sehr schnell aus."
(T. Maler, 1975, 38)

Südamerikanische Indianer – Entwicklungsprojekt Naturheilkunde

„Wichtig ist den Entwicklungshelfern, daß das ganze Gesundheitssystem einmal in die Hände der Shuaras übergeht, daß nicht auf Dauer Ausländer dort arbeiten, was letztlich zu einer Abhängigkeit der Indianer führen würde. Deshalb bilden sie die Gesundheitspromotoren aus, was zum Teil in Kursen im Federacionsgebäude in Sucua geschieht, zum größeren Teil aber mit einer Radioschule. Deshalb wollen sie auch die überkommene Medizin, die Naturheilverfahren, die Kräuter und Pflanzen studieren und in ihre moderne Medizin zu integrieren versuchen. Die Entwicklungshelfer sind bereit, von den Bruchos zu lernen.

Die Bruchos sind die Vorgänger der deutschen Ärzte und Krankenschwestern im ecuadorianischen Urwaldgebiet. Die Bruchos haben sehr viel Pflanzen benutzt und damit durchaus gute Erfolge gehabt. . .

Diese Pflanzen und Naturheilverfahren wollen die deutschen Entwicklungshelfer den von ihnen ausgebildeten Promotoren nutzbar machen. . .

Kein Geringerer als der Generaldirektor der Weltgesundheitsorganisation hat im Frühjahr 1974 auf der Generalkonferenz dieser UNO-Sonderorganisation in Genf vorgeschlagen, dort, wo es an geschulten Medizinern fehle, wo es nicht genügend moderne Medikamente gebe, solle auf die Kunst der Naturheilkundigen zurückgegriffen werden."
(Entwicklungsministerium / BMZ, 1975, 104)

Nordamerikanische Indianer – Medizinmann als Therapeut gesucht

„Zwölf junge Indianer werden in etwa einem halben Jahr als erste Absolventen eines „Medizinmänner-Kurses" den Bewohnern der Navajo-Reservation (US-Bundesstaat Arizona) als Seelenärzte zur Verfügung stehen. Die Rothäute wurden drei Jahre lang von sechs alten Navajo-Medizinmännern in der Kunst des rituellen Gesangs und der Sandmalerei unterrichtet. Dies sind Zeremonien, die einen wesentlichen Teil der Navajo-Psychotherapie ausmachen. . .

Die jungen Navajos mußten neben der indianischen Seelenheilkunde aber auch „westliche Medizin und Psychiatrie" studieren – eine Konkurrenz, die die Medizinmänner nicht zu fürchten brauchten. Amerikanische Wissenschaftler sind sich heute bewußt, daß die Navajos früher zu den fortschrittlichsten Völkern auf dem Gebiet der praktischen Anwendung psychotherapeutischer Methoden gehörten. So sagt der bekannte Psychiater *Karl Menninger,* Leiter des Menninger Institutes in Topeka (Kansas): „Die Navajo-Medizinmänner verfügten schon vor Jahrhunderten über eine tiefergehende Kenntnis der Psychotherapie als amerikanische und europäische Ärzte heute." . . .

Ob er eine Pfeife im Mund trägt oder eine Maske vor dem Gesicht, Psychotherapeut und Medizinmann bewerkstelligen dasselbe, betont Bergmann. Wenn der moderne Therapeut beispielsweise einem seelisch Kranken erklärt, sein Zustand habe mit Inzestwünschen während der Kindheit zu tun, so sei dies dasselbe, wie wenn der Medizinmann einem Indianer erklärt, er habe einen verstorbenen Vorfahren beleidigt und dieser müsse deshalb mit einer Zeremonie besänftigt werden: „In beiden Fällen wird der Patient mit einiger Wahrscheinlichkeit geheilt werden, sofern er an die Erklärung des Arztes glaubt."
(Die Zeit, 19. 5. 1972)

Medikamente der Guarasug'wä-Indianer/Bolivien

Krankheit	*Behandlung mit:*
Augenentzündung	Wurzel der Yucilla und Penocó; Blatt des Alcornoqui.
Bauchschmerzen	Die Schale des Behuco amarillo und negro mit der Wurzel der Vanille und dem Öl des Copaibobaumes.
Bronchien	Öl, gewonnen aus dem Stachelrochen, dem Kaiman und dem Wasserschwein.
Blutungen	Rinde des Baumes Huevo de piu,
Durchfall	Blätter der Pflanze Bira-bira negra und die Wurzel des Baumes Guayaba, sowie Blätter, Stengel und Wurzeln der Ipecahuana (brasilianische Brechwurzel).
Erkältung	Öl, gewonnen aus dem Affen, dem Reh und dem Hirschen, sowie die Rinde der Cina (siehe Fieber).
Blutungen der Frau nach der Entbindung	Der Saft des Behuco marabillo
Fieber	Rinde des Baumes Cina; außerdem geringe Mengen des Giftes Kaãmara und Mamuri.
Geschwür	Öl, gewonnen aus dem Gürteltier und dem Lagarto; außerdem werden Maniokscheiben aufgelegt.
Infektion, innere	Wurzel des Ambaibillo und Blätter, Stengel und Wurzel der Ipecahuana (brasilianische Brechwurzel).
Husten	Wurzel des Cambará und die zerriebenen Blätter des Cayú
Magenschmerzen	Rinde des Alcornopui
Kopfschmerzen	Auflegen von Tabakblättern (Übernahme von Chiquitanos?)
Rheumatismus	Rinde des Sориocó
Rückenschmerzen	Öl, aus dem kleinen Gürteltier gewonnen.
Wunden	Auflegen von Curupaúrinde und Tabakblättern.
Zahnschmerzen	Rinde des Baumes Cina.
Würmer bei Menschen	Wurzel des Caré und Zäpfchen, hergestellt aus der Rinde des Ajo
Würmer bei Tieren	Kohle, vermischt mit Ajorinde
Schlangenbiß	Rinde des Sinini del campo, Blätter der Pflanze Pega-pega und Tres-maria; Öl, gewonnen aus dem großen Gürteltier; alle Wolfsmilchgewächse können bei der Behandlung von Schlangenbissen Verwendung finden.

Quelle: *J. Riester,* 1972, 238/239

Ein Chemieunternehmen aus anderer Sicht. Folge 8

Afonso Pereira dos Santos Resende über seinen Sohn José, Meister bei der Henkel do Brasil.

„Bei Henkel sind alle guten Geister mit José."

„Durch meinen ständigen Kontakt mit ihnen habe ich dafür gesorgt. Gerade wir Alten hier in den Bergdörfern wissen, wie wichtig gute Beziehungen zu guten Geistern für unser Schicksal sind.
Ich weiß, ich weiß, die Jüngeren lachen manchmal darüber. Ich als Wunderheiler, 'Curandeiro', wie wir sagen, weiß das besser.
Und sehen Sie, als José zu Henkel do Brasil ging, war ich deshalb der einzige, der von Anfang an wußte: das wird gut. Heute ist mein Sohn bei Henkel Meister in der Produktion und hat 25 Arbeiter in seiner Gruppe. Im nächsten Jahr, sagt er, sind Erweiterungen geplant. Dann hat er die Verantwortung für 30 Mann.

Meine vier Enkel sollen alle einmal bis zur Hochschule kommen. Das ist José's größter Wunsch. Ich selbst weiß: sie schaffen das. Die guten Geister sind auch mit ihnen, verlassen Sie sich auf mich.
Dieses Jahr werde ich 100 Jahre alt, auch da zeigt sich der Schutz der Geister. Dann feiert die ganze Familie ein großes Fest. Wir fahren zu einem Haus am Meer, das José ab und zu mietet. Abends grillen wir Fleisch, und anschließend tanze ich mit meinen Kindern und Enkeln Samba."

Mein Sohn José.

Die Henkel do Brasil S.A., Sao Paulo, mit Produktionsstätten in Jacarei und Campinas, ist eine von rund 100 Firmen der Henkel-Gruppe in über 40 Ländern. Weltumsatz 1980 = über 7,6 Mrd. DM. 33.000 Mitarbeiter. Hauptsitz der Henkel-Gruppe: Düsseldorf, Bundesrepublik Deutschland. Produktbereiche u. a.: Wasch- und Reinigungsmittel, Kosmetika, Klebstoffe, Industriereiniger, fettchemische Produkte, Textil- und Lederveredlungsmittel. Insgesamt 8.000 Produkte für alle Lebensbereiche.

Henkel

Chemie, die sich nützlich macht.

Teil II: Wir hier oben - die da unten

„Richtiges Bewußtsein“ und Vorurteil

Kampf den Vorurteilen . . .
. . . mit Hilfe der Vorurteile
Das Vorurteil:
Wir haben keine Vorurteile
Bildklischees – Gesellschaftsklischees – Bedeutungsvielfalt
Typisch Schnecke . . . Typisch Mensch
Das Recht auf Unterschiede
Hofstaat und Untertanen
Wir Eingeborenen

8

Kampf den Vorurteilen –

Stimmen zu einer Aufklärungskampagne des Bundesministeriums für wirtschaftliche Zusammenarbeit vom Herbst 1977

Absicht . . .

„Es gilt, der breiten Bevölkerung klar zu machen, daß die Lösung entwicklungspolitischer Probleme nur möglich ist, wenn wir jetzt damit beginnen. Entwicklungshilfe ist aktuelles Thema. Zwar hat sich, wie Repräsentativumfragen zeigten (Infratest 1975), im Bewußtsein der Bevölkerungsmehrheit der Konsens herausgebildet, daß Entwicklungshilfe ihre Berechtigung habe. Andererseits demonstriert die Bereitwilligkeit, mit der Argumenten gegen Entwicklungshilfe Raum gewährt wird, das große Ausmaß der zum Teil unbewußten, auf Vorurteilen basierenden Widerstände. Konsequenz: Da Vorurteilsträger nicht bereit sind, einer differenzierten Argumentation zu folgen, müssen zunächst die nach wie vor wirksamen Vorurteile abgebaut werden.“

(Aus der Begründung des Bundesministeriums für wirtschaftliche Zusammenarbeit für seine Anzeigenkampagne 1977)

GEBEN WIR IHNEN ENTWICKLUNGSHILFE,
DAMIT SIE IN AFRIKA DIE WEISSEN UMBRINGEN?

Positive Resonanz (zu den aufgeklärten Worten im Kleingedruckten)

„ . . . gelang es, eine der heiligen Kühe hierzulande, das Vorurteil gegen Hilfe für die Dritte Welt, wenn auch nicht zu schlachten, so doch massiv bei den Hörnern zu schütteln . . . Vor allem hat die Serie eingeschlagen bei denjenigen, die sonst wenig oder gar nicht für Entwicklungshilfe zu haben sind.“
(WELT DER ARBEIT 19.1.1978)

Mithilfe der Vorurteile

SOLLEN WIR VIELLEICHT ENTWICKLUNGSHILFE DAFÜR ZAHLEN, DASS SIE NOCH MEHR KINDER KRIEGEN?

„Die neue Anzeigenserie finde ich hervorragend. Einer der besten Einfälle seit langem – ich vermute seit Jahren, daß unsere Öffentlichkeitsarbeit in Sachen Entwicklungshilfe bisher zu fein war. Daß der Stier der Vorurteile so bei den Hörnern gepackt wird, ist großartig."
(G. v. Paczensky, Chefredakteur Radio Bremen)

Skeptische Vorbehalte (zu den Bild-Vorurteilen im Großformat)

„Die Anzeigen selbst rücken oberflächliche Vorurteile in den Vordergrund, um einen hohen Beachtungswert zu erzielen. Sie nehmen einen starken Negativeffekt in Kauf, um einen wesentlich geringeren Überzeugungseffekt zu erreichen. Diese Kampagne ist ein zweischneidiges Pferd, durch das viel zerstört und wenig aufgebaut wird. Am schlimmsten aber ist die Tatsache, daß die Wirkung, die diese Anzeigen in den Ländern der Dritten Welt haben müssen, offenbar überhaupt nicht kalkuliert wurden. Mehrere Bildmotive müssen die sittlichen Wertvorstellungen und das politische Selbstbewußtsein der Dritten Welt auf das tiefste verletzen."
(Dr. V. Köhler, CDU-MdB)

Der Adressat „liest in der Regel das aus einer Botschaft heraus, was seinem Weltbild entspricht. Der mit Vorurteilen gegen die Entwicklungshilfe besetzte Bürger sieht das blickfangstarke Bild Ihrer Anzeige, liest die headline und sagt: Jawohl, stimmt. Und sein Vorurteil ist bestätigt." (Prof. Dr. *M. Irle* in „Der Kontakter" 44/1977)

Das Vorurteil:
Wir haben keine Vorurteile

Vorurteile sind so alt wie die Menschheit. Ihre wesentliche Funktion ist es, das ‚Wir' vom ‚Andern' positiv abzugrenzen. Als Form der Freund-Feind-Markierung sind sie zum einen Konsens, zum anderen aber – wenn sie eine bestimmte Stufe der intoleranten Komik überschritten haben – Anlaß zu Aggressionen bzw. Verständigungsbemühungen:

Viel Geld wurde seit Kriegsende offiziell ausgegeben, um beispielsweise das Bild vom Nazi-Deutschen abzubauen. Etwas weniger Geld wird auch dafür verwendet, die tradierten Bilder von wilden Negern, faulen Italienern, schmutzigen Gastarbeitern, schwachen Frauen, überflüssigen Alten, geschichtslosen Amerikanern oder artfremden Juden und Zigeunern wiedergutzumachen.

Eine besonders raffinierte, weil dialektische und moderne Form des Vorurteils ist die Überzeugung, selber völlig frei von Vorurteilen zu sein, da man ja das Beste wolle und mittels Ideologiekritik und höherem Wissen gegen derlei Teufelswerk gefeit sei.

Dieser überraschenden Variante von Selbstverständnis begegnet man auf allen Ebenen der (Vor-)Urteilsbildung, der populären wie der wissenschaftlichen. Selbst ‚fortschrittliche' Pädagogen und Kulturwissenschaftler hält der Glaube, daß der Wille zum ‚richtigen' Bewußtsein sie vor den Niederungen menschlicher Fehlurteile schütze, von der ernsthaften Auseinandersetzung mit (eigenen) Vorurteilen gegenüber Kulturen der Dritten Welt ab.

Typisch für den rationalen Europäer ist es daher, etwas, was er auch bequem vor der eigenen Haustüre finden könnte, in möglichst großer Ferne zu „entdecken", zum Beispiel Vorurteile in Neuguinea, aufgezeichnet von einem Besucher:

> „Während ich Vorbereitungen für den langen Marsch traf, kamen die Leute aus dem Dorf zu mir und fragten: ‚Nana, warum gehst du eigentlich fort? Bleibe doch hier. Geh nicht zu den Waf und den Daranto und den Mander und den Foja. Weißt du, die Waf sind schmutzig und dumm. Es sind schlechte Menschen. Die Daranto sind bösartig. Man darf ihnen nicht trauen. Die Foja kennen wir gar nicht, aber wir haben von ihnen gehört, daß sie wild und grausam wären.' Solche und ähnliche Dinge hatten mir die Bora-Bora schon vorher erzählt, aber nun wiederholten sie es mit einem derartigen Nachdruck, daß ich ihnen unwillkürlich glaubte. Jeder sagte es, sogar Djiri und der alte Sama, die immer ein so unparteiisches Urteil hatten.
>
> Als ich, aufs Schlimmste gefaßt, bei den Waf ankam, wurde ich von den Männern des Stammes erwartet, die mir ein großes Stück gebratenes Schweinefleisch als Willkommensgeschenk anboten. Als ich später bei den Foja eintraf, entpuppten sich diese als genauso freundliche, gastliche und hilfsbereite Menschen. Von Grausamkeit war nichts zu bemerken. Sie waren auch nicht schmutziger oder dümmer als die anderen Stämme. Merkwürdigerweise fragten die Waf mich: ‚Nana, hattest du keine Angst bei den Bora-Bora? Erstaunt sah ich sie an. Ich kann mir nämlich keine freundlicheren Menschen vorstellen als gerade die Bora-Bora. Angst?' fragte ich. ‚Warum?' Die Waf sahen mich bedeutungsvoll an, redeten

untereinander und wandten sich dann zu mir: ‚Nana, wir wissen, daß die Bora-Bora dumme und grausame Menschen sind.‘

Eine gute Woche nach diesem Gespräch war ich bei den Mander, die sich lang und breit darüber unterhielten, wie minderwertig die Waf und die Daranto seien. Wenn wir abends bei einem hochaufflammenden Holzfeuer saßen und miteinander redeten, drehten sich die Gespräche immer wieder um das Thema: wie vortrefflich sie selbst und wie dumm, grausam und schmutzig die anderen Stämme seien. Die Kinder in den Dörfern hören diese Geschichten tagaus, tagein. Wenn sie erwachsen sind, müssen sie annehmen, daß die Waf und die Daranto faul und dumm und die Sègar und Baguidja schwachsinnig und grausam sind. Und dies ist bestimmend für ihre zukünftige Haltung gegenüber den anderen Stämmen. Je geringer die Verbindung ist, die diese Leute mit anderen haben, um so vortrefflicher finden sie sich selbst; je größer ihre Isolierung ist, um so negativer ist ihr Urteil über andere Stämme. Es ist überall in der Welt dasselbe“ (zitiert nach *U. Kattmann*, 1973, 72f).

Ein Eulenspiegel unter den Informationstheoretikern wußte Schüler mit dem angeblich richtigen Bewußtsein mit einem recht einfachen Beispiel aufs Kreuz zu legen:

„Zeichnen Sie bitte auf die Vorderseite einer Karteikarte ein Haus, und auf die Rückseite ein Auto. Sie haben fünf Minuten Zeit.“ Die Hälfte der Zeit verbrachten die Schüler damit, zu erraten, was von ihnen erwartet wurde, denn sie wollten sich intelligent verhalten. Dann lieferten sie ihre Häuser und Autos ab, von Kinderzeichnungen gut bekannt, etwa so:

Haus von vorn, Auto von der Seite. An einem Apfel durften sie sich auch probieren – auch von der Seite, mit Stiel nach oben. Nur einer skizzierte kein Reihen-, sondern ein Hochhaus; nur zwei lieferten andere als VW-ähnliche Autogebilde ab: keiner zeichnete den Apfel zum Beispiel im Querschnitt. Die meisten fühlten sich am Ende hereingelegt und ärgerten sich darüber, daß sie ihre Vorstellungsbildchen genauso wie die anderen zu Papier gebracht hatten, wo sie doch individuell und nicht wie „die Masse“ hatten sein wollen. Und nun wurde ihnen die Klischiertheit ihres begrifflichen Denkens vor Augen geführt. Nun wußte zwar der Theoretiker hervorzuheben, welche Vorteile für die Verständigung es habe, komplizierte und in sich vielfältige Sachverhalte begrifflich zu vereinfachen und denkbare Alternativen außer acht zu lassen. Das Unbehagen blieb aber angesichts der offenbar auf bloßen Appell auszulösenden selbstverständlichen Automatik dieses Vorgangs.

Bildvorurteile sind zwar viel nachhaltiger und im Alltag weniger reflektiert als Wortvorurteile: gerade deswegen glaubte man aber lange Zeit, sie seien besonders neutral und daher geeignet für interkulturelle Intelligenzvergleiche. Man wunderte sich nicht etwa darüber, daß wir die Häuser von vorn zeichnen, sondern daß Afrikaner ihre Elefanten und Neuguinea-Stämme ihre Dörfer von oben rekonstruierten. Oder man bemängelte, daß andere all das auf einem Bild vermerkten oder sogar überbetonten, was ihnen wichtig zu wissen war – also einen Kopf von vorn und der Seite gleichzeitig (was bei uns erst seit Picasso erlaubt ist) oder die Jägerbeine extrem lang. Man fand, daß die Hopi-Indiander Pferde besser zeichneten als wir, in der menschlichen Darstellung aber „ungenauer" waren.

Da sie sich für objektiv hielten in dem Glauben, sie sähen, was wirklich ist, schlossen viele westliche Wissenschaftler anfangs, Leute aus anderen (unterentwickelten) Kulturen, die die Welt anders sehen und ihre Eindrücke in andere Sinnzusammenhänge einordnen, seien weniger intelligent.

Bildvorurteile sind weniger reflektiert und daher nachhaltiger als Wortvorurteile. Dennoch dachten offenbar die Schöpfer der Anzeigenkampagne des Entwicklungsministeriums 1977, gegen große Bildvorurteile mit kleinen „Wortaufklärungen" ankommen zu können. Mehr als ein erster Diskussionsanstoß kann das aber kaum sein.

Wie wäre es z. B. uns zumute, wenn ein Land der 3. Welt mit dieser Methode Vorurteile gegen den „häßlichen Deutschen" abzubauen versuchte? Wenn wir uns als lärmende, fette Biertrinker auf einer Plakatwand wiederfänden, mit der kleinen Notiz darunter: „so sind sie aber nicht alle und außerdem kaufen sie inzwischen kräftig unsere Grapefruit- und Maracuja-Säfte"? Oder als deutscher Geschäftsmann mit zwei verflossenen und einer gültigen Ehefrau, drei früheren Geliebten, seiner Sekretärin und einer ihn anhimmelnden Tante mit dem großen Vorurteil: „Sittenlosigkeit" darüber und der kleinen Aufklärung „das geht aber alles mit geordneten Dingen zu . . ." darunter? Humorvolle Afrikaner oder Asiaten werden eher schmunzelnd die Sittenlosigkeit im Gedächtnis behalten, auf die sie vorher noch gar nicht verfallen waren, oder die schon bekannte deutsche Biertrinkerei bestätigt finden.

Einen anderen, möglicherweise erfolgreicheren Weg des Abbaus von Vorurteilen und zugleich der Selbsterkenntnis beschritt 1978 die Lufthansa: Lange Zeit hatte man vor allem im Ausland deutsche Piloten und Techniker mit dem Signum „deutscher Gründlichkeit" auftreten lassen. Nun heißt es auf Anzeigen, die mehrheitlich asiatisches Wartungspersonal zeigen: „Leute mit einem Hang zur Gründlichkeit findet man glücklicherweise überall."

Wertfreie Gesellschaftsbilder?

Gegen Bildvorurteile scheinbar etwas gefeitere, dafür aber wortreichere Wissenschaftler betreiben das Spiel mit „neutralen" Begriffsbildungen wesentlich systematischer. Angesichts des alten Rätsels „Wer ist der Mensch?" bevorzugen Philosophen und Gesellschaftstheoretiker seit alters her die Methode, gleich in Begriffspaaren zu denken. Am Beispiel „Was fällt Ihnen zum Begriff Primitive Gesellschaften und was zum Begriff Moderne Gesellschaften ein?" läßt sich dieser traditionsreiche wissenschaftliche Ansatz gut beleuchten. Ohne daß wir alle berühmte Namen bemühen wollen, seien hier wenigstens die Bausteine zusammengeholt, damit man erkennen kann, daß auch die Wissenschaft so vorurteilsfrei nicht ist, wie sie gerne tut. Offensichtlich ist die gedachte Opposition von „Primitiven" und „Fortschrittlichen" Gesellschaften abhängig von der nationalen Selbsteinschätzung und vom persönlichen Weltgefühl:

Oppositionsdenken . . .		**Bevorzugt von:**
Naturvölker	Kulturvölker	
primitiv	zivilisiert	den Fortschritts-
wild	gesittet	gläubigen und
Steinzeitalter	Atomzeitalter	Technokraten
prälogisch	rational	
abergläubisch	aufgeklärt	
unterentwickelt	entwickelt	
arm	reich	
heidnisch	religiös	
Geschichtslos	großes geschichtliches Erbe	
Horde	rechtsstaatliche Ordnung	den passionierten
Urkommunismus	Freiheit des Individuums	Abendländern
primitive Kunst	Blüte der Kunst	
unwissend und magisch-religiöse Weltbilder	aufgeklärte Geistesgeschichte und Wissenschaft	
Gemeinschaft	Gesellschaft	
natürlich	entfremdet	den Kultur-
harmonisch	zersplittert	pessimisten
gewachsen	künstlich	und Nostalgikern
Einheit von . . .	Trennung von Theorie und Praxis	
volle Teilhabe an der Kultur	spezialisiertes Rädchen im Getriebe	
Selbstverwirklichung	Ausbeutung	
geschlossen	offen	
einfach	komplex	den „wertneutralen“
stabil	dynamisch	Systemtheoretikern
lokale und Stammesgesellschaften	städtische und anonyme Gesellschaften	
multifunktionale . . .	monofunktionale Institutionen	
ohne Schrift	Alphabeten	

„Wir Menschen – Sie Heiden und Barbaren“, so hieß die angeblich überholte alltagssprachliche und vorwissenschaftliche Formulierung der eigenen Selbstbehauptung. Doch dieses magische Abgrenzungsinteresse lebt in den *wissenschaftlichen Begriffsoppositionen,* auf denen ganze Gesellschaftstheorien gründen, munter fort.

Die Andersartigkeit der „primitiven“, „unterentwickelten“, „armen“ Gesellschaften wird in der Mehrheit der Fälle, wenn schon nicht offen negativ *diskriminiert,* so doch am unteren Ende der geschichtlichen Skala angesiedelt; sie werden praktisch außerhalb unserer „eigenen“, der uns betreffenden Geschichte und überwiegend in ein gottlob überholtes Hinterwäldler- oder Urzeitstadium eingeordnet.

Etwas weniger verbreitet und stärker dem Vorwurf der Unwissenschaftlichkeit ausgesetzt sind diejenigen Philosophen und mit der eigenen Gesellschaft unzufriedenen Theoretiker, die „die“ primitive Lebensform als *Heile Welt,* Goldenes Zeitalter oder als Wunderwelt von Abenteuer, Exotik und Natürlichem Leben idealisieren; auch sie übertragen aber letztlich Idealvorstellungen, Wünsche oder Enttäuschungen aus der eigenen Gesellschaft auf diese Fremden.

Selbst die scheinbar *neutralen Kriterien* für Primitivität wie Schriftlosigkeit, geringe Komplexität und andere Strukturmerkmale erweisen sich bei näherem Hinsehen als wenig aussagekräftig – außer für Systemtheoretiker. Denn aus der Froschperspektive des Alltags erleben Menschen „einfacher“ Gesellschaften ihre natürliche und kulturelle Umwelt subjektiv kaum weniger komplex als wir; die Schrift beherrschten auch in Hochkulturen zumeist nur Angehörige der städtischen Oberschicht; sie war also auch dort kein Kriterium für den Normalbürger; und die gesellschaftlichen Zwänge, denen sich der moderne Jedermann zu unterwerfen hat, sind für ihn oft nicht weniger undurchschaubar, unaufhebbar und damit irrational wie es die von uns gern so betonten Naturzwänge oder das Schicksal für Völker mit einfacherer Technik waren.

Begriffsbilder

Vorurteile sind so leicht nicht auszurotten. Sie sind erstarrte oder selbstverständlich gewordene, nicht mehr angezweifelte Erwartungen. Insofern sind sie oft weniger in solchen geschilderten Oppositionen zu sehen, sondern in der eigenen *Blindheit gegenüber Anderem und Fremdem,* dem, was gar nicht wahrgenommen wird. Indem wir ganz unwissenschaftlich eine Reise tun und der eine kommt heim und erzählt, es war alles wie im Märchen, und der andere kommt heim und berichtet enttäuscht, es war gar nicht wie im Märchen, hindern wir uns daran zu sehen, was wirklich ist und welche Bedeutungszusammenhänge es außerhalb unserer eigenen Erwartungen vielleicht noch geben könnte. Indem wir ganz wissenschaftlich Lebensqualität und Fortschritt nur noch in materiellen Werten messen wie Prokopfeinkommen, Exportmengen, formaler Schulabgang, Zahl der Autos, Waschmaschinen und Hochhäuser, nehmen wir die Vielfalt möglicher Maßstäbe im kulturellen und sozialen Bereich ebenfalls nicht mehr wahr: wir beziehen sie also auch gar nicht in die Korrektur der eigenen Lebensvorstellungen mit ein.

Der Vorwurf, nur das Volk habe Vorurteile und weiter oben sei man aufgeklärt und darüber erhaben, ist nur deswegen paradox, weil „weiter oben“ die öffentlichen Meinungsschienen entscheidend gesteuert werden und „Vorurteile“, auf die man heute entrüstet mit dem Finger zeigt, gestern (zum Beispiel zur Kolonialzeit) noch recht bequem waren und öffentlich gefördert wurden. Der Vorwurf ist schon deshalb paradox, weil auch in erstarrte Erwartungen stets noch reale historische Erfahrungen, Bewertungsinteressen und lebendige Vergleichsmaßstäbe privater Natur eingehen, die sich nicht einfach als wahr oder falsch entlarven lassen. Sie sind, entgegen der wissenschaftlichen Logik, im Alltag zumeist wahr *und* falsch und außerdem braucht man sie, um sich wenigstens auf etwas Vertrautes verlassen zu können.

Für „Vorurteile“ gelten letztlich die gleichen Grundsätze wie für jede Urteilsbildung und jedes Begriffsdenken:

> „Mit dem Alter des Kindes wächst auch seine Fähigkeit, Begriffe zu bilden, sie zu verfeinern und miteinander in Beziehung zu setzen. Ein Kind, das sich den Begriff *Vögel* an Amseln gebildet hat, muß ihn, wenn es in den Zoo mitgenommen wird, plötzlich verändern. Es sieht einen Pelikan, Pinguine, einen Strauß. Der Strauß wiegt vielleicht 300 Pfund, rund 2000mal so viel wie eine Amsel, und fliegt nicht. Auch die Pinguine fliegen nicht, sie watscheln komisch schwankend und ganz behäbig einher. Der Pelikan fliegt zwar, aber damit hört die Ähnlichkeit mit der Amsel auch schon wieder auf. Das Kind muß seinen Vogel-Begriff so abwandeln, daß er eine weit größere Vielfalt von Geschöpfen umfaßt. Diese Fähigkeit, Begriffe zu ändern und zu erweitern, sie vielschichtiger, umfassender und der Wirklichkeit entsprechender zu machen, kennzeichnet die intellektuelle Entwicklung oder das Lernen ...
>
> Diese Art des Lernens und der Abwandlung von Begriffen dauert das ganze Leben hindurch an. Wie Kinder sind auch Erwachsene ständig gezwungen, ihre Vorstellungen von der Welt zu revidieren und ihre Begriffe laufend abzuwandeln. Die Folge davon ist, daß Begriffe nicht nur für verschiedene Leute Verschiedenes bedeuten, sondern daß sie auch für ein und dieselbe Person zu verschiedenen Zeiten andere Inhalte haben." (*L. Edson,* 1976, 64 und 75)

Was in einer bestimmten Epoche offiziell als überholungswürdiges Vorurteil gilt, betrifft stets nur die Revision eines kleinen Ausschnitts aus dem Bestand unserer Urteile und Begriffe. Ansonsten haben wir alle ständig daran zu arbeiten, unsere *Urteile als Hilfsmittel* zur Lebensbewältigung durch Kontrolle, Vergleich und Gebrauch zu verbessern und ihre Begründungen immer wieder zu überprüfen.

Die Anstrengung, der wir uns unterwerfen, um den Begriff „Vögel" in seiner Ähnlichkeitsstruktur wie in der Vielfalt der darin zusammengefaßten Arten und Lebensformen zu erfassen, die Anstrengung sollten wir uns auch abverlangen, wenn es um den *Begriff Mensch* geht. Da ist es mit der vordergründigen Auseinandersetzung um Vorurteile nicht getan, denn es geht um unsere Urteilsbildung und um die Differenziertheit und die Toleranz unseres Menschenbildes. Die Folgen sind hier weitreichender als bei dem Vogelbeispiel, denn solange „der Mensch" nur sich selber zum Maßstab nimmt – im Extrem jeder nur sich der Nächste und jede Nation nur sich die Höchste ist – läuft er Gefahr, die Vielfalt nicht nur des Begriffs, sondern der konkreten Gattung Mensch zu vernichten:

> „Der Mensch ist offensichtlich disponiert, Menschenwürde und Tötungsverbot nur auf die Mitglieder der eigenen Gruppe zu beziehen. Der Mensch muß gegen die Disposition, seine Umwelt auf die eigene Gruppe zu beschränken, lernen, die gesamte Menschheit als seine Umwelt zu begreifen. Er muß lernen, alle Menschen ohne Unterschied als seinesgleichen, als Artgenossen anzusehen, wenn er insgesamt als Art überleben soll" (*U. Kattmann,* 1973, 75)

Diese Einsicht scheint vor allem uns verloren zu gehen. Wir retten sie zwar als Idee der allgemeinen Menschenrechte und Menschenwürde, übersehen dabei aber vorschnell, daß es nicht nur um unsere Großmut geht, anderen Kulturen ein Überlebensrecht zuzubilligen, sondern daß es um unser eigenes Überleben und um den Reichtum und die Lebendigkeit unserer eigenen Kultur, also um unser Weltbild und unsere Lebenswirklichkeit geht.

Typisch Schnecke . . .

„Froschperspektive“ in Volksschulbüchern der 70er Jahre

Alte Urteile sind überholt – alte Urteile sind Vorurteile

»Froschperspektive«

„Vogelschau“ in Oberstufenbüchern der 70er Jahre

Neue Urteile sind modern, neue Urteile sind keine . . . (?)

... Typisch Mensch

Früher ...

Vorurteile orientalischer Nationen den Europäern gegenüber sind so häufig anzutreffen und so ähnlich zu verstehen wie die Beschreibungen des Charakters und der Sitten in Asien und Afrika aus der Feder europäischer Reisender oder Missionare. So schreibt im Achten Jahrhundert ein arabischer Richter über die Europäer: „Ihre Natur ist erkaltet, ihr Gemüt ist verroht, ihre Leiber sind schwerfällig geworden, ihre Hautfarbe hell und ihr Haar lang. Überdies fehlt es ihnen an Scharfsinn und durchdringendem Verstand, und Dummheit und Torheit herrschen vor". Im 16. Jahrhundert berichtet ein Japaner über die ersten Portugiesen, die nach Japan kamen: „Sie essen mit den Fingern anstatt mit Stäbchen. Sie äussern ihre Gefühle ohne jede Zurückhaltung. Sie können den Sinn von Schriftzeichen nicht verstehen. Sie schweifen ihr Leben lang ohne festen Wohnort umher und tauschen was sie haben gegen das, was sie nicht haben. Sie sind daher ein harmloses Volk."

So wie im europäischen Theater die komischen Figuren als Türken oder Chinesen auftraten, sahen die Chinesen und Türken in den Europäern komische Figuren. „Schattenspiele an der Wand sind in den morgenländischen Städten viel gebräuchlich", berichtet Niebuhr. „Ich habe bey diesen nicht gerne gegenwärtig seyn wollen, weil die Kleidung und die Sitten der Europäer daselbst gemeinniglich auf das lächerlichste vorgestellt werden" ...

An anderer Stelle berichtet Niebuhr „eine kleine Anekdote, die mir in den Morgenländern erzählt worden ist": „Ein aus Europa kommender Türk ward nach den Merkwürdigen gefragt, die er in der Christenheit gesehen hätte. Zu Venedig antwortete er, wird der grösste Theil Einwohner in einer gewissen Jahreszeit närrisch, sie laufen verkleidet auf den Gassen herum, und diese Raserey wird endlich so gross, dass die Geistlichkeit sie hemmen muss. Hierunter sind grosse Beschwörer. Diese lassen die Leute an einem gewissen Tage (am Aschermittwoch) in die Kirche kommen, und so bald sie ihnen nur ein wenig Asche auf die Köpfe gestreut haben, so werden alle Einwohner wieder vernünftig, und jeder treibt seine Handthierung wie zuvor".

(*P. Gradenwitz*, 1977, 254 u. 246)

Heute

Italiener glauben: „Es liegt am Klima, daß sie einen so düsteren Charakter haben." Und: „Ihre einzige Möglichkeit ist die Arbeit, weil Deutschland sonst nichts bietet, es ist so kalt." Sie halten Deutsche für humorlos und kühl, die deshalb gern einen heben – Attribute, die Bayern den nördlicheren Preußen und Deutsche allgemein den noch nördlicheren Skandinaviern zuschreiben.

„Der Nördliche gilt als ein zu Disziplin neigender, etwas seelenloser Moderner", schreibt Koch-Hillebrecht, er sei „überkorrekt, verwerfe althergebrachte, das soziale Leben ungemein erleichternde Praktiken wie Trinkgelder und kleinere Bestechungen" ...

„Sie sind ordentlich von Kindheit an und halten sehr zusammen." „Sie diskutieren keine Befehle, sondern führen sie aus." „Sie halten lieber ein Gewehr im Arm als eine schöne Frau." Italiener über Deutsche.

„Auf der Straße marschieren sie wie die Soldaten. Die Vorgesetzten geben Befehle wie beim Militär." „Er wollte mir mit seinem Regenschirm auf den Kopf hauen, weil ich nicht über seine Geschichte lachen konnte." Franzosen über Deutsche.

„Es fehlt ihnen der Sinn für Humor." Aber: „Sie arbeiten hart, sind einfach im Auftreten, machen nichts von sich her und essen Kartoffeln und Brot." Sie sind „stur wie ältere Leute" und „verzetteln sich nicht". Und: „Diese Kerle haben Nerven!" Japaner über Deutsche.

(SPIEGEL 41/1977 über *M. Koch-Hillebrecht*, 1977)

Deutscher Michel

Biologen und Verhaltensforscher sehen in der *kulturellen Verschiedenartigkeit* die grundlegende Überlebensgarantie für die Gattung Mensch. Kulturelle Selektionsfähigkeiten, Erfindungsreichtum, Anpassungstechniken, geschichtliche Prägungen und Sicherungen des erworbenen Bestands an Kulturleistungen entsprechen gleichsam den natürlichen Überlebenstechniken der durch Vererbung, Instinkt, Mutation und selektives Lernen geprägten Tiergattungen. Die stammesgeschichtlichen Vorprogrammierungen sorgen – über alle für das Selbstverständnis notwendigen kulturellen Barrieren hinweg – auch beim Menschen dafür, daß die Zugehörigkeit zu einer gemeinsamen Art erkannt werden kann und daß es Chancen für Verständigungen oder Tötungshemmungen gibt.

> „Daß es möglich ist, die gegenwärtige Welt entweder durch das Wiederauftauchen der kulturellen Unterschiede und Besonderheiten oder durch deren zunehmende Zerstörung im Zuge der Expansion der abendländischen Gesellschaft zu charakterisieren, zeigt zumindest, wie vieldeutig das „Heraufkommen“ der Dritten Welt ist“ (*G. Leclerc*, 1973, 9)

Um die kulturelle Eigenständigkeit zu erhalten oder überhaupt als Wert wieder zu entdecken und abzusichern, ist es allein mit mehr Toleranz und dem Abbau von Vorurteilen offensichtlich nicht getan. Und doch wäre es schon viel, wenn wenigstens *Achtung vor anders begründeten Lebensformen* das schon so selbstverständlich gewordene Verfügungs- und Verplanungsdenken etwas bremsen würde.

Gelegentlich wird an diese Ideale erinnert, so etwa durch den damaligen Bundespräsidenten *Walter Scheel* auf dem deutschen Historikertag 1976:

> „Im Zeitalter des Imperialismus haben die europäischen Völker den größten Teil der Erde beherrscht. Sie haben ihre Zivilisation, ihre Wirtschaft und ihre Technik über die ganze Welt verbreitet. All das geschah im Namen einer vorgeblichen Überlegenheit der europäischen Kultur über die anderen Völker der Erde, die man meinte als „Wilde“ behandeln zu dürfen. Es gibt keine Wilden. Es gibt verschiedenartige menschliche Kulturen. Europa wird seine Aufgabe in der Welt nur erfüllen können, wenn die Jugend der europäischen Völker den Respekt vor den Kulturen außereuropäischer Völker lernt. Wer eine gerechtere Welt will, der muß auch wollen, daß unsere Jugend die Geschichte der außereuropäischen Völker kennt.“

Schon wesentlich weniger differenziert lesen sich staatliche *Lernziele für das Fach Politik*, die etwa für die Jugendlichen in der Hauptschule Werte wie Toleranz, Völkerverständigung und den Abbau von Vorurteilen programmieren (1975):

- „Erziehung zu Toleranz und Völkerverständigung“. „Es (das Kind) hat von Angehörigen unterschiedlicher gesellschaftlicher Gruppen (z. B. Gastarbeiter, Zigeuner, Farbige) erfahren und ist imstande, ihnen ohne (!) Vorurteil zu begegnen“ (Bayern)
- „Wie Kinder in anderen Ländern leben“ (Hamburg)
- „Alle Menschen brauchen eine Wohnung. Wohnen gehört zu den Grundbedürfnissen des Menschen. Jede Wohnung ist abhängig von den vorgegebenen Faktoren (Umwelt, Individuen). Arbeitsformen: Vergleichen verschiedener Wohnungsformen

(auch in extrem anderen Umweltbedingungen: Iglu, Lappenzelt, Tropenhütte)" (Nordrhein-Westfalen)

Weltbürger wünscht man sich auch bei der UNESCO oder in schwedischen Erziehungsprojekten, und die *„internationale Verständigung"* ist nicht nur in der Schweiz ein vom Staat verordneter Grundsatz für die Programme der Rundfunkanstalten. Aber schon bei den einfachsten Konflikten mit *„Sachzwängen"* der Wirtschaftspolitik oder der Notwendigkeit, hiesige Arbeitsplätze durch vermehrten Export zu sichern, werden solche Ideen drittrangig. Sie sind Werte „unter anderen", und das wörtlich genommen. Man denkt kaum darüber nach, wenn große Bauunternehmen die hierzulande schon kräftig beschimpften Betonslums als Fortschritt nach Asien und Afrika verkaufen oder macht sich vielleicht in Fernsehkommentaren sogar darüber lustig, wenn derartige Projekte bei den „Ölscheichs" in den Sand gesetzt werden und anschließend – weil nicht den örtlichen Verhältnissen entsprechend geplant – gleich wieder verkommen.

Zum Glück gibt es „objektive" *Maßstäbe zur Beurteilung von Fortschritt und Entwicklung,* und zum Glück fallen sie für uns so günstig aus:

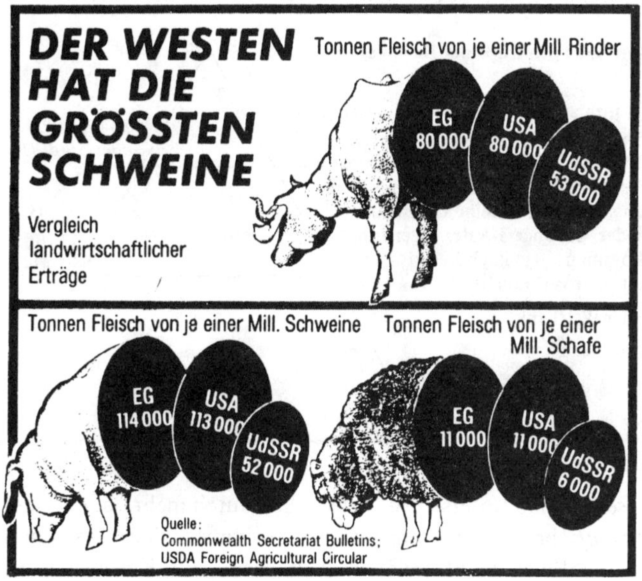

Ein sowjetisches Schwein oder Schaf liefert nur etwa halb soviel Fleisch wie EG- oder US-Schlachtvieh. Ebenso vernichtend für die Kolchos-Wirtschaft fällt auch der Vergleich bei Milchkühen und Getreide aus. (Zeitungsmeldung)

Wir sind fest davon überzeugt, daß die Dritte Welt, die bekanntlich noch rückständiger ist als der hier anvisierte Ostblock, ohne unsere Entwicklungshilfe niemals auch so schöne Schweine in exportgeeigneten Größen aufweisen könne. Wer will das bezweifeln? Aber wem nützt überhaupt diese Fragestellung?

Weltfremd wirkt dagegen, leider, die Frage, ob nicht auch wir z. B. von den Indianervölkern recht gut etwas Entwicklungshilfe gebrauchen könnten, etwa im Sinne einer Selbstverpflichtung des „American Indian Movement" zu Beginn der 70er Jahre dieses Jahrhunderts:

> „ *Geduld* und der Wunsch, Entscheidungen durch *Übereinkunft,* nicht durch Überstimmung zu erreichen;
> *Humor,* der bestenfalls den Stärkeren, nicht den Schwächeren lächerlich macht;
> *Bereitschaft zu teilen* und wenig gefühlsmäßige Bindung an materiellen Besitz;
> *Zurückhaltung* bei allen Versuchen, das Verhalten anderer zu beeinflussen;
> *Vertrauensbereitschaft . . .*"

Hofstaat und Untertanen

Nach Ermittlungen der Internationalen Arbeitsorganisation aus dem Jahre 1976 müssen mindestens 2/3 der Weltbevölkerung als „sehr arm" bezeichnet werden, wenn man ihre wirtschaftlichen Möglichkeiten an den Kosten der Lebenshaltung mißt.

Bruttosozialprodukt pro Kopf der Bevölkerung

Ein ähnliches Bild ergibt auch die (in ihren Maßstäben durchaus kritikwürdige) Pyramide der Verteilung des Bruttosozialprodukts: Die Einwohner Europas und Nordamerikas sowie einiger Gebiete des Nahen Ostens finden sich hier als kleine Oberschicht von 13 % wieder, die über 3/5 des sogenannten Welteinkommens – je nach Lesart – erwirtschaftet oder verbraucht.

Nach Daten der Weltbank

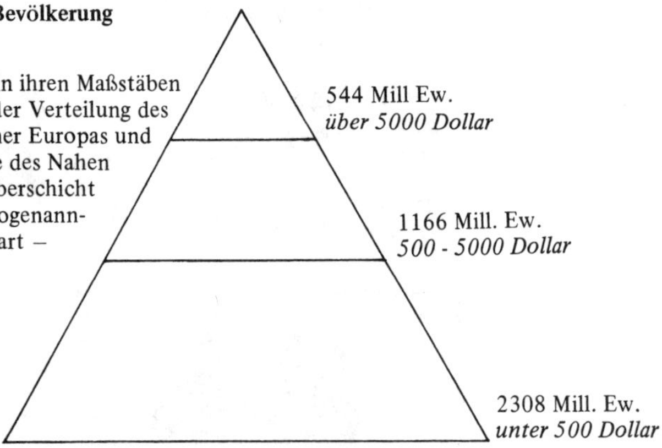

Wird dieser „kleine Unterschied" tatsächlich durch mehr oder bessere *Organisation von Arbeitskraft* bewirkt, wie man es bei uns immer wieder lesen und hören kann, oder leben die Einen nicht vielmehr weitgehend auf Kosten der Anderen, deren Rohstoffe, Arbeitskräfte und Absatzmärkte sie sich seit Jahrhunderten erschlossen haben und noch heute durch *ungleiche „terms of trade" im Welthandel* zu erhalten wissen? Ernstzunehmende Wirtschafts- und Gesellschaftswissenschaftler, dabei keineswegs nur solche aus der 3. Welt, sind seit langem dieser Ansicht und jeden Tag finden sich dazu in den Zeitungen neue Belege. Eine Anzeige in der WELT aus dem Frühjahr 1980:

Was hindert Sie,
reich zu werden?
Weitere 5000 Südamerikaner brennen darauf für Sie zu schuften, verdienen Sie mit! Sichern Sie sich Ihren Anteil an einem 130-Mio.-DM-Minenobjekt
Zuschriften mit Kapitalnachweis werden bevorzugt

Die Schwierigkeiten der „Öffentlichkeitsarbeit“ entwicklungspolitischer Organisationen und kirchlicher Stellen, ein Bewußtsein von den Ungleichheiten in der Welt und von Strategien zu ihrer Überwindung zu schaffen, haben im Grunde weniger mit den vielzitierten *Vorurteilen* gegenüber Afrikanern, Südamerikanern und Asiaten und mehr mit einer mangelnden Bereitschaft zu tun, das Vorhandensein *unterschiedlicher Interessen- und Ausgangslagen* zu akzeptieren.

Im Vergleich dazu wäre es wahrscheinlich leichter gewesen, dem *Hofstaat* Ludwigs des XIV. klar zu machen, wie sehr er (König wie Hofnarr, Minister wie Gesinde) letztlich von den Armen des Reiches lebte. Noch bilden wir uns ein, es sei ja „unser“ Hände Fleiß und allein unser Verdienst, daß wir mit etwa 40 Arbeitsjahren fast ebensoviele arbeitslose Kinder-, Schul- und Altersjahre finanzieren können, dazu einen Lebensstandard, der in der Oberschicht dem früherer Könige bei weitem gleichkommt und in der Arbeiterschicht (mit Haus, Bad, Heizung, Fernsehprogramm, Auto und Urlaub) dem mittlerer Markgrafen durchaus entsprochen hätte. Ein Almosen für das Brot der Armen bei der Weihnachtskollekte fällt nicht schwer und betäubt dumpfe Ahnungen, daß sich an Verhältnissen einmal grundlegend etwas ändern könnte . . .

Die Aufregung über einen Indianerstamm in Südamerika, der kurz vor der Vernichtung steht, erfreut das verwöhnte Hofstaatsgemüt. Doch ist das Interesse, das „aussterbenden *Restvölkern*“ in den Medien entgegengebracht wird oder mit dem man gelegentlich so exotisch anmutende Nationen wie die Kurden oder Eskimos bedenkt, die um ihre kulturelle und politische Selbstbehauptung ringen, wirklich mehr als das Bemühen um etwas mehr Farbe im grauen redaktionellen Alltag? Wird nicht beim Leser oder Zuschauer solcher Nachrichten sogar die Vorstellung genährt, mit diesen Kulturen sei ernsthaft nicht mehr zu „rechnen“ (und leider habe man es versäumt, einen Zoo für sie einzurichten, in dem man die Befriedigung über die Befriedung der einst „wilden“ Naturbewohner noch einmal so richtig genießen könnte)?

Gelegentlich leistet sich ein Publizist etwa beim Besuch von Luxushotels (für hiesige Normalverbraucher) in Afrika seinen Quartalsseufzer über die möglichen Gefahren unseres zur Schau gestellten Reichtums für die innere Stabilität des Gastlandes. Nur selten finden sich aber in solchen Berichten Anzeichen dafür, daß die eigenen Beziehungen zur „Dritten“ und „Vierten“ Welt, daß Fortschrittsmaßstäbe, Wirtschaftsinteressen und technokratischer Planungswahn auf unserer Seite ernsthaft in Zweifel gezogen würden. Wer für unmündig erklärt wurde, darf erzogen werden, wer nicht einmal lesen und schreiben kann, muß aufgeklärt und im richtigen Denken trainiert werden; wer sich nicht mehr selbst ernähren kann (weil er von uns abhängig wurde), der muß eben gefüttert werden. Wir brauchen heute nicht mehr die Kirche, die die Heiden vom Aberglauben befreit: der wissenschaftlich-technische Missionsgeist scheint genausogut zu funktionieren.

Wir Eingeborenen

(Kommentar der *Kölnischen Zeitung* vom 12.10.1922)

„Über die Naturvölker sind zwei Anschauungen weit verbreitet, die beide als unwahr bezeichnet werden können. Von Edelmut triefende Prachtgestalten, wie sie Cooper und in weniger guter Darstellung sein Nachahmer Karl May gezeichnet haben, gibt es unter den Naturvölkern nicht und hat es niemals gegeben. Ebenso irrig ist es, wenn aus leicht begreiflichen Gründen namentlich von den Missionen der heidnische Naturmensch als blutdürstig wütender Wilder geschildert wird.

Die hochentwickelte Kultur ist durchaus nicht nach jeder Richtung hin ein Segen. Sie hat neben manchem Guten und Anerkennenswerten auch sadistische und sonstige sehr häßliche Eigenschaften großgezüchtet, die, wenn mit der Verfügung über moderne Großmachtmittel verknüpft, millionenfach mehr Unheil stiften können als es jemals bei den Naturvölkern auch bei einem schlechten Charakter möglich wäre.

Ein Irrtum wäre es vor allem, den sogenannten Wilden Humanität oder den Sinn für behagliche Lebensverschönerung absprechen zu wollen. Da ist beispielsweise das Schlagwort ‚Sklaverei'. Wie aber haben wir bei unserer Besitzergreifung Kameruns die dortigen sogenannten Sklaven vorgefunden? In eignen Dörfern, mit eignem festen Lande und sonstigem Besitz lebend, hatten sie ohne Steuerüberlastung, ohne Geldentwertung, Teuerung, Zwangsmieter und sonstigen Kulturerrungenschaften der Neuzeit jedenfalls ein sehr viel angenehmeres, ruhigeres und vor allem gesicherteres Dasein als die heutigen Deutschen.

Es ist schwer zu sagen, wo eigentlich der Unterschied und die Grenze zwischen Naturvölkern und Kulturvölkern zu suchen sei. Gewöhnlich werden den letzteren ganz besonders ihre gewaltigen Fortschritte in der Technik nachgerühmt. Dabei vergißt man einige technische Glanzleistungen der sogenannten Wilden, die zur betreffenden Zeit den unseren nicht nur gleichkamen, sondern sie übertrafen. Unser dünkelhaftes Europa hat bis zur Erfindung des Telegraphen, also noch zur Zeit des Ersten Napoleons, keinerlei Art der Fernmitteilung gekannt, die sich an Wirksamkeit mit der Kameruner Trommelsprache, es hat vor Erfindung der Dampfschiffe kein Wasserfahrzeug gekannt, das sich an Schnelligkeit mit den Kameruner Rennbooten hätte messen können. Und gegenüber den viele Jahrhunderte vor Kolumbus zurückdatierten, trotz dem Mangel eines Kompasses mehr als zwei Drittel des Erdumfangs umspannenden Schiffahrtsleistungen der hellbraunen Polynesier steht Kolumbus fast wie ein bescheidener Waisenknabe da.

Auch das häusliche Leben der Naturvölker stellt man sich bei uns gewöhnlich ganz anders, nämlich sehr viel weniger behaglich, viel urwüchsiger, ja roher, und vor allem viel kunstärmer vor, als es tatsächlich beschaffen ist . . . Es ist nicht zuviel gesagt, wenn behauptet wird, gar viele von diesen fast niemals des künstlerischen Schmucks entbehrenden Gebrauchsgegenständen des alltäglichen Lebens seien von so vollendeter Technik, von einer solchen Solidität der Herstellung und von einer derartigen altüberlieferten künstlerischen Reife, daß gar manche, doch vorwiegend geschmacklosen und kurzlebigen Tand erzeugende Zweige unseres europäischen Kunsthandwerks sich daran ein Muster nehmen könnten . . .

Jammerschade, daß unsere sogenannte europäische Hochkultur . . . den Naturvölkern im allgemeinen keinen Segen, sondern in der Regel die Vernichtung ihrer hoch achtungswerten eignen Kultur gebracht hat."

Arbeitswut und Müßiggang

Der „Trieb“ zur Arbeit,
wie wir ihn kennen . . . – ist beim
Afrikaner ursprünglich nicht groß
Das Vorurteil:
Müßiggang ist aller Laster Anfang
Das schwache Weib
Faulheit, Freizeit und Muße
Noch mehr „Lebensquantität“?
Die Utopie der Askese und
die Freiheit der Lebensziele

9

Der „Trieb“ zur Arbeit, wie wir ihn kennen . . .

„Die goldene Freizeit, in der Stadt Legitimation und Ausgleich einer ungeliebten Arbeit, für Toni ist das ein leeres Wort. „Wann i jetzt bloß in d'Arbat gehn tat und kam abends um viere heim, i wüßt niat, wo i ofanga sollt. Vorm Fernseher hockn? Na! Jedn Tag ins Wirtshaus gehn? Des würd a bald langweilig. Oder sollt i mir so a Hobby ofanga und wia so a Halbnarr irgendwas z'ammbaun und wieder z'reißn und wieda z'ammbaun – bloß daß i was z'tun hab.“

Arbeit ist ihnen keine Last, kein notwendiges Übel – dem Toni so wenig wie Anton und Ottilie. Wenn's ihnen auch manchmal ein bißchen zuviel wird, sie werden's nicht leid. Im Gegenteil. So seufzt die Ottilie einmal Ende Oktober, die Felder sind abgeerntet und bestellt: „O mei, jetzt kummt de Zeit wieder, wosd' koa Arbat hast. Des macht mi ganz krank.“

„Also ohne Arbat kannt i niat lebm. Da Körper hat si eifach drauf eingstellt, wenn ma vo Kindheit auf hat arbatn müssen.“

(R. Jaedicke, 1977, 99)

Deutsche Volks- und Kneipensprüche zum Thema „Arbeit“

Und wenn mich mal die Arbeitswut packt, dann setze ich mich still in eine Ecke und warte, bis der Anfall vorbei ist!

Arbeit macht das Leben süß, aber wer verträgt schon ständig Süßigkeiten?

Wer Arbeit kennt, und sich nicht drückt, der ist verrückt!

Arbeit adelt. Wir bleiben bürgerlich!

Und ist der Handel noch so klein, er bringt doch mehr als Arbeit ein!

„Mein Lehrer Oskar Heimroth pflegte im Scherz zu sagen: „Neben den Schwingen des Argusfasans ist das Arbeitstempo des westlichen Zivilisationsmenschen das dümmste Produkt intraspezifischer Selektion.“ Die Hast, in die sich die industrialisierte und kommerzialisierte Menschheit hineingesteigert hat, ist in der Tat ein gutes Beispiel einer unzweckmäßigen Entwicklung, die ausschließlich durch den Wettbewerb zwischen Artgenossen bewirkt wird. Die heutigen Menschen kriegen die Managerkrankheit, arteriellen Hochdruck, genuine Schrumpfnieren, Magengeschwüre und quälende Neurosen, sie verfallen der Barbarei, weil sie keine Zeit mehr für kulturelle Interessen haben, und all dies unnötigerweise, denn sie könnten ja eigentlich ganz gut ein Abkommen treffen, hinfort etwas langsamer zu arbeiten, d.h. sie könnten das theoretisch, denn praktisch bringen sie es offensichtlich ebensowenig fertig, wie Argushähne beschließen können, sich weniger lange Schwungfedern wachsen zu lassen.“

(K. Lorenz, 1960, 63)

. . . ist beim Afrikaner ursprünglich nicht groß

Aus deutschen Schulbüchern der heute 40jährigen:

„Der Trieb zur Arbeit, wie wir ihn kennen, ist beim Afrikaner ursprünglich nicht groß."

„Die Eingeborenen (Afrikas) werden, im Gegensatz zu Europa, durch die Landesnatur nicht zu emsiger Arbeit gezwungen, da ihre geringen Bedürfnisse von der Natur leicht befriedigt werden."

„Aber gerade die Ärmsten verstehen die Kunst des Nichtstuns und des doch Frohlebens meisterhaft. Sie brauchen nur . . . Sonne . . . ‚dazu ein Stücklein Brot, eine Tomate, einen Schluck Wein . . . Sie tauschen mit keinem Herrn; sie sind selber Herren – Herren ihrer Zeit, ein köstlicher Besitz."

„Der Wirtschaftsgeist der Menschen wird umgeformt . . . Leistungswilligkeit und -fähigkeit wandeln sich, . . . wenn die Menschen eine geregelte Arbeitszeit haben, wenn sie anständig wohnen . . . Nichts gibt uns die Berechtigung anzunehmen, daß die Neger . . . die Indios . . . die Inder . . . die Mohammedaner, Hindus oder Kunfuzianer für die Industriearbeit weniger geeignet sind als die Europäer . . ."

„Sie (die Indios) halten die wirtschaftliche Entwicklung eher auf. Sie sind trotz guter Erziehung durch Jesuitenmissionen für planvolle Arbeit nicht zu gebrauchen, gelten als weichste Tropenrasse und weisen nicht die Zähigkeit der Neger auf."
(zitiert nach *Fohrbeck / Wiesand / Zahar,* 1971, 78, 55, 71, 58, 75, 79)

Eines der beliebtesten Vorurteile ist: ‚Die Eingeborenen sind faul'

Soweit es die ‚primitiven' Wirtschaftsformen betrifft, ist dieses Urteil falsch. Aber diese Wirtschaftsformen unterscheiden sich merklich von den unseren, vor allen in ihrem jahreszeitlichen Rhythmus. Sie erfordern Zeiten höchster Arbeitsanstrengung, die mit Zeiten der Muße, der Feste und Rituale wechseln.

Dieser Rhythmus steht im Gegensatz zu unserer Normvorstellung einer regelmäßigen täglichen Arbeitsroutine, die das ganze Jahr hindurch gilt. Darüber hinaus wird wenig Wert auf Pünklichkeit und präzise Arbeitszeitpläne gelegt. Ob eine Gruppe australischer Jäger beim Morgengrauen oder 2 Stunden später aufbricht, ist letztlich nicht so wichtig. Es gibt keinen vernünftigen Grund für diese ‚Mentalität eines Weckers' , die für unseren eigenen Arbeitsbegriff so bezeichnend ist.

Dazu kommt, daß die Arbeiten, die der ‚Eingeborene' für seinen westlichen Arbeitgeber ausführt, gemeinhin stumpfsinnig und niedrigster Art sind, schlecht bezahlt und mit wenig Aufstiegschancen. Es sollte schließlich nicht Wunder nehmen, wenn einheimische Vertragsarbeiter in Neuguinea vor dem Krieg sich nicht gerade dafür begeisterten, auf den Kokosnußplantagen mit einem Stück Faßreifen für die fürstliche Belohnung von 10 shilling im Monat Gras zu schneiden.

Der wichtigste Einwand ist jedoch qualitativer, nicht quantitativer Art: Die Arbeit, die der ‚Eingeborene' für den Europäer leistet, steht nicht in dem motivierenden und erlebnisdichten Lebenszusammenhang, in den die Arbeitsleistungen des einfachen Wirtschaftens eingebunden sind.

Die Arbeit bietet daher auch nicht die Leistungsanreize, die uns vertraut sind. Der ‚Eingeborene' ist also nur ‚faul' aus der Sicht der übergeordneten Ziele, Interessen und Standards des westlichen homo oeconomicus.
(nach *R. Piddington,* 1963, 400f)

Das Vorurteil:
Müßiggang ist aller Laster Anfang

Genüßlich reibt sich der Wohlstandsbürger den Bauch und betrachtet, wie wenig die Faulenzer auf der Südhälfte des Globus ereicht haben. Denn nur durch Arbeit kommt der Mensch zu Wohlstand, jeder ist seines Glückes Schmied, und wer nur recht die Ärmel hochkrempelt, konnte es selbst in Zeiten der Inflation und Arbeitslosigkeit vom Tellerwäscher zum Millionär bringen. Wer nicht arbeiten will, soll auch nichts essen, und es ist ja bekannt, daß nicht jeder arbeiten will ... Für den zunehmenden Abstand zwischen Arm und Reich auf der Welt – das findet auch DIE ZEIT – sind wir jedenfalls nicht mitverantwortlich. Anderer Elend ist Resultat ihrer Faulheit:

„Und in der Tat: Wir haben uns einreden lassen, daß wir die Hauptschuld am Elend der Dritten Welt tragen. Viele glauben heute tatsächlich, daß „Wohlstand Diebstahl ist". Doch die schlichte Tatsache bleibt, daß unser Wohlstand in erster Linie auf den Entdeckungen und Entwicklungen beruht, die im Westen gemacht wurden. Wir sind reich, weil Staat und Wirtschaft gut organisiert sind. Uns geht es gut, weil hier Millionen Menschen hart und zielbewußt arbeiten. Wenn unser Massenwohlstand auf Opfern anderer aufgebaut ist, dann auf den Opfern unserer Großeltern und Urgroßeltern, deren Konsumverzicht es möglich machte, den Grundstock für den Produktionsapparat zu legen, der heute den westlichen Reichtum produziert.

Wenn zu Recht darüber geklagt wird, daß der Abstand zwischen Reich und Arm auf der Welt in den letzten Jahrzehnten trotz vieler Milliarden Dollar Entwicklungshilfe nicht kleiner, sondern größer geworden ist, dann sollte die Dritte Welt die Schuld zuallererst bei sich selber suchen. Sie hat heute weit bessere Startbedingungen als die alten Industrieländer, die vor 150 Jahren ohne Vorbilder und fremde Hilfe die Technik entwickeln und Wirtschaft und Staat zweckmäßig organisieren mußten ... Auch in den internationalen Beziehungen muß die Maxime gelten: „Eigentum verpflichtet." Es verpflichtet allerdings nicht zu unbegründeten Schuldgefühlen." (*Michael Jungblut,* 20.8.1976)

Und das Geld der neureichen Ölländer ist nicht so sauber und sauer verdient wie das unsere, findet DER SPIEGEL in einer besonders hämischen Fassung eines alten Märchens über Moral und Politik, aus dem ein jeder lernen kann:

„Der Herrscher des Iran erlag der „Fehlkalkulation" (Hudson-Institut) vieler Scheichs, die, vom jähen Dollarstrom berauscht, meinten, mit ein paar Dutzend Milliarden könnten sie in wenigen Jahren Jahrhunderte Fleißes und Schweißes der traditionellen Industrienationen aufholen ...

Denn mit all ihren Milliarden können sie nicht die Straßen und Kanäle, Eisenbahnen und Energiezentren der alten und der neuen Welt per Barscheck in ihre Einöden verpflanzen. Es ist ihnen auch nicht möglich, Wanderhirten und Hirsebauern per Ordre de Mufti in das Fußvolk einer Industriegesellschaft zu mutieren ... Dazu wuchern die Neureichen in der Wüste mit ihren Pfunden schlecht." (Nr. 34, 1977)

Also wiederum christlich-abendländische Verdammnis über jene, die mit ihren Pfunden schlecht wuchern, sich unsere Oberschicht zum Vorbild nehmen und nicht (mehr) arbeiten, die „Neureichen", wie man so schön sagt. DER STERN zeigt uns die von Vogelmistdung und Phosphat reiche Südseeinsel Nauru als abschreckendes Beispiel (7.4.77):

> „Sie arbeiten nicht, zahlen keine Steuern, keinen Zoll, keine Arzthonorare – aber verdienen 80 000 DM im Jahr: Die 4000 Bewohner der Südseeinsel Nauru leben auf einem Berg Vogelmist wie im Paradies. Den wertvollen Phosphatdünger lassen sie durch Gastarbeiter abbauen ... Das Meer rund um die Insel wimmelt von Fischen, aber die Eingeborenen sind selbst zum Angeln zu bequem ... Der Müßiggang ist ein großes Problem für die Inselregierung, denn die Insulaner wollen weder arbeiten noch lernen."

Wir brauchen die Kirche nicht mehr, vom Schulbuch bis zur Bürgerpresse hat man die alte Predigt („Arbeitsmoral = Lebensmoral") längst begriffen. Aber vielleicht brauchen wir die Kirche doch, damit sie uns an bestimmte Gesetze des Gebens und Nehmens erinnert und an eine etwas zu schöne Tradition einer *Weltarbeitsteilung,* in der wir unseren Zipfel Wohlstand keineswegs nur unserem eigenen „Trieb zur Arbeit" verdanken, sondern dem Antrieb anderer zur Arbeit für uns:

- Der Wohlstand Amerikas wäre ohne den großen Beitrag afrikanischer *Sklavenarbeit* in den Plantagen nicht denkbar;
- Der Wohlstand Europas ist, auch wenn er uns schon zur Gewohnheit geworden sein sollte und auch, wenn die *Kolonialreiche* ja schon so lange hinter uns liegen, den dort um ihre Arbeitserträge erleichterten „Eingeborenen" zu erheblichen Teilen mitzuverdanken;
- Der Schweiß der Vorfahren, von dem wir heute profitieren, umfaßte auch den der Kinder; 1839 wurde erst das erste Gesetz zur Einschränkung der *Kinderarbeit* in Deutschland erlassen (nicht das zur Abschaffung), worin es fortschrittlich hieß: „§ 1. Vor zurückgelegtem 9. Lebensjahre darf niemand in einer Fabrik oder bei Berg-, Hütten- und Pochwerken zu einer regelmäßigen Beschäftigung angenommen werden"
- Und der Schweiß der *neuen Proletarier,* die unsere begüterte Gegenwart mit ihrer Arbeitskraft erleichtern und bereichern helfen, ist dank einer perfekter organisierten Weltarbeitsteilung als anno dazumal beachtlich, auch wenn es – laut unseren noch lebendigen Schulbuchweisheiten – nicht die Landesnatur ist, die zu emsiger Arbeit zwingt, und auch wenn – laut SPIEGEL-Zitat – noch nicht alle Wanderhirten und Hirsebauern in das Fußvolk einer Industriegesellschaft verwandelt wurden!

Gastarbeiter, „billige und willige" Massen- und Heimarbeiter in der Dritten Welt, Kinderarbeiter (über die UNICEF heute noch klagt), Arbeitslose und „normale" Arbeiter haben es schwer, den Makel der Faulheit in den Augen der Selbstgerechten loszuwerden, für ihren Beitrag zur internationalen Wohlstandspyramide anerkannt zu werden oder gar Ansprüche auf einen gewissen Rücktransfer der Früchte dieses ungeheuren Energieaufgebots anzumelden.

Schon gar nicht will es uns in den Kopf, daß es unter diesen „Eingeborenen-Massen“ viele Menschen gibt, die kaum einen Nutzen darin sehen, Arbeit vor allem um unseretwillen zu leisten – schon gar nicht für einen ungerechten, weil allzu billigen „Gotteslohn“. Mancher, der seinen täglichen Trott zur Arbeitsstätte bereits so verinnerlicht hat, daß er ihm schlechthin natürlich vorkommt, mag sich schließlich auch darüber empören, daß ein Inder, Nigerianer oder Samoaner wenig Lust verspüren kann, eine bestimmte Arbeit „um ihrer selbst willen“ zu tun. Tatsächlich wird in den meisten Gesellschaften noch heute Wert darauf gelegt, die Arbeit nach Möglichkeit so zu organisieren, daß sie dem einzelnen Menschen sinnvoll und dem Zusammenhalt der Gemeinschaft nützlich werden kann, was auch bedeutet, daß noch genügend Zeit für andere Mittel zur aktiven Lebensgestaltung verbleiben soll.

Das „schwache“ Weib

Frauen, die nicht arbeiten, sind auf der Welt selten. Kaum eine Gesellschaft konnte es sich leisten, Frauen, Kinder und Alte nicht am Erwerbsleben zu beteiligen und die Arbeit des weiblichen Geschlechts beschränkte sich nur selten auf Kindererziehung und Haushalt. Luxusfrauen, die „zuhause sitzen und nichts tun“ sind außer beim Adel und im islamischen, chinesischen oder europäischen Bürgertum niemals Normalzustand gewesen. Die Idee, daß die Frau dem Manne untertan sei, ist nicht neu – die Idee dagegen, die Frau sei schwach, ist relativ überraschend.

Überall auf der Welt leistet die Frau Schwerstarbeit in der Landwirtschaft. Beim Lastentragen, Häuserbauen, der Fließbandarbeit wie im Militär wird sie ebenfalls eingesetzt; im Handel wie in anderen Dienstleistungsgewerben und im Handwerk ist sie zu Hause „wie ein Mann“. Weltausstellungen der Fotografie zum Thema Frau belegen das ebenso selbstverständlich wie beliebige völkerkundliche Bilderbücher und Gesellschaftsbeschreibungen. Während der Periode darf sie in manchen Kulturen kurz verschnaufen, ebenso auch während oder nach der Schwangerschaft. Sonst wird ihr wenig geschenkt.

Die sogenannte natürliche Arbeitsteilung

(*M. Mead,* Mann und Weib, 1960[3], 134 ff)

„Endlich haben wir noch die Meinung der Wissenschaftler zu berücksichtigen, die behaupten, die Frau besitze eine Befähigung für stetige, monotone Arbeit, die dem Manne abgehe, während der Mann dafür die Fähigkeit besitze, plötzlich große Energiemengen zu mobilisieren, gefolgt von einem Bedürfnis nach Ruhe, in der die Kraftreserven sich wieder auffüllen.

Neuguinea (Jatmul)

Unter den Jatmul-Kopfjägern des mittleren Sepik-Flusses finden wir eine Teilung der Arbeitsrhythmen, die den gegenwärtigen Theorien über Geschlechtsunterschiede sehr nahekommt. Hier arbeiten die Frauen in Gruppen gleichmäßig, aber heiter, ohne ein Gefühl, unziemlich angetrieben zu werden. Sie sind verantwortlich für den täglichen Fischfang, für den Fisch, den man auf den Markt bringt, für das Sammeln von Brennholz und das Wasserholen, für das Kochen und für das Flechten der zylindrischen Moskitokörbe, die kleine Schutzräume für Menschen gegen die gefräßigen Insekten sind. Den größten Teil des Tages sind sie beschäftigt und zeigen sehr wenig Ermüdung oder Gereiztheit gegenüber den beständigen Anforderungen des Haushalts und des Fischfangs. Die Arbeit des Mannes dagegen ist meist völlig episodisch – Häuserbau, Kanubau, gemeinsame Jagd auf Krokodile in der trockenen Jahreszeit oder Anlegen kleiner Rodungen durch Abbrennen des Grases oder Planen der sorgfältig ausgedachten theatralischen Inszenierung bei den Zeremonien. Bei langandauernden Arbeiten, die durchzuführen dieser zornige, exhibitionistische Arbeitswille nicht ausreicht, gibt es eine Menge erfolgloser Versuche. Werden Aufgaben bewältigt, dann mit großem Aufwand an Energie und Anstrengung, der ganze Körper wird einbezogen, und die Jatmul-Männer beklagen sich bitter, daß sie nach solchen Anstrengungen ermüdet sind.

Neuguinea (Arapesh)

Aber wir brauchen uns nur einer anderen Kultur zuzuwenden, um einen anderen Rhythmus zu finden. In der steilen Gebirgswelt der Torricelli-Berge Neu-Guineas, wo die Nahrung knapp ist und die Gärten weit auseinander liegen, verbringen die unterernährten Männer und Frauen der Arapesh ihre meiste Zeit damit, die steilen Hänge hinauf- und herabzusteigen; fest pressen sich unter dem Druck der Lasten, die an Schlingen von ihrer Stirne herab hängen, die Kiefer der Frauen aufeinander. Jede Arbeit ist Schwerarbeit, alle Wege sind zu steil und zu weit und alle Lasten zu schwer für den Träger. Gemeinhin besorgen die Frauen das Lasttragen, denn ihre Köpfe sollen kräftiger sein. Die Männer schleppen Schweine und große Holzblöcke und reiben sich ihre Schultern unter den Tragstangen wund. Wie die Frauen an der schweren, anstrengenden Arbeit teilnehmen, helfen die Männer bei den üblichen leichten Arbeiten des Alltags, sie hüten die Kinder, machen Feuer und holen kleine Dinge aus dem Busch. Aber im ganzen gesehen, liegt der Arbeitsrythmus näher bei dem als männlich angesehenen Typus von heftiger Energie-Aufwendung; charakteristischerweise fehlt die Handarbeit, die in so vielen Gesellschaftsformen die fleißigen Hände der Frauen beschäftigt. Nach den Strapazen des langen Tages sind die Hände der Frauen ebenso müßig wie die der Männer.

Bali

Die Balinesen zeigen weniger Ermüdung als irgendein Volk, über das wir Aufzeichnungen haben. Tag und Nacht sind die Wege mit Männern und Frauen angefüllt, die leichtfüßig unter so schweren Lasten einhereilen, daß mehrere Leute sie dem Träger auf Kopf oder Schultern heben müssen. Tag und Nacht ist die Luft erfüllt mit Musik, die die Männer nach vielen Arbeitsstunden, in denen sie knöcheltief im Schlamm der überfluteten Reisfelder gestanden haben, unermüdlich ausführen. Die Arbeit geht Stunde um Stunde weiter, schnell, doch ohne Eile, und gewöhnlich eher durch einen beständigen, leichten Fortgang gekennzeichnet als durch heftige Energiestöße. Die Arme der Männer sind meist ebenso frei von hervortretenden Muskeln wie die der Frauen. Die Möglichkeit zur Entwicklung starker Muskeln ist aber vorhanden; wenn Balinesen als Dockarbeiter unter der antreibenden Aufsicht des Europäers arbeiten, entwickeln und härten sich ihre Muskeln. Aber in ihren eigenen Dörfern tragen sie lieber die Lasten, als daß sie sie aufheben und bieten gern für eine Aufgabe viele Hände auf. Wird ein Haus von einem Ort zum anderen bewegt oder ein riesiger, vierzig Fuß hoher Verbrennungsturm zum Verbrennungsplatz geschafft, so sind Hunderte von Männern zu dieser Arbeit vereint, und keiner strengt sich sonderlich an. Bei einem Hausbau, einem Tempelfest oder einer Zeremonie gibt es immer mehr Arbeiter, als benötigt werden, und man hat beinahe immer noch Zeit übrig. Ohne Hetze arbeiten Männer und Frauen an Aufgaben, die so eingeteilt und wieder unterteilt sind, daß jeder seinen kleinen Anteil hat. Sie unterbrechen die Arbeit, um zu rauchen, Betel zu kauen, zu bummeln, mit dem Baby zu spielen und ein paar Takte auf einem der Instrumente zu spielen, die immer zur Hand sind – und beginnen dann wieder auf gleiche Art ihre Arbeit.

Samoa

Bei den Samoanern ist der Arbeitsrhythmus wieder gleichmäßiger verteilt. Obgleich die Männer gelegentlich Sonderanstrengungen beim Schildkröten- oder Haifischfang machen, die all ihre Energie in Anspruch nehmen, leisten sowohl Männer als auch Frauen die schwere, anstrengende Gartenarbeit und das ermüdende Fischen. Beide kochen, beide machen Handarbeiten, und selbst die Hände eines Häuptlings höchsten Ranges sind selten müßig. Wenn er mitten unter seinen Ratgebern sitzt, rollt seine Hand geschäftig Sennit (Kokosnußfaser-Schnur) auf seinem Schenkel oder flicht es zu vielen tausend Yard, um damit Häuser und Kanus zusammenzuhalten. Die Frauen flechten stundenlang Matten, so fein wie Leinen, als Aussteuer für die Töchter der Häuptlingsfamilien oder die groben Matten, die Bettzeug für das ganze Dorf abgeben. Arbeit wird vorwiegend nach dem Maßstab von Alter und Stellung, weniger nach dem des Geschlechts abgestuft. Männer und Frauen sind stark und muskulös; beide klettern, beide tragen Lasten, beide lassen Perioden schwerer Arbeit mit Perioden ruhiger Geschäftigkeit und langen, entspannenden Stunden mit Gesang und Tanz abwechseln. Den geschäftigen, fleißigen, genügsamen stehen Zeiten gegenüber, in denen ein ganzes Dorf auf Besuch geht, um eine Hochzeit zu feiern oder einfach zur fröhlichen Unterhaltung im eigenen Dorf. Dann wird zwei oder drei Monate lang überhaupt nicht gearbeitet, sondern die ganze Zeit wird dem Feiern von Festen gewidmet, die später in natura abgegolten werden müssen, das aber bedeutet viel harte Arbeit. Doch Männer und Frauen, jung und alt, nehmen an der Arbeit und den Festlichkeiten teil. Es gibt kein Gefühl wie Zwang oder Eile; nur herrscht viel gemachte Aufregung über Etikette- und Zeremonienfragen."

Die Frau ist nicht schwach, weil ihre Arbeitskraft so viel geringer wäre als die des Mannes, sondern weil sie im Fortschritt der Geschichte geringer veranschlagt wurde. Ihre Arbeit ist bislang nur bruchstückhaft in das offizielle Weltwertsystem – die Geldwirtschaft – umgerechnet worden entgegen der wertvolleren des Mannes, und das kann die Stellung der Frau schon schwächen. In vielen Entwicklungsländern wird die Arbeit der Frau nicht zum Bruttosozialprodukt gerechnet, weil sie auf dem Wege des *Naturaltauschs* den des Geldes nicht berührt. In vielen Industrieländern wird die *Hausfrauenarbeit* aus dem gleichen Grunde nicht zum Bruttosozialprodukt gezählt: Sie ist „umsonst". Und die Industriearbeit moderner Frauen wird laut internationaler Statistik übereinstimmend in der Lohnzahlung unterbewertet – auch bei gleichwertigem Arbeitsaufwand der Frau; denn wo die Kräfte reichen, könnte es ja vielleicht an der Intelligenz oder am „Verantwortungsbewußtsein" mangeln . . .

Und da ja nur der Mann so stark ist und nur er die Arbeit so klug zu teilen weiß, konnte es den westlichen Entwicklungsplanern passieren, daß sie die Frauen in den Entwicklungs- und Reformprogrammen oft genug „übersahen" – Vorsätzlichkeit ist bekanntlich schwer nachweisbar. Ein Bericht von *Ann Crittenden* macht das anschaulich:

> „Zwar hat die in letzter Zeit erfolgte Einführung mechanischer Reisschälmaschinen die Produktivität in *Java* erhöht und auch Arbeitsplätze für Männer in den Reismühlen geschaffen; zugleich wurden aber Hunderttausenden von Frauen, die bisher den Reis in Handarbeit gestampft hatten, die Arbeitsmöglichkeiten und eine wichtige Einkommensquelle entzogen.
>
> Argrarexperten in *Kenia* wunderten sich, als nach der Einführung von landwirtschaftlichen Kooperativen in den Anbaugebieten der Pyrethrum-Pflanze (sie wird für Insektizide benötigt) die Erträge plötzlich stark zurückgingen. Es stellte sich aber heraus, daß bislang der Pyrethrum-Anbau eine Sache der Frauen gewesen war, die sich nun – da die Bezahlung für die Ernte an die genossenschaftlich organiserten Männer gehen sollte – um ihre Einkünfte gebracht sahen und deshalb die Arbeit einstellten.
>
> Die Einführung des intensiven Kaffee-Anbaus in den Bergregionen des südlichen *Mexiko* verschaffte Männern und Frauen neue Arbeits- und Verdienstmöglichkeiten. Da aber die Arbeit saisonalen Schwankungen unterliegt und niemand daran dachte, den Frauen ihre traditionellen häuslichen Pflichten abzunehmen, hat sich die Arbeitszeit der weiblichen Beschäftigten nun in der Erntezeit auf 18-20 Stunden pro Tag erhöht.
>
> Solche Beispiele für „unvorhergesehene", oft rückschrittliche Folgen der Modernisierung vor allem für die Frauen in vielen Entwicklungsländern kamen kürzlich auf einer Tagung am Wellesley-College (USA) zur Sprache . . . Die Konferenz hob die zentrale Bedeutung der Frauen im Produktionsprozeß der meisten Länder der Dritten Welt hervor und machte zugleich auf die Unfähigkeit des größten Teils der Entwicklungsplanungen – die fast ausschließlich von Männern entworfen werden – aufmerksam, auch die Interessen der Frauen zu berücksichtigen . . . Solche Erkenntnisse lassen sich dahin zusammenfassen, daß zunächst die Kolonialverwalter und später die westlichen Entwicklungsexperten wirtschaftlich-

soziale Veränderungen einleiteten, als deren Folge Frauen entweder von ihren bisherigen Beschäftigungsmöglichkeiten (die für sie zugleich einen besseren Status und Verdienst bedeuteten) ferngehalten oder mit zusätzlichen Pflichten belastet wurden – letzteres vor allem dann, wenn Männer nicht mehr bei der landwirtschaftlichen Selbstversorgung mithalfen, sondern sich bei Großfarmern oder für Jobs in den Städten verdingten. Oft haben auch die Verantwortlichen für Entwicklungsplanungen in der Landwirtschaft die Frauen bei Programmen zur Landreform, bei der Ausbildung in modernen Bewirtschaftungsmethoden und bei der Kreditvergabe diskriminiert.

Dies waren wichtige Ursachen dafür, daß in weiten Teilen Afrikas der Anbau von Erntefrüchten für den täglichen Ernährungsbedarf in den vergangenen Jahren vernachlässigt wurde und die Gefahr von Hungersnöten damit gleichzeitig vergrößert worden ist, heißt es in einem der Konferenzpapiere . . .“ (Intern. Herald Tribune v. 30.6.76)

Ausverkauf in Haiti: Anzeige des Haiti- and Third World Investment-Bureau, hier im *Handelsblatt*

Faulheit, Freizeit und Muße

„Für uns ist es fremd und unverständlich, wenn die Touristen gar nichts tun, nur faul in der Sonne herumliegen. Unsere moralischen Wertvorstellungen werden von den Touristen negativ beeinflußt.“ (Zitat eines Kenianers in *E. Meueler,* 1974, Bd. 1, 350)

Das Bild des reichen Touristen, der sich faul in der Sonne räkelt und andere Leute für sich arbeiten läßt, hat das des superfleißigen deutschen Arbeiters der Marke made in Germany in den Augen fremder Zaungucker überlagert. Da man ja mit eigenen Augen gesehen hat, daß die Weißen nichts tun, kann das Urteil offenbar verallgemeinert werden.

Das erinnert sehr an unsere eigenen Zaunguckereien: Ferien in Spanien oder Kenia sind ja deshalb so schön, weil dort jeder nur faul in der Sonne herumliegt, anstatt zu arbeiten oder weil „die Neger“ immer wie im Karneval herumlaufen und tanzen, anstatt sich wie normale Menschen zu benehmen. Daß es hier wie dort nur bestimmte Zeiten sind, zu denen jemand faul sein darf, tanzen oder sich „wie im Karneval“ gebärden kann, daß dem überall Zeiten gegenüberstehen, in denen Menschen intensiv arbeiten müssen, daß jede Gesellschaft Arbeit und „Freizeit“ in eine bestimmte Lebensordnung zu bringen hat, entgeht solcher Sonnenbrillenschau. Über den *Tagesablauf der Römer* wissen wir da fast schon mehr als über den der italienischen Nachbarn:

„Man wundert sich wirklich, daß die Hauptmahlzeit zu einer Tageszeit eingenommen wurde, die mitten in unserem Nachmittag liegt. Der Grund dafür ist, daß die Römer normalerweise um diese Zeit schon aufhören wollen zu arbeiten. Man begann mit der Arbeit bei Sonnenaufgang und legte sie möglichst nach sechs Stunden nieder, um sich den Rest des Tages anderem widmen zu können – auf jeden Fall war das das Lebensideal. Trotzdem wird die Arbeitsleistung der unseren gleichgekommen sein, da man ein „Wochenende“ nicht kannte, sondern nur Staatliche Feiertage. Zudem sind uns römische Arbeitsverträge bekannt, die eine Arbeitszeit von Sonnenauf- bis Sonnenuntergang angeben – der freie Nachmittag der Römer, von dem man so viel liest, ist also für die meisten nur ein Traum gewesen.

Außerdem ist es selbstverständlich, daß ein kluger Handwerker zumindest so lange arbeitete, bis er das notwendige Geld verdient hatte und die Sklaven solange, wie der Herr es von ihnen verlangte. Auch die Juristen waren an Gerichtstagen den ganzen Tag über beschäftigt. Die staatlichen Bediensteten freilich und jeder, der es irgend einrichten konnte, arbeiteten im Sommer sieben und im Winter sechs Stunden. Allerdings war man in dieser Entscheidung nicht ganz unabhängig, denn die Berufsgenossenschaft, zu der man gehörte, konnte staatlich anerkannte, also bindende Regeln aufstellen, die auch die Arbeitslänge betrafen. In unserer Zeit, wo Streß und Überstunden die Regel sind, wirkt eine solche Einstellung, sich von der Arbeit nicht aufreiben zu lassen, besonders positiv. Dabei gab es kein in unserem Sinne soziales Arbeitsrecht, keine Altersversorgung und keine Streikmöglichkeit, das Berufsrisiko war also ungemein größer.“ (*I. Linfert-Reich*, 1975, 54f)

Und verwundert stellt neuerdings die moderne Anthropologie fest, daß außereuropäisches Leben (ebenso wie bei uns) nicht nur aus Sitten und Gebräuchen, Magie und Mummenschanz besteht, sondern,

„was sie vorher nur geahnt hatte: daß der Afrikaner (und ganz allgemein der Bewohner der Dritten Welt) unter anderem und vielleicht vor allem ein Bauer, ein Viehzüchter oder ein Arbeiter ist, ein gesellschaftliches und historisches Wesen, kurzum ein Mensch und viel weniger ein exotisches Wesen ...“ (*G. Leclerc*, 1973, 139)

Abgesehen davon, daß es bei uns immer noch vielen schwerfällt, anderen Menschen etwas mehr als drei oder vier Simpeleigenschaften zuzubilligen, ist uns wohl unsere eigene Lebensauffassung nicht ganz geheuer: Arbeit ist angeblich ein Wert an sich, obwohl sie für viele den sozialen Bezugsrahmen nur geringfügig erweitert, zur Persönlichkeitsentwicklung eher mäßig beiträgt und das verdiente Geld vor allem dazu da ist, zu Hause und in der Freizeit dann ein ganz anderes Leben zu führen. Das *Recht auf Arbeit* ist zum *Recht auf den Arbeitsplatz* verkommen und der ist, wie man weiß, auch in Industriegesellschaften nicht gesichert. Und dann wundern sich unsere Wirtschaftswissenschaftler, wenn es in der Welt noch Leute gibt, die Arbeit nicht bloß als betrieblichen Kostenfaktor oder als körperlich-geistigen Streß anzusehen gewillt sind.

In seinem Aufsatz „Buddhistische Wirtschaftslehre“ weist *E. F. Schumacher* (1977, 48-68) zunächst auf die „metaphysische Blindheit“ hin, mit der unsere *Wirtschaftswissenschaft* ihren jeweiligen begrenzten Erkenntnisstand als absolute Wahrheit über die Welt verbreitet: Ihnen entginge damit, daß zum Beispiel die menschliche Arbeit für viele asiatische (und „primitive“) Kulturen in erster Linie qualitative Aspekte der Persönlichkeitsbildung und gleichzeitig der Begründung gesellschaftlicher Gegenseitigkeitsbeziehungen beinhalte. In unserer Vorstellung dagegen ist Arbeit nicht mehr an die Person, sondern an Systemfortschritt gebunden und besitzt daher vor allem quantitative Dimensionen, die man durch Automatisierung und Spezialisierung zu begrenzen oder zu kontrollieren trachtet. *E. F. Schumacher* zu weiteren grundlegenden Unterschieden:

> „Während es dem Materialisten in erster Linie um Güter geht, geht es dem *Buddhisten* hauptsächlich um Befreiung. Aber Buddhismus ist der Mittlere Weg, daher ist er in keiner Weise körperlichem Wohlbefinden gegenüber feindlich eingestellt. Nicht Reichtum steht der Befreiung im Wege, sondern die Bindung an ihn, nicht die Freude an angenehmen Dingen, sondern das Verlangen nach ihnen.
>
> Der Grundgedanke buddhistischer Wirtschaftslehre heißt daher Einfachheit und Gewaltlosigkeit. Vom Standpunkt eines Wirtschaftswissenschaftlers aus gesehen, liegt das Wunder der buddhistischen Lebensweise in der äußersten Vernunftbezogenheit ihres Musters – erstaunlich geringe Mittel führen zu überaus zufriedenstellenden Ergebnissen.
>
> Das ist für den modernen Wirtschaftswissenschaftler nur schwer verständlich. Er ist daran gewöhnt, den *‚Lebensstandard‘* an der Menge des jährlichen Verbrauchs zu messen, wobei ständig angenommen wird, daß es jemandem, der mehr verbraucht, „besser geht“ als jemandem, der weniger verbraucht. Ein buddhistischer Wirtschaftswissenschaftler würde diese Betrachtungsweise als äußerst unvernünftig ansehen.
>
> Da Verbrauch nichts anderes ist als ein Mittel zum Wohlbefinden des Menschen, müßte das Ziel das Erreichen eines Höchstmaßes an Wohlbefinden mit einem Mindestmaß an Verbrauch sein. Wenn also der Zweck der Kleidung ein gewisser Schutz vor dem Wetter und ein anziehendes Äußeres ist, besteht die Aufgabe darin, diesen Zweck mit dem geringstmöglichen Aufwand zu erreichen, das heißt mit der kleinsten jährlichen Zerstörung von Stoff und mit Hilfe von Entwürfen, die den geringstmöglichen Arbeitsaufwand bedingen. Je weniger Mühe aufgewendet

wird, desto mehr Kraft bleibt für künstlerisches Schöpfertum. Es wäre beispielsweise überaus unwirtschaftlich, komplizierte Schneiderarbeit vorzusehen, wie im modernen Westen, wenn durch die geschickte Drapierung nicht zugeschnittenen Stoffs eine weit schönere Wirkung zu erzielen ist. Der Gipfel der Dummheit wäre es, Kleiderstoff so herzustellen, daß er rasch verschleißt, und ein Verbrechen, etwas Häßliches, Unansehnliches oder Dürftiges herzustellen. Was über Kleidung gesagt wurde, gilt gleichermaßen für alle anderen menschlichen Bedürfnisse ... Es ist leicht zu erkennen, daß der für die Aufrechterhaltung einer Lebensweise, die das günstigste Verbrauchsmuster anstrebt, benötigte Aufwand wahrscheinlich weit geringer ist als der für die Aufrechterhaltung eines Antriebs zum Höchstverbrauch erforderliche. Daher darf es uns nicht überraschen, daß die Belastungen des Lebens beipielsweise in Birma verwendeter Menge an arbeitssparenden Maschinen nur einen winzigen Bruchteil der in den USA verwendeten ausmacht." (51ff.)

Zwar sind die in zahlreichen außereuropäischen Kulturen anzutreffenden *Prinzipien der Einfachheit und Gewaltlosigkeit* (die sich nicht nur auf den Menschen, sondern ebenso auf die Nutzung der Umwelt-Reserven, der Pflanzen und Tiere erstrecken!) mit einem Teil der Höchstleistungen westlicher Wirtschaft und Technik nicht vereinbar, sie verschaffen aber dem einzelnen Menschen eine größere Lebens- und Arbeitszufriedenheit. Alle „Fortschritte" in der Arbeitsorganisation haben uns gerade hier wenig weitergebracht, wie der folgende Ausruf eines Stahlarbeiters aus Chicago vor Augen führt:

> „Ich möchte mal ein Gebäude sehen, meinetwegen das Empire State Building, das auf einer Seite in einem von oben bis unten reichenden Streifen mit dem Namen aller Arbeiter, die an dem Bau mitgewirkt haben, bemalt ist. Wenn dann einer der Arbeiter an dem Gebäude vorbeikäme, könnte er es seinem Sohn zeigen und ihm sagen: ‚Sieh mal, das bin ich dort oben auf dem 45. Stockwerk. Ich habe den Stahlträger eingezogen;' Picasso kann seine Gemälde vorzeigen. Aber was kann ich vorzeigen? Jeder sollte etwas haben, was er vorzeigen kann." (zitiert in R. *Steinberg,* 1976, 149)

Der Fortschritt in Arbeitsmoral und *Arbeitsorganisation* geht also nicht notwendig mit subjektiver Arbeitszufriedenheit und *Arbeits-Identifikation* einher. Paradoxerweise protzen wir jedoch nicht nur mit unserer Tüchtigkeit und unserem Arbeitsethos, sondern gleichzeitig auch mit dem Fortschritt an wohlverdienter Freizeit. Das objektive Mehr an *Freizeit* ist aber ebenfalls eine relative Größe:

> „Es ist nicht wahr, daß allgemein die Freizeit in explosiver Weise ausgedehnt wird. Der tatsächliche Zuwachs an freier Zeit seit der Jahrhundertwende ist geringer als während des 19. Jahrhunderts. Etwa um 1950 hatten die Menschen in diesen Industriegesellschaften das Maß an freier Zeit im Verlauf eines Jahres wiedergewonnen, das sie zu Ausgang des Mittelalters in den handwerklichen Berufen besaßen. Was sich vor allem verändert hat, ist, daß dieses Quantum an Freizeit in Blöcken zugeteilt wird ...
>
> Tatsächlich ist es auch nur beschränkt sinnwoll, von Freizeit allgemein zu reden, denn die drei Arten der Zuteilung arbeitsfreier Zeit – am Abend eines Arbeitstages, die zwei Tage des Wochenendes und die vier Wochen der Ferien –

dienen ganz anderen Aufgaben, werden auf verschiedene Weise genutzt ..." (*E. K. Scheuch*, 1971, 6f.)

Mehr Zeit für Feierabend und Wochenende können häufig nur etwas mehr Gelegenheit für den Waren- und Medienkonsum eröffnen oder lange Anfahrzeiten zum Arbeitsplatz auf immer überfüllteren Straßen ermöglichen – oft genug sind sie sogar zum Ausgleich für mehr Streß im Beruf eine arbeitsmedizinische Notwendigkeit. Mit „Freiheit" hat Freizeit also nicht unbedingt etwas zu tun; davon kündet auch die vermehrte öffentliche Fürsorge („Freizeitpolitik"), die sich um Bürger sorgt, die nur „vor der Glotze" sitzen und die – wen wundert's – schon wissenschaftliche Spezialisten („Freizeitforscher") hervorbringt, denen selbst dieser Restraum menschlicher Gestaltungsfreiheit (ver)planenswert erscheint. Da müssen dann die unmündigen Freizeitmenschen noch im fortgeschrittenen Alter wie die Kinder darin geschult werden, ihrem Leben einen „höheren" Sinn zu verleihen.

Wo solche Bemühung allerdings zum Selbstzweck ausartet, etwa nur noch auf vermehrten Kalorienverbrauch abzielt („Trimm Dich!") oder wo es darum geht, in Hobbykursen letztlich wieder nur die Konkurrenz- und Arbeitsmotivation zu steigern, wird auch dieser „Sinn" recht fragwürdig. *Kulturfähigkeiten,* die jeden „Primitiven" als uns überlegen erweisen, als phantasievoller, gestaltungs- und ausdrucksfreudiger, mit hoher Gesprächs- und Geselligkeitskultur, – sie gehen uns ab. Künstler, die sie sich zum Teil erhalten und sie auch weiterentwickelt haben, erinnern uns daran und versuchen gelegentlich, uns solche Fähigkeiten und Lebenstechniken wenigstens ansatzweise wieder zu vermitteln. Verhaltensforscher vergleichen solche modernen Verkümmerungen mit der Spielaktivität selbst der Tiere:

> „Der gegenwärtige Umschwung in der Auffassung vom ursprünglichen Menschsein in Hinblick auf das Verhältnis von Erhaltungszwang und freier Zeit wird sicher gefördert durch das, was Sigmund Freud vor Jahrzehnten schon als „Unbehagen in der Kultur" benannt hat. Wohl gilt der soziale Kampf großer Massen mit guten Gründen dem Recht auf Arbeit, der Sicherheit des Arbeitsplatzes – aber zugleich geht es doch auch um ernsthafte Lockerung des Arbeitszwanges, um eine freiere Gestaltung der Arbeitszeit und um Gewinn an Freizeit und Muße. Die Polarität von Erhaltungszwang und Zeitgestaltung in Freiheit wird immer betonter. Zugrunde liegt dieser Spannung eine mehr oder weniger bewußte umfassendere Vorstellung von Menschsein. Immer mehr Menschen kämpfen gegen eine undifferenzierte, gleichsam selbstverständliche Hochwertung der Arbeit schlechthin und entwickeln ein nuanciertes Denken über die Gestaltung unseres Zeiterlebens und über den Wert wahrhaft erfüllter Zeit.
>
> Mein Versuch, die besondere Bedeutung des spielenden Verhaltens im Gesamtbild alles höheren Lebens hervorzuheben, will letztlich mitformen an einer neuen Verteilung der Gewichte im Gegensatzpaar: Erhaltungszwang versus freies Gestalten von erfüllter Zeit in unserer menschlichen Gesellschaft. Die Einsicht in die Tatsachen des spielenden Lebens der Tiere muß auch den Blick frei machen für die Bedeutung, die Stärke der Verhaltenspole beim Menschen – und für eine Verteilung, die in der Grundlage des humanen Wesens bereits als ein Gleichgewicht erscheint, während die letzten Jahrhunderte im Abendland ganz besonders ein Un-

gleichgewicht, für riesige Menschenmassen ein Übermaß an Arbeit geschaffen haben, das ideologisch mit allen Mitteln gerechtfertigt wird." (*A. Portmann,* 1975, 40ff.)

Und gelegentlich sucht auch einer unter uns für eine Weile das Weite und begibt sich zum Beispiel zu den zweifellos „armen" ostafrikanischen Rendille in die Lehre, um dann zu berichten:

„Man lebt dort angenehmer, Gespräch und Spiel nehmen großen Raum ein. Vielleicht sollten wir die Rendille um Entwicklungshilfe bitten (*G. Schlee* 1978, 5)

Noch mehr „Lebensquantität"?

„Lebensqualität ist das Schlüsselwort der gegenwärtigen innenpolitischen Diskussion", heißt es schon seit Anfang der 70er Jahre angesichts zunehmender Kritik an der herrschenden Wachstums- und Arbeitsideologie, und weiter:

„Nach dem so nahe liegenden Wiederaufbau, dem Abklingen der Ideologie des ökonomischen „Wettkampfs der Systeme" hat wirtschaftliches Wachstum für die reichen Industrienationen seine bisherige Selbstverständlichkeit verloren. Ein weiteres, fast dramatisches Element tritt hinzu: die Umweltgefahren. Sie sind in den letzten Jahren mit großer Deutlichkeit einer breiten Öffentlichkeit bekanntgeworden. Wenn ungezügeltes Wachstum die Menscheit an den Abgrund führt, ist eine Neuorientierung der Zielvorstellungen schon um des Überlebens willen notwendig." (*R. Bartholomäi* in „Arbeits- und sozialstaatliche Mitteilungen" Nr. 1/1973)

Und wie ordnet der „moderne Mensch" sein Leben neu? Geht er in sich? Fragt er die alten Philosophen nach der Harmonie der Lebensgrundwerte oder sucht er die Wahrheit in der Weisheit der Religionen? Macht er politische Grundsatzprogramme, in denen die neuen Lebensziele hierarchisch oberhalb von Wirtschaft und Arbeit angesiedelt werden? Oder erkundigt er sich etwa beim „eingeborenen" Bürger Jedermann per Umfrage nach dessen Zielen und Lebensvorstellungen und nimmt sich die als Vorbild? Nichts da: Wer fortschrittlich sein will, muß auch die Qualität des Lebens in Quantitäten messen und verwalten können, denn – so der gleiche Autor – die Lebensqualität darf keineswegs „nur qualitativ mit Inhalt (ge)füllt" werden, „sie braucht ihre zahlenmäßige, quantitative Ergänzung". So genügt ihm auch keineswegs, was *Erhard Eppler* 1972 vor der katholischen Akademie München dazu formulierte:

„Lebensqualität meint Freiheit, Freiheit zur Selbstentfaltung und Selbstverwirklichung, Freiheit von materieller Not und, soweit dies unter Menschen möglich ist, auch Freiheit von Angst. Lebensqualität meint Sicherheit durch menschliche Solidarität, Bewährung der eigenen Kräfte in der Arbeit, aber auch in Spiel und Kommunikation. Lebensqualität meint Teilhabe an der Kultur, aber auch an einer unzerstörten Natur, die optimale Chance psychischer und physischer Gesundheit."

Solche Aussagen erscheinen *R. Bartholomäi* vielmehr „verschwommen definiert" und er fordert daher mit Nachdruck:

> „Damit Lebensqualität mehr wird als ein Slogan, muß dieser Begriff wissenschaftlich meßbar werden. Erst dann wird dieser Terminus auch politisch operationabel.
> Deshalb müssen die wirtschaftlichen Indikatoren ergänzt werden durch soziale Indikatoren.Diese sozialen Indikatoren sollen den Zustand der Gesellschaft außerhalb des ökonomischen Bereichs messen. Sie sollen als Meßinstrumente dem Politiker in der Gesellschaftspolitik das leisten, was die ökonomischen Indikatoren auf ihrem Feld vermögen."

Angesichts solchen Fortschrittsoptimismus der Wissenschaftler, die mit ihren neuen *Indikatoren* allzuschnell bei der Hand sind – Lebenserwartung, Arbeitszeit, Analphabetenquote, Badezimmer, Schulbildung, Verkehrsunfälle etc. – ist mancher nahe daran, die „Irrationalitäten" der Alten und der Dritten Welt dem künftigen Science-Fiction-Land schon heute vorzuziehen.

Denn nicht nur unsere gesellschaftlichen Probleme, sondern auch die Pläne zu ihrer Behebung zeigen bei einer Konfrontation mit andersartigen Vorstellungen von Glück, Lebensqualität und sozialer Organisation– darunter nicht zuletzt solchen aus der 3. Welt – daß wir in einer wie immer gearteten „kulturellen Konkurrenz" am Ende keineswegs notwendig die höchsten Fortschrittsprämien Kassieren dürften. Durchaus sinnvoll ist es daher, immer wieder ins öffentliche Gedächtnis zurückzurufen, daß sich die *menschlichen Grundbedürfnisse* nicht allein in der Sicherung von Nahrung, medizinischer Versorgung, Arbeitsplatz oder Wohnraum erschöpfen, wie dies kürzlich erst *R. Dahrendorf* versucht hat:

> „Natürlich sind nicht nur die Menschenrechte wichtig, sondern auch die Befreiung von Not und Krankheit. Aber beide sind gänzlich inkommensurabel und man sollte sie nicht aneinander zu messen versuchen. Gewisse menschliche Grundrechte und Freiheiten sind ein unentbehrlicher Bestandteil der sozialen und politischen Ordnung überall auf der Welt . . . Das gibt es nämlich nicht, daß man zuerst die Grundregeln einer humanen Gesellschaft außer Kraft setzt, um Wohlstand zu schaffen, und sich dann den „Luxus" der Humanität leistet." (DIE ZEIT, 30.9.77)

Gewerkschafts-Urkunde von 1851/England

Die Utopie der Askese und die Freiheit der Lebensziele

Zum Konsum verdammt?

... vor allem (muß) aber die staunenswerte Abwesenheit aller *asketischen Ideale* einem historisch interessierten Menschen auffallen, von Idealen, die in allen früheren Zeiten, welche doch auch Übersteigerungen luxurierender Bedürfnisse zeigten, dennoch als eine niemals grundsätzlich bestrittene Gegennorm festgehalten worden waren. Jedenfalls hatte der Verzichtende auf die Güter dieser Erde eine moralische Autorität, während er heutzutage auf Verständnislosigkeit stoßen würde. Unter Asketismus soll hier jeder freiwillig durchgeführte Verzicht auf konsumtives Glück in irgendeinem Sinne verstanden werden, gleichgültig, aus welchen Motiven er erfolgt, und gleichgültig, auf welcher Niveaulage, bis zu den höchsten Konsumformen.

Der Prozeß ist irreversibel, die Versorgung steigender Bevölkerungen bei steigenden Ansprüchen mit zunehmenden Gütermengen muß gewollt werden, aber die Konstatierung des Vorgangs und die Abrechnung auf der geistigen und moralischen Kostenseite sollte erfolgen, solange das noch möglich ist. Und da ist zu sagen: das System steht nicht nur auf der Voraussetzung des Rechtes auf Wohlleben, es tendiert dazu, die Gegenposition, nämlich das Recht auf den Verzicht auf Wohlleben, unmöglich zu machen, und zwar indem es die Konsumbedürfnisse selbst produziert und automatisiert. Vielleicht liegt hier überhaupt die Wurzel aller neuverbreiteten Unfreiheit.
(*A. Gehlen* 1961, 78 u. 80)

Lebensprinzip der Zulu (Südafrika)

„Die Zulu leiden unter dem Konflikt zwischen ihrem überlieferten kulturellen Erbe und den modernen Kultureinflüssen. In der Zulu-Gesellschaft gilt Mäßigung als das Ideal. Ein Mensch sollte, nach Meinung der Zulu, weder zu viele noch zu wenige der von ihm erstrebten Dinge im Leben erlangen und er soll seine Nahrung ebenso wie sein Glück mit anderen teilen. Selbst als die Macht der Zulu ihren Höhepunkt erreicht hatte, gerieten diese Grundsätze nicht in Vergessenheit. Der Eroberer Chaka unterwarf seine Feinde, aber er versklavte sie nicht. Der Adel und das einfache Volk ernährten sich von der gleichen Kost und unterstanden den gleichen Gesetzen. Die den Zulu aufgezwungene Herrschaft der Weißen mit ihren vom Konkurrenzdenken beeinflußten Wertmaßstäben widerstrebt nicht nur der Lebensauffassung der Zulu, sondern auch ihrer Vorstellung von kollektiver Verantwortung. Sie wurden gezwungen, Werte anzuerkennen, die ihren eigenen Traditionen völlig widersprechen. Ungeachtet all dieser Belastungen ist ihre Kultur noch sehr lebendig."
(*H. Sibisi* in *E. Evans-Pritchard* 1974, Bd. 2, 147)

Kunst und Arbeit in der Antike

„Im griechischen Denken (liegen) die Begriffe, die wir mit den Wörtern Spiel, Arbeit und Kunstgenuß verbinden, ganz anders beieinander, als uns geläufig ist... ‚Heutzutage', sagt *Aristotoles,* ‚üben die meisten die Musik wegen des Vergnügens aus, die Alten aber haben sie unter die Erziehung *pädia* gerechnet, weil die Natur selbst fordert, daß wir nicht allein gut zu arbeiten, vielmehr auch gut müßig zu sein vermögen. Diese Muße ist der Urgrund von allem. Sie ist der Arbeit vorzuziehen und ist ihr Ziel.' "
(*Johan Huizinga* 1956, 154 f)

Individualismus und Urkollektiv

Soziale Gegenseitigkeitsbeziehungen in Ruanda
Das Vorurteil: Freiheit oder Sozialismus
Eigentum verpflichtet . . .
Die eigene Scholle
UJAMAA: Ein gemeinwirtschaftliches Entwicklungskonzept aus der Dritten Welt
Politische Kultur und Individualität
30 Fliegen pro Tag
Ein neues Märchen: Der „Urkapitalismus‘

10

Soziale Gegenseitigkeitsbeziehungen in Ruanda (Ostafrika)

„. . . Europäer begreifen ein Land spontan als die Summe aus Landschaft und dem Leben der in sie eingebetteten Städte und Dörfer. Ruanda irritiert, es wirkt leer und überfüllt in einem. Den Bewohnern dieses Landes entspricht es nicht, Dörfer und Städte anzulegen. Dieses „Land der 1 000 Hügel", ein grünes, gewelltes Hochland, von rund 1 400 Metern auf gut 2 300 Meter ansteigend und gekrönt von bis zu 4 500 Meter hohen Vulkanen, hat zwar eine Hauptstadt (Kigali), auch eine Universitätsstadt (Butare), sowie zwei, drei andere Gebäudeansammlungen, die sich Städte nennen (Gitarama, Gisenyi, Kibuye, Ruhengeri). Doch das sind Orte kolonialen Ursprungs, ihre Struktur ist dem Lande so fremd, wie die der zahlreichen Missionsstationen, die keineswegs zu Siedlungskernen wurden. So befällt den Fremden, der das Bewohntsein eines Landes an den Ansammlungen von Behausungen zu messen pflegt, das Gefühl der Leere.

Diesem Mangelgefühl tritt aber bald das Empfinden beängstigender Überfülle entgegen: Kaum irgendwo im Lande ist man wirklich allein. Das hat seine Ursache in der extrem individualistischen Wohnweise der Ruander. Sie leben in isolierten, von Äckern umgebenen Anwesen. Ein deutscher Entwicklungsexperte, der sich – beinahe ironisch – hier Stadtplanungsproblemen widmet, empfahl halb im Scherz: „Ziehe auf der Landkarte von Gehöft zu Gehöft eine gerade Linie und es entsteht ein nahezu gleichmäßiges Netz über ganz Ruanda: Als wäre das bestimmende Siedlungskriterium der größtmögliche Abstand zu jedem möglichen Nachbarn." Auf vielen kleinen Wegen gehen die Nachbarn zu den Nachbarn, und der Fremde meint, ein ganzes Volk ziellos umherirren zu sehen. . .

Der Ruander ist Selbstversorger (richtiger: die Ruanderin, denn hauptsächlich auf ihrem Rücken lastet die Feldarbeit). Rund 96 Prozent der Bevölkerung arbeiten in der Landwirtschaft und leben von ihr: nur 18 Prozent der landwirtschaftlichen Erzeugnisse erreichen den Markt. Und da jedermann darauf angewiesen ist, seine Ernährung selbst zu bestreiten, will und muß er auch die Grundlage dafür – seinen Acker – um sich herum haben.

Die traditionelle Selbstversorgung mögen auch jene nicht aufgeben, die in den wilden Siedlungen rund um die Hauptstadt Kigali leben. Sie pflanzen Bananenstauden und Hirse noch auf den letzten freien Quadratmeter. Das wächst fast in den Kern der Stadt hinein, die aus zahllosen über Quadratkilometer hin um einen nüchternen Geschäfts- und Verwaltungskern ausgestreuten Hütten besteht und schätzungsweise, sagen die Stadtplaner, 100 000 Einwohner hat. Wie draußen auf dem Lande, gruppieren sich hier die Menschen nach Familien und Sippen; Strukturen von Kleinstgewerbe und Kleinsthandel bleiben erhalten. Und so kennt eines der am dichtesten bevölkerten Länder Afrikas keine Slums: Was man um Kigali dafür halten könnte, ist tatsächlich „Landleben", nur auf engstem Raum.

Niemand identifiziert sich mit dieser Stadt, genausowenig, wie sich jemand als einem Dorf zugehörig empfinden könnte. Der europäischen Dorfgemeinschaft entspricht in Ruanda bei vorsichtigem Vergleich der Zusammenhalt eines „Hügels", wobei weitverzweigte Verwandtschaften das soziale Netz verstärken. Gerade die durch ihre Siedlungsweise bedingte Vereinzelung der Ruander hat ein überraschend hohes Bewußtsein für Mitverantwortlichkeit im Rahmen des „Hügels" wachsen lassen: Brennt einem das Haus ab, bauen es alle wieder auf; wird einer krank, tragen ihn alle, reihum handanlegend, ins nächste Hospital; kommt jemand unverhofft zu bescheidenem Besitz, wird der Zuwachs in einem Fest für alle sozialisiert, einem Fest, das mitunter den Gastgeber ruinieren könnte, dürfte er nicht wiederum die Hilfe jedes seiner Gäste/Nachbarn beanspruchen, wenn er sich tatsächlich übernimmt. . .

Die traditionelle nachbarliche Solidarität versucht nun die Regierung auf die große Gemeinschaft des Staates zu übertragen. Ein jeder ist angehalten, einen Tag in der Woche Gemeinschaftsarbeit zu leisten. Schwierigkeiten gibt es kaum. Früher verordneten die deutschen, dann die belgischen Kolonialherren Fronarbeit. Und schon vorher verlangte die Monarchie (die sich zugleich auf die krasse Minderheitenherrschaft des Stammes der Tutsi über die Huttu und die wenigen Pygmäen stützte) einen Zwangsarbeitsdienst von 11 Tagen je Monat. Danach wäre die heutige Regelung eine Erleichterung – sofern man sie als Fron begreift. Doch heute fragen die Ruander zuerst nach dem Sinn der von ihnen geforderten Gemeinschaftsleistungen. Nützliche und gut geplante Projekte wie etwa Bewässerungsanlagen werden relativ rasch verwirklicht. Undurchsichtige Prestigeobjekte aber können sehr bald am passiven Widerstand scheitern. . .

Prägend wirkt auch das Bewußtsein, in niemandes Tasche zu wirtschaften. Die Gemeinschaftsarbeit kommt schon deswegen meist allen zugute, weil sich der Allgemeinbesitz an Grund und Boden, der ein Merkmal der beinahe fortschrittlich anmutenden, präkolonialen Gesellschaften Afrikas war, bis heute erhalten hat: Jedermann kann so viel Acker beanspruchen, wie er braucht, besitzen kann er ihn nicht.

Das Land hat bislang überlebt, weil jeder dort für sich selbst sorgt. Wer aber allein für sich selbst sorgt, dem ist Überschußproduktion fremd. Ruanda ist nach dem Maßstab des Weltmarktes bitter arm („Fünfte Welt“, sagt der Entwicklungsjargon) . . . *(M. Frank* in: Süddeutsche Zeitung v. 20. 8. 1977)

Zukunft auch für Ruanda?

Das Vorurteil:
Freiheit oder Sozialismus

„Friede den Hütten! Krieg den Palästen!" ist eine Flugschrift des deutschen Dichters *Georg Büchner* aus dem Jahre 1834 überschrieben. Der Verfasser geht darin besonders scharf mit dem „Blutzehnten" ins Gericht, „der von dem Leib des Volkes genommen wird" und für den als Schuldner des Großherzogtums Hessen „an 700.000 Menschen schwitzen, stöhnen und hungern." Die Schreckvision des an die Obrigkeit zu entrichtenden Tributs (des *„Zehnten"* vom Wert der Güter oder des Arbeitsertrags) hat auch noch andere zeitgenössische Berichterstatter seit dem Mittelalter zu Anklagen oder Heldendramen angeregt. Und die Schilderungen, die wir von Arbeitsverpflichtungen oder anderen Formen der „Fronarbeit" noch heute aus der Dritten Welt erhalten, reihen sich ein in das Bild des unterjochten Individuums, das im Namen der jeweiligen Herrschaft – sei es ein Diktator, ein Häuptling oder ein „sozialistischer" Staatsapparat – ausgebeutet und unterdrückt wird.

Wir schätzen uns dagegen glücklich, solchen finstren Zeiten und Gebräuchen entronnen zu sein – und sind uns doch nicht im klaren darüber, daß wir im Schnitt weit mehr als den „Zehnten" (Teil) unseres Verdienstes und damit unserer Arbeitskraft an staatliche und Gemeinde-Behörden abliefern müssen. In einigen europäischen Ländern kann allein die Steuerquote bis zu 75% betragen, sonstige Sozialabgaben nicht einmal mitgerechnet, und den meisten ist es dann auch kaum ein Trost, wenn man ihnen sagt, der Staat als demokratisch legitimierte Institution handle hier letztlich nur in ihrem eigenen Namen. So kann eine Anthropologin beim Vergleich europäischer und afrikanischer Rechts- und Sozialverhältnisse feststellen:

> „Wir neigen dazu, unsere Gesellschaftsordnung als besonders individualistisch darzustellen. Dabei übersehen wir dann leicht, in welch großem Ausmaß bei uns die geringer bewertete Bereitschaft zur persönlichen Freigiebigkeit schon durch die verordnete Umverteilung von Reichtum mithilfe des unpersönlichen Staatsapparats ersetzt worden ist." (*L. Mair,* 1957, 30f.)

Gerade die Zunft der Anthropologen hat allerdings zu derartigen Mißverständnissen besonders beigetragen, etwa mit der schon im vergangenen Jahrhundert entwickelten *These vom Urkommunismus*, die in einigen vulgärmarxistischen Versionen noch heute herumspukt. Danach soll in bestimmten vorindustriellen Gesellschaftstypen, wie man sie in zahlreichen Ländern der Dritten Welt nach wie vor antrifft, ein „primitiver Kommunismus" herrschen, der praktisch keine individuellen und sozialen Differenzierungen und vor allem kein privates Eigentum kenne.

Da gibt es beipielsweise den gutgemeinten Versuch einer Studiengruppe an der Pädagogischen Hochschule Dortmund, mithilfe einer selbständig entwickelten „Unterrichtseinheit Indianer" einmal etwas mehr über die nordamerikanischen Stammesgesellschaften auszusagen als man gemeinhin in Schulbüchern oder Wild-West-Filmen erfahren kann: In gröbster Verallgemeinerung heißt es hier über „die" Indianergesellschaften, sie würden mangels Überflußproduktion keine Arbeitsteilung und daher auch „keine Gruppen mit besonderen Eigentumsrechten" kennen (1973, 14). Fast sehnt man sich nach dem Indianer-Kintopp Hollywood's zurück, denn die eifrigen

Verfasser führen als Kronzeugen für ihre Ansichten in erster Linie *Friedrich Engels* an. Der schrieb unter anderem:

„Die Produktion aller früheren Gesellschaftsstufen war wesentlich eine gemeinsame, wie auch die Konsumtion unter direkter Verteilung der Produkte innerhalb größerer oder kleinerer kommunistischer Gemeinwesen vor sich ging" ... Erst die spätere Arbeitsteilung „untergräbt die Gemeinsamkeit der Produktion und Aneignung" (1964, 195)

Engels wiederum entnahm seine Theorien den Schriften des inzwischen längst widerlegten Anthropologen *L. H. Morgan,* die auch schon *Karl Marx* zu allerlei Spekulationen über den „communism in living" veranlaßt hatten *(L. Krader* 1976, 26f). Dazu *R. Schott:*

„Zusammenfassend ist festzustellen, daß die utopische Vorstellung eines allgemeinen Kommunismus in der „Urgesellschaft" oder bei den „Wilden" selbst nach marxistischer Auffassung nicht aufrechtzuerhalten ist und in der Wirklichkeit keine Stütze findet. So weit wir wissen, hat es seit jeher und bei allen Völkern kollektive und individuelle Rechte an Gütern nebeneinander gegeben. Die Frage nach dem Übergang des Gemeineigentums zum Privatbesitz geht von der überholten Antithese „Individuum" – „Kollektiv" aus und verfehlt bereits im Ansatz das eigentliche Problem jeder Eigentumsordnung: wie die kollektiven und die individuellen Rechtsinteressen gegeneinander abzuwägen sind." (1962, 85)

Gesellschaftsvergleiche in Form eines ideologischen Schlagabtauschs kranken meist an der falschen Alternative des Entweder – Oder. Noch untauglicher zur Beschreibung von sozialen Realitäten werden derartige Versuche, wenn sie sich auf *Evolutions-Schemata* versteifen, nach denen sich die Entwicklung des Menschen vom „Natur-" zum „Kultur"-Wesen aufgrund welt-einheitlicher technischer und ökonomischer Fortschritte vollzogen habe und letztlich wir es seien, die an der Spitze dieser Entwicklung stünden. Keine der inzwischen bekannten heutigen oder früheren Gesellschaften konnte ohne gemeinsame Verbindlichkeiten für ihre Mitglieder auskommen und ebenso gab es auch keine, in denen nicht Individuen um die Verwirklichung ihrer persönlichen Interessen gekämpft hätten. Zum Zweck des Gesellschaftsvergleichs kann man daher nur prüfen, in welchem *Verhältnis Allgemein- und Individualinteressen* zueinander stehen und wie dieses Verhältnis kontrolliert wird; sinnvoll ist außerdem die Frage nach dem Ausmaß, in dem formulierte Ansprüche und Realitäten auseinanderklaffen.

Der Bürger von Ruanda, der zwar selbst nicht Eigentum an seinem Grund und Boden erwerben und diesen nur zum eigenen Nutzen (Selbstversorgung) bearbeiten kann, der außerdem einen Tag pro Woche zu Tätigkeiten im Interesse der Gemeinschaft verpflichtet wird, ist also höchstens bei oberflächlicher Betrachtung zu bedauern. Der Bürger in Europa oder in den USA sieht sich nämlich in aller Regel weit größeren Beschränkungen und Abhängigkeiten ausgeliefert. Ein Landwirt in Frankreich oder Deutschland ist zum Beispiel nahezu vollständig von staatlich vorgeschriebenen Preisen, europäischen Marktordnungen, einer hochkapitalisierten Zulieferer- und Abnehmerindustrie sowie letztlich vom Staat selber abhängig, der ihm nur dann günstige Kredite einräumt, wenn er mit den Planungskonzepten von Spezialisierung und Mechanisierung konform geht. Bei alledem ist das Preisniveau für seine Erzeugnisse keineswegs so hoch, daß er auch sicher sein könnte, die Spekulationspreise für den Boden, auf dem er arbeitet, noch bezahlen zu können.

„Eigentum verpflichtet ...“

... Sein Gebrauch soll zugleich dem Wohl der Allgemeinheit dienen.“ heißt es in Artikel 14 des Grundgesetzes der Bundesrepublik Deutschland. Nimmt man diese Bestimmung ernst, dann kann es so etwas wie ein völlig unbeschränktes *Verfügungsrecht* über den Besitz bei uns nicht geben. Vielmehr hätte der Einzelne sich im Gebrauch seines Eigentums immer dann zurückzuhalten, wenn sich daraus schädliche Folgen für seine Mitbürger ergeben können. Am Beispiel der Diskussion über die Probleme des Umweltschutzes läßt sich erkennen, daß diese Regel oft genug durchbrochen wird.

Ähnlich vieldeutig und konfliktträchtig sind die *Eigentumsbegriffe* in den meisten anderen Gesellschaften. Was zum Mißverständnis vom eigentumslosen „primitiven Kommunismus“ geführt haben kann, ist die ethnografisch belegte Tatsache, daß die uns vor allem aus der europäischen und asiatischen Vergangenheit geläufigen strengen Klassentrennungen nach Besitz in den zahlenmäßig und räumlich kleineren Kulturen Afrikas, Amerikas und Ozeaniens relativ selten sind (*G. P. Murdock,* 1967, 64ff.). Über das Vorhandensein von Eigentumsrechten des Individuums und über entsprechende Konflikte mit der Gemeinschaft wird damit aber noch nicht viel ausgesagt:

Schon unter den „Wildbeutern“, deren Wirtschaft auf einfachen Formen der Jagd, des Sammelns und des Fischfangs basiert, weiß man von praktisch keinem Volk, das den Eigentumsbegriff nicht kennt. Gemeinbesitz und Sonder- bzw. Individualeigentum sind nur Ausdrücke für zwei verschiedene Extremformen des Eigentums innerhalb der Gesellschaft. Nur unter bestimmten historischen Bedingungen hat die eine oder andere Form den Vorzug erhalten, aber keine von ihnen hat je allein geherrscht, so daß man nicht von einer Fortentwicklung des einen Extrems zum anderen reden kann.

Unter die *Objekte* des Eigentums fallen Nahrungsmittel, die gesammelt wurden ebenso wie Jagdbeute nach dem Anteil zum Beispiel der persönlich eingebrachten Arbeitsleistung. Zu ihnen zählen vor allem schon die Produktionsmittel, beim Mann vor allem die Jagdgeräte, Kanus, Fallen oder Netze – bei der Frau Taschen, Matten, Haushaltsgerät, Kleidung, Schmuck. Bewegliche Habe, persönliche Auszeichnungen sind an Personen gebunden, ebenso wie Häuser, Zelte, Grund und Boden, Jagdrechte, Wasserrechte und anderes mehr.

Rechtsgrundlage für den Erwerb, den Besitz oder die Verfügungsgewalt über Eigentum sind in nichtindustrialisierten Gesellschaften vor allem die Aneignung durch eigene Arbeit, die Beteiligung an gemeinsamen Arbeitsprodukten durch den Einsatz von persönlichen Produktionsmitteln, „Schenkung“, Tausch, Erbschaft, Inbesitznahme einer herrenlosen Sache mittels Eigentumsmarkierung und Arbeit, gelegentlich Raub.

Die *Verfügung* über Eigentum ist durchaus auch in einfachen Gesellschaften schon abhängig von der gesellschaftlichen Stellung (Häuptling, Spezialist, Geschlecht). Sie ist in erster Linie aber eingeschränkt durch Ansprüche und Rechte Dritter, stets ein Bündel von Rechten und Pflichten, selten und nur bei für die Gruppe irrelevantem Besitz eine absolut private Gewalt über Sachen, immaterielle Güter oder Menschen. Technisch primitive Gesellschaften sind sowohl mit traditionalen Eigentumsbegriffen (Stolz auf die Habe und Bewahrung) als auch mit Verschwendung (Potlatch), Zerstörung (Bestattungsriten, rechtliche Sanktionen) oder Wegwerfgewohnheiten im Umgang mit Individualeigentum vertraut. Sie kennen Vorratsanhäufung ebenso wie Prestigefunktionen von Besitz.

Auch der Besitz von *geistigem Eigentum* (Liedern, Mythen, Gedichten, Ornamenten, Tänzen, Kulten, Spezialwissen) war normal und zum Teil selber Gegenstand von Austauschbeziehungen zwischen verschiedenen kulturellen Gemeinschaften. Am Beispiel von mythischen Fabeln und Tänzen, die Eigentum der kultischen Tanzmeister, zugleich aber auch ihres Stammes waren, ist dies unter anderem für die australischen Wildbeutergesellschaften untersucht und belegt worden. *(F. Kuhlbrodt* 1959; *A. Lommel* 1969, 66ff.).

Was die Eigentumsvorstellungen bei Wildbeutern und einfachen Ackerbauern von denen in technisch-ökonomisch entwickelteren Gesellschaften wohl am meisten unterscheidet, ist die stärkere moralische Verpflichtung des Individuums, seinen ohnehin meist nur relativen Reichtum auch anderen zugute kommen zu lassen. Dabei geht es weniger um prinzipielle, „theoretische" Verpflichtungen, wie sie sich anderswo unter dem Einfluß der Moralgebote von Großreligionen herangebildet haben. Vielmehr sind die *Gegenseitigkeitsbeziehungen* im allgemeinen sehr direkt, sie betreffen konkrete Einzelpersonen, darunter nicht zuletzt solche, die sich in Abhängigkeitsverhältnissen vom Besitzenden befinden. Besonders deutlich kommt dies in den z. T. noch heute gebräuchlichen Formen der „Sozialisierung" von Besitz zum Ausdruck:

Bei zahlreichen Völkern wurde entweder in regelmäßigen, z. B. jährlichen Abständen oder auch im Fall von größeren Jagd- oder Ernteerfolgen eine Verteilung der erwirtschafteten Erträge, zumindest aber der Überschüsse vorgenommen. Oft war diese Aufteilung – sie wird in der Literatur oft als *Potlatch* (für Ozeanien und Nordamerika) oder auch als *Nimat* (für die nordasiatischen Völker) bezeichnet – mit großen Festen verbunden, bei denen ein großer Teil der Güter sofort verbraucht wurde; zum Teil wurden auch Streitigkeiten zwischen verfeindeten Gruppen oder Einzelpersonen durch „Besitzkriege" symbolisch ausgetragen, wobei diejenigen die Oberhand behielten bzw. sich des größten Prestigeerfolgs sicher sein konnten, die die meisten Güter aufbringen konnten (*H. Codere* 1972, 236ff).

Über den Nimat, bei dem sowohl Familienangehörige wie wirtschaftlich schlechter gestellte Gruppen der Gemeinschaft besonders berücksichtigt wurden, schreibt *Z. Rudy* (1962, 167), er stellte „ein Hilfsmittel von nicht geringer Bedeutung für ältere Leute dar, sowie für arbeitsunfähige Mitglieder und für Jäger, die keinen Erfolg hatten, und führte somit zu einer gewissen Gleichstellung im allgemeinen Konsum der Bevölkerung." Darüberhinaus waren bei den sibirischen Völkern vielfältige andere Formen der gegenseitigen Hilfeleistungen üblich, etwa „die sogenannte schweigend gewährte Anleihe, indem . . . jeder Bedürftige das Recht hatte, ein Tier, einen Fisch oder einen Vogel, die in eine fremde Falle hereingeraten waren, für sich zu nehmen, sofern dies für seinen persönlichen Bedarf geschah. Er war berechtigt, dies ohne Wissen des Eigentümers zu tun, war jedoch verpflichtet, die Falle von neuem aufzustellen." (172) Solche und andere Formen der Hilfestellung (Aufnahme verarmter Verwandter; Geschenke; besonders ausgeprägte Gastfreundschaft; Ankäufe zu „Sozialpreisen", wenn jemand verarmte etc.) trugen, wie Rudy weiter ausführt, vor allem bei den Gutsituierten keinen unverbindlichen „Wohltätigkeitscharakter, sondern waren eine Pflicht, deren Nichteinhaltung zu strengen Urteilssprüchen führen würde." (1962, 175)

Im europäischen Kulturkreis, ähnlich aber auch in den vom Islam und von den großen asiatischen Religionen beeinflußten Gebieten kennt man ebenfalls Verpflichtungen zur Hilfe für den in Not geratenen „Nächsten", die Mildtätigkeit gegenüber Witwen und Waisen, die Fürsorge für ältere Verwandte usw. Allerdings handelt es sich dabei eher um *grundsätzliche moralische Postulate,* deren konkrete Bedeutung oft auf bestimmte Gesten ohne größere materielle Einbußen für die Besitzenden reduziert ist.

Reichere Gesellschaften können es sich zudem erlauben, die Verantwortung für ihre sozialen Verpflichtungen weitgehend an für sie anonyme Dienstleistungsbetriebe des Staates, der Kirchen oder anderer Wohlfahrts-Institutionen zu delegieren. In der Praxis heißt das: Der Einzelne fühlt sich nicht mehr zuständig für die Behebung sozialer Mißstände oder wirtschaftlicher Ungleichgewichte, für diese Fragen gibt es ja schließlich bezahlte Spezialisten, Altersheime und Waisenhäuser, eine progressive Einkommensteuer und dergleichen mehr.

So kann die auf gelegentliche Spenden oder bloße Gesten reduzierte Moral der sozialen Gegenseitigkeitsbeziehungen heute in weiten Teilen der Welt leicht zur Doppelmoral werden. Die zehn Gebote der Bibel und die Almosenregelungen im Islam können Hand in Hand mit einer Verhaltensarmut gegenüber Verwandten oder Nachbarn gehen und schließen die Ausbeutung der Untergebenen keineswegs aus (ohne daß diese einen Rücktransfer des realen Nutzens erwarten dürften, der aus ihrer Arbeit erwächst). Mehr noch: Der calvinistische Schweizer Firmenpatron und hinduistische Geschäftsmann dürfen sich in ihrem absoluten oder relativen Reichtum durchaus als „von Gott gesegnet" begreifen und auch nach dem Koran galt bis in unsere Zeit: „Dadurch, daß ein Moslem einen Teil seines Besitzes verschenkte" – die „sadaka" als freiwilliges Almosen, das „sakat" als eine Art soziale Pflichtsteuer – „reinigte er den Rest, der ihm verblieb." (*D. Stewart* 1975, 36)

Ob die seit einigen Jahren in verschiedenen islamischen Ländern (in besonders rigider Form im Iran) zu beobachtende religiöse Erneuerungsbewegung hier zu realen Veränderungen führen wird, also nicht nur die Übertragung der ungleichen Besitzverhältnisse von einer auf eine andere Oberschicht bewirkt, ist heute noch nicht zu beurteilen.

Die eigene Scholle

Während eine globale Übertragung von Rechts- und Eigentumsvorstellungen früherer und heutiger vorindustrieller Gesellschaften auf unsere Verhältnisse und auf die internationalen Beziehungen kaum möglich oder teilweise nicht einmal vorteilhaft scheint, eröffnet der Kulturvergleich doch für einzelne Bereiche unseres Wirtschaftslebens und vor allem für die Beurteilung bestimmter entwicklungspolitischer Probleme interessante Perspektiven. Deutlich wird dies vor allem dann, wenn man die Eigentumsfrage auf den *Bereich von Grund und Boden* eingrenzt. Hier mußten die Industrieländer, die ja zu den am stärksten übervölkerten Gebieten der Erde rechnen, in den vergangenen Jahrzehnten lernen, daß eine sozialstaatliche Daseinssicherung, die auch die Planung und den Interessenausgleich in der räumlichen Umwelt beinhaltet, auf der Grundlage bisheriger Rechtsvorstellungen kaum realisierbar erscheint. Der Justizminister der Bundesrepublik, *H.-J. Vogel,* führt dazu aus:

> „Ein großer Teil der Öffentlichkeit und vor allem auch die Kirchen haben erkannt, daß die „uneingeschränkte Verfügung über Grund und Boden als privates Eigentum und als Gegenstand von Spekulationen und Profit zu einem Problem der Allgemeinheit" geworden sind (Katholische Akademie in Bayern, 1971). Eine Ursache der Mißstände ist der universalistische Eigentumsbegriff des römischen Rechts, den der Liberalismus aufgegriffen hatte.
>
> Das bisherige *Bodenrecht* behandelt Grund und Boden im Prinzip wie jede andere Ware und läßt nicht nur den Preis, sondern weithin auch die Nutzung nach Marktgrundsätzen bestimmen. Die Folgen sind Fehlnutzungen, die den Interessen der Gemeinschaft in eklatanter Weise zuwiderlaufen. Das geltende Bodenrecht widerspricht den Prinzipien der Leistungsgerechtigkeit. Es ermöglicht einigen wenigen mühelose und dazu noch steuerfreie Gewinne. Die Bodeneigentümer sind durch ihre monopolartige Stellung dem Wettbewerb weithin entzogen. Daraus und aus der laufenden Verknappung des Baubodens folgt eine gigantische Fehlakkumulation unseres Volksvermögens, deren Ausmaß gar nicht überschätzt werden kann.
>
> Die Not unserer Städte geht darauf zurück, daß die Gemeinschaft nach dem geltenden Recht nicht in der Lage ist, Nutzungskonflikte effektiv zu entscheiden. Sie ist darüber hinaus nur ganz unzureichend an den Bodenwertsteigerungen beteiligt. Sie muß zwar Planungsschäden vergüten, die Planungsgewinne verbleiben aber vollständig dem einzelnen Eigentümer." (aus: „recht" Nr. 19/1975)

Zur Behebung der hier knapp geschilderten Lage, haben Parteien und Regierungen in verschiedenen westlichen Ländern eine Reihe von Maßnahmen zur Diskussion gestellt oder auch schon gesetzgeberisch verwirklicht. Sie reichen von verbesserten Planungsvorschriften und der Beschränkung grober Auswüchse des Spekulantentums bis zu Relativierungen oder funktionalen Neudefinitionen des Bodenrechts. Eine Relativierung des Eigentumsbegriffs bedeuten z. B. die in Bayern und anderen Bundesländern gültigen Bestimmungen, nach denen Anrainer von Seeufern oder Waldbesitzer innerhalb gewisser Grenzen der Öffentlichkeit den freien Zugang zur „Natur" ermöglichen müssen. Während hier also das *Nutzungsrecht am Grundeigentum* eingeschränkt bzw. über den Kreis der Besitzer hinaus erweitert wird, ging eine Bodenrechts-Kommission der SPD 1972 praktisch den umgekehrten Weg, als sie vorschlug, vor allem im Innenbereich der Städte zwischen einem grundsätzlich öffentlichen (kommunalen) Verfügungseigentum und einem privaten Nutzungseigentum am Boden zu unterscheiden.

Hier zeigt nun der Vergleich mit Rechtsauffassungen vorindustrieller Gesellschaften, aber auch mit Enwicklungskonzeptionen einiger Staaten der 3. Welt (z. B. dem „Ujamaa"-Konzept in Tansania), daß die *Unterscheidung zwischen dem „eigentlichen"*

Besitz und der Verfügung über seine Nutzung eine durchgängige Tradition hat, die heute noch von höchster Aktualität ist. Für das Grundeigentum gilt nämlich die Feststellung von *E. Fromm* (1976), daß es sich beim unumschränkten Privateigentum nicht um „etwas Natürliches und Universelles", sondern „in Wirklichkeit eher (um) die Ausnahme als die Regel" handelt, in ganz besonderem Maße. *R. Schott* hält für die meisten früheren Kulturen fest, daß der Boden dort weitgehend als „freies Gut" angesehen wurde, an dem „weder ein individuelles noch ein kollektives Besitzinteresse" angemeldet wurde (1962, 74) oder wegen dessen „öffentlich-rechtlichem" Status überhaupt angemeldet werden konnte. Letzterer wurde im allgemeinen geschichtlich-religiös begründet und seine Verwalter (Dorfvorsteher, Älteste etc.) können daher eigentlich nur als Treuhänder begriffen werden, die für die Nutzung des von den Ahnen überkommenen Erbes im Sinne des Gemeinwohls verantwortlich zeichneten. Sehr ausgeprägt waren hingegen die Eigentumsvorstellungen hinsichtlich der Nutzung des Bodens, ob als Jäger und Sammler oder als Ackerbauer und Viehzüchter:

> „Das Bestreben der Bauern zielt nicht auf ein Wirtschaftswachstum durch Ertragsmaximierung mit entsprechend erhöhten Risiken ab, sondern auf die Erhaltung eines Gleichgewichtszustandes, der ein relativ gesichertes Auskommen auf verhältnismäßig niedrigem Versorgungsniveau gewährleisten soll.
>
> Dementsprechend wird der Eigentumsbegriff anders definiert: er beinhaltet nicht eine mehr oder weniger absolute Sachherrschaft, die ihre Grenzen allenfalls in den Rechten anderer oder in den Gesetzen der Allgemeinheit findet, sondern ein Recht, das primär verstanden wird als die Verantwortung für ein bestimmtes Gut – eine Person oder eine Sache –, Verantwortung wesentlich in dem Sinne, daß der „Eigentümer" auf die Erhaltung dieses Gutes bedacht ist und nicht auf die Veräußerung, den Verbrauch oder gar die Vernichtung der Sache." (*R. Schott,* 1980, 80)

In Australien und Südafrika (Verdrängung der Stammeskulturen von ihrem ‚heiligen' Boden durch Minengesellschaften), vor allem aber in Nord- und Südamerika kam es zu erheblichen *Konflikten um das Grundeigentum.* Am bekanntesten wurden bei uns die Kämpfe der nordamerikanischen Indianer gegen die aus Osten vorrückenden weißen Landnehmer und Rohstoffkartelle. Ebenso aktuell sind die hierzulande weniger geläufigen Auseinandersetzungen zwischen den Gemeinschaften von Kleinbauern, Landarbeitern und Indios auf der einen und den großen Landbesitzern oder staatlichen Stellen auf der anderen Seite in verschiedenen Gebieten Mittel- und Südamerikas. Beispiele:

- In Paraguay besitzen 2,6 % der Landeigner Dreiviertel des Bodens, obwohl hier ca. 70 % der Bevölkerung von der Landwirtschaft leben müssen. Ein weiterer Ausverkauf des Bodens droht durch ausländische Investoren, denen das Land für Pfennigbeträge angeboten wird. Wo sich, mit Unterstützung der Kirche, landwirtschaftliche Genossenschaften bilden, werden sie behindert oder unterdrückt;
- In zahlreichen südamerikanischen Ländern (u. a. Bolivien, Peru, Ecuador, Brasilien, Argentinien, Paraguay) existieren organisatorische Zusammenschlüsse und

Nachbarschafts- oder Verwandtschaftsgruppen von Indios, deren Lebensraum durch Siedlungsprogramme und andere Erschließungsprojekte gefährdet wird. Da bei diesen ethnischen Gruppen die gemeinschaftliche Bewirtschaftung des Bodens überwiegt, geraten sie auch in Konflikt mit landwirtschaftlichen Entwicklungsvorhaben, die auf dem Individualeigentum aufbauen.

– In bestimmten mittelamerikanischen Staaten („Bananenrepubliken") wird der Besitz von Agrarland durch ausländische Firmen oder einheimische Eliten monopolisiert (laut F.A.Z v. 19.10.1977 gehörten z. B. der Familie des inzwischen gestürzten Diktators von Nicaragua, A. Somoza, die das Land seit 41 Jahren beherrschte, 21.000 von rund 127.000 Quadratkilometern des Landes, darunter die besten landwirtschaftlichen Nutzflächen). In Guatemala, wo Nachkommen der alten Maya-Kultur sich Bestimmungen zunutze machten, nach denen unbebauter Boden von jenen übernommen werden kann, die ihn bebauen, wurden sie nach erfolgreicher Kultivierung durch bewaffnete Banden der Großgrundbesitzer wieder vertrieben.

Ein entwicklungspolitischer Fortschrittsglaube, der sich bei der Agrarentwicklung in den Ländern der Dritten Welt ausschließlich an unseren Eigentumsbegriffen orientiert und z. B. Streubesitz für Siedler und Kleinbauern propagiert, wird also vielfach nicht nur durch die bestehenden, oft halb-feudalen Machtverhältnisse eines besseren belehrt. Er läuft Gefahr, die sozialen und kulturellen Lebensrechte von Menschen zu verletzen, deren Eigentumsansprüche viel älter sind als die jener Staaten, in deren Grenzen sie heute überleben müssen. Daß dieses Überleben ohne gesicherte Grundlagen in einigen Staaten heute schon fraglich geworden ist, müßte auch Konsequenzen für die entwicklungspolitischen Bemühungen der Industrieländer haben. Es geht in der Frage des Bodenrechts nicht, wie es ein ehemaliger deutscher Botschafter in Paraguay mit Blick auf den Konflikt zwischen Landlosen und Landbesitzern formuliert, um irgendeine „Saat demagogischen Klassenhasses" (*H. Krier,* 1973) und es geht bei den aus ihrem angestammten Lebensraum verdrängten Stammesgesellschaften in Südamerika und anderswo auch nicht um so etwas wie die Restauration eines „Urkommunismus". Es geht vielmehr darum, nicht mehr fraglos unsere Rechts- und Eigentumsbegriffe, deren Problematik uns ja inzwischen selber klar zu werden beginnt, in die Dritten Welt exportieren zu wollen und wohl auch darum, die größten Schäden zu reparieren, die dieser Export bisher anrichtete. Daß dies zugleich handfeste Entwicklungspolitik bedeuten kann, macht der folgende Auszug aus einer Resolution des „Parlamento Indio", eines Zusammenschlusses südamerikanischer Indianervölker deutlich:

> Die Regierungen müssen den Boden den indianischen Stämmen oder Gemeinschaften zurückgeben und dies in die Grundbücher eintragen. Die Landübergabe an Eingeborene muß auf den Namen der Gemeinschaft erfolgen. In dem Maß, in dem die (indianischen) Organisationen eine feste Struktur bekommen, muß der auf Dritte eingetragene Boden den Gemeinschaften übertragen werden, ebenso ihre Werkstätten, Fabriken usw. Die Regierungen sollen eine praktisch realisierbare Gesetzgebung ausarbeiten, um das Eigentum der Gemeinschaften am Boden zu sichern, sowohl dort, wo wir traditionell siedeln, als auch dort, wohin wir auf der

Suche nach fruchtbarem Boden umsiedeln. Es muß ein Gesetz bezüglich der Selbstverwaltung erlassen werden, das den Gemeinschaften erlaubt, sich nach ihren eigenen Regeln zu regieren. Die Staaten müssen die eingeborenen Gemeinschaften als Rechtspersonen anerkennen. Die Staaten müssen die Genossenschaften mit Krediten, technischer Beratung und Transportmöglichkeiten zu den Absatzmärkten unterstützen.

Das Produkt der Arbeit der Eingeborenen in den staatlichen Reservaten und religiösen Missionen soll in seiner Gesamtheit unseren Brüdern gehören und nicht für Verwaltungskosten der Schutzorganismen verwendet werden. Die als Produktionsbetriebe organisierten Reservate und Missionen müssen von uns Eingeborenen – oder zumindest mit unserer direkten Teilnahme – verwaltet werden. In den Gemeinschaften sollen Arbeitsplätze geschaffen werden, um zu verhindern, daß wir unsere Gemeinschaft verlassen müssen. Wir fordern, daß die Regierungen dafür sorgen, daß die eingeborenen Gemeinschaften selbst eventuelle Bodenschätze zu einem Profit ausbeuten können. Sollte dies im Fall von besonderen Gesetzen unterliegenden Bodenschätzen ganz unmöglich sein, sollen die Gemeinschaften wenigstens einen Anteil an der Ausbeutung erhalten. (aus *T. Zülch*, Hg., 1975, 161f.)

UJAMAA – Ein gemeinwirtschaftliches Entwicklungskonzept aus der Dritten Welt (Tansania)

„Nach überkommener afrikanischer Lebensweise waren alle Menschen gleichberechtigt, sie arbeiteten in Gemeinschaft zusammen und nahmen alle an den Entscheidungen teil, die ihr Leben gemeinsam betrafen.

Aber diese Gleichberechtigung hatte die Gleichheit der Armut zur Grundlage: Die Zusammenarbeit bezog sich auf kleine Dinge und die Politik nur auf die Einheit der eigenen Familie, die der Sippe und höchstens des Stammesverbandes.

Unsere Aufgabe ist daher, diese überlieferten Strukturen so zu modernisieren, daß sie mit unseren neuen Zielen und dem Wunsch nach besseren Lebensbedingungen in Einklang zu bringen sind. Dies ist möglich unter der Voraussetzung, daß wir die Grundsätze traditionaler Lebenshaltung beibehalten, die Techniken aber dem 20. Jahrhundert anpassen.

Dazu müssen wir in ganz Tansania die Ujamaa-Dörfer als genossenschaftliche Gemeinwesen schaffen, in denen die Leute gemeinsam leben und arbeiten; diese Ortsgemeinschaften (Kommunen) müssen untereinander so verbunden sein, daß sie wiederum zusammenarbeiten für das Gemeinwohl der ganzen Nation."
(J. K. Nyerere in „After the Arusha-Declaration" zitiert nach *E. Meueler,* Hg. 1974, Bd. 2, 80)

„Nach der Analyse Nyereres war die traditionale Gesellschaft in ihrer Grundstruktur egalitär. Statusdifferenzierungen oder differenzierte Systeme der Arbeitsteilung waren nicht vorhanden. Es gab wenig individuellen Besitz, die Subsistenzlandwirtschaft als grundlegende Erwerbsform bot kaum Möglichkeiten, Eigentum in einer die anderen überragenden Weise zu akkumulieren. Sicher lassen sich zur Stützung dieser

Thesen eine Reihe von Fakten anführen. Ganz gerecht werden sie aber den vielfältigen Gesellschaftsformen mit durchaus vorhandenen Schichtungen nicht.

Bestimmte Gruppen in vielen Gesellschaften weisen deutlich egalitäre Züge auf, wie die vom Wohnort determinierten *Nachbarschaften* oder aus diesen zusammengesetzte Gemeinden. Deren Funktion war die organisierte Kooperation beim Bau von Wohnstätten, bei landwirtschaftlichen Arbeiten oder religiösen Zeremonien. Zur Organisation solcher gemeinsamer Arbeiten gab es besondere, von den Nachbarschaftsgruppen gewählte Funktionsträger, wie einen „Hirse-Häuptling" bei der Nyamwezi. Die Einlösung der festgelegten Verpflichtung wurde von besonderen Nachbarschaftsgerichten überwacht, und Verletzungen wurden notfalls mit entsprechenden Sanktionen belegt. Widerstand gegenüber diesen Sanktionen führt zum Ausschluß aus der Gemeinschaft. Dieser wird in einer afrikanischen Sprache als „Hyänentum" bezeichnet, ist also Ausdruck des Ausstoßes aus der menschlichen Gesellschaft überhaupt. *Gemeinden* als organisierte Zusammenschlüsse von mehreren Nachbarschaften oder Familien gab es nur in wenigen Teilen des Landes, und zwar im Norden, Nordwesten und in Zentraltanganjika. Bei den Chagga hatten die Mitglieder solcher Gemeinden ein ausgeprägtes Gefühl sozialer Verbundenheit. Solche Gemeinden waren bisweilen relativ autonome Einheiten, die interne Dispute löster und mit anderen vergleichbaren Einheiten verhandelten . . .

Neben Verwandtschafts- und Residenzgruppen spielen in einzelnen traditionalen Gesellschaften, insbesondere bei den Nilo-Hamiten, Altersgruppen eine bedeutende Rolle. Diese werden gebildet von den jungen Männern, die zum gleichen Zeitpunkt durch die Initiationszeremonien gegangen sind. Mit ein Grund für ihr Entstehen war das Bestreben junger Leute, sich gegenüber dem Einfluß der Alten zu behaupten. Bei den Massai haben sich Altersgruppen als lebenslange Bünde mit wechselnden Aufgaben und Pflichten zum Eckpfeiler des Gesellschaftssystems entwickelt. Von diesen Altersgruppen sind freie Gruppierungen zu unterscheiden, die sich bei einzelnen Stämmen gebildet haben. Als solche sind etwa die Geheimbünde bei den Nyamwezi und Sukuma zu erwähnen . . .

In diesen Nachbarschaftsgruppen oder Gemeinden waren die Prinzipien des Ujamaa-Lebens, die Nyerere herausgestellt hat und in die neuen Ujamaa-Dörfer überführt sehen möchte, in besonderer Weise verbreitet: gegenseitiger Respekt, d. h. die Anerkennung der wechselseitigen Abhängigkeit voneinander, gleiche Teilhabe an der gemeinsamen Produktion und die allgemeine Verpflichtung zur Arbeit als der Basis der beiden anderen. Allerdings hatten diese Prinzipien keineswegs eine universelle Verbreitung. Stärke und Formen der gegenseitigen Verpflichtung, aber auch die ökonomischen Besitzverhältnisse, waren von Stamm zu Stamm, von Gruppe zu Gruppe verschieden."

(W. Küper, 1973, 25)

Politische Kultur und Individualität

Im Jargon der Ökonomen erscheinen die meisten „unterentwickelten" Regionen als gesellschaftspolitisch „statisch" und als unfähig, den Bedürfnissen der dort lebenden Menschen gerecht zu werden. Die Industrieländer nehmen dagegen für sich in Anspruch, sich „dynamisch" entsprechend den Bedingungen des technisch-wissenschaftlichen Fortschritts und den sozialen Interessen der Menschen ständig weiter zu vervollkommnen.

Ob diese Ansicht zutrifft oder nicht, hängt weitgehend von den Maßstäben ab, mit denen man sie überprüft: Betrachtet man etwa die *Wandlungsfähigkeit* von bestimmten Einrichtungen aus Politik, Wirtschaft oder Wissenschaft, prüft man das Tempo, in dem westliche und östliche Industrieländer in diesen Bereichen Veränderungen vornehmen, analysiert man gar die „Halbwertzeit" technischer und wissenschaftlicher Erkenntnisse (also die Zeit, in der eine Erkenntnis durch eine neue abgelöst wird), dann scheint alles für die „Dynamik" unserer Lebensorganisation zu sprechen. Entsprechend unbeweglich und traditionsbehaftet stellen sich dann auch manches Land und die meisten unter den noch intakten Stammesgesellschaften in der Dritten Welt dar.

Aber unterliegen wir hier nicht doch einigen Irrtümern? Ist es nicht eher so, daß sich unsere – wie die Soziologen sagen – „komplexe" Gesellschaft weniger durch wirkliche Veränderungen und eher durch eine *Vervielfältigung der Institutionen,* der *Spezialvorschriften* und der *Steuerungspositionen* auf Kosten der selbständigen Handlungsmöglichkeiten des Einzelnen auszeichnet? Anders formuliert: Schränken die Differenzierung, die ständige Zellteilung unseres Systems und die damit verbundene Überzeugung von der nahezu beliebigen Machbarkeit von Lebensnormen die Freiheit von Individuen und Gruppen zu einer „Dynamik" nach eigenen Wertvorstellungen nicht oft genug unzumutbar ein?

Alle unsere Systemfortschritte haben Erscheinungen gesellschaftlicher Unvollkommenheit und sozialer Unzufriedenheit nicht nur nicht verhindern können, sondern offenbar erst richtig provoziert. Gar nicht mehr sonderlich wandlungsfähig wirkt beispielsweise unser Rechtssystem, das allein durch seine ständige Erweiterung ja weder die Gewähr für mehr Rechtssicherheit noch für eine stärkere Berücksichtigung individueller Interessen bietet – diese durch Widersprüchlichkeiten sogar eher verhindert. So mochte man bei der Auflösung des Feudalstaats stolz darauf gewesen sein, daß nunmehr „ohne Ansehen der Person" Recht gesprochen werden konnte. Heute erweist sich aber, daß die „Tendenz, von allen individuellen Eigenheiten abzusehen, sobald man sich mit Rechtspersonen befaßt" letztlich nur eine „dem juristischen Geist konforme Fiktion" darstellt *(M. Halbwachs,* 1967, 145), die weder die in der Realität noch immer vorhandenen Unterschiede von gesellschaftlichen Machtpositionen auszugleichen, noch den Rechtsuchenden zumindest das Gefühl einer Berücksichtigung ihrer besonderen Problemsituation zu vermitteln mag.

Anders als in der Mode oder vielleicht in den Eßgewohnheiten, wo wir heute schnell bereit sind, die Lebensweisen anderer Völker in unseren Konsumvorrat aufzunehmen, läßt sich das *Verhältnis des Individuums* oder der ethnisch-sozialen

Gruppe *zur größeren Gemeinschaft* in der Dritten Welt nicht einfach auf unsere Situation übertragen. Schon bei einer angemessenen Beschreibung und mehr noch beim Verständnis dieser Zusammenhänge geraten wir in größte Schwierigkeiten: Stimmt es denn nicht, daß Afrikaner, Ozeanier oder Indianer zumindest in ihren früheren selbständigen Lebensgemeinschaften so „vollständig in Brauch und Sitte verankert" waren, daß persönliche Interessen und Eigenheiten dahinter zurücktreten mußten und daß es „keine morbide individuelle Angst in Bezug auf das Grundrecht (gab), als Gleicher unter Gleichen zu arbeiten." (*S. Diamond*, 1976, 92)?

Wie lassen sich dann aber die zahllosen Beschreibungen von Anthropologen über das hohe Maß an Individualität und Toleranz für abweichendes Verhalten in verschiedenen vorindustriellen Gesellschaften, wie läßt sich die häufig nur informelle oder „demokratische" politische *Herrschaftsstruktur* erklären? Die beiden folgenden Zitate verdeutlichen, daß die Erklärung gerade in solchen scheinbaren Widersprüchlichkeiten liegen kann, dabei aber nicht – wie wir immer gerne meinen – den Charakter des Zwangsläufigen und „Systembedingten" besitzt, vielmehr auf bewußten individuellen und eher unterbewußten kollektiven (geschichtlichen) Auswahl-Entscheidungen der Menschen beruht: Anders ließe sich nämlich nicht deuten, warum z. B. Indianervölker Nordamerikas und sogar bestimmte Clan-Gruppen innerhalb eines dieser Völker trotz nahezu identischer natürlicher Lebensvoraussetzungen und Arbeitstechniken in ihren grundlegenden Rechts- und Eigentumsbegriffen derart voneinander abweichen, wie das etwa bei den von *E. A. Hoebel* ausführlich untersuchten Komantschen, Cheyenne und Kiowa der Fall war:

> „Das Recht der *Komantschen* war vom *Individualismus* geprägt, der jedoch in kritischen Phasen in die Schranken gewiesen wurde, indem man einzelne Personen für die Allgemeinheit tätig werden ließ. Im Recht der *Cheyenne* wiederum kam ein unvergleichlich starker Sinn für das *Gemeinwohl* zum Ausdruck, stete Rücksichtnahme auf den Individualismus der Stammesangehörigen war dabei das flexible Element. Die *Kiowa* aber hatten nie eine genaue Vorstellung davon, was sie eigentlich in erster Linie wollten. So lavierten sie sich durch im Versuch, *beides gleichzeitig* zu verwirklichen." (1968, 211)

In seiner Analyse des Gesellschaftssystems der Nuer (Sudan) beschreibt *E. Evans-Pritchard* die rechtlichen Beziehungen zwischen der Nation, ihren Gliederungen und den einzelnen Stammesmitgliedern als eine Art von „geordneter Anarchie":

> „Innerhalb des sozialen Lebens sind die politischen mit anderen Systemen verbunden, insbesondere mit dem Clan-System (weitverzweigte Verwandtschaftsbeziehungen) und dem Altersklassen-System (Aufteilung der Gesellschaft in Gruppen von ungefähr Gleichaltrigen, die von der Jugendzeit an untereinander eng verbunden bleiben) . . . Die Gesellschaftsverfassung der Nuer ist in hohem Maße individualistisch und freiheitlich. Es fehlen nicht nur staatliche Führungspersonen, sondern auch gesetzgebende, juristische und ausführende Organe. Dennoch ist diese Gesellschaft alles andere als chaotisch. Sie hat eine dauerhafte und zusammenhängende Form, die man als ‚geordnete Anarchie' bezeichnen könnte . . . Der Zusammenhalt, den man im politischen System der Nuer beobachten kann, ist mehr

durch Prozesse und weniger durch einen formalen Aufbau bedingt. Solche Prozesse bestehen in einander ergänzenden Spaltungs- und Vereinigungstendenzen ..." (1966, 296)

Solche Rechtsprinzipien wurden bereits von *Max Weber* mit der Bezeichnung *„regulierte Anarchie"* belegt. Sie lassen sich noch in zahlreichen anderen vorindustriellen Gesellschaften nachweisen *(Ch. Sigrist* 1967). Obwohl sie eine sehr entfernte Verwandtschaft zu bestimmten Grundsätzen des uns bekannten Föderalismus aufweisen, ist ihre Verwirklichung doch in den Industrieländern mit ihren umfangreichen Verwaltungs-, Rechts- und Wirtschaftsbürokratien heutzutage kaum noch darstellbar. Umso größere Bedeutung kann aber die Besinnung auf derartige Rechts-Traditionen in jenen Gesellschaften bekommen, die nach frustrierenden Erfahrungen der Anpassung an unsere politische Kultur inzwischen ihren eigenen Weg suchen, also beispielsweise für den „Neuen Indianer" (New Indian), wie ihn *R. König* beschrieben hat und in Gestalt des Wortführers *Vine Deloria* Jr. zitiert:

> „Wir kämpfen nicht länger nur um das physische Überleben. Wir kämpfen für unser ideologisches Überleben. Unsere Ideen werden eure überwinden. Wir werden das ganze Wertsystem dieses Landes entzweischlagen. Dabei ist es nicht wichtig, daß wir nur 500000 Indianer sind ... Wichtig ist allein, daß wir eine überlegene Lebensform besitzen ... Eines Tages wird dieses Land seine Verfassung und seine Gesetze so revidieren müssen, daß nur noch menschliche Bedürfnisse und nicht mehr allein das Eigentum zählen." (1973, 62f.)

30 Fliegen pro Tag

Den *Grad von Freiheitlichkeit* und Fortschrittlichkeit, den ein Gesellschaftssystem besitzt, pflegen wir vor allem an seiner Wirtschaftsform abzulesen. So führte 1977/78 die „Gefahr" einer Beteiligung von kommunistischen Ministern an der italienischen Regierung (wegen der damit verbundenen Erwartungen von stärkeren planwirtschaftlichen Elementen) in der deutschen und amerikanischen Presse zu Kommentaren, in denen erhebliche Zweifel über den „Fortbestand der Demokratie" in diesem Land geäußert wurden. Ähnlich werden auch Versuche von Staaten der Dritten Welt, ihre Entwicklung weniger durch unbehinderte Chancen für das *Privateigentum* und mehr durch *gemeinwirtschaftliche Formen des Besitzes* oder kollektive Anstrengungen der Bürger zu gestalten, bei uns mit großem Mißtrauen beobachtet – in den östlichen Industrieländern ist es natürlich genau umgekehrt.

Für den Wirtschaftswissenschaftler *E. F. Schumacher* war die Gleichsetzung von „Freiheit" bzw. „Totalitarismus" mit Begriffen wie „Marktwirtschaft" und „Privateigentum" auf der einen, „Planung" und „Kollektiveigentum" auf der anderen Seite ein Anlaß, die Stichhaltigkeit derartiger pauschaler Etikettierungen zu überprüfen, denn:

> „... jeder behauptet, nach seinem eigenen System Freiheit zu erreichen, und beschuldigt jedes andere ‚System', es bringe zwangsläufig Tyrannei, Totalitarismus oder die zu beidem führende Anarchie mit sich.
>
> Die diesbezüglichen Argumente sind im allgemeinen eher hitzig als erhellend, wie das bei allen Argumenten der Fall ist, die die ‚Wirklichkeit' aus einem Vor-

stellungsrahmen beziehen, statt einen Vorstellungsrahmen von der Wirklichkeit abzuleiten. Wenn es drei Hauptmöglichkeiten gibt, gibt es 2^3 oder 8 mögliche Kombinationen ...:

Fall 1	Freiheit Marktwirtschaft Privateigentum	Fall 5	Totalitarismus Marktwirtschaft Privateigentum
Fall 2	Freiheit Planung Privateigentum	Fall 6	Totalitarismus Planung Privateigentum
Fall 3	Freiheit Marktwirtschaft Kollektiveigentum	Fall 7	Totalitarismus Marktwirtschaft Kollektiveigentum
Fall 4	Freiheit Planung Kollektiveigentum	Fall 8	Totalitarismus Planung Kollektiveigentum

Es ist sinnlos zu behaupten, die einzig ‚möglichen' seien die Fälle 1 und 8. Sie sind lediglich die *einfachsten* Fälle, vom Standpunkt starr an Begriffen hängender Propagandisten aus gesehen. Zum Glück ist die Wirklichkeit erfindungsreicher." (1977, 254f.)

Selbst für die westeuropäische Realität ließe sich keinesfalls behaupten, sie würde auf öffentliches Eigentum an wichtigen Dienstleistungs- und Produktionseinrichtungen verzichten (in Frankreich oder Italien beschränkt es sich z. B. nicht nur auf Bahn, Post oder Informationsmedien, sondern umfaßt auch die Autoherstellung, Chemie- und Stahlwerke, Druckereien, Kulturbetriebe etc.). Und wollte man unsere Freiheit von der Abwesenheit *staatlicher Wirtschaftsplanung* abhängig machen, müßten wir sofort Tausende von beamteten Technokraten in unseren Ministerien entlassen ...

Ohne daß man in dieser Hinsicht zwischen den „freien" Marktwirtschaften und den „freien" sozialistischen Planwirtschaften sonderlich unterscheiden könnte, dominiert in den meisten hoch- oder teilindustrialisierten Ländern heute ein *Systemdenken,* das nahezu selbstverständlich die Konditionierung von Wünschen und Handlungen der Individuen durch Behörden, Parteien, Wirtschaft(swerbung) und Publizistik voraussetzt: Selbst ein eher konservativ gestimmter Wissenschaftler wie *H. Schelsky* hält die „Meinungslenkung von Professionellen des Meinungsverkehrs" anstelle (!) der „unmittelbaren Mitteilung von Person zu Person wie vor allem (des) auf eigener Erfahrung beruhenden Urteils" für eine „unaufhebbare lebenswichtige Funktionalität" (1975, 228). Und das Bundesverfassungsgericht erklärte in seiner Entscheidung vom 2. März 1977 im gleichen Sinne, es sei die „Aufgabe staatlicher Öffentlichkeitsarbeit" für die Erhaltung „eines weitgehenden Einverständnisses der Bürger mit der vom Grundgesetz geschaffenen Staatsordnung" zu sorgen.

Wir wissen heute, daß auch den Führern der meisten Staaten der Dritten Welt die zentralisierte Meinungslenkung als „lebenswichtig" erscheint; wir helfen ihnen sogar noch beim Aufbau entsprechender Bürokratien und Kommunikationssysteme – und unterstreichen damit einmal mehr unsere Bereitschaft, die Freiheit von Individuen und von selbständigen kulturellen Einheiten dann zu beschränken, wenn ein Systeminteresse es erfordert. Damit gehen wir aber über ganz anders geartete Traditionen zahlreicher Völker hinweg, in denen das Individuum das Tempo und die Richtung von Entwicklungen der Allgemeinheit durch den eigenen Vollzug mitbestimmt. Auch hier gibt es – daran besteht kein Zweifel – „von oben“ inspirierte Programme und Meinungen, auch hier können Stammesführer, Ältestenräte oder sonstige Einflußreiche Aussagen von Gewicht und Verbindlichkeit machen. Doch berücksichtigen solche Zielvorgaben oft viel mehr die Möglichkeiten der Mitglieder der Gemeinschaft, das Ziel selbst zu beeinflussen, zu verstehen und zu verwirklichen. Das geschieht etwa bei den Maori in Neuseeland oder bei bestimmten Indianerkulturen Nordamerikas dadurch, daß der Häuptling in der Stammesversammlung immer als letzter spricht. Es kann aber auch – wie ein Beispiel zeigt – dadurch geschehen, daß das Ziel der Wenigen von der Verwirklichung durch die Vielen nicht mehr zu trennen ist:

„Moral mit Löffeln

Wenn bei uns etwas nicht klappt, ruft alle Welt nach dem starken Mann. Das hat Tradition. Daß unsere Geschichte im wesentlichen das Werk weniger großer Männer sei, wurde uns immer wieder eingetrichtert; im vorigen Jahrhundert haben der Engländer Thomas Carlyle und der Schweizer Jacob Burckhardt tiefgründig darüber philosophiert.

Durch die Mythen Europas geistert die Lichtfigur des unbezwingbaren Einzelkämpfers, dem kein Drache zu feurig, kein Augiasstall zu dreckig sein kann. Von Herakles über Siegfried führt der Strahlenweg der weißen Riesen bis in die Märchenkammer des tapferen Schneiderleins, dem das Heldentum schon in der Nase steckt, wenn er sieben Fliegen auf einen Streich niederklatscht.

Gänzlich unheldisch klingt die Nachricht, die jetzt aus Afrika zu uns kommt und die auch von Fliegen handelt. Täglich dreißig Fliegen zu fangen, fordert in Moçambique der Präsident Marchel die zehn Millionen Einwohner seines Landes auf; er sieht darin einen notwendigen Beitrag der Bevölkerung zur Volksgesundheit.

In Europa löst die Meldung sicher kaum mehr als ein Schmunzeln aus. Wer macht sich da schon die Mühe des Nachrechnens: *Dreißig Fliegen pro Tag und Kopf,* das wären 300 Millionen Fliegen weniger täglich, 9 Milliarden im Monat, 108 Milliarden im Jahr. Rein rechnerisch ist es wohl denkbar, damit einer Fliegenplage Herr zu werden – vorausgesetzt, daß jeder mitmacht. Aber bei uns erscheint die Vorstellung doch ziemlich abstrus, Walter Scheel wollte ein ähnliches Ansinnen an seine Landsleute stellen.

Das beweist freilich nur, daß anderswo anders gedacht wird. Ein Aufruf wie der von Marchel ist sicher nur möglich in einem Land, das noch nicht angekränkelt ist von abendländischer Figaro-Hektik des „Alles auf einmal! Alles auf einmal!“, wo Geduld noch zum Katalog der Tugenden zählt: „Der Geduldige hat alle Reichtümer der Welt“, heißt ein Sprichwort in Liberia.

Ähnliche Denkart ist uns in China geläufig. Sie findet sich in der Fabel, die der Dichter-Staatsmann Mao gern zu erzählen pflegt: Ein Mann namens Yü Gong trägt einen Berg mit einem Löffel ab, weil der ihm die Aussicht versperrt. Als ihm Fremde das Vergebliche seines Tuns vor Augen halten, antwortet er zuversichtlich: Meine Enkel und Urenkel werden das Werk fortsetzen.

Auch das klingt harmlos und schrullig in unseren Ohren. Doch man täusche sich nicht. Mit solcher Löffel-Moral sind Millionen Yü Gongs zum „Langen Marsch“

angetreten und haben in China der Revolution zum Sieg verholfen. Die Effektivität ist also längst erwiesen.

Wie schwächlich wirkt dagegen unser abendländischer Glaube an den Starken, der angeblich am mächtigsten allein ist, aber nur selten bereit, die Suppen, die er anderen einbrockt, auch allein auszulöffeln. (*H. J. Schyle* in: *„Kölner Stadtanzeiger“* v. 27.7.76)

Der Verdacht liegt nahe, daß uns manche Planungsbemühungen oder Eigentumsbeschränkungen in der Dritten Welt in erster Linie deshalb stören, weil wir uns in langer Kolonialzeit daran gewöhnt haben, die Südhälfte der Erde als einen „Freiraum“ zu betrachten, in dem gefälligst unsere und nicht primär Eigen-Interessen der betreffenden Länder zu Geltung kommen sollen. Etwas von dieser Einstellung spürt man jedenfalls im Jubel über Länder, in denen noch unsere Maßstäbe (des 19. Jahrhunderts) gelten, der Unternehmer noch Unternehmer sein darf:

„Der Piniergeist aus der brasilianischen „Gründerzeit“ lebt noch. Das stellt man in Gesprächen mit Unternehmern in Brasilien immer wieder fest, und zwar gleich ob es sich um Niederlassungen der europäischen Industrie oder um heimische Gesellschaften handelt. Es wird trotz Erschwernissen in der täglichen Arbeit der Unternehmen durch Bürokratie und staatlichen Dirigismus langfristig gedacht und das oft in Maßstäben, an die in Europa nur noch große international tätige Unternehmen gewöhnt sind. Das gilt nicht nur für die verarbeitende Industrie, den Anlagebau und die Landwirtschaft. Das wird verständlich, wenn man bedenkt, daß neun Holzunternehmen, die in einer Gesellschaft zusammengeschlossen sind, Wälder gehören, die der Gesamtfläche Belgiens entsprechen. Der unternehmerische Geist ist aber auch bei Selbständigen, kleinen Gewerbetreibenden, vorhanden. Ein junger Deutscher aus der Bekleidungsbranche will nicht mehr in die Bundesrepublik zurück. In Brasilien gebe es zwar manche Schwierigkeiten mit Eingriffen der Regierung in die Wirtschaft, aber „hier kann ich noch Unternehmer sein und meinen Betrieb vergrößern“. In der Bundesrepublik sei dagegen alles schon da und es gehe im wesentlichen jetzt nur noch um die Verteidigung der Besitzstände.“ (*T. Wybraniec* in F.A.Z. v. 24.10.77)

Viel weniger interessant ist bei solchen Perspektiven, was der Leserbriefschreiber *F.-J. Haas* in der gleichen Ausgabe der „Frankfurter Allgemeinen“ mitzuteilen weiß:

„Das einzige Wunder am brasilianischen Wirtschaftswunder ist die Tatsache, daß die Verelendung weiter Bevölkerungskreise zunimmt, obwohl Brasilien lange Zeit mit eine der höchsten Wachstumsraten der Welt aufzuweisen hatte. Da die Oberschicht, durch das ständige Ansteigen der Geburtenrate, ihren Wohlstand gefährdet sieht, geht sie nun, unter einem sozialen Deckmantel, dazu über, die ärmeren Bevölkerungskreise mit empfängnisverhütenden Medikamenten abzufüttern. Man verhindert die Geburt neuer Menschen, die in Zukunft lautstarker als bisher ihren Anteil am Wohlstand fordern würden. Wohin jedoch eine solche Methodik führt, sieht man am Beispiel Indiens.“

Es könnte gut sein, daß wir schneller als uns das heute klar ist, zu einer Lebens- und Wirtschaftsmoral finden müssen, in der die ungehemmte Selbstverwirklichung des Einzelnen nicht mehr das Idealbild ist, vor allem dann nicht, wenn sie auf Kosten anderer Menschen geht.

Der neue Mythos – Urkapitalismus

Eine modisch-aktuelle Variante des Sozialdarwinismus?

Der Verhaltensforscher *Eibl-Eibesfeld:* Ist Sozialismus natürlich – oder Kapitalismus?

„Untersucht man die menschlichen Wirtschafts- und Gesellschaftsformen im Hinblick auf die evolutiven Chancen und damit auf deren Überlebenswert, dann fällt einem eine gewisse Polarisierung nach zwei Lagern auf, deren eines man als risikobereit und evolutionsfördernd, das andere als risikovermeidend und evolutionsbremsend charakterisieren kann.

Die Konkurrenz führt zu Innovationen.

Das System der Planwirtschaft ist, im Grunde genommen, nicht mutationsfreundlich, sondern konservativ, es stellt sich Änderungen entgegen. Neue Ideen, die Entstehung von Subkulturen, das alles glaubt man im Interesse der Stabilisierung der Verhältnisse unterdrücken zu müssen.

Auf diese Weise handelt man sich eine gewisse Stabilität ein. Aber ebenso eine lähmende Langeweile, die sich auch im Westen in den sozialistischen Wohlfahrtsstaaten breitzumachen beginnt. Demgegenüber ist die freie Marktwirtschaft evolutionsfreundlich, und da Neuerungen vom Individuum ausgehen, schätzt man Individualität hoch."

(*Welt am Sonntag* 13.7.1980)

Will Durand – Die biologische Lektion der Geschichte heißt: Leben ist Wettbewerb.

„Ungleichheit ist nicht nur naturgegeben und angeboren, sie nimmt auch in dem Maße zu, wie die Kultur verwickelter wird. Denn Freiheit und Gleichheit sind geschworene und immerwährende Feinde, und wenn die eine zunimmt, vermindert sich die andere.

Die Geschichte ist ein Stück Biologie: Der Mensch nimmt teil an dem wechselnden Geschick, das den lebenden Wesen zu Lande und zu Wasser bereitet wird.

Die erste biologische Lektion der Geschichte heißt: Leben ist Wettbewerb, Wettbewerb ist nicht nur das Leben des Geschäftes, sondern auch das Geschäft des Lebens.

Die zweite biologische Lektion der Geschichte heißt: Leben ist Auslese. Im Kampf um die Nahrung, den Partner, die Macht erweisen sich die einen Lebewesen als tüchtig, die andern als Versager. Gewisse Individuen sind besser als andere dafür ausgerüstet, im Daseinskampf die Überlebensprobe zu bestehen."

(*Welt am Sonntag* 14.9.1980)

Vogelschau und Froschperspektive

Wir im Mittelpunkt der Welt
(ethnozentrische Weltbilder)
Das Vorurteil:
Weiße Flecken auf der Landkarte
Ethnozentrismus und Stammeswirren
Alltags-Kartografie
Weltbild als Weltanschauung
Von weitem scheinen alle Berge blau
Neues Weltbild

11

Wir im Mittelpunkt der Welt (ethnozentrische Weltbilder)

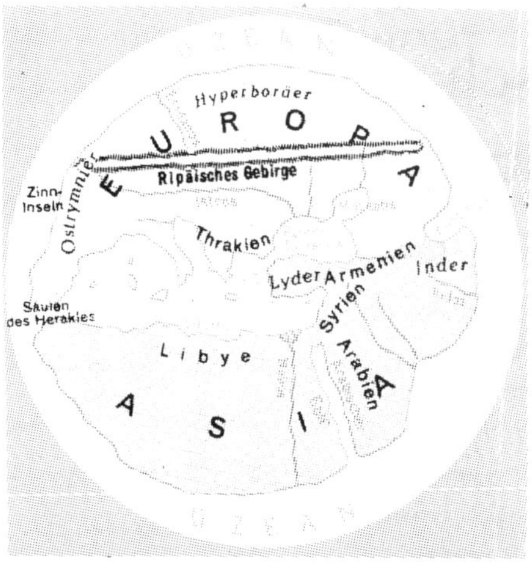

Antikes Weltzentrum:
Eine der ersten Weltkarten, die des Griechen *Hekataios* (Alter ca. 2.500 Jahre) zeigt die bekannten Teile der Kontinente Europa, Afrika und Asien in ihrem Bezug zur kleinasiatischen Heimat des Zeichner (nach *A. Peters,* 1975)

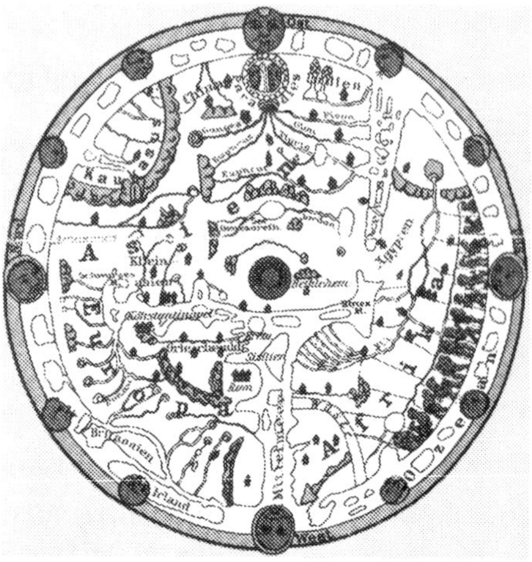

Jerusalem als Mittelpunkt der Welt
Die „Londoner Psalterkarte" aus dem 13. Jahrhundert zeigt das Weltverständnis der Kartographen des frühen Mittelalters, das von den Lehren der katholischen Kirche entscheidend beeinflußt wurde: Jerusalem und Bethlehem als Weltmittelpunkt, die Erde als Zentrum des Weltalls (nach *A. Peters,* 1975)

Weltbild der Yurok-Indianer (Nordwest-Kalifornien)

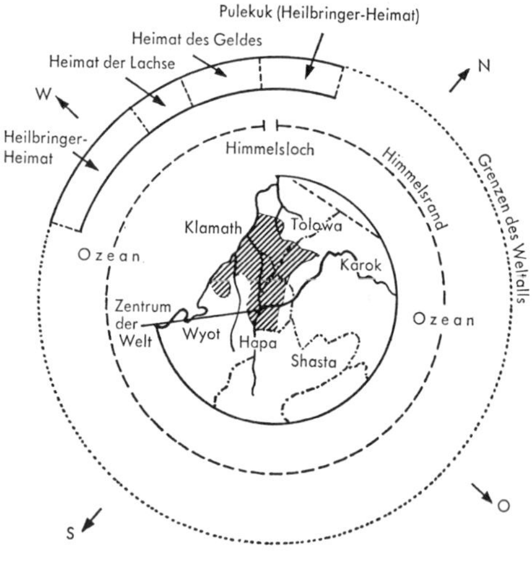

„Dies Schema gibt nach Erzählungen der Yurok-Indianer ihre Vorstellungen von der Welt wieder: Das schraffierte Gebiet ist ungefähr das Siedelgebiet der Yurok und der Nachbarstämme Tolowa, Karok, Shasta usw. Die gesamte bewohnte Menschenwelt stellt man sich ungefähr kreisförmig vor. Sie wird als Insel verstanden. . . Die Yurok sind zwar nur Anwohner des Pazifischen Ozeans in Kalifornien, aber sie haben die Vorstellung, die ganze Welt sei vom Meere umgeben . . . Das Kerngebiet der Yurok selbst ist der Mittelpunkt der Erde. Das kennt man genau, dann noch etwas von den Nachbarstämmen, Namen und Sitze, schließlich wird die Kenntnis undeutlich und das Weltbild wird durch mythische und sonstige Phantasieelemente komplettiert . . . Der Himmelsrand hat ein Loch, hinter dem ein weiterer Kreis liegt, aus dem alle Dinge kommen, zum Beispiel der Heilbringer, das Muschelgeld oder die Lachse. – Für die Gesamtorientierung dieses Bildes ist der Klamathfluß wichtig. Die Yurok denken in der Richtung des Klamathflusses. Deshalb habe ich ihr Weltbild so gezeichnet, daß für uns der psychologische Norden zwischen dem geographischen Norden und dem geographischen Westen liegt. Das Hauptmerkmal dieses Weltbildes ist seine Inselförmigkeit und die Geschlossenheit seines Rundhorizontes. Alle Kosmologie tendiert zur Geschlossenheit . . ."
(*W.E. Mühlmann,* 1966, 155 ff.)

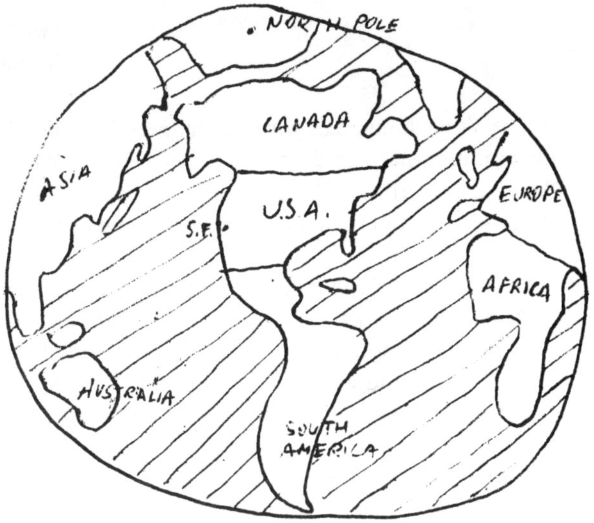

Weltansicht eines Kalifornischen Schülers
Freihändig gezeichneter Globus eines Schülers (16 Jahre) der High-School von Mill Valley bei San Francisco/Calif. Die USA liegen im Mittelpunkt des Kartenbilds, Asien, Afrika und Südamerika sind erheblich kleiner gezeichnet als der nordamerikanische Kontinent.
Europäische Schüler würden – wie europäische Kartografen – mit Sicherheit Europa in den Mittelpunkt des Globus rücken.

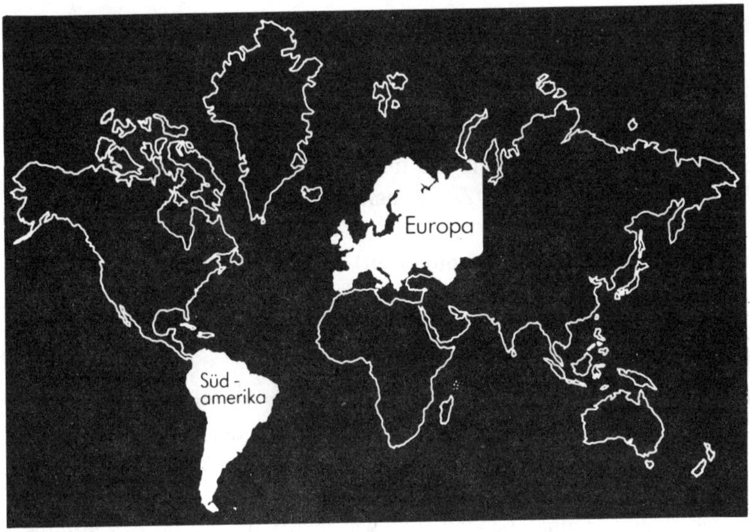

Die Erdkarte des Mercator: Europa „entdeckt" die Welt

Unter den verschiedenen Kartenbildern der Erde gehört die erste „wissenschaftlich" gewonnene Weltkarte des Gerhard Kremer aus Duisburg noch heute zu den bei uns beliebtesten. Diese als „Mercator-Projektion" bekannte Weltsicht von 1569 bot zwar neue Maßstäbe an Exaktheit, doch steht (zu Beginn der Kolonialzeit) Südeuropa noch fast im Weltmittelpunkt. Dieses, den „zivilisierten" Norden größenmäßig klar bevorzugende Weltbild ist bis heute Grundlage für eine Vielzahl von eurozentrischen Kartendarstellungen geblieben.
In der Mercator-Projektion werden die Proportionen so verzerrt, daß z. B. Europa (9,7 Mill. Quadratkilometer) größer als Südamerika (17,8 Mill. qkm) erscheint, Skandinavien (1,1 Mill. qkm) sogar noch größer als Indien (3,3 Mill. qkm)!

Das Vorurteil:
Weiße Flecken auf der Landkarte

Die Vorstellung, daß wir über Jahrhunderte durch systematische Entdeckung und Beobachtung nach und nach die „weißen Flecken" auf dem Globus getilgt und so das wissenschaftliche Weltbild entwickelt hätten, ist uns so vertraut, daß drei Aspekte aus unserer Aufmerksamkeit fast verdrängt worden sind:

1. So exakt ein Kartenbild oder ein Globus auch sein mögen, so wenig kann es ihre Aufgabe sein, die Realität zu ersetzen (dafür wäre eine „Karte" im Verhältnis 1:1 notwendig). Karten können nur versuchen, in der Vermittlung zwischen erfahrbarer und darstellbarer Umwelt möglichst genau zu sein und ihr Modell von der Realität möglichst gut auf die gestellte Orientierungsaufgabe hin auszurichten.

2. Kartografische Vermittlungsprobleme sind nicht nur technischer Natur; entscheidend sind vielmehr politische, kulturelle wie auch wirtschaftliche Maßstäbe der Verfasser oder Auftraggeber von Karten („Inwertsetzung von Räumen"), die einer Wertfreiheit oder „Objektivität" entgegenstehen.

3. Schließlich ist auch die Vorstellung von den „weißen Flecken" selbst schon eine Verzerrung der Realität, denn nur aus unserer Perspektive waren bestimmte Gebiete der Erde ja „unerforscht".

Über mehrere Jahrhunderte lang wurde unterschlagen, daß die von uns entdeckten „primitiven Eingeborenen" selber neben praktischen Kenntnissen ihrer Umwelt auch theoretische Vorstellungen über deren Zusammenhang mit einer größeren Welt und mit dem Weltall besaßen.

Daß diese primitiven Weltbilder (Kosmologien) für ihre Benutzer eine sinnvolle geografische und geistige Orientierung bedeuteten und ihre Überzeugungskraft teilweise bis heute bewahrten, ist selbst von Anthropologen lange Zeit aus weltanschaulicher Voreingenommenheit verdrängt worden:

> „Man hat sich schon mit der räumlichen Orientierung der Naturvölker beschäftigt und festgestellt, daß sie auf Verlangen des Forschers, der sie besucht, hervorragende Karten ihrer Heimat zeichnen, zum Beispiel Schneekarten bei Eskimos, Sandkarten bei Wüstenvölkern u. a. . . Die Forscher waren oft überrascht, wie genau die Menschen ihre Heimat kennen und wie relativ präzise sie Entfernungen wiedergeben können. Vergleiche mit unseren eigenen Karten beweisen, daß die Eingeborenen aufgrund ihrer rohen Empirie zu bemerkenswert exakten Resultaten gekommen sind" (*W. Mühlmann* in *Mühlmann/Müller,* 1966, 160)

Wer unter Ausklammerung der eigenen, interessengebundenen Weltsicht in die scheinbar unerforschten Randgebiete der Erde vordrang und bei den dortigen Bewohnern allenfalls das Bewußtsein von Halbaffen voraussetzte, konnte wohl ‚überrascht' sein über die Eigenleistungen dieser Kulturen. Diese Leistungen umfassen nicht nur vorzüglich für die praktische Orientierung geeignete Karten (z. T. in Form von anschaulichen Objekten), sondern auch eine besonders entwickelte Ausdrucks-

und Merkfähigkeit für Erscheinungen der räumlichen Umwelt, für die es keiner Schrift, Zeichnung oder Fotografie bedarf. In einer auf schriftliche oder bildlich-modellhafte Orientierung fixierten Kultur kann dies leicht übersehen werden:

> „Ein Polareskimo erkennt immer seinen Standort, auch wenn er nie zuvor dort gewesen ist. Alle Jäger tauschen akkurate Landschaftsbeschreibungen untereinander aus, so lernen sie die topografische Bestimmung auch der entlegensten Jagdgebiete“ (*I. Silis,* 1978, 46)

Ethnozentrismus und „Stammeswirren“

Die Weltbilder vorindustrieller Gesellschaften sind von den Maßstäben und Anschauungen der jeweiligen Kultur geprägt („Ethnozentrismus“), dem eigenen Volk und seinen Lebensbedürfnissen wird also Vorrang vor möglichen Interessen Anderer eingeräumt. Ähnlich sind viele, wenn nicht die meisten Karten in Europa und Amerika durch unsere nationalen oder globalen politischen und wirtschaftlichen Interessen gekennzeichnet.

Eine besondere Spezialität der (heutigen) Industrieländer sind allerdings Landkarten, deren Verwendung zur Zerstörung anderer Kulturen führte: Vor rund 100 Jahren teilten die imperialen Großmächte Europas und Asiens die Welt auf ihren Meßtischblättern zwar „exakt“, aber im Grunde höchst willkürlich unter sich auf, zogen Grenzlinien oft quer durch die vorhandenen großen und kleinen Gesellschaften.

Auch nach der Selbständigkeit der meisten Staaten der „Dritten Welt“ sind es nicht zuletzt diese künstlichen Grenzen, die immer wieder Anlaß für schwerwiegende politische und militärische Konflikte geben. Wenn heute z. B. in der West-Sahara, im Gebiet der Kurden zwischen Iran und Irak, in Südostasien, in Lateinamerika oder in Nordost-Afrika (Äthiopien, Sudan, Somalia) solche Grenzen infrage gestellt oder umkämpft werden, handelt es sich nicht etwa um Auseinandersetzungen, die wir als Beweis für politische „Unreife“ oder gar als „Stammeswirren“ abtun könnten. Abgesehen davon, daß die Großmächte auch heute noch solche Konflikte durch Waffenlieferungen und die Behauptung von politisch-wirtschaftlichen „Einflußzonen“ anheizen, waren schließlich sie es, die mit ihrer eigennützigen Kartografie ursprünglich den Grundstein für die Streitigkeiten legten.

Der Unterschied zu den Orientierungssystemen vorindustrieller Gesellschaften ist offensichtlich: Ihre ethnozentrische Weltsicht begnügte sich damit, die Bedeutungen und den praktischen Nutzen von Gegebenheiten innerhalb der eigenen bzw. selbst erfahrbaren Umwelt zu erschließen.

Alltags-Kartografie

Erschließungsinteressen in einem bestimmten geografischen Raum hatten also nicht nur die „Entdecker“ und Kolonisatoren als Vorhut z. T. noch heute präsenter politischer und wirtschaftlicher Mächte, sondern viel existentieller auch die Bewohner der jeweils heimgesuchten Landstriche. Unter diesem Gesichtspunkt ist es dann gar nicht mehr erstaunlich, wenn Völkerkundler aus aller Welt berichten:

„Bewundernswert war die ausgezeichnete Kenntnis der Völker des Nordens von der topographischen Beschaffenheit ihrer Heimat und den daselbst in Erscheinung tretenden Naturphänomena. Sie kannten bis in die kleinsten Details die Beschaffenheit des Bodens, den Verlauf der Ströme, die Flora eines jeden Winkels, die klimatischen und meteorologischen Verhältnisse sowie alle Erscheinungen, die mit dem Wechsel der Jahreszeiten zusammenhingen. Die Erforscher des Nordens nahmen stets die einheimische Bevölkerung in Anspruch, um zu den notwendigen geographischen Kenntnissen über die Gebiete, die sie durchreisten, zu gelangen. Der bekannte Erforscher der Tungaflüsse, A. L. Tschekanowski, berichtete in seinen Tagebuchaufzeichnungen von 1873 bis 1875 über die wertvolle Hilfe, die ihm damals die Ewenken für die Kartographie der seinerzeit völlig unbekannten Gegend leisteten. In unmittelbarem Zusammenhang mit dem hervorragenden Orientierungssinn und der sehr eingehenden Heimatskenntnis dieser Völkergruppen läßt sich die Tatsache erklären, daß diese Einheimischen die genaue Topographie von Ortschaften auf einfachen schematischen Zeichnungen wiederzugeben vermochten." (Der russische Ethnologe *Z. Rudy* 1962, 183)

Die Auswahl- und Orientierungsinteressen im Alltag bestimmen bei uns und anderswo die normalen Gebrauchskarten weit stärker als der ohnehin stets nur relative Anspruch auf kartografische Objektivität. Ob es sich nun um Wasserstellen und günstige Pilzplätze handelt oder um Bodenschätze, günstige Verkehrswege und beliebte Freizeiteinrichtungen. Entscheidend ist hier nicht so sehr die „bildliche" Übereinstimmung, sondern die bestmögliche Erfüllung der gestellten Orientierungsaufgabe. Unsere Karten sind also kaum weniger „primitiv" oder redundant (= auf ihren wesentlichen Erkenntniszweck reduziert) als es etwa Beispiele aus Sibirien, Grönland und der Südsee sein können – unter Hintanstellung einer maßstabsgetreuen Abbildung aller Einzelheiten. Gleichzeitig existieren sowohl bei uns wie in einfachen Gesellschaften auch sehr exakte Orientierungssysteme – bis hin zu Positionsberechnungen nach dem Stand von Sonne und Gestirnen, die nur von „Experten" vorgenommen werden können.

Weltbild als Weltanschauung

Das Zurechtfinden in einem für den einzelnen Menschen oder für größere Gruppen wichtigen Umfeld geschieht in keiner Gesellschaft ausschließlich oder vorrangig über kartografische Aufzeichnungen (deren Funktionen ja im wesentlichen darin besteht, das Einordnen oder Wiedererkennen der individuell erfahrbaren Umwelt bzw. spezieller Interessen an ihr zu erleichtern).

Auch die früheren Weltkarten des Abendlandes bemühten sich nicht (nur) um ein realistisches Bild von der Welt, sondern zugleich um eine sinnvolle Verknüpfung der räumlichen mit den kulturellen Lebensgrundlagen, stellen also ein Stück Weltan-

Drei Beispiele für „Gebrauchskartografie“

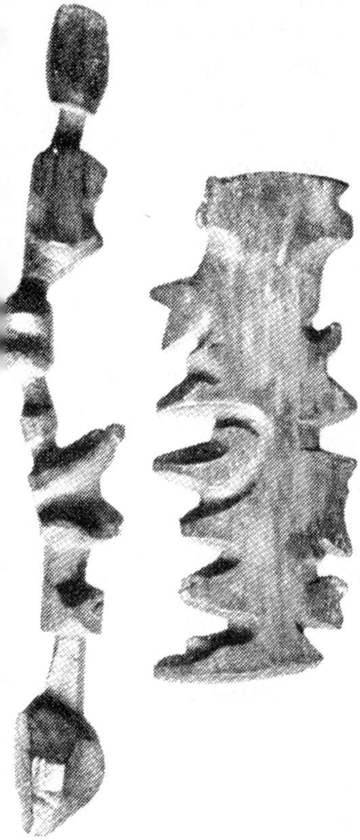

Ostgrönland/Landkarte aus Holz. Sie zeigt die grönländische Westküste mit vorgelagerten Inseln. Mit der tiefen Furche wird die Stelle gekennzeichnet, an der die Fellboote über Land gezogen werden können.
Für das geografische Wissen der Eskimo ist auch eine von einem Aivilikmann gezeichnete Bleistifskizze charakteristisch, welche die Küste vom Churchillfluß bis zum Lancastersund umfaßt, eine Strecke von gegen 1500 km in der Luftlinie.
(beide Beispiele aus *K. Birket-Smith* 1948, Abb. 170 u. 303, Text 450 f.)

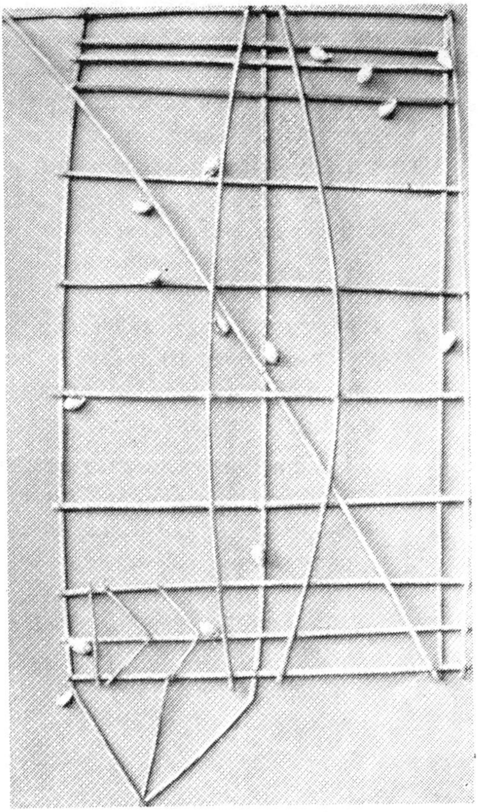

Polynesien/Seekarte aus Holzstöcken und Schneckenhäusern, die einen Teil der weiträumigen Inselgruppe des Marshall-Archipels darstellen.
Dank ihren Seefahrten erstreckte sich das geographische Weltbild der Polynesier über ungeheure Entfernungen; so war ein Mann imstande, über die Lage der wichtigsten Inseln zwischen 140° und 180° w.L. Rechenschaft zu geben: dazu gehören die Marquesas-, Tubuai-, Fidschi-, Tonga- und Rotumagruppe.

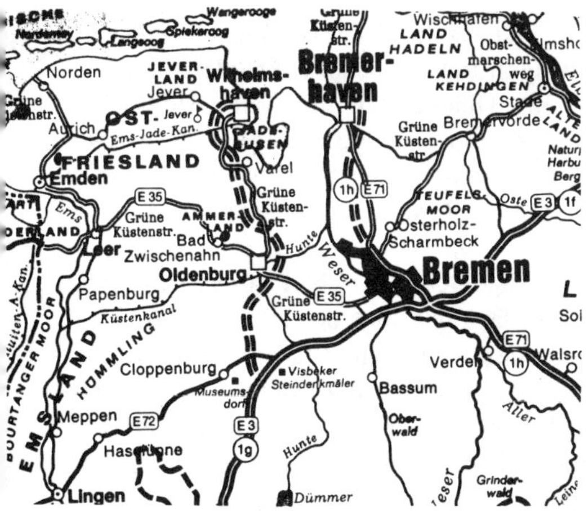

ADAC-Verkehrskarte: Die Autobahnen werden so stark verdeutlicht, daß sie bei einer Übertragung in die Realität ca. 3 km breit sein müßten.

schauung dar, um die wir uns heute durch Schaffung eines neuen Umweltbewußtseins und entsprechende globale Neuorientierung wieder bemühen.

In dieser Hinsicht waren uns zum Beispiel viele der sogenannten einfachen Gesellschaften weit voraus, indem sie ein komplexeres Weltbild (Kosmologie) durch Aufzeichnungen, in der Haus-, Dorf- oder später Stadt- und Tempelarchitektur oder in rituellen Handlungen als Einheit aufstellten und sich für die Aufrechterhaltung dieser Einheit auch verantwortlich erklärten. Diese Weltbilder waren zugleich Mittel, der stets vorhandenen Tendenz zur Spezialisierung von Interessen entgegenzuwirken: auch der Jäger oder Feldherr wurde damit auf die Grundwerte einer von dieser Umwelt abhängigen Kultur verpflichtet, an der er nur begrenzte Nutzungsrechte hatte.

Die überkulturell orientierten Weltkarten der modernen Geografie vermögen nicht ohne weiteres die „einfachen", handlungsbezogenen und damit notwendig einschränkenden und auswählenden Orientierungssysteme zu ersetzen – ob es sich nun um kartografische Hilfsmittel für unseren täglichen Gebrauch oder um grundsätzliche (philosophische) Standortfindungen in der Welt handelt, die durchaus utopischen und damit ebenfalls handlungsweisenden Charakter haben können:

> „Einer der wichtigsten Züge einfacher Weltbilder ist die Koinzidenz von Weltzentrum und Wir-Gruppe, das, was man in der Ethnologie den *Ethnozentrismus* zu nennen pflegt: Das Weltzentrum fällt zusammen mit der Wir-Gruppe. Die Struktur anderer, etwa phantasierter Weltbilder, wie die der klassischen Utopie, ist ebenfalls durch die Kreisform als das Sinnbild der Vollkommenheit gekennzeichnet, durch den Rundhorizont. Platons *Staat* ist eine kreisförmige Insel und auch viele andere Utopien werden als geschlossene, inselhafte Gebilde verstanden." (W. E. *Mühlmann,* 1966, 157)

Von weitem scheinen alle Berge blau

„Von weitem scheinen alle Berge blau" – erst aus der Nähe sieht man differenzierter – das ist eine Alltagserfahrung. Auf weltpolitischer Ebene wirkt solche optische Täuschung schon weniger amüsant. Eine um Objektivität und wissenschaftlichen Fortschritt bemühte Kartografie, deren neuestes Ergebnis die abgebildete *Peters*-Karte ist, sucht der inzwischen bekannten europäischen Kurzsichtigkeit durch eine andere Weltbrille abzuhelfen, was zu verblüffenden Resultaten führen kann.

Vor einigen Jahren unternahm der Kartograf *Arno Peters* den Versuch, mit einer eigenen, flächentreuen Kartenprojektion das Mercator-Weltbild zurechtzurücken. Bei dieser Karte werden nun Europa und Nordamerika auch dort plaziert, wo sie bei einer Übertragung des Globus auf ein flaches Kartenbild liegen müssen, zudem stimmen wenigstens die Größenverhältnisse, was zwangsläufig zu einer „Aufwertung" der Staaten der 3. Welt führen muß. Von besonderem Interesse kann eine derartige Darstellung z. B. für Übersichtskarten zur Bevölkerungsverteilung sein: Europa müßte dabei als hoffnungslos übervölkert erscheinen!

Ein so korrigiertes Erdbild ist sicher ein Beitrag zur Relativierung tradierter Vorstellungen: Neu-Guinea als zweitgrößte Insel der Welt (so groß wie Frankreich und die Bundesrepublik zusammengenommen) erhält künftig in den Augen eines objektiveren Weltbeschauers die Chance, nicht mehr nur als Hinterwaldsecke „am Ende der Welt“ betrachtet zu werden. Und das schreckliche „Sprachgewirr“ Indiens, das nach Auffassung gewisser Schulbücher einer Nationwerdung so sehr im Wege steht, dürfte sich bei Kenntnis der Größenverhältnisse als durchaus vergleichbar mit europäischer Sprachen- und Dialektvielfalt erweisen. Bei uns stört das offenbar – trotz der Behinderung der europäischen Einigung – weniger: Kein europäisches Land würde auf seine Sprache als Ausweis kultureller Eigenständigkeit verzichten wollen und selbst sprachlichen Minderheiten garantieren wir – wenigstens auf dem Papier – eine entsprechende Autonomie.

Der Fortschritt wissenschaftlich komplettierter Weltbilder gegenüber den „primitiven“ Kosmologien ist aber in gewissem Sinne doch nur ein relativer. Ungelöst bleibt schließlich das Problem, diesen neu gewonnenen Weltmaßstäben auch ein Wertsystem zuzuordnen, das uns alle auf die Erhaltung dieser einen Welt verpflichtet. Auch wenn sich in wachsendem Maße ein geschärftes (Um)Weltbewußtsein entwickelt, auch wenn internationale Kongresse stattfinden, in denen ökologische Grundsätze und Überlebensstrategien erörtert werden – von einem Weltbild, in dem kurzfristige und langfristige, wirtschaftliche und kulturelle Nutzungsinteressen ins Gleichgewicht gebracht werden, sind wir noch weit entfernt.

Eine „objektivere“ Kartografie kann uns glauben machen, wir würden entscheidende neue Beiträge für mehr Toleranz im Weltmaßstab leisten. Doch so neu sind diese Maßstäbe nicht: Die notwendige Überwindung allzu enger Kulturgebundenheit von Weltbildern kann auch in einer nicht so „fortschrittlichen“ Kosmologie bereits angelegt sein:

> „Da sah ich, daß der heilige Ring meines Volkes einer von vielen Ringen war, die einen Kreis bildeten, weit wie Tageslicht und wie Sternenlicht ... Denn überall ist die Mitte der Welt“ (Schwarzer Hirsch, 1962, 37 u. 182)

Die Worte dieses Indianers machen deutlich, woran nicht nur unsere Geografen, sondern auch die stärker mit Weltanschauungsfragen befaßten Politiker, Entwicklungsplaner und Philosophen gemessen werden müssen: Gelingt es ihnen, ihr historisch-kulturelles Orientierungssystem zu erhalten oder überhaupt erst wieder zu beleben, ohne dabei in engstirnigen Nationalismus zu verfallen? Gelingt es ihnen, sich „nur“ als Gleichberechtigte in einer weltweiten Konkurrenz um geistige und materielle Entwicklung zu begreifen und sich dabei trotz des geltenden Macht- und Interessengefälles auf gemeinsame Grundwerte zu einigen, die das kulturelle Erbe der Nationen und die Erhaltung einer menschenwürdigen Umwelt zum Anspruch für jedermann werden lassen?

Weltbild (Kosmologie) der Sioux-Indianer

„Ihr habt bemerkt, daß ein Indianer in allem, was er unternimmt, die Kreisform berücksichtigt, weil die Kraft der Welt sich stets in Kreisen auswirkt, und jedes Ding danach strebt, rund zu sein. In den alten Tagen, als wir ein starkes und glückliches Volk waren, strömte uns alle Kraft aus dem heiligen Ring des Volkes zu. Solange der Ring nicht zerbrochen war, gedieh das Volk. Der blühende Baum war die lebendige Mitte des Ringes, und der Kreis der vier Weltteile nährte ihn. Der Osten spendete Frieden und Licht, der Süden die Wärme, der Westen Regen, und der Norden mit seiner Kälte und dem mächtigen Wind begabte mit Kraft und Ausdauer. Dieses Wissen samt unserer Religion kam zu uns aus der andern Welt. Alles, was die Kraft der Welt tut, vollzieht sich in einem Kreis. Der Himmel ist rund, und ich habe gehört, daß die Erde wie eine Kugel rund ist, und so sind alle Sterne. Der Wind, wenn er seine höchste Macht entfaltet, bildet Wirbel. Die Vögel bauen sich runde Nester, denn ihre Religion ist die gleiche wie die unsrige. Die Sonne kommt hervor und geht wieder in einem Kreise nieder. Der Mond tut dasselbe, und beide sind rund. Selbst die Jahreszeiten bilden ihren wechselnden Gang in einem großen Kreis und kehren immer dorthin zurück, von wo sie gekommen sind. Eines Menschen Leben ist ein Kreis von Kindheit zu Kindheit, und so verhält es sich mit allem, darin Kraft sich regt. Unsere Tipis waren rund wie die Vogelnester, und diese wurden stets in einem Kreise angelegt, die dem Ring des Volkes, einem Nest von vielen Nestern, wo der Große Geist wollte, daß wir unsere Kinder hegen.

Aber die Uaschitschun (die Weißen) haben uns in diese viereckigen Kisten (Häuser) gebannt. Unsere Kraft ist vergangen, und wir liegen im Sterben, denn die Kraft wohnt nicht mehr in uns. In einem Viereck kann keine Kraft wirksam sein.“
(Schwarzer Hirsch, 1962, 132)

Das Weltbild der Ogallala-Sioux (Indianer Nordamerikas) geht vom Weltkreis als der harmonischen kosmischen Grundordnung allen Seins aus. Dieses Weltbild umfaßt neben der geographischen Vierteilung in analoger Zuordnung auch die zeitlichen, ökologischen, kulturellen und biographischen Erfahrungseinheiten und Lebensgrundlagen. Kleinste räumliche Einheit und Zentrum bzw. Spiegel dieses Weltbilds sind das kreisrunde Zelt (tipi) und das Dorf. Das Weltbild wird im Ritus als Einheit dargestellt.

Rekonstruktion:
1= Erdzyklus (Himmelsricht.)
2= Tierzyklus
3= Farbzyklus
4= Jahreszyklus
5= Tageszyklus
6= Klimazyklus
7= Kulturfähigkeiten
8= Kulturgüter
9= biographischer Lebenszyklus

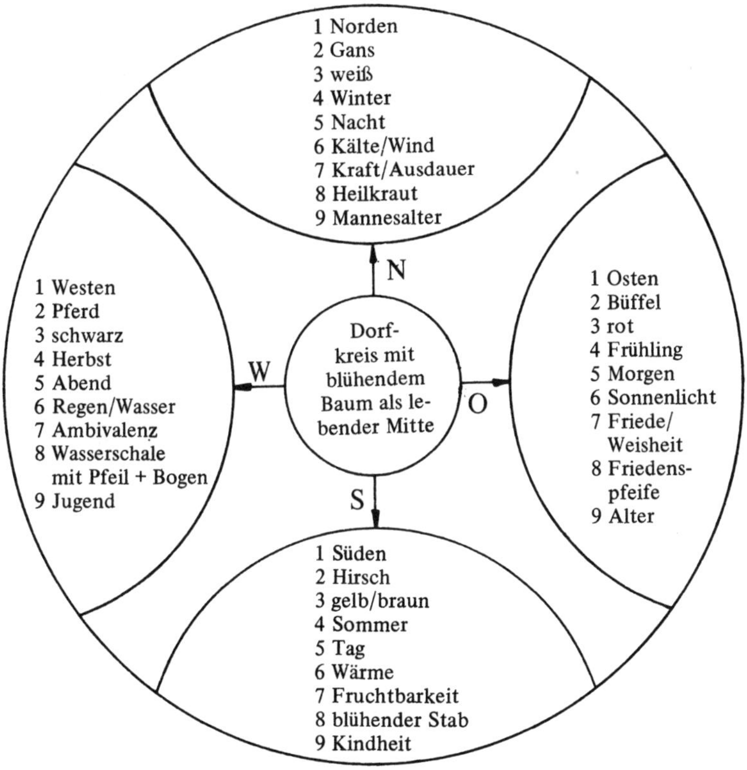

Kulturerbe und Geschichtslosigkeit

Afrikas Hochkulturen . . .
weiße Flecken in Geschichtsbüchern
Das Vorurteil:
Das Märchen von den geschichtslosen Gesellschaften
Formen des realen Geschichtsverlusts
Geschriebene und gelebte Geschichte
Objektivität und Interesse
Die kostümierte Gegenwart
National- oder Universalgeschichte?
Abschied vom aufgezwungenen Vorbild

12

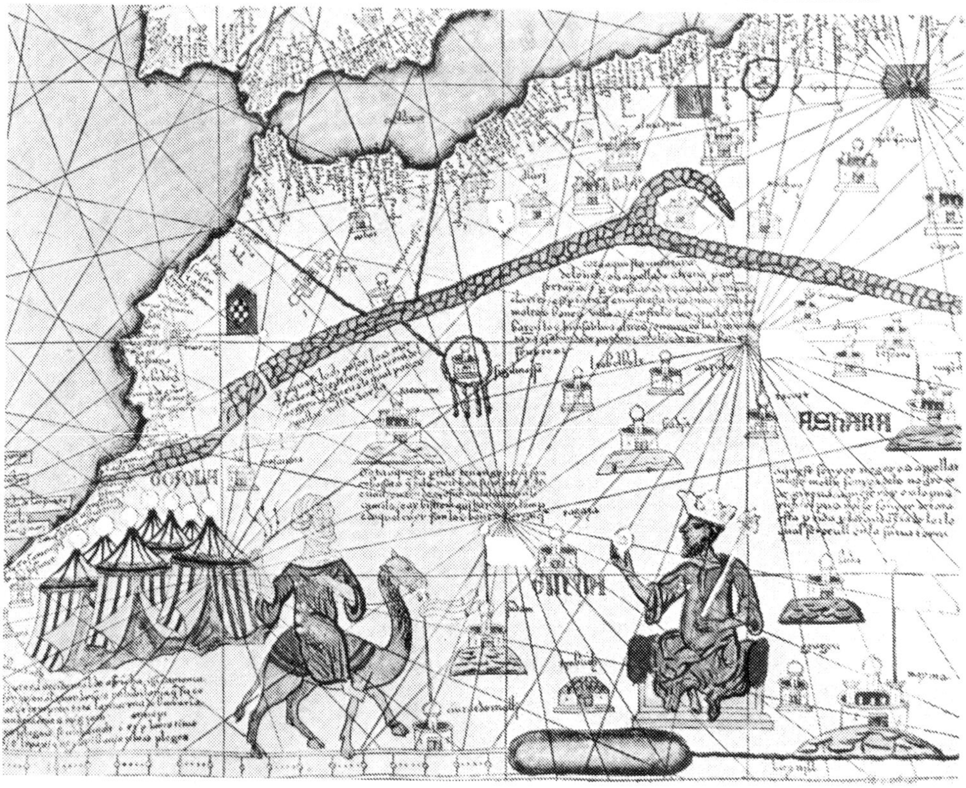

Guinea und Kongo

„. . . Als die ersten europäischen Seefahrer des späteren Mittelalters. . .in die Bai von *Guinea* kamen und bei Weida das Land betraten, waren die Kapitäne sehr erstaunt. Sorgfältig angelegte Straßen, auf viele Meilen ohne Unterbrechung eingefaßt von angepflanzten Bäumen; Tagereisen weit nichts als mit prächtigen Feldern bedecktes Land, Menschen in prunkenden Gewändern aus selbstgewebten Stoffen! Weiter im Süden dann, im Königreiche *Kongo,* eine Überfülle von Menschen, die in ‚Seide und Samt' gekleidet waren, eine bis ins kleinste durchgeführte Ordnung großer, wohlgegliederter Staaten, machtvolle Herrscher, üppige Industrien – Kultur bis in die Knochen! Als ebendies erwies sich der Zustand in den Ländern auf der Ostseite, zum Beispiel an der Mozambiqueküste.

Aus den Berichten der Seefahrer vom 15. bis zum 17. Jahrhundert geht ohne jeden Zweifel hervor, daß das vom Saharawüstengürtel gen Süden sich erstreckende Negerafrika damals noch in der vollen Schönheit harmonisch wohlgebildeter Kulturen blühte. Eine ‚Blüte', die europäische Konquistadoren, soweit sie vorzudringen vermochten, zerstörten. Denn das neue Land Amerika brauchte Sklaven; Afrika bot Sklaven. Sklaven zu Hunderten, Tausenden, schiffsladungsweise! Der Menschenhandel war jedoch niemals ein leicht zu verantwortendes Geschäft. Er erforderte eine Rechtfertigung. So wurde der Neger zu einem Halbtier ‚gemacht', zu einer Ware . . ."
(L. Frobenius, 1933, 12 f.)

„Alle Reisenden, die zur Zeit der großen portugiesischen Entdeckung im 16. und 17. Jahrhundert oder während der Erforschung Innerafrikas im vergangenen Jahrhundert das Glück hatten, an den Hof eines Königs zu kommen, waren angesichts dieser Begegnung ohne Ausnahme überwältigt.

. . . Eine besonders fesselnde Beschreibung hat *Schweinfurt* hinterlassen, dessen Bericht über seine Ankunft und seinen Aufenthalt in der Residenz des kriegerischen Königs Munsa der Niamniam im nördlichen *Kongo* wie ein Märchen anmutet. Die über 40 Meter lange und 15 Meter hohe, elegant geschwungene Königshalle, die mit den kupfernen Waffen und Kostbarkeiten der königlichen Schatzkammer geziert war, der Hofstaat, die Musikkapellen, die Zeremonienmeister, Pagen, Sänger, Hofnarren, Zwerge und Tänzer, endlich der stolze König in phantastischem Schmuck auf dem Thronbett, von den hundert Frauen seines Harems umgeben, Klang von Kupferglocken, Schall von Elfenbeintrompeten und das dumpfe Dröhnen der großen Königspauken, ein fein gestuftes Zeremoniell . . ."

(*E. Haberland*, 1960, 78 f)

Benin . . .

Die Häuser an diesen Straßen, fuhr *Ruyters* fort, „reihten sich wohlgeordnet aneinander wie die Häuser in Holland. Die vornehmeren hatten zwei oder drei Eingangsstufen als Aufgang und eine Art gedeckte Säulenhalle entlang der Front". Der König lebte in einem weitläufigen Gebäudekomplex. „Der königliche Hof ist sehr groß und birgt viele weite Plätze mit Säulengängen rundherum, die mit Wachen besetzt sind. Bei einem Gang im Innern passierte ich vier solcher Plätze, und wohin ich mich auch wandte, sah ich ein Tor nach dem andern, das sich auf immer neue Höfe öffnete."

60 Jahre später veröffentlichte ein anderer Holländer, Olfert *Dapper,* sein Buch ‚Umbständliche und Eigentliche Beschreibung Afrikas Anno 1668', wobei er u. a. die Berichte eines gewissen Samuel *Blomert* benutzte. Diese bestätigen und erweitern Ruyters Beobachtungen. Der königliche Palast, schrieb Dapper, war ein Komplex von Gebäuden, der „so viel Raum in Anspruch nimmt wie die Stadt Haarlem und der von Mauern umgeben ist. Es gibt dort zahlreiche Wohnungen für die königlichen Beamten und prächtige Säulengänge, die meisten von ihnen ebenso stattlich wie die der Amsterdamer Börse. Sie werden von hölzernen, bronzeverkleideten Säulen gestützt, auf denen die Siege Benins dargestellt sind und die sorgfältig gepflegt werden." Diese Bronzeverkleidungen, die man später nach Europa schaffte, wurden von den „Hofarchivaren" als Gedächtnisstützen benutzt, die ihnen bei der Rekonstruktion der Geschichte Benins dienten. Heute stellen diese Bronzen eine malerische Erinnerung an die Geschehnisse in Benin während des 16. und 17. Jahrhunderts dar.

„Diese Neger", schrieb Dapper über die Einwohner Benins, ". . . sind Leute mit guten Gesetzen und einer wohlorganisierten Polizei. Sie leben in guten Beziehungen mit den Holländern und anderen Ausländern, mit denen sie Handel treiben."

(*B. Davidson,* 1961, 84 f)

Das Vorurteil:
Das Märchen von den
geschichtslosen Gesellschaften

Wir haben uns recht gut an die Vorstellung gewöhnt, es gebe außerhalb unserer wenig präzise als abendländisch verbrämten Geschichte bestenfalls noch Reste einiger alter Hochkulturen wie China oder Ägypten, die übrige Welt dagegen könne kaum auf eine nennenswerte eigene Geschichte oder kulturelle Vergangenheit zurückblicken und sei im übrigen ja auch von uns erst ‚entdeckt' worden. So kann sich DIE WELT vom 20.3.1975 damit brüsten:

„Noch für *Hegel* war Schwarzafrika „das Kinderland, das jenseits des Tages der selbstbewußten Geschichte in die schwarze Farbe der Nacht gehüllt ist". Es gibt keinen schwarzen Konfuzius, Kant oder Einstein. Es gibt keine schwarzen Pharaonen oder Inkas. In seiner jahrtausendealten Geschichte hat Schwarzafrika keine Leistungen vollbracht, die den verfallenen oder noch blühenden Kulturen Asiens, Europas oder Amerikas vergleichbar wären.

Demgegenüber haben sich die Weißen in der Beherrschung von Macht und Materie im letzten Jahrtausend ausgezeichnet. Andere mögen toleranter, friedfertiger oder biologisch stärker sein – niemand außer den Weißen hat von dem kleinsten Kontinent der Welt aufbrechend zwei andere dazu erobert (Australien und Amerika) und zwei teilkolonialisiert (Afrika und Asien). Die Weißen haben sich eine politische und wirtschaftliche, militärische und wissenschaftliche Vormachtstellung erobert; sie sind unterwegs zu anderen Sternen und kassierten bisher vier Fünftel des Reichtums der Erde."

Während der öffentlichen Meinung wider besseres Wissen auch heute noch das Volksmärchen vom geschichtslosen Kinderland Afrika erzählt wird, in dem seit jeher nur „die Primitiven" hausten und in dem es keine Hochkulturen gegeben haben soll, stapeln sich seit dem 15. Jh. zuverlässige Berichte und Museums-Prunkstücke von der kulturellen Blüte afrikanischer Gesellschaften in westlichen Archiven. Das geschichtliche Erbe Afrikas erstreckt sich über alle Bereiche des Kontinents und gehört dort zum nationalen Selbstverständnis aller modernen Staaten. Das alles ändert aber vorläufig wenig an der landläufigen Regel, andere, entferntere Gesellschaften im „Nord-Süd-Gefälle" unseres Globus als geschichts- und kulturlos zu bezeichnen, ja ihnen das Recht auf eine eigene (nicht von uns exportierte) Geschichte abzusprechen. Diese Übung des Denkens findet auch in moderner Schulbuchweisheit ihren Niederschlag:

„Europäische Kultur befruchtet die Welt

Die große Kulturleistung Europas hat nicht nur das Leben auf dem eigenen Kontinent bereichert; ihre *Ausstrahlungskraft* war so gewaltig, daß sie bald auch in fernen Erdteilen Eingang fand. Dieser Prozeß wurde seit dem Zeitalter der Entdeckungen noch begünstigt durch die segensreiche Tätigkeit der christlichen Missionen, durch die Pionierarbeit der Kolonialmächte und nicht zuletzt durch den stürmischen Aufschwung der Technik. Nordamerika und Australien, deren Einwohner in der Hauptsache von Europäern abstammen, tragen heute im wesentlichen europäische Züge und müssen deshalb zum europäischen Kulturkreis gezählt werden. Auch in den übrigen Ländern der Erde gilt die europäische Kultur als *Vorbild.* Für die Lebensweise (Kleidung, Wohnung, Freizeitgestaltung, Sport usw.), für Wirtschaft und Verkehr (Landwirtschaft, Industrie, Handel, Geldwesen, Verkehrsmittel usw.) und für die Organisation des Gemeinwesens (Parlamentarismus, Gewerkschaften, Sozialversicherungen, Kommunalverwaltung) ist Europa immer noch richtungsweisend." (*Wengert/Behringer/Scherm,* 1972/73, 282)

Nicht zu leugnen ist es, daß sich Kulturen – auf wessen Kosten und zu wessen Nutzen auch immer – gegenseitig ‚befruchten". Auch ist ein bestimmtes „natürliches" *Abgrenzungsinteresse,* die Selbstbehauptung durch Unterscheidung von Anderen jeder menschlichen Gruppierung eigen: Familienfehden, rivalisierende Nachbardörfer oder Auseinandersetzungen von sozialen und Berufsgruppen belegen dies überall auf der Welt.

Es ist auch historisches Allgemeingut, daß die in Großgesellschaften miteinander konkurrierenden Einflußgruppen dann, wenn sie an die Macht kamen, die Geschichte, das Selbstbewußtsein und die Überzeugung ihrer Vorgänger nur selten tolerierten, sie mindestens umdeuten, wenn nicht gar zu zerstören suchten. Dies ist in vielen Fällen auch bei *Eroberungen* anderer Kulturkreise, bei *Völkerwanderungen* und bei imperialen *Reichsgründungen* geschehen oder zumindest versucht worden: Tempel- und Bilderstürmerei, die Verbrennung schriftlicher Überlieferungen, das Verbot der eigenen Muttersprache und der ‚heiligen' Gruppensymbole, die Abschaffung autonomer rechtlicher und religiöser Institutionen waren die bekannte Folge. Daß sich dennoch Begriffe und Interessen der herrschenden Machtgruppen nur bedingt durchsetzen, die Anpassung oberflächlich bleibt und Basisinteressen sich zum Beispiel unter dem Deckmantel „uralter heidnischer" Sitten und Gebräuche weiterzuentwickeln wissen, steht auf einem anderen Blatt.

Eine spezifisch europäische Variante der Mißachtung fremder Geschichte und Kultur liefert seit dem 19. Jh. der wissenschaftliche Versuch, eine objektive „Universalgeschichte" zu schreiben. Daß für die Geschichte des Abendlandes im Schnitt 10-12 Bände nicht ausreichen, die außereuropäische Geschichte mit 2-3 beschieden wird (und dann auf die „Hochkulturen" beschränkt bleibt), ist nur das gängige formale Muster. An der „objektiven" Rechtfertigung europäischer Überlegenheit beteiligten sich schließlich auch anerkannte Gelehrte, indem sie anderen Gesellschaften angebliche Geschichtslosigkeit zuschrieben oder höchstens Relikt- und Trödelbewußtsein zuerkannten:

> „Auf diesen Vorteil (der geschichtlichen Erkenntnis) verzichten zunächst nur Barbaren, welche ihre Kulturhülle als eine gegebene nie durchbrechen. Ihre Barbarei ist ihre Geschichtslosigkeit und vice versa. Sie haben etwa Stammessagen und ein Bewußtsein des Kontrastes mit ihren Feinden, also historisch-ethnographische Anfänge. Allein das Tun bleibt rassenhaft unfrei; schon von der Gebundenheit der Sitte usw. durch Symbole kann erst das Wissen von einer Vergangenheit frei machen . . . Und sodann verzichten auf das Geschichtliche noch Amerikaner, d. h. ungeschichtliche Bildungsmenschen, welche es dann doch von der alten Welt her nicht ganz los werden. Es hängt ihnen alsdann unfrei, als Trödel an." (*J. Burckhardt,* 1955, 9)

Die Programmierung der Zukunft anderer unter Verweis auf den Erfolg „unserer" Geschichte kann in der europäisch orientierten Weltmacht-, Weltentwicklungs- und Weltordnungspolitik nur bedeuten, daß die Geschichte außereuropäischer Gesellschaften, sofern sie nicht in Museen sichergestellt ist – vor allem als „Störfaktor" im weltwirtschaftlichen Wachstumsprozeß erscheint. Unter solchem Missionsdrang schmückt sich das vom Schweizer Historiker Burckhardt eben noch geschmähte Amerika nun seinerseits mit geschichtlicher Überlegenheit:

> „Unsere Verpflichtung (in Vietnam) ist so stark, daß wir nur noch um den Preis einer Entehrung unserer nationalen Sache und unseres nationalen Ansehens zurückweichen können ... Erinnern wir uns an die Macht unserer Nation. Wir haben große Reserven an moralischer und geistiger Stärke ... Als Verantwortliche für ein großes geschichtliches Erbe, den herrlichen Geist der Freiheit ... sehen wir allen zukünftigen Entwicklungen entgegen ..." (US-Senator *J. Stennis,* 1966, in einer Rede für die Ausweitung des Vietnamkrieges).

Gegen die Überheblichkeit, die aus derartigen Vorstellungen mit ihrem Interesse an einer „Erschließung" und Zentralisierung der Welt spricht, erhebt sich in der Dritten Welt zunehmend Widerstand. Gegen die Unterschlagung oder Abwertung der eigenen Geschichte und für ihre Nutzung im Prozeß einer selbstbestimmten Entwicklung argumentierte z. B. der (1977 in einem südafrikanischen Gefängnis umgekommene) Bürgerrechtskämpfer *S. Biko* 1973 wie folgt:

> „Ein schwarzer Autor hat richtig gesagt, der Kolonialismus gebe sich nie damit zufrieden, den Eingeborenen im Griff zu haben; er müsse sich im Zuge einer seltsamen Logik auch seiner Vergangenheit zuwenden und sie verunstalten und verzerren.
>
> Daran liegt es, daß die Geschichte der Schwarzen in diesem Land eine außerordentlich enttäuschende Lektüre ist. Sie wird lediglich als eine lange Abfolge von Niederlagen dargestellt.
>
> Die Xhosas waren Diebe, die um gestohlenen Gutes willen in den Krieg zogen. Die Buren provozierten die Xhosas nie, sondern zogen nur auf „Strafexpeditionen", um die Diebe zur Räson zu bringen. Helden, die letztlich Revolutionäre waren, werden als abergläubische Unruhestifter hingestellt, die den Leuten vorgelogen hätten, Kugeln würden sich in Wasser verwandeln. Große Nationengründer sind grausame Tyrannen, die häufig kleinere Stämme aus keinem anderen Grund als um irgendwelcher sadistischer Ziele willen angriffen.
>
> Es gibt eine Tendenz, unsere Kultur für statisch zu halten, 1652* sei sie angehalten worden und habe sich seitdem niemals weiterentwickelt. Die Theorie des „Zurück in den Busch" vermittelt den Eindruck, als hätten wir außer unserer Lendenkraft, Sex und Trinken nichts, dessen wir uns rühmen könnten.
>
> Wir akzeptieren, daß Kolonisation, wie sie einsetzt, die einheimische Kultur verschlingt und eine Bastardkultur hinterläßt, die in eben dem Tempo vordringt, das ihr von der beherrschenden Kultur zugestanden wird.
>
> Aber wir haben uns auch klarzumachen, daß die grundlegenden Anschauungen unserer Kultur dem Prozeß der Bastardisierung weitgehend zu widerstehen vermochten, und daß wir sogar in diesem Augenblick beweisen können, daß wir einen

Menschen um seiner selbst willen zu würdigen wissen. Wir müssen, wie wir es schon die ganze Zeit getan haben, die individualistische, kalte Lebensauffassung ablehnen, die den Eckstein der anglo-burischen Kultur ausmacht.

Wir müssen versuchen, dem Schwarzen das große Gewicht wieder deutlich zu machen, das wir menschlichen Beziehungen beizumessen pflegten, die hohe Rücksichtnahme auf Menschen, auf ihr Eigentum und auf das Leben an sich, und gleichzeitig müssen wir versuchen, den Triumph der Technik über den Menschen und das materialistische Element, das in unsere Gesellschaft eindringt, zu reduzieren."
(* = Jahr der ersten Kolonialisierung Südafrikas)

Formen des realen Geschichtsverlusts

In nahezu allen Regionen der Erde gab es bis zum Beginn des Kolonialzeitalters blühende Hochkulturen oder entwickelte Stammes- und Stadtgesellschaften mit beträchtlichen Traditionen. Im Mittelmeerraum und in Asien, Afrika und Zentralamerika gelangten Kunst, Wissenschaft, Technik, Medizin und Staatsorganisation bereits zu höchsten Standards und größter Vielfalt, als die „Entdecker" und Geschichtsschreiber aus den „entwickelten Ländern" jener Zeit über die germanischen und keltischen Stämme im nördlichen Europa zu berichten wußten: daß es sich hier um körperlich zwar recht geschickte, ansonsten aber unzivilisierte Horden handle. Ein modernes italienisches Schulbuch für Geschichte macht sich dieses Kulturgefälle zwischen Römern und Germanen in einer schematisierten Gegenüberstellung wohlgefällig zunutze:

„Der Römer besitzt verfeinerte Kultur- und Lebensformen . . . Der Germane ist unwissend und abergläubisch" (*R. Caffo*, 1969)

Heute wissen wir, daß solche Schilderungen von barbarischen Sitten und Gebräuchen keineswegs der Weisheit letzter Schluß waren und akzeptieren nicht einmal mehr die Beschreibungen des römischen Historikers *Tacitus* in seiner „Germania" als zuverlässige Quelle. Hier sind wir gerne bereit, die Wertmaßstäbe ein wenig zu ändern: Schöne Kleider, Badewannen und Zirkusschlächtereien sind eben kein ausreichendes Kennzeichen für Kultur. Die Zeiten sind vorbei, wo wir die Germanen aus unserem Geschichtsverständnis verdrängten und uns nur auf die antike Zivilisiation der Römer und Griechen beriefen. Und auch dem „finsteren" Mittelalter beginnen wir mehr Gerechtigkeit und einiges Licht zuzugestehen.

Viel dunkler sieht es bei den Kenntnissen über außereuropäische Geschichte aus, und ein Sokrates, der selbst durch das taghelle Athen mit seiner suchenden Lampe marschieren mußte, hätte angesichts unserer Vorstellungen von all den in der Steinzeit stehen oder auf Bäumen sitzen gebliebenen Menschen in der 3. Welt reichlich zu tun, um uns die Wahrheit auszuleuchten. Er müßte selbst gegen Philosophen-Kollegen vorgehen, die sich über das „ungeschichtliche Leben" angeblicher Naturvölker verbreiten (wie *K. Jaspers*, 1955, 20ff) und würde vielleicht mit einem Gleichnis kommen:

Was wäre, wenn unsere modernen städtischen Zentren und die Organisation der Massenverwaltung und Massenindustrie zerstört würden und nur die Dörfer in Oberfranken und im Bayerischen Wald sowie umherziehende Flüchtlingsgruppen übrigblieben? Würden wir diese ausgepowerte Kultur dann auch geschichtslos nennen?

Und hier könnten wir dann anknüpfen, denn die „Geschichtslosigkeit" vieler Gesellschaften „weit hinten in der Türkei" hat selbst historische Ursachen, an denen die Europäer oder andere Siegernationen oft entscheidenden Anteil hatten.

Soweit dieser *Geschichtsverlust* nicht nur ein scheinbarer ist, also auf Ignoranz oder Unfähigkeit beruht, fremde Realitäten und ihre Entwicklung zu begreifen, kann er bei sehr verschiedenartigen Gesellschaftstypen in Erscheinung treten und stellt dann in aller Regel einen erzwungenen Rückfall hinter die bereits erlebte Geschichte, seltener auch einen bewußten Rückzug aus ihr dar. Bekannt sind heute unter anderem:

– Gesellschaften, deren Bevölkerung nach der *Zerstörung von zentralistischen Großreichen* und Stadtkulturen versprengt wurde oder als in ihrer Entwicklungsfähigkeit zurückgebliebene Rand- und Dorfkultur überlebte. Der Zusammenbruch zentral verwalteter kultureller Errungenschaften brachte für die auf Arbeitsteilung dressierten Unterschichten zunächst nur geringe Chancen der Aufarbeitung ihrer eigenen Geschichte.
– Gesellschaften, die noch bis vor kurzem in *kolonialer Abhängigkeit* lebten, wobei ihre eigene Geschichte unterdrückt und ihre Kulturen überformt wurden.
– Gesellschaften, deren Land immer wieder *Schauplatz von Ausrottungsfeldzügen*, Krieg (mit Truppenstationierung), importierten Seuchen oder Sklavenhandel war, wodurch sie auf die bloße Existenzerhaltung zurückgeworfen wurden.
– Gesellschaften, deren relative wirtschaftliche und kulturelle Stammes- und Dorfautonomie mit zunehmender *Abhängigkeit von der Weltwirtschaft* zerstört wurde und deren Mitglieder ohne Rückhalt in diesem lokalen Geschichtsbezug in städtischen Slums als geschichtslose Masse neu anfangen müssen.
– Gesellschaften, die aus ihrer natürlichen und kulturellen Umwelt entwurzelt und in *Reservate* bzw. karge Randregionen der Erde abgedrängt wurden.
– Gesellschaften, die durch die Art ihrer Lebensumstände (etwa um als Nomaden beweglich zu bleiben), nur in beschränktem Umfang eine *materielle Kultur* entwickelten, was dann zu dem Fehlschluß angeblicher Geschichtslosigkeit führt, wenn man die Entwicklung nichtmaterieller Kulturfähigkeiten wie Poesie, Tanz, komplexe handwerkliche und medizinische Kenntnisse unbeachtet läßt.
– Gesellschaften, die längere Zeit völlig isoliert lebten und daher mangels anregender *Kulturkontakte* nur einen begrenzten Vorrat an Kulturelementen und Verhaltensmustern weiterentwickeln konnten – eine immer schon sehr seltene und ständig abnehmende Zahl von Kleingruppen.

Zum Irrtum über die angeblich nicht an Geschichte interessierten Gesellschaften trägt weiterhin die Vorstellung bei, daß Geschichtlichkeit stets mit gesellschaftlicher bzw. technologischer *Dynamik* und politischer Expansionsfreudigkeit verbunden sein müsse. Die Bereitschaft zu Neuerungen existiert jedoch nicht unabhängig davon, ob die vorhandenen Lebensformen und die Hilfsmittel zur Bewältigung des Alltags den Gegebenheiten der Umwelt angepaßt sind. Ein Zwang, in dieser Hinsicht Geschichte zu machen, ist jedenfalls für lokal sich weiterentwickelnde Gesellschaften kaum je auf Dauer vorhanden.

Hinzu kommt unsere sehr primitive (angeblich wissenschaftliche) Methode der Aussagenbehauptungen über andere Kulturen, von denen wir zumeist nur *Momentaufnahmen* kennen. Es gibt nur wenige „primitive" Gruppen, über die wir mehr als eine Feldstudie haben – zeitlich auf eine im allgemeinen kurze Beobachtungsspanne und fachlich auf nur wenige Aufmerksamkeitsgebiete begrenzt. Und da, wo wir solche Vergleichsmöglichkeiten über längere Zeiträume und aus mehreren Blickwinkeln heraus kennen, da entwickeln sich diese Kulturen ähnlich den uns vertrauten Geschichtsabläufen. So wie bei uns dem Normalbürger die römische Geschichte auf eine Zeitschicht des „früher" zusammenschmilzt und er darin einzelne Abläufe nicht mehr zu differenzieren weiß, so geht es meist auch den Anthropologen und anderen berufsmäßigen Beobachtern ihnen fremder Kulturen.

Schließlich ist noch der Irrglaube zu erwähnen, die Existenz einer *hochkulturellen Tradition* oder Zivilisation sei ein ausreichender Maßstab für die Beurteilung der geschichtlichen Leistungen eines Volkes. Das Evolutionsklischee ‚Vom Einzelgänger ... zur Familie und Horde ... über den Stamm ... bis zum Staat' anerkennt nur den letzteren als geschichtsträchtig und geschichtsmächtig genug, um unserem Geschichtsbewußtsein erinnerungswürdig zu bleiben. Dabei müßten gerade den Europäer geschichtliche Leistungen interessieren, die den Maßstäben, die er sonst als spezifisch demokratisch ansieht, besser entsprechen: Die Rede ist hier von „Volkskulturen", von den vielen kleinen Stammes- und Dorfgesellschaften, in denen weniger die Machtentfaltung und kulturelle Potenz von Eliten und mehr die Solidarität, Entfaltungschance und Lebensqualität der Vielen zum Ausdruck kommt.

Nun wird gegen solche Argumente gelegentlich vorgebracht, es gebe ja die „heile Welt" der Tropen inzwischen gar nicht mehr, bestenfalls einige klägliche Reste „intakter" Stammesgesellschaften seien heute noch vorhanden. Solchem Kulturpessimismius ist zu entgegnen: Das Bild vom „exotischen Wilden" in einer heilen Welt war schon immer unsere Erfindung, ohne individuelle und soziale Konflikte hat sich nirgendwo menschliche Entwicklung abgespielt. Außerdem ist Geschichte niemals „tot"; für die große Mehrzahl der Menschen in der 3. Welt ist sie zumindest in wesentlichen Erfahrungen und Maßstäben immer noch lebendig, sie läßt sich sogar noch über Jahrhunderte und ohne schriftliche Aufzeichnungen rekonstruieren, wenn sie zur Identitätsfindung gebraucht wird.

Geschriebene und gelebte Geschichte

„Die lebendige Tradition oder die mündliche Sage ist eine sehr unzuverlässige Quelle für die Geschichte; daher sind alle Begebenheiten vor dem Gebrauche der Schrift für die Weltgeschichte so gut als verloren."

Was hier *Friedrich Schiller* in seiner Antrittsvorlesung 1789 noch als Objektivitätsproblem aus der damaligen Sicht der Geschichtswissenschaft formulierte, wird im heutigen Schulbuch unversehens zum Unterschied zwischen „eigentlicher" und uneigentlicher Geschichte:

„*Die Bedeutung der Schrift.* Die Geschichte der Menschheit gliedert man in die Urgeschichte und in die eigentliche Geschichte. Die Urgeschichte beginnt etwa 800 000 Jahre vor Christi Geburt und umfaßt den Zeitraum, aus dem nur ergrabene

Bodenfunde vorliegen. Die eigentliche Geschichte setzt erst dort ein, wo schriftliche Quellen erhalten sind, d. h. Urkunden, Inschriften, Siegel, beschriftete Münzen, Rechnungsbelege und Berichte von Geschichtsschreibern. Nur schriftliche Quellen halten Begebenheiten, Geschehnisse fest. Die Erfindung der Schrift kennzeichnet also den Übergang von der Urgeschichte zur Geschichte (*H. Brack* Hg., 1970, 7)

Offensichtlich sind auch die heutigen Historiker noch nicht vom Bild einer „erdrückenden ‚grauen Masse' des Materials aus den sogenannten ‚geschichtslosen' Völkern" abgerückt, obwohl man doch seit langem eine große geschichtliche Vielfalt hätte wahrnehmen können, „wo man nur ‚Naturvölker', ‚Primitive' und ‚Wilde' zu finden gewohnt war." *(M. Eliade,* 1954, 3). Daß es vielfach an der Schriftlichkeit historischer Überlieferungen mangelt, ist nämlich nach unserem derzeitigen Erkenntnisstand längst keine Ausrede mehr dafür, anderen das Wissen und Bewußtsein von ihrer Geschichte abzusprechen *(K. Fohrbeck,* 1970).

Gesellschaften, die ihre eigene Geschichte weniger in schriftlichen Zeugnissen und eher in Form von Erzählungen, Erinnerungen, Anekdoten, Moralfabeln, Genealogien oder Mythen wiedergeben, vernachlässigen in der mündlichen Überlieferung zwar den „historischen Quellenwert", der für sie nicht unbedingt ein selbständiger Wert ist, zugunsten des Gebrauchswerts, den die immer wieder neu erzählte Geschichte für gegenwärtige und zukünftige Aufgabenstellungen und Interessenpositionen hat. Demgegenüber hat sich der geschichtliche Wissensvorrat für uns dadurch, daß er vorwiegend an Schrift und materiell-kulturelle Zeugnisse gebunden ist und sich damit weit über das beste individuelle Gedächtnisvermögen hinaus ausdehnen konnte, stark verselbständigt. Der ständige Rückbezug auf die eigene Vergangenheit, in der man bestimmte Dinge so oder anders gemacht hat, ist jedenfalls für unsere politischen und alltäglichen Identifikationen und Handlungsalternativen von einer oft viel geringeren Bedeutung als für andere Kulturen.

> „Abgegrenzt wird die Vorgeschichte von der anderen Weltgeschichte durch das Auftauchen schriftlich fixierter Überlieferung. Diese Grenzziehung geht von der – letztlich unbewiesenen – Behauptung aus, daß schriftliche Überlieferung einen Fortschritt in der Geistesentwicklung der menschlichen Gemeinschaft darstellt. Das ist nicht unbedingt schlüssig, denn man kann schriftliche Fixierung des Überlieferungsgutes durchaus als Verarmung verstehen, stehen der Schrift doch nicht die vielfältigen Nuancierungen der mündlichen Weitergabe zur Verfügung. Außerdem ist zu fragen, ob wir bei der Abwertung der mündlichen Überlieferung nicht den lebendigen Zugang zu den Hintergründen der Funde abgeschnitten haben." (*E. Hieronimus* 1975, 29)

Wie andere sich ihre Geschichte lebendig erhalten und mit ihr zu leben versuchen, soll hier an einigen Beispielen anschaulicher gemacht werden. So berichtet etwa *U. Ramseyer* über spezielle Schulen bei den Maori Neuseelands, deren Aufgabe es ist, mithilfe von *Lehrgesängen* (whare whananga) besonders befähigten Jugendlichen die eigene Geschichte zu vermitteln:

> „Ihr Erfolg hängt einzig und allein von der Gedächtniskraft ihrer Schüler ab, von ihrer Fähigkeit, auswendigzulernen. Nur Kandidaten, die sich vor den Prüfungsexperten über außergewöhnliche Memorierleistungen ausweisen können, werden zum Unterricht zugelassen.

Das Beispiel der polynesischen Maori und ihrer Lehrgesänge ist in seiner pädagogisch reifen Zielsetzung einmalig. In einer uns kaum faßbar erscheinenden Art wird in musikalisch-textlicher Symbiose die Geschichte eines Volkes gelehrt, das sich in ungewöhnlich hohem Maße mit seiner Ahnengalerie, mit verwickelten Verwandtschaftsbeziehungen und den Ereignissen einer stolzen Vergangenheit befaßt. Die Musik greift als gestaltender Faktor unmittelbar in den eigentlichen Sozialisations- und Enkulturationsprozeß informeller und formeller Art ein und trägt in hochentwickelter Weise zur Formung eines sozialen und geschichtlichen Bewußtseins bei. Die sozial integrierende Kraft des Musizierens, die in unzähligen, wenn nicht allen Kulturen dieser Welt wirksam wird, erweist sich damit in besonders eindrücklicher Form." (1970, 31f.)

Während hier also die wortgetreue und in dieser Hinsicht „unverfälschte" Geschichtsüberlieferung gepflegt wird, gibt der gleiche Autor auch ein Beispiel für die sehr subjektive, wiederum mit Musik verbundene Form der Aufarbeitung und Interpretation von Vergangenheit durch die *„griots"* in Westafrika:

„Der Forscher, der den *griot* als „Meister des Wortes" in den Brennpunkt seiner Untersuchungen rückt, nennt ihn oft einen „Genealogen" und „Historiker". Vor allen Dingen ist er aber ein Musiker, und als solchen trifft man ihn auf allen Festen, an allen Feierlichkeiten. Gewiß wirkt er dort, wo er zur Hofhaltung eines Häuptlings, eines Prinzen oder einer adligen Familie gehört oder als unabhängiger fahrender Musiker seine Dienste als Preisliedsänger in aller Freiheit dem Zahlkräftigen anbietet, in einem einzuschränkenden Sinne auch als „Genealoge" und „Historiker". Doch ist er nicht der „Chronist schriftloser Kulturen", als den man ihn zu bezeichnen beliebt, viel eher möchte man ihn einen Geschichtsinterpreten nennen, der es, aus sozialer Notwendigkeit, mit der Wahrheitsfindung nicht allzu genau nimmt, der mit geistvoller Lüge auf Kosten des Ehrgeizes und Ehrendünkels der Menschen zu leben versteht.

Die geschichtliche Überlieferung des *griots* ist Legende und jedenfalls nicht identisch mit Tradition. Sie kann im Gegensatz zu dieser für richtig oder falsch gehalten werden und unterscheidet sich damit grundsätzlich von der wahrheitsgetreuen traditionellen Überlieferung, als deren Garant der *griot* niemals gilt." (91f.)

Bei verschiedenen Völkern Westafrikas und heute auch in einigen der jungen Nationalstaaten dieser Region finden sich aber neben den „griots" auch noch hoch angesehene Kasten von *Traditionssängern,* deren Epen längst als hervorragende geschichtliche Zeugnisse anerkannt sind, deren Aufzeichnung inzwischen einer privaten französischen Stiftung so bedeutsam erscheint, daß sie dafür eigens ein wissenschaftlich begleitetes Entwicklungsprojekt finanzierte:

„Das heutige Mali ist eines der am meisten seiner Geschichte bewußten Länder Afrikas, ein Gebiet, in dem der Kolonialismus die alte Kultur weder zurückdrängen noch das dem Volksgeist eigene Geschichtsgefühl zerstören konnte. Die noch eine Kaste bildenden „Barden" (dialli), die sich heute unter französischem Sprachgebrauch „traditionalistes" nennen, und die seit Urväterzeiten von Generation zu Generation die in epische Formen gebrachten historischen Überlieferungen – ohne Schrift – getreu weitergeben, sind keine „Märchenerzähler", sondern hochgeehrte Repräsentanten einer auf ihre Vergangenheit stolzen modernen Kultur." (E. *Haberland* in F.A.Z. v. 1.4.76)

Neben musikalisch unterstützten Geschichtsüberlieferungen gibt es in zahlreichen Kulturen auch bildhafte Formen der Tradierung von Vergangenheit, die es den Stammesgruppen, unter Umständen aber auch nur einer einzelnen Familie ermöglichen, ohne Schrift die für sie wesentlichen zurückliegenden Ereignisse zu speichern. Die Rückübersetzung bestimmter dabei verwendeter Symbole mag uns heute problematisch erscheinen, doch zeugt dies mehr von unserer Unfähigkeit, bildsprachliche Überlieferungen ebenso ernst zu nehmen wie wortsprachliche. Über die „Maler" der nordamerikanischen Prairie-Indianer schreibt beispielsweise *A. Schulze-Thulin,* sie seien eher als „Historiker und Biografen angesehen, denn als Künstler" im Sinne unseres spezialisierten Kästchen-Denkens:

„Besonders zeigt sich das in der kalendarischen Aufzeichnung, bei den Teton-Dakota die sogenannten „Winter-Counts" (diese Indianer zählten die Jahre nach Wintern). Für jedes Jahr wurde ein für den Stamm bedeutsames oder tragisches Ereignis mit einem beschreibenden Bild, bis hin zum mnemotechnischen Zeichen, festgehalten. Ähnliche Aufzeichnungen kannten auch die Kiowa und Kiowa-Apachen, die allerdings Sommer und Winter mit je einem Bildzeichen dokumentierten.

Die Dakota-Winter-Counts auf unserer Abbildung stammen von *Lone-Dog (Shunka-Ishnala),* einem Yanktonai Dakota, gezeichnet auf ein Büffelfell. Zur Veranschaulichung soll es genügen, wenn wir sechs Jahre (Winter) wiedergeben und ihre Bedeutung kurz skizzieren (Mallery 1886: 110-111):

1818–19 1819–20 1820–21 1821–22 1822–23 1823–24

1818-19: Ausbruch von Masern oder Pocken (Blattern).
1819-20: Der Handelsposten von Louis La Conte in Fort Pierre, Dakota, wird errichtet.
1820-21: Der Händler La Conte gibt dem Indianer Zwei-Pfeile ein Kriegshemd als Anerkennung seiner Tapferkeit. Das Zeichen stellt das „Totem" des Genannten dar. An der rechten Kathete des Dreiecks sind zwei Pfeile zu sehen.
1821-22: Erscheinung eines großen Meteors. Red Cloud, der berühmte Oglala-Führer, behauptet später, daß dies sein Geburtsjahr gewesen sei.
1822-23: Ein weiterer Handelsposten eines Weißen, genannt Big-Leggings, wird am Little Missouri, nahe Fort Pierre, gebaut.
1823-24: Angriff des 6. US-Infanterie-Regiments unter Col. H. Leavenworth, zusammen mit 700-800 Dakota-Kriegern, davon ca. 500 Yankton, auf zwei Dörfer der Arikara (Ree) am 9. und 10.8.1823.

(*Schulze-Thulin* 1973, 51 f.)

Objektivität und Interesse

Daß man Geschichte, und zwar sowohl die lang zurückliegende, wie die selbst erlebte Zeitgeschichte, auch ohne Kenntnis der Schriftsprache festhalten und weitervermitteln kann, erscheint somit nicht fraglich: *Friedrich Schiller* würde dies in seiner Rede zur Universalgeschichte – hätte er sie heute halten müssen – zu würdigen gewußt haben. Offen bleibt aber noch die Frage, ob nicht trotzdem unsere Art der Geschichtsüberlieferung zumindest „objektiver“ genannt werden muß. Wer allerdings meint, nur was er „schwarz auf weiß“ lese, könne er getrost nach Hause tragen, irrt erneut – „Jemand lügt wie gedruckt“ ist bekanntlich ein nicht minder populäres Sprichwort:

Das mit der UNESCO verbundene Internationale Schulbuchinstitut/Braunschweig, das sich (gegen manche Widerstände) mit international vergleichender Schulbuchforschung beschäftigt, führte von 1971 bis 1974 einen Vergleich von Geschichtsbüchern aus mehreren Industrie- und Entwicklungsländern durch, der größte national- oder kolonialspezifische Verzerrungen zutage förderte. Das Dilemma, dem sich die Experten bei einem Bemühen um angemessenere Geschichtsbilder gegenübergestellt sahen, formulierte der indische Teilnehmer *H. Mukhia* als ein Objektivitätsproblem: Kann die negative Voreingenommenheit vieler Schulbücher nun durch gegenseitiges Wohlwollen einfach überspielt werden? Oder handelt es sich um einen fast unüberbrückbaren Gegensatz zwischen solchen Historikern, deren Maßstäbe aus unterschiedlichen Gründen durch den Kolonialismus und seine Auswirkungen geprägt worden sind, mit der zwangsläufigen Folge, daß auch das Bemühen um größte Objektivität zu unterschiedlichen Resultaten und Interpretationen führen muß?

Der amerikanische Kulturforscher *G. W. Sumner* urteilt über dieses Problem in einem Aufsatz „Über die Grenzen des Historikers“:

> „Jeder Historiker betrachtet seine eigene Nation als diejenige, die das Licht der Zivilisation voranträgt; ihre Sitten und Gebräuche liefern ihm die Wertmaßstäbe, nach denen er all das, was er über andere Gesellschaften erfährt, bemißt. Unsere Geschichtsschreibung der Antike und klassischer Epochen stammt von modernen Gelehrten. Aus der modernen russischen Literatur lassen sich Abschnitte über die Mission Rußlands als Kulturträger zitierte, wie sie sich – in Abwandlung – genauso gut in entsprechenden Passagen der englischen, französischen oder deutschen Literatur finden lassen über die kulturelle Mission Englands, Frankreichs oder Deutschlands. Wahrscheinlich läßt sich eben das gleiche auch an türkischer, hinduistischer oder chinesischer Literatur demonstrieren. Die Nationbezogenheit des Historikers beeinflußt auch sein Urteilsvermögen, besonders im Hinblick auf Erklärungen und Verteidigungen dessen, was in der Vergangenheit geschah, vor allem aber im Hinblick auf die erbaulichen Weglassungen – ein äußerst wichtiger Aspekt der Arbeit des Geschichtsschreibers. Ein moderner Protestant und ein Römischer Katholik, ein Amerikaner oder ein Europäer können nun einmal nicht die gleiche Betrachtungsweise des Mittelalters an den Tag legen, gleichgültig, wie vorurteilslos und objektiv sie zu sein versuchen. Die Zugehörigkeit zu einer bestimmten Kultur zwingt den Geschichtsschreiber so zu handeln, andernfalls seine Arbeit keine Widerhall im eigenen Land finden würde. Aus all dem folgt, daß es eine vorurteilslose und vollständige Geschichtsschreibung kaum jemals geben dürfte.“ (1960, 525f.)

In der Einschätzung, daß die Objektivität der Geschichtsschreibung, so sehr man sich auch immer um sie bemühen und darauf berufen mag, ein nahezu unerreichbares

Ziel darstellt, dürften sich moderne Historiker bei uns und in der Dritten Welt noch mit dem Amerikaner *Sumner* in Übereinstimmung befinden. Für die Schlußfolgerungen, die sie daraus ziehen, läßt sich das jedoch nicht in der gleichen Weise sagen. Viele erkennen heute, daß die Geschichtsschreibung in erster Linie mit dem Ziel verbunden sein muß, einen *Begründungszusammenhang* für das zu liefern, was bestimmte Gruppen oder Nationen für gegenwärtige und zukünftige *Aufgabenstellungen* benötigen. Ein solcher Bezugsrahmen ist heute vor allem für diejenigen Gruppen von Bedeutung, die bislang in der Geschichtsschreibung vernachlässigt worden sind.

Eine der Ursachen dafür, daß bei uns ganze Großgruppen als nicht an der Geschichte (und damit an der Entwicklung gesellschaftlichen Fortschritts) beteiligt erscheinen, ist in der Art der Geschichtsüberlieferung zu suchen, die sich sehr stark an sogenannten geschichtsmächtigen (männlichen) Personen in Herrschaftsbereichen von Politik, Kirche, Kunst, Wissenschaft, Technik und Wirtschaft orientierte. Wesentliches Interesse von Geschichtskonstruktionen war es, das eigene Selbstverständnis, vor allem auch die eigenen Prioritäts- und Herrschaftsansprüche durch den Rückverweis auf ihre Kontinuität und Verankerung in der allgemeinen Geschichte (und im Mythos) zu legitimieren. Was in dieser Hinsicht für die Familien- und Sippengeschichte der Hausaltar, das Fotoalbum oder der „Ahnenkult", für die Stammesgesellschaften die Häuptlingsgenealogie, für das Feudalsystem die Abfolge von Königs- oder Fürstenhäusern darstellte, das lieferte dem Bürgertum die Rekonstruktion von Geschichte als Geschichte großer Individuen, in der es sich spiegeln konnte:

> „Dem Bildungsbürgertum entstammte – bis in unsere Gegenwart – die ganz überwiegende Mehrzahl unserer Historiker, die in der Staatengeschichte und dem Wirken der vom romantischen Personenkult überhöhten leitenden Individuen die Essenz der Geschichte zu ermitteln glaubten." (*H. W. Wehler,* 1968, 10).

So ist es sicher eine ganz unbürgerliche Geschichtsauffassung,

> „daß die Arbeiterbewegung der historisch fruchtbarste und bedeutendste Träger der nationalen demokratischen Traditionen in Deutschland war. Sie gab der Welt mehr als ein Beispiel nicht immer erfolgreicher, aber dennoch eindrucksvoller Auseinandersetzung mit autoritären und totalitären Kräften." (*H. Grebing,* 1970, 16f.)

Der Eintritt neuer Gruppen in die kulturelle (und das heißt letztlich politische) Konkurrenz um die Be-Deutung und Re-Deutung von Geschichte hängt entscheidend mit politischen Gegenwartskrisen zusammen:

> „Jedenfalls scheint das geschichtliche Interesse auch bei schriftlosen Völkern stets dort besonders wach zu werden, wo erworbene Rechte und politische Ansprüche zwar anerkannt, aber doch gegen mögliche Usurpatoren verteidigt werden müssen. Wie Firth für Tikopia nachgewiesen hat, spiegeln die geschichtlichen Überlieferungen nicht einfach die gegenwärtigen sozialen Institutionen dieser Gesellschaft wieder. Sie geben auch nicht einfach ein ‚Grundgesetz' ab, auf dem die Integration und Solidarität der Gruppe beruht. Vielmehr halten die Überlieferungen gerade das Bewußtsein einander widerstrebender Interessen und Ansprüche innerhalb eines Sozialsystems wach: ‚Sehr häufig trennen historische Wiedergaben

eher als daß sie die Gesamtgesellschaft einigten' *(Firth,* 1961, 175). Die sich widersprechenden Aussagen in verschiedenen Versionen über ein und dasselbe Ereignis, oft sogar von ein und denselben Informanten vorgetragen, seien nicht so sehr auf Gedächtnisfehler zurückzuführen, sondern auf entgegengesetzte Interessen verschiedener sozialer Gruppen in einer Gesellschaft, in der je nach der Situation und dem Kontext anders für wichtiger gehalten wird." (*R. Schott,* 1968, 188f).

Diese Feststellungen decken sich mit allgemeinen theoretischen Aussagen, nach denen die Konfliktträchtigkeit jeglicher Sozialbeziehungen und die Ungleichzeitigkeit der Ereignisse in jeder Gesellschaft entscheidener Auslöser für das sind, was wir Geschichte nennen.

Wenn aber der Widerstreit von Interessen und Meinungen in der jeweiligen Gegenwart die Notwendigkeit ständiger Neu- und Umbewertung von Geschichte mit sich bringt, dann relativiert sich auch die Vorstellung einer unveränderlichen objektiven geschichtlichen Wahrheit. Angesichts eines mageren Faktengerüsts (Namen, Jahreszahlen, Chronologien und Statistiken, deren Gewicht und Zuverlässigkeit zum Teil ebenfalls umstritten bleiben) sowie einiger Anschauungsbeispiele für anerkannte geschichtliche Leistungen in Technik, Kunst und Architektur bleibt uns am Ende nur die Einsicht, daß wir bei der Rekonstruktion historischer Zusammenhänge stets von gegenwarts- oder zukunftsbezogenen Interpretationen abhängig bleiben. „Objektiv" wird damit die Geschichte zum Objekt widersprüchlicher Interessenlagen, die sich laufend verändern.

Prinzipiell lassen sich hier drei unterschiedliche Interessenlagen unterscheiden, die sich keineswegs gegenseitig ausschließen müssen:

a) Suche nach kultureller oder politischer Identität (Legitimation oder Abgrenzung)

Gruppen (gelegentlich auch Einzelpersonen) suchen sich eine durch gemeinsame geschichtliche Kontinuität abgesicherte Identität zu schaffen, womit sie sowohl die eigenen rechtlichen, politischen oder Leistungsansprüche, Lebensweisen, Aufgabenstellungen, Werte und gegenwärtiges Selbstverständnis rechtfertigen bzw. begründen als sich dadurch auch zwangsläufig von anderen Gruppen abgrenzen, die „nicht so sind wie wir".

b) Distanzierung –

Gruppen oder Gesellschaften distanzieren sich von ihren Vätergenerationen, von bestimmten Aspekten, ganzen Regionen, Klassen oder Epochen der Geschichte, die sie nicht als eigene auf sich beziehen möchten, um Amnestien für gewisse Sündenfälle der Vergangenheit und damit die Chance des Neuanfangs zu erhalten, sei es, um in eine andersartige, vielleicht besser dünkende Kultur aufzusteigen bzw. überzuwechseln, sei es, um sich von bestimmten unbequemen Maßstäben und Kenntnissen zu entlasten, oder auch einfach, um Freiräume für eigene Machtansprüche zu gewinnen

c) Möglichkeitsgeschichte, Geschichte als Zukunft –

Das Geschichtsbewußtsein ist von dem Interesse geprägt, aus der Kenntnis eigener wie fremder Geschichte bestimmte Leistungen, Zielvorstellungen und gelungene Lebensformen als Anspruch, Utopie, Vergleichsmaßstab und Alternative gegenwärtig zu halten, die Gegenwart daran zu messen und sie darauf zu verpflichten, um zumindest nicht hinter das einmal Erreichte zurückzufallen. Dieses zugleich aufklärend wie kritisch die Gegenwart weiterentwickelnde Geschichtsbewußtsein bewahrt aber zugleich die Erinnerung an die Kosten und Schrecken dessen, was in der menschlichen Geschichte möglich war, denn auch diese Erinnerung bedeutet Verpflichtung für die Zukunft.

Die kostümierte Gegenwart

Es wäre eine Selbsttäuschung, würde man den Geschichtsverlust nur in Ländern der Dritten Welt vermuten. Die Gefahr, hinter die Errungenschaften und Vergleichsmaßstäbe der eigenen Geschichte zurückzufallen oder sie gar bewußt zu verdrängen, ist auch für uns eine stets gegenwärtige. Der frühere Berliner Wissenschaftssenator *Adolf Arndt* in seinem Vortrag „Unsere geschichtliche Verantwortung für die Freiheit“ (am 23.3.1963):

> „Was geht uns denn die Geschichte an; dies war genau das Zauberwort des Nationalsozialismus, der seine Gläubigen durch nichts so erleichterte wie dadurch, daß er die Wirklichkeit mit ihrer Mühsal schlechtweg leugnete und alles, was die Menschen quälte, als Blendwerk des zu diesem Zweck als Sündenbock ausgedachten absoluten Feindes hinstellte. Wer aber Menschen durch die Vorspiegelung, sie in eine Endzeit des Geschichtslosen und Endgültigen zu führen, entzeitlicht, der entmenscht sie. Der Ausbruch der Unmenschlichkeit als einer stets bereiten Möglichkeit des Menschen ist dann weder Beiläufigkeit noch Zufall . . .
>
> Daß wir uns vor eine geschichtliche Verantwortung gestellt sehen, hat also nichts unmittelbar damit zu tun, ob und inwieweit der einzelne Mensch in der Vergangenheit Schuld auf sich lud oder ob er zur Zeit jener geschichtlichen Ereignisse, aus denen uns Fragen und Aufgaben überkommen sind, schon mündig, oder überhaupt schon geboren war. Geschichtliche Verantwortung wendet sich nicht zurück an das Unabänderliche, das gewesen ist, sondern sie entspringt daraus, daß sich Geschichte unwiderruflich ereignete, und ruft uns, die jeweils überkommenen Aufgaben für die eigene, uns erreichbare Zukunft in unser Bewußtsein aufzunehmen und um ihre Lösung zu ringen. Geschichtliche Verantwortung übernehmen heißt deshalb nicht, daß alles ständig so bleiben müßte, wie es auf uns gekommen ist, nicht, ein Abgeschlossenes als Verhängnis hinnehmen. Geschichtliche Verantwortung bedeutet insbesondere nicht, die Geschichte zu vergötzen. Geschichtliche Verantwortung besagt vielmehr, daß auch unsere Antworten, die wir auf die uns aus unserer Geschichte als Volk erwachsenen Fragen geben, Antworten sind, denen Geschichtlichkeit eigen ist, und die darum zeitgerecht sein sollten, um hilfreich zu sein, da die Zeiten einander nicht gleichen und menschliche Lösungen von gestern sich, weil der Mensch niemals vollendet ist, heute oder morgen als unzureichend oder falsch erweisen. Eine geschichtliche Verantwortung übernehmen hat deshalb den Sinn, nicht dasselbe, was als Menschenwerk in der Vergangenheit richtig war oder hätte richtig sein können, zu wiederholen und daran festzuhalten, sondern den Mut zum Ungleichen zu haben und damit die Gefahr der Freiheit zu wagen.“

Weil Europäer und Amerikaner zu ihren geschichtlichen Maßstäben eine größere Distanz haben als viele schriftlose Kulturen, sind sie umso mehr darauf angewiesen, ihre Vergangenheit zu aktualisieren. Das führt unter anderem dazu, daß – wie es ein vielzitiertes Wort von *J. W. v. Goethe* ausdrückt – „die Weltgeschichte von Zeit zu Zeit umgeschrieben werden“ muß. Wie derartige Rekonstruktionsversuche im einzelnen aussehen, welcher Inhalte und Methoden man sich dabei bedient und an welchen „Vorbildern“ man sich hier orientiert, ist selber ein geschichtlicher Vorgang und durch die aktuellen sozialen Verhältnisse bestimmt.

Auf jeden Fall bietet auch unsere Faktengeschichte nahezu für alle Interessen die Möglichkeit der Aneignung oder der Abgrenzung:

> „. . . in Wirklichkeit hat es in der Vergangenheit Beispiele für alles gegeben, und was die Moral betrifft, könnte man für jede Tugend und für jedes Laster klassische Modelle anführen. Die Berufung auf die Tradition hat also fast niemals eine objektive Begründung. Sie entspringt viel häufiger dem psychologischen Bedürfnis, die eigene Praxis zu bekräftigen und zu überhöhen“ (*I. Silone* in *L. Reinisch,* 1970, 133)

Karl Marx, selber als ideologischer und geschichtlicher Selbstbedienungsladen weidlich mißbraucht, macht sich im „18. Brumaire des Louis Bonaparte“ über die Anlehnungsbedürftigkeit politischer und religiöser Neuerer lustig:

> „So maskierte sich Luther als Apostel Paulus, die Revolution von 1789 bis 1814 drapierte sich abwechselnd als Römische Republik und als Römisches Kaisertum. . Bei Betrachtung jener weltgeschichtlichen Totenbeschwörung zeigt sich sofort ein springender Unterschied. Camille, Desmoulins, Danton, Robespierre, Saint-Just, Napoleon, die Heoren wie die Parteien und die Masse der Französischen Revolution, vollbrachten in dem römischen Kostüm und mit römischen Phrasen die Aufgabe ihrer Zeit, die Entfesselung und Herstellung der modernen bürgerlichen Gesellschaft . . Die neue Gesellschaftsformation einmal hergestellt, verschwanden die vorsintflutlichen Kolosse und mit ihnen das wiederauferstandene Römertum – die Brutusse, Grachusse, Publicolas, die Tribunen, die Senatoren und Cäsar selbst.“ (1869/1972, S. 15f)

Zu solchen Rekonstruktionen eignen sich historische Gestalten und Ereignisse nahezu ebensogut als Vorlage wie mythologische:

> „Der Mythos repetiert nicht einfach die objektiv historischen Ereignisse, er bringt in die Geschichte System, er verleiht ihr einen *Sinn.* Indem er die Gegenwart in der Urzeit verankert, verbindet er die Menschen mit ihren Vorfahren und Nachfahren zu einer sinnhaften Totalität . . .
>
> Die ganze Wirklichkeit erscheint, als sei sie aus einem Stück. Diese mythisch konstruierte Totalität der Welt verleiht der institutionellen Ordnung ihre Legitimation und dem Individuum seine Identität gewissermaßen *sub specie mundi.*
>
> . . . Allerdings kommt es ebensogut vor, daß gesellschaftliche Institutionen verändert werden, damit sie mit schon vorhandenen mythischen Modellen übereinstimmen und so „legitimer“ werden. Die Beziehung zwischen Mythos und Sozialstruktur ist stets dialektisch. Mythen können als „Theorien“ des Status quo und als revolutionäre Ideologien verwandt werden. Letzteres wird in den prophetisch-messianischen Bewegungen der ehemaligen Kolonialvölker eindringlich dokumentiert.“ (*R. Eickelpasch,* 1973, 44f.)

„... und wenn wir das Jahr 2000 anvisieren, helfen uns die verstaubten und antiquierten Programme von Godesberg und Düsseldorf nicht weiter! Neues wagen — Marx und Engels fragen!"

Der Weg einer Komposition aus Säulen und Giebeln vom dorischen Tempel über die Villa Rotonda Palladios und deren Ableger im englischen Kolonialstil bis hin zum Rolls-Royce-Grill und hinunter zur Zigarettenbox.

(Panofsky, E.)

National- oder Universalgeschichte?

Ganz so opportunistisch wie in der Werbung oder im aktuellen politischen Tageskampf ist das Problem des Bezugs auf Geschichte und Mythologie in der Regel natürlich nicht. Sehr oft haben solche Rückverweise in die Vergangenheit ja nicht primär dekorative Kostümierungsfunktionen, sondern stellen den Versuch dar, die Maßstäbe für das eigene Handeln über das Gegenwartsangebot hinaus zu erweitern und verbindlich zu machen.

Je einschneidender jeweils der politische, soziale und kulturelle Bruch (ist), der eine Rekonstruktion von Geschichte bedingt, desto schwieriger (ist) auch die Aufgabe, sich *„seine"* Geschichte neu zu erarbeiten.

Das kann – wie heute in einigen Regionen Afrikas (z. B. Äthiopien) und in Deutschland nach dem Zusammenbruch des „gottgewollten" Obrigkeitsstaates der Kaiserzeit – bis zu einem Auseinanderfallen ganzer Staaten führen, wenn wichtige ethnische oder soziale Gruppen für sich eine völlig eigenständige, mit den Interessen anderer nicht mehr vereinbare Geschichte reklamieren und daraus ihre politischen Ansprüche für die Gegenwart ableiten. Doch während die Berufung auf das eigene Geschichtserbe, so schwierig und oft blutig dieser Prozeß auch sein mag, im heutigen Afrika in erster Linie den endgültigen Abschied vom Kolonialzeitalter (mit seinen oft willkürlichen Grenzziehungen und Einflußzonen europäischer Mächte) markiert, bedeutet sie in der Weimarer Republik nach dem Zusammenbruch der „Nationalgeschichte" auch das politische Vakuum, in das die NS-Bewegung mit ihrem Erlösungsplan eines neuen „Tausendjährigen Reichs" hineinstoßen konnte.

Die Konkurrenz um die beste Nutzung des geschichtlich-kulturellen Erbes wird heute fast nirgendwo mehr ausschließlich nationalgeschichtlich betrieben. Auch die Länder der 3. Welt nutzen, im Anschluß an meist kurzlebige Phasen des Nationalismus, inzwischen ihre Kenntnis abendländischer und sozialistischer Geschichte für eigene Problemstellungen und -lösungen, umgekehrt lernten wir mit der Übernahme kultureller Errungenschaften der außereuropäischen Länder Küche und Keller, Mode und Handwerk, Technik und Medizin, Künste und Wissenschaften, Philosophie und Lebensanschauung sowie Lebensformen erheblich zu differenzieren und weiterzuentwickeln. Eher akademisch ist es aber, daraus den Schluß zu ziehen, die Welt schrumpfe zu einem „globalen Dorf“ zusammen *(M. McLuhan* im Blick auf die keineswegs urwüchsige, sondern wirtschaftlich gesteuerte Verbreitung westlicher Lebensformen und massenmedialer „Kultur“-angebote) oder Geschichte müsse vorrangig Universalgeschichte sein *(G. Moltmann* in *E. Jäckel/E. Weymar,* 1975). Das erste Vorurteil mag zwar dem wirtschaftlichen, das zweite dem wissenschaftlichen Interesse entsprechen, die Welt verfügbar zu haben; (zudem ist das wissenschaftliche Geschichtsverständnis sogar grundsätzlich verpflichtet, auch diejenigen Kenntnisse und Zusammenhänge der Geschichte zu bewahren und aufzuarbeiten, die in der jeweiligen Gegenwart vernachlässigt werden, um sie als Angebot für eine mögliche Zukunft offen zu halten). Eine solch global orientierte Auffassung ersetzt aber weder die politisch-alltägliche noch die gruppen- und nationalverbindliche Geschichtsbetrachtung. Sie liefe immer Gefahr, Geschichte zu einem beliebigen Speicher oder zu einem Warenhaus für den „Rohstoff Kultur“ verkommen zu lassen und die Verbindlichkeit einer eigenen politisch-kulturellen Identität mit ihren jeweils besonderen, in langen sozialen Konflikten entwickelten Wertmustern abzuwarten. Indem ihr letztlich alles denk- und denkmalwürdig erschiene, hätte sie nichts mehr zu (be)deuten. An dem Wiederaufbau verbindlicher Geschichtsanschauung arbeitet heute verstärkt die Museumsdidaktik, insbesondere mithilfe themenbezogener oder vergleichender Ausstellungskonzepte.

Abschied vom aufgezwungenen Vorbild

Geschichtsschreibung ist offensichtlich abhängig von Maßstäben derer, die sie schreiben und die daraus ihr eigenes Selbstbewußtsein, ihre Identität und ihre Ansprüche für die Zukunft ableiten. Deshalb versuchen viele Gruppen, die bislang in der Geschichtsschreibung vernachlässigt wurden und die heute Anspruch auf Selbstbestimmung und eigene kulturelle Identität erheben, ihre Geschichte neu zu schreiben oder überhaupt erst zu entdecken:

> „Erst kürzlich noch hat das alte Europa die barbarischen Amerikaner mit Verachtung gestraft, die weder Künstler noch Schriftsteller besäßen: ‚Laßt uns erst existieren, bevor ihr von uns verlangt, daß wir unsere Existenz rechtfertigen‘, antwortete im wesentlichen *Jefferson.* Dieselbe Antwort erteilen die Neger den Weißen, die ihnen vorwerfen, sie hätten keinen *Whitman* und auch keinen *Melville* hervorgebracht. Das französische Proletariat hat auch keinen Namen, den es einem *Rousseau* und *Mallarme* entgegenstellen könne. Die freie Frau wird eben erst geboren. (*S. de Beauvoir* 1965, S. 148)

„Wenn die großen Helden der Geschichtsbücher nach ihren Verhalten den Farbigen gegenüber beurteilt würden, müßte man Jackson als einen erbitterten Rassenpolitiker bezeichnen, Lincolns Überzeugung, daß die Schwarzen schon minderwertig geboren wurden, verdammen und Woodrow Wilsons Geschichtsschreibung kritisieren, welche die Sklaverei entschuldigte und für Rassentrennung eintrat. Doch diese Männer bleiben für die meisten Amerikaner, weiße wie farbige, Helden, weil die Kriterien für die Beurteilung, was gut oder schlecht, hoch- oder minderwertig, was aufzeichnungswert und was es nicht ist, dem Rassismus durch mehr als drei Jahrhunderte nicht Rechnung getragen haben.

Die Geschichte und das Ringen der Farbigen, der Verlierer, wurden nur selten aufgezeichnet. Erst jetzt wird der Gegenstand als der Untersuchung wert angesehen. Die Dokumente über die Leiden der kolonisierten Völker und über ihren Widerstand sind eine Anklage nicht nur gegen die Vergangenheit Amerikas, sondern auch gegen alle jene Schriftsteller, die aus ihren Werken die Kämpfe der farbigen Bevölkerung um ihre Freiheit ausgeklammert haben. Allzuviel der amerikanischen Geschichte war Verherrlichung einer Vergangenheit, die in Wahrheit strenge Kritik verdient. Die Verherrlichung Amerikas kam jedoch in den sechziger Jahren für viele zu einem Ende. Und nun stellt sich die Aufgabe, die amerikanische Geschichte mit einer neuen Einstellung gegenüber Rassenpolitik, Demokratie und Fortschritt nochmals zu schreiben." (*P. Jacobs* u. a., 1975, S. 15 f.)

Die alten geschichtsmächtigen Heldenfiguren müssen auch bei uns Federn lassen, werden nicht mehr universell als Vorbilder für die Gegenwart anerkannt. Es kann daher nicht verwundern, daß sich der Abschied von aufgezwungenen Maßstäben in der Dritten Welt vielfach noch radikaler vollzieht. Hier hat man jedoch mit der Schwierigkeit zu kämpfen, daß nur noch Restbestände jener symbolischen Marksteine aus der Geschichte, die man als Orientierungshilfen für den Neubeginn heranziehen könnte, im eigenen Land verblieben sind: Während die Völkerkundemuseen, ja selbst Einrichtungen wie der Louvre in Paris, mit Zeugnissen und geschichtlichen Leistungsbeweisen aus den früheren Kolonien oder Einflußgebieten oft so überfüllt sind, daß nur ein kleiner Teil des Materials ausgestellt werden kann, und vieles in den Kellern und Depots ungeschützt und unrestauriert verkommt, gibt es zahlreiche Länder und eigenständige Kulturgemeinschaften in Afrika, Asien, Ozeanien und Lateinamerika, in denen man bestenfalls Bruchstücke ihrer eigenen Kulturgeschichte antrifft.

Die – auch in der UNESCO – immer lauter erhobenen Forderungen nach einer Rückgabe von Kunstschätzen und nationalen Symbolen pflegt man bei uns mit dem scheinbar „objektiven" Hinweis darauf zu beantworten, die heutigen Nationalstaaten seien doch mit den früheren Stammesgesellschaften überhaupt nicht mehr identisch – so als ob wir selber uns einer ungebrochenen geschichtlichen Kontinuität erfreuen dürften. Noch 1978 wurde die Rückgabe der national-religiösen Heiligtümer Ungarns, darunter der „Stephanskrone", durch die USA zu einem Freudenfest aller Bevölkerungsschichten, obwohl niemand bezweifeln würde, daß der sozialistische Staat Ungarn mit den kulturellen und sozialen Verhältnissen vor neunhundert Jahren (der erste Träger der Krone, Geza I., amtierte von 1074 - 1077) nun wirklich kaum noch etwas gemein hat . . .

Geheimbundmaske, Ekoi, 19. Jh., Südost-Nigeria

Hochalter. Madonna im Schrein, Kloster Blaubeuren

„Geschichtslos tritt die afrikanische Plastik dem europäischen Betrachter entgegen, ungeachtet dessen, daß sie selbst im Europa Picassos und der Expressionisten Kunstgeschichte gemacht hat. Wenngleich die Herkunft der Masken, Fetische und Ahnenfiguren im Dunkeln liegt, herrscht über ihre Funktion weitgehend Klarheit: Die magisch-rituellen Bildwerke sind nicht dazu geschaffen, um den menschlichen Zuschauer zu beeindrucken, vielmehr beeinflussen sie die in der heidnischen Glaubensvorstellung allgegenwärtigen übersinnlichen Mächte und Geister." (RHEINISCHER MERKUR/CHRIST UND WELT 9.1.81)

und umgekehrt?
„Geschichtslos tritt die europäische Plastik dem afrikanischen Betrachter entgegen . . ."

„. . . Die christlich-rituellen Bildwerke sind nicht dazu geschaffen, um den menschlichen Zuschauer . . . (?)

Vorstellungen von den „statischen" und „ungeschichtlichen" Gesellschaften in Übersee lassen sich inzwischen als eines der ideologischen und politischen Hilfsmittel bloßstellen, mit denen die Industrieländer auch nach Abschluß der Kolonialzeit der Dritten Welt den Stempel ihrer sozio-kulturellen Maßstäbe und ihrer Fortschrittsmodelle aufdrücken wollen. Hiermit sind durchaus auch sozialistische Spielarten der Weltmission angesprochen. Immer wieder legen daher z. B. afrikanische und asiatische Politiker größten Wert darauf, ihre Vorstellungen eines afrikanischen oder asiatischen Sozialismus als solche zu kennzeichnen, die auf eigenständiger Geschichtserfahrung basieren. Der tansanische Präsident *J. Nyerere:*

> „Kultur macht Wesen und Geist jeder Nation aus. Ein Staat ohne eigene kulturelle Vergangenheit ist nicht mehr als eine Art von Menschenansammlung, der das Lebenselement fehlt, das sie zu einer Nation macht. Von allen Verbrechen des Kolonialismus war keines schlimmer als der Versuch, uns glauben zu machen, daß wir keine eigenständige Kultur vorzuweisen hätten oder daß das, was wir hätten, wertlos sei – etwas wofür wir uns schämen müßten anstatt stolz darauf zu sein. Einige unter uns, vor allem jene, die eine europäische Erziehung erhalten haben, hatten sich vorgenommen, unseren Kolonialherren zu beweisen, daß wir auch zivilisiert sein können. Damit war gemeint, daß wir alle Verbindungen zu unserer eigenen Vergangenheit abgebrochen und gelernt hätten, ganz die europäische Lebensart zu übernehmen. Eine Zeitlang war es ein Kompliment, und nicht eine Beleidigung, jemanden, der die Europäer imitierte, einen „schwarzen Europäer" zu nennen . . . Wenn wir daran gehen, unsere eigene Kultur wiederzubeleben, dann bedeutet das keineswegs die Mißachtung der Kultur irgendwelcher anderer Länder. Eine Nation, die sich weigert, von ausländischen Kulturen zu lernen, kommt mir vor wie eine Nation von Verrückten . . . Aber von anderen zu lernen kann doch nicht bedeuten, daß wir unsere eigene Geschichte aufgeben. Am meisten können wir von jener Art von Erfahrung profitieren, die uns hilft, unsere eigene Kultur zu verbessern und weiter zu entwickeln (*J. Nyerere* in *L. A. Mbughuni*, 1974, 16).

Auf Ablehnung stoßen inzwischen selbst Entwicklungskonzepte von Linksparteien aus der Dritten Welt, wenn sie sich dem Verdacht aussetzen, das Selbstbestimmungsinteresse eigenständiger Kulturen zu mißachten. Aus einer Resolution bolivianischer Indios:

> „Es ist wichtig, den großen Weg, den uns unsere Vorfahren wiesen, von neuem zu beschreiten. Wir glauben auch nicht an die Verheißung jener Parteien, die sich als links bezeichnen und die den Indio nicht als Initiator seiner eigenen Bestimmung akzeptieren" (aus *T. Zülch*, Hg., 1975, S. 177)

Ein sicherlich wohlwollendes, aber dennoch paternalistisches Mißverständnis ist es also, wenn z. B. *W. Abendroth* davon ausgeht,

> „daß zur Zeit die außereuropäischen Revolutionen versuchen, Gedanken zu verwirklichen, die ihren Ursprung in der europäischen Arbeiterbewegung haben." (1965, 8)

Fortschritt und Unterentwicklung

Technik für morgen, . . . oder für Jahrtausende?

Das Vorurteil: Fortschritt durch moderne Technik

Beispiel 1: Das fortschrittliche Kleinkind

Beispiel 2: Kunstnieren für Nepal

Beispiel 3: Deutsches Wasser für Peru

Fortschrittsmaßstäbe

„Angepaßte Entwicklung“: Erfahrungen und Erfolge

13

Technik für morgen, . . . oder für Jahrtausende?

Der Assuan-Damm galt anfangs als Wunder der Bewässerungskunst und „neue Quelle des Lebens" für die Ägypter (Gamal Abd el-Nasser–. Bereits fünf Jahre nach seiner Einweihung (1976) sprach man von ihm bereits offen als Beispiel für eine „unangepaßte Technologie", wenn nicht gar als Entwicklungsruine. Der ägyptische Schriftsteller Gallab stellte die provozierende Frage: „Sollen wir den Assuan-Staudamm niederreißen?". Heute, 10 Jahre nach der Eröffnung, erkennt man erst in vollem Umfang die Probleme, die das Bauwerk und andere „Segnungen" industrialisierter Agrarwirtschaft für das komplizierte Ökosystem im Niltal mit sich bringen. Auszüge aus einem Bericht von *M. Urban* in der Süddeutschen Zeitung vom 5.12.1980:

„Ägypten ist zwar größer, als es die Bundesrepublik, Frankreich, die Benelux-Länder, Österreich, die Schweiz und Liechtenstein zusammengenommen sind, aber mehr als 95 Prozent des Landes sind wüst. Etwa tausend Menschen durchschnittlich leben auf einem Quadratkilometer fruchtbaren Landes, im Niltal also.

Die Landwirtschaft in Ägypten lebt seit jeher vom Nil. Bevor 1960 mit dem Bau des Assuan-Staudammes begonnen wurde, brachte der Strom den Menschen Wasser und fruchtbaren Schlamm. Bei Kairo ist die Schwemmlandschicht heute wohl tausend Meter dick. Nunmehr fließt der Nil infolge der Stauungen gleichmäßig, und er bringt keinen Schlamm mehr.

Die Bauern vor allem in Oberägypten müssen sich umstellen. Bisher wurden ihre Äcker (rund 30.000 Hektar Land) nur einmal im Jahr überflutet und gleichzeitig mit Schlamm überzogen. Jetzt nimmt – ohne Schlamm – die Fruchtbarkeit des Bodens ab. Und weil nun Wasser ständig zur Verfügung steht, wird es viel mehr genutzt. Die Pflanzen (zum Beispiel Zwiebeln) wachsen auch besser, aber nicht angepaßt an so viel Feuchtigkeit, verderben sie rasch.

Durch viele Kanäle wird in Unterägypten, im Nildelta also, seit vielen tausend Jahren das Nilwasser an die Felder gebracht. Mit Hilfe von Schöpfrädern, die auch heute noch meist von Rindern (mit verbundenen Augen und angetrieben von Kindern) bewegt werden (selten durch Pumpen), werden mit dem Nilwasser gezielt die einzelnen Äcker überflutet.

Damit verschlämmt natürlich der Boden leicht und wird weitgehend luftundurchlässig. Das Nilwasser löst einiges von den im Schlamm natürlicherweise vorhandenen Salzen (die einst in den Ursprungsgebieten des Nils ausgewaschen und mit dem Schlamm ins Delta verfrachtet wurden). Wenn nun die Sonne das Wasser auf den Äckern verdunsten läßt, wird das Salz wie durch eine Pumpe mit nach oben getrieben und fällt als weiße Schicht sichtbar an der Bodenoberfläche aus.

Ackerbau ist auf Dauer nur möglich, wenn durch Dränage (also möglichst tiefgehende, das Wasser absaugende Kanäle) das natürlicherweise im Schlamm nur sehr langsam versickernde Wasser wieder von den Feldern kommt. . .

Seit der Nilschlamm ausbleibt, weil er von dem (durch russische Fachleute falsch gebauten) Assuan-Staudamm zurückgehalten wird, verändert sich nachteilig die Bodenfruchtbarkeit. Der Boden verarmt zum Beispiel an Spurenelementen. Durch den Wasserstau in Oberägypten und das ständige langsame Abfließen des Nils, also auch die ständige Bewässerung, steigt auch im Nil-Delta der Grundwasserspiegel an. Die Versalzung des Landes nimmt zu, immer bessere Dränage ist notwendig. Der Anstieg des Grundwasserspiegels hat (abgesehen von der Bedrohung von Kulturdenkmälern) auch die weitere nachteilige Folge, daß der Boden stärker durch Nematoden (Fadenwürmer) verseucht wird. Nicht zuletzt begünstigt der Staudamm das Gedeihen von Erregern beziehungsweise Überträgern der Bilharziose, Malaria und des Gelbfiebers.

Im Nationalen Forschungszentrum in Kairo arbeitet eine Gruppe ägyptischer Wissenschaftler (mit Unterstützung des Bundesministeriums für Wirtschaftliche Zusammenarbeit) daran, die Böden des Landes auf ihren Gehalt an Spurenelementen zu untersuchen, damit dann das Fehlende gezielt zugesetzt werden kann...

Pflanzenschutz mit chemischen Mitteln wird in Ägypten vorzugsweise zum Schutz der Baumwoll-Kulturen betrieben. 80 Prozent aller im Lande verwendeten Pestizide (darunter die giftigsten und am meisten persistenten) gelangen auf die Baumwollfelder. Größtenteils werden sie via Flugzeug versprüht. Hier hat aber der einzelne Baumwoll-Bauer nichts zu sagen, sondern der Staat entscheidet und läßt spritzen. Damit kann dem individuellen Entwicklungsstand und Schädlingsbefall nur wenig präzis Rechnung getragen werden.

Beim chemischen Pflanzenschutz hat das Entwicklungsland Ägypten seine Erfahrungen mit der Weisheit der entwickelten Länder machen müssen. Dies gerade deutschen Wissenschaftsjournalisten sowie Experten des Industrieverbands Pflanzenschutz der Bundesrepublik (IPS) bei einem Besuch an Ort und Stelle genau zu schildern, war jetzt offensichtlich dem ägyptischen Wissenschaftler A. E. El-Sebae von der Universität Alexandria besonders wichtig.

Im guten Glauben an die Qualität dessen, was aus den USA kommt, setzte man in Ägypten seit 1968 zunehmend zum Schutz der Baumwollkulturen auf Leptophos, einen Phosphorsäureester. Wenige Wochen nach einer Behandlung via Flugzeug starben im Jahr 1971 in Ägypten etwa 1200 Wasserbüffel. In langwierigen Versuchen gelang es den ägyptischen Forschern, nachzuweisen, daß und warum Leptophos auf viele Lebewesen neurotoxisch wirkt. Leptophos reichert sich im Fettgewebe an, wirkt auf den Gehirnzellstoffwechsel ein und führt zu – unter Umständen tödlichen – Lähmungserscheinungen. Auch Menschen, die mit dem Pestizid umgingen, erkrankten. Das Mittel wurde in Ägypten früher verboten als in den USA, obgleich die ägyptischen Forscher, wie sie heute beklagen, vier Jahre lang dazu brauchten, ihre Regierung von der Notwendigkeit des Verbots zu überzeugen.

Der Fall erscheint exemplarisch dafür, wie begrenzt das Wissen von Pflanzenschutzmittelherstellern auch heute noch ist, wie grenzenlos aber andererseits unter Umständen ihr Selbstvertrauen in die Qualität der eigenen Forschung und wie rasch damit das Vertrauen gerade der Entwicklungsländer verspielt werden kann."

Riesenhaftes Bewässerungsrad bei Hama in *Syrien.*
(im Nahen Osten seit über 300 Jahren in diesen und verwandten Konstruktionen gebräuchlich)

Bewässerungegeometrie im alten *Ägypten.*
Ein Panorama angewandter Geometrie ist dieses Feld, das durch Bewässerungskanäle und -gräben in unzählige regelmäßige Rechtecke geteilt ist. Um im Niltal überleben zu können, mußte der Mensch zum Ingenieur werden. Als Antwort auf die Gewalt der Flut erfanden die Ägypter die Grundlagen der Geometrie. „Seilspanner“ wurden die Beamten genannt, die verwischte Besitztumsgrenzen neu zogen. (Brockhaus)

Das Vorurteil:
Fortschritt durch moderne Technik

Fortschritt durch moderne Technik und andere Errungenschaften unserer Zivilisation – das ist doch keine Frage und schon gar kein „Vorurteil"! Manchem Leser wird an dieser Stelle des Buches so oder ähnlich der Kragen platzen: Gut, es mag sein, daß wir bisher die kulturellen Leistungen ferner Gesellschaften unterschätzt haben und es kann auch zugestanden werden, daß sich Europäer und Amerikaner in der Vergangenheit nicht überall auf der Welt immer als Musterdemokraten aufgeführt haben. Aber das kann doch nicht heißen, daß wir alle unsere Errungenschaften, insbesondere nicht unsere wirklichen Stärken in den Schmutz ziehen sollten? Immerhin ist doch die „Dritte Welt" gerade auf technisch-wissenschaftlichem Gebiet noch wirklich rückständig und kann ohne unsere Hilfe auf diesem Gebiet kaum jemals hoffen, auch nur einigermaßen die eigenen wirtschaftlichen und sozialen Probleme in den Griff zu bekommen!

Dieses Kapitel wird die eben geschilderte Meinung nicht einfach zu widerlegen suchen, weil sie tatsächlich nicht völlig falsch ist: Zumindest in bestimmten Bereichen der gesellschaftlichen Entwicklung werden zahlreiche unter den alten und jungen Nationen Afrikas, Asiens und Lateinamerikas geeignete Formen der Unterstützung dringend benötigen. Was sie aber vor allem benötigen, ist eine *Neuordnung der internationalen Wirtschafts- und Handelsbeziehungen,* die (trotz Öl-OPEC) nach wie vor weitgehend von Großunternehmen und Spekulanten aus den Industrieländern dominiert werden. Analysen, wie sie im Rahmen der UNO (z. B. „Multinational corporations in World Development", 1973) und von anderen Institutionen in den letzten Jahren vorgelegt wurden, ließen erkennen, daß ein großer Teil der in der 3. Welt tätigen euro-amerikanischen Industriefirmen sich – insgesamt gesehen – für die Wirtschaft und das Sozialgefüge der betroffenen Länder eher negativ auswirken.

So ist es dann auch kein Wunder, daß heute die Entwicklungspolitik oft genug dazu dienen muß, erst vor kurzem begangene *Investitionsfehler* auszugleichen: Ungeeignete oder zu aufwendige technische, wirtschaftliche oder pädagogische Maßnahmen verringerten z. B. in einigen Ländern die Möglichkeit zur Selbstversorgung in der Landwirtschaft durch die Notwendigkeit, Güter für den Weltmarkt zu produzieren, um Devisen zur Schuldentilgung zu erwirtschaften. Zugleich wurden vielfach Arbeitsplätze vernichtet, die sozialen und kulturellen Grundlagen eigenständiger Voksgruppen zerstört und Gesellschaften in ein „permanentes Reparatursystem" verwandelt, das keine Bedürfnisse befriedigte, sondern nur ständig neue schaffte, für deren Abdeckung man wiederum ausländischer „Hilfe" und neuer Devisen bedurfte.

Ein großer Teil der technischen und finanziellen Unterstützung betrifft im übrigen die volkswirtschaftlich in jeder Hinsicht schädlichen *Rüstungsgüter* (der internationale Handel mit schweren Waffen wird zu je 1/3 von den USA und der UdSSR, zu je 10% von Großbritannien und Frankreich kontrolliert). Die Rüstungsausgaben der Staaten in der 3. Welt lagen 1976 mit ca. 51 Mrd. Dollar doppelt so hoch wie die offizielle „friedliche" Entwicklungshilfe, die diesen Ländern zuteil wurde (Angaben aus dem Jahrbuch 1977 des SIPRI-Instituts Stockholm).

Nachdenklich über unsere Fortschrittsideale muß auch der Vergleich mit technischen und organisatorischen „Entwicklungsprojekten" der Vergangenheit stimmen. Die Leistungen, die hier in den *alten Hochkulturen* vollbracht wurden, sind selbst unter heutigen Maßstäben noch Weltwunder. Wie war es möglich, Großtechniken nach der Art der seit vielen tausend Jahren von Peru bis in die Türkei funktionierenden Bewässerungsanlagen zu entwickeln und warum laufen von uns errichtete wassertechnische Großanlagen Gefahr, gleich wieder überholt zu sein oder mehr Schaden als Nutzen zu stiften?

Nicht nur die wirtschaftlich-technische Konkurrenz mit den antiken Hochkulturen führt zu derartigen Fragen. Auch die *„primitiven" Wirtschaftsformen* schneiden im Vergleich keineswegs schlecht ab, zumal dort Anspruch und Wirklichkeit von Systemen im allgemeinen nicht ganz so weit auseinanderklaffen wie bei uns. Wir lächeln über die „Sammler und Wildbeuter" und halten uns für eine gehobene Vorratswirtschaft, deren Arzneimittel aber nach zwei Jahren unbrauchbar sind, deren Küchenvorräte nur für wenige Wochen ausreichen, deren Wirtschaft bei einem einzigen Öl-, Transport- oder Führungsboykott binnen weniger Wochen oder – wie im Winter 1978/79 – nach einem Schneesturm – binnen weniger Stunden zusammenbricht. Wir erheben uns über die armen Primitiven, weil sie die schöne Geldwirtschaft verschmähten, obwohl sie heute weltweit verbreitete gesellschaftliche Probleme wie Arbeitslosigkeit, „Bevölkerungsexplosion", Slum, Hunger, Isolation, fehlende Mitbestimmung und gestörtes ökologisches Gleichgewicht entweder nicht kannten oder doch besser zu lösen vermochten als wir. Wie teuer ein „Fortschritt" selbst dann noch werden kann, wenn er an den elementaren Lebensinteressen der Bevölkerung vorbeigeht, wird in diesem Kapitel auch an Beispielen aus unserer eigenen Gesellschaft vor Augen geführt: Überentwicklung und Unterentwicklung liegen eng beieinander – sie sind die Kehrseiten der Fortschrittsmedaille, nicht aber die Medaille selbst.

Beispiel 1: Das fortschrittliche Kleinkind

Es gibt Anzeichen dafür, daß wir den „Fortschritt", dessen Ziele und Maßstäbe wir bereits als revisionsbedürftig erkannt haben, selbst dann noch in die „Dritte Welt" exportieren, wenn er dort die Entwicklung eher hemmt als fördert. Das *Beispiel Baby-Ernährung:*

> „Vor 50 Jahren stillten fast alle Mütter ihre Kinder. Als die Flaschennahrung aufkam, wurde die Flasche zum Symbol aufgeklärter Mutterschaft in der westlichen Welt. Eine gute Mutter wußte, daß Babys an der Brust gewöhnlich nicht genug Nahrung bekamen, und sie hatte auch genug Geld, um sich Flaschennahrung leisten zu können. In jüngster Zeit lehnt man die Flaschennahrung nun wieder ab, und das Stillen wird vor allem in den mittleren und oberen Schichten als unerläßliche Voraussetzung für eine normale Entwicklung des Kindes angesehen." *P. Good*, 1976, 53)

Ganz sicher setzen sich solche neuen Verhaltensweisen vor allem aufgrund modischer Anpassungszwänge durch, beruhen also (ähnlich wie veränderte Eßgewohnheiten und Trends in Design oder Architektur) nicht primär auf rationalen Überlegungen.

Kinderbett aus bundesdeutschem Versandhaus-Katalog. Es „wächst" mit dem Baby durch Verstellen des Bodens.

Auch während der Arbeit tragen die Bidjogofrauen ihre Kinder mit sich herum. Das Kind sitzt auf dem Sattel sicher und bequem. (Bidjogo – südamesischer Volksstamm auf den Bissago-Inseln)

Dennoch gibt es gerade in diesem Fall auch eine Reihe von sachlichen Begründungen, die von Psychologen, Ärzten, Pädagogen und Anthropologen in den letzten Jahrzehnten gegeben wurden und die ein reflektierteres Verhältnis der Eltern bei der Aufzucht ihrer Kinder mitbewirkt haben dürften. Der „Fortschritt" ist dabei im Grunde eine Rückgewinnung verlorengegangener Traditionen, darunter z. B. der Erkenntnis, daß der Mensch als „Frühgeburt" bezeichnet werden kann und daher in der ersten Lebensphase besonderer Zuwendung bedarf:

> „Ein hilfloser Nestflüchter – so erscheint der neugeborene Mensch dem Zoologen ... (Erst) nach einem Jahr erlangt der Mensch den Ausbildungsgrad, den ein seiner Art entsprechendes echtes Säugetier zur Zeit der Geburt verwirklichen müßte." (*A. Portmann* 1956, 49)

Zum Ausgleich dieses Spätentwicklertums sind in den meisten Kulturen bestimmte Verhaltensweisen ausgebildet worden, die insgesamt darauf hinauslaufen, dem Kind (und der Mutter) in den ersten 2 - 3 Jahren einen „Schonraum“ zuzubilligen. Diese *Schonung und Zuwendung* besteht unter anderem in der Vermeidung von Frustration und Leistungsdruck sowie in möglichst engem Körperkontakt von Mutter oder Geschwistern mit dem Kleinkind bzw. in besonderen Vorrichtungen (Tragetücher usw.), in denen es herumgetragen wird.

Die natürliche Kleinkind-Ernährung, das Stillen durch die Mutter, ist ohne weiteres in diesen Zusammenhang einzuordnen: Es geht dabei also nicht nur um die für das Kind in der Tat besonders förderliche Zusammensetzung der Muttermilch, sondern zugleich auch um die Entwicklung emotionell-körperlicher Empfindungen, die mit der ‚Babyflasche – einem „unterschobenen Objekt, das die Brust imitiert“ (M. *Mead*, 1960, 197) – behindert wird.

Was man bei uns mehr und mehr als Rückschritt erkennt, nämlich die Einengung der vielseitigen Mutter-Kind-Beziehung beim Stillen auf ein Problem möglichst rationeller Ernährung, bestimmt nach wie vor die Marktperspektiven einer auf stetiges Wachstum ausgerichteten Nahrungsmittelindustrie. Deren Absatzmöglichkeiten haben sich allerdings durch den Geburtenrückgang bei uns verschlechtert. Auch die verlustreiche Argarsubventionspolitik der Regierungen in den Industrieländern, die zum Beispiel einen „Trockenmilchberg“ von extremem Ausmaß produziert (allein in der Europäischen Gemeinschaft wuchs er vom Juli 1973 bis zum Juli 1975 von 129.000 Tonnen auf 790.000 Tonnen, und auch 1980 produziert hier z. B. die Bundesrepublik noch das Doppelte der benötigten Menge), läßt den Ruf nach neuen Absatzmärkten bei uns immer lauter werden.

So bieten sich die Staaten der Dritten Welt als neuer Markt geradezu an, nicht nur wegen der hohen Kinderzahl und der bis vor kurzem noch vorherrschenden traditionellen Ernährungsweise, sondern auch zur Demonstration entwicklungspolitischen Missionsgeistes. Dr. A. Fürer, Delegierter des Verwaltungsrats der NESTLE AG (des größten Herstellers von Kindernahrung in der Welt) rühmt z. B. die entwicklungsfördernde Rolle multinationaler Konzerne folgendermaßen:

> „Wer ... oberflächlich urteilt, übersieht, daß die Wirkungsweise einer industriellen Investition überall die gleiche ist, ob es sich nun um ein Industrieland oder ein Entwicklungsland handelt. Investitionen bringen Kenntnisse und schaffen Arbeitsplätze, das heißt sie sind die Voraussetzung, um durch sachgerechte Arbeit den Wohlstand zu mehren.“ (FAZ, 6.8.1977)

Ob tatsächlich jede Investition großer Unternehmen in der Dritten Welt geeignet ist, den „Wohlstand“ in diesen Ländern zu mehren, darf freilich gerade bei den Einrichtungen zur industriell verarbeiteten Babynahrung des weitverzweigten Nestle-Konzerns beweifelt werden:

> „Während Ärzte, Frauenzeitschriften und Psychologen den Müttern in der westlichen Welt zunehmend raten, ihren Kindern statt der Flasche die eigene Milch zu geben, verläuft der Trend in der Dritten Welt umgekehrt. Daß diese Entwicklung folgenschwer sein kann, davor warnte die „Eiweiß-Kalorien-Berater-Gruppe der Vereinten Nationen“ (PAG) schon 1971: „Die weite Verbreitung

teuer verarbeiteter Kleinkindernahrung und die unterschiedslose Werbung dafür können in gewissen Situationen eine schwere Bedrohung für den Gesundheitszustand der Kinder, für die sie bestimmt sind, darstellen" . . .

Am Anfang stehen nicht gegebene *hygienische Verhältnisse,* die bei uns selbstverständlich sind, die in den Elendsquartieren von Bombay oder Lusaka, vor allem aber in dörflichen Gegenden der Dritten Welt vorerst Illusion bleiben: fließendes Wasser, ein Herd zum Sterilisieren der Saugflasche, ein Kühlschrank zum Abkühlen. Das alles gibt es für die junge Mutter nicht, die in vielen Fällen auch nicht die Gebrauchsanweisung lesen kann. Damit nicht genug. Wo eine Familie für die künstliche Nahrung zwischen 20 und 30 Prozent des gesamten Monatseinkommens ausgeben muß, ist die Versuchung groß, das weiße Pulver über die angegebenen Rationen hinaus zu strecken, und so die Kosten zu senken . . .

Unter den geschilderten hygienischen Bedingungen werden Flasche und Milchpulver zu *Infektionsherden,* während gleichzeitig eine „Verlängerung" des Pulvers die in den ersten Monaten lebensnotwendige Menge von Eiweiß und Vitaminen verringert. Der Säugling ist zweifach bedroht: die Infektionen führen zu Darmerkrankungen; der ohnehin geschwächte Organismus bekommt nicht die nötigen Aufbaustoffe und kann schließlich selbst die zu geringen Mengen an Milchpulver nicht mehr verarbeiten. Sehr schnell zeigen sich die Folgen der zwei verbreitetsten *Protein-Energie-Mangelkrankheiten* (PEM): ausgemergelte Greisen-Babys mit ängstlichem Gesichtsausdruck und unzähligen Falten (Marasmus) oder aufgeschwemmte Bäuche und Glieder, schütteres Haar und ein apathischer Blick (Kwashiorkor). Kaum eine Aktion für Entwicklungshilfe, in deren Werbung wir nicht mit solchen Elendsgestalten konfrontiert werden.

Mit dem zu frühen Abstillen entfällt in der Dritten Welt außerdem ein für die Entwicklungsländer nicht unwesentliches Regulativ der *Geburtenbeschränkung.* Einmal wird in vielen Gegenden traditionell der Säugling zwei, drei Jahre lang von der Mutter ernährt, die in dieser Zeit keinen Geschlechtsverkehr hat. Zum zweiten hat die Wissenschaft einen alten Volksglauben inzwischen anerkannt, wenn auch nicht ganz erklären können: Produktion und Abgabe von Muttermilch wirken wie ein empfängsnisverhütendes Mittel.

Es kann keinen Zweifel geben: Muttermilch ist zumindest in den ersten zwölf Monaten die vollwertigste, problemloseste und hygienischste Nahrung für das Neugeborene. In Chile haben Untersuchungen den Beweis erbracht, daß zwischen Flaschennahrung und *Kindersterblichkeit* ein eindeutiger Zusammenhang besteht . . .

Doch es geht nicht nur um Menschenwürde und Lebenschancen für den einzelnen. Der Ersatz von Muttermilch durch künstliche Produkte ist eine Verschwendung, die sich die Volkswirtschaften der Entwicklungsländer nicht leisten können. Dr. Alan Berg, Ernährungsfachmann der Weltbank, schätzt, daß allein in Chile durch das frühe Entwöhnen 80 000 Liter Muttermilch ungenutzt bleiben. Statt dessen wird die ohnehin seltene Kuhmilch auch noch zur Herstellung der Flaschennahrung gebraucht. Nach der sehr konservativen Schätzung von Dr. Berg belaufen sich die dafür nötigen zusätzlichen *Kosten* weltweit auf 1000 Millionen Dollar. In Kenia werden die zusätzlichen Kosten aufgrund der nicht genutzten Muttermilch auf 11,5 Millionen Dollar geschätzt, das sind zwei Fünftel des jährlichen Gesundheitsbudgets. Außerdem sind wegen der Krankheitsanfälligkeit die medizinischen Kosten für ein Flaschenkind zehnmal so hoch wie für das Baby, das mit Muttermilch ernährt wird.

Warum stößt, was in der Theorie so einsichtig ist, in der Praxis auf so taube Ohren? Die Eiweiß-Kalorien-Berater-Gruppe nennt drei Gründe: ein Wandel der Lebensgewohnheiten und Werte, die Praktiken der nationalen Gesundheitsdienste sowie die Werbung der Säuglingsnahrungshersteller . . .

Wie in den westlichen Ländern um die Jahrhundertmitte ist die Säuglingsflasche in der Dritten Welt zum *Symbol von Luxus und gesellschaftlichem Ansehen* geworden. Gleichzeitig wurde die weibliche Brust unter dem Einfluß westlicher Ideale zum tabuisierten *Schönheitsideal,* das man nicht durch das Stillen „verschandeln" möchte." (*B. Beuys,* 1975, 26ff.)

Daß bei dieser psychologischen Ausgangslage die massive Werbung der Kindernahrungsfirmen speziell in den unteren Sozialschichten auf guten Boden fallen mußte, steht außer Zweifel, doch kann man nicht allein das Prestigebedürfnis der Mütter für die Zunahme der künstlichen Ernährung verantwortlich machen. Vielmehr operierten die Hersteller auch mit Werbetaktiken, die ein amerikanischer Ernährungsfachmann durchaus zutreffend als „heimtückisch" bezeichnet hat: Es wurden nämlich sogenannte „Milchschwestern" (ehemalige Krankenschwestern oder als solche verkleidete „Ernährungsberaterinnen") eingesetzt, die den Anschein zu erwecken suchten, daß es sich bei der Milchflasche nicht nur um eine „fortschrittliche", sondern auch um eine gesundheitsfördernde Neuerung handele. Diese Praktiken stoßen in einigen Staaten der 3. Welt zunehmend auf Ablehnung (u. a. in Tansania, Papua/Neu-Guinea, Niger).

Heute prangern auch, so ein aktueller Bericht von Maria *Frisé* in der FAZ vom 13.5.1981 „internationale Hilfsorganisationen wie die Weltgesundheitsorganisation und das Kinderhilfswerk der Vereinten Nationen diese Art von Werbung an . . . Es handelt sich immerhin um einen Umsatz, der 3 bis 4 Milliarden Dollar erreicht und der mit Hilfe modernen Marketings jährlich erhebliche Wachstumsraten aufweist.

Den Herstellern von Säuglings- und Kindernahrung wird vorgeworfen, sie rühmten ihre Erzeugnisse als gleichwertig, ja sogar als besser denn Muttermilch; insbesondere Frauen, die kaum lesen und schreiben könnten, ließen sich durch die Werbung verführen, ihre Kinder nicht zu stillen, sondern sie mit Flaschenmilch zu ernähren – was, wie man heute weiß, zur Folge hat, daß die Krankheitsanfälligkeit der Kinder um das Fünf- bis Zehnfache steigt.

Die Weltgesundheitsorganisation und das Kinderhilfswerk der Vereinten Nationen wollen nun mit einem Kodex die Werbung für Säuglings- und Kleinkindernahrung weitgehend einschränken und mit Auflagen versehen.

In Brasilien läuft zur Zeit eine staatlich unterstützte Kampagne, die sogar auf den Scheinen des Fußball-Totos mit der Parole wirbt: „Stille dein Kind!" Wissenschaftler hatten die Öffentlichkeit mit ihrem Forschungsergebnis alarmiert. In Rio de Janeiro, hatten sie herausgefunden, seien viele der mit der Flasche aufgezogenen Babys unterernährt. Die Vollversammlung der Weltgesundheitsorganisation erhält nun auch aus anderen Ländern der Dritten Welt Unterstützung für ihren Kodex."

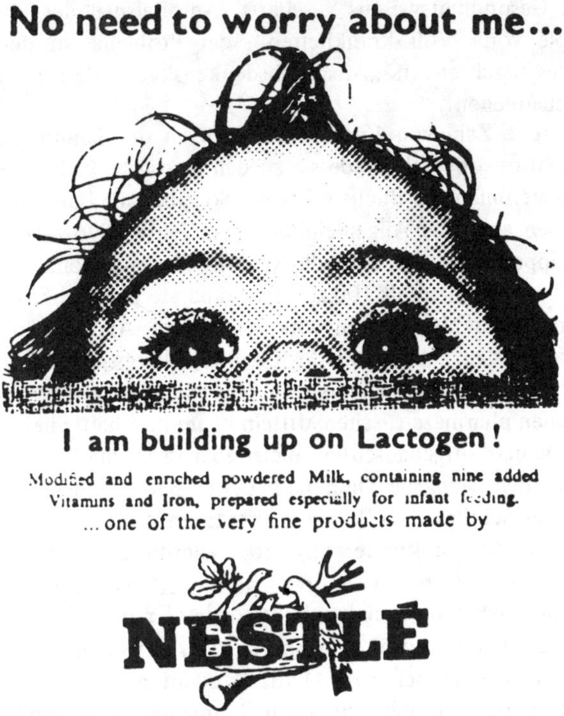

Vor diesem Hintergrund und unter Berücksichtigung der *Vergeudung von Milliardenbeträgen* zum primären Nutzen weniger multinationaler Firmen, wirkt die angebliche Uneigennützigkeit, mit der laut *A. Fürer* (Nestlé AG) diese Gesellschaften am „Entwicklungsprozeß" der 3. Welt teilhaben wollen, wie platter Zynismus:

> „Die multinationalen Gesellschaften ... verfügen über die notwendige Erfahrung, das auch bei ihnen nicht unbegrenzte Kapital so einzusetzen, daß es den Wünschen und Hoffnungen der Staaten der dritten Welt am besten nützt." *(FAZ v. 6.8.1977)*

Beispiel 2: Kunstnieren für Nepal

Wie zwiespältig die Segnungen des „Fortschritts" und vor allem seine unreflektierte Übertragung in die Länder der Dritten Welt sein können, läßt sich auch am Beispiel der allgemeinen medizinischen Versorgung demonstrieren, besser: am Auseinanderklaffen zwischen dem Standard der *Allgemeinmedizin* und der *Spezialmedizin.* Die Kosten der sich rasch entwickelnden und hochtechnisierten Spezialmedizin gehen weitgehend zu Lasten der allgemeinmedizinischen Versorgung breiter Bevölkerungskreise. Dabei handelt es sich keineswegs um typische Schwierigkeiten der Entwicklungsländer: Der rasche Zuwachs bei den Gemeinschaftskosten für medizinische Dienstleistungen (Soziale Krankenversicherung) und so manche teure Klinik-Bauruine haben auch im Westen das Bewußtsein für bestimmte Fehlentwicklungen unseres Gesundheitswesens geschärft. Am Beispiel der immer noch ungeklärten Therapie von „Volkskrankheiten", der Probleme in der Mediziner-Ausbildung und des wachsenden „Anspruchsdenkens" der Bürger lassen sich solche Defizite veranschaulichen:

Gegen eine große Zahl von *Volkskrankheiten* ist die Schulmedizin noch immer weitgehend machtlos, obwohl gerade sie zu den häufigsten zählen und sich entsprechend in der Kostenbilanz zu Buche schlagen. So gaben die Bundesbürger – und über die Krankenkassen auch die Allgemeinheit – im Jahre 1976 zwar rund 580 Millionen DM für „Grippemittel" aus, doch die Stiftung Warentest kam im darauffolgenden Jahr bei einem Test von mehr als 100 solcher Präparate zum Schluß, daß kein einziges dieser Medikamente Erkältungsviren wirklich abtötet. Auch anderen Massenkrankheiten wie etwa Kreislauf-„Anomalien", Rheuma, Allergien, Funktionsstörungen im Magen-Darm-Bereich, Kopfschmerzen und Migräne, Zahnverfall oder Impotenz ist mit herkömmlichen pharmazeutischen Mitteln kaum nachhaltig beizukommen.

Die oft spektakulär aufgebauschten, meist aber in Kleinarbeit und durch eine auf den ganzen Menschen bezogene Therapie erzielten Behandlungserfolge von Heilpraktikern und von der Schulmedizin kaum anerkannten Außenseitern unter den Ärzten (Neuraltherapeuten, Akupunkteure etc.) haben allerdings dazu beigetragen, daß man sich heute wieder bestimmter „vorwissenschaftlicher" Traditionen und auch außereuropäischer Erfahrungen in der Behandlung solcher Krankheiten bedient.

Im Rahmen der bereits erwähnten *Spezialisierungstendenzen* in der Medizin der Industrieländer zieht es immer mehr Medizinstudenten zur Facharztausbildung. Die Versorgungsdichte vor allem der ländlichen Räume mit Allgemeinpraktikern ist nach wie vor ein gesamteuropäisches Entwicklungsproblem. In gewisser Hinsicht verschärften Versicherungen und Ärzteorganisationen dieses Problem, indem sie Gebührenordnungen Untersuchungen mithilfe spezieller medizinischer Apparaturen und Labore besonders hoch, das gründliche diagnostische oder therapeutische Gespräch zwischen Arzt und Patient dagegen besonders niedrig veranschlagen. Immer weniger Ärzte sind inzwischen auf eine „krankenzentrierte", immer mehr dagegen auf eine krankheitszentrierte Behandlung eingestellt (*J. Junkersdorf,* 1975, 165 ff.) und die „Fünf Minuten pro Patient" sind bereits sprichwörtlich geworden (*E. Balint/ J. S. Norell,* 1975).

Die Einrichtungen zur medizinischen Versorgung werden immer mehr zu einem unter vielen *Dienstleistungsangeboten* des Wohlfahrtsstaates. Eine Prüfung der Belegung der Krankenhäuser in Nordrhein-Westfalen ergab zum Beispiel 1977, daß die vergleichsweise teuren Klinikbetten vielfach als Pflegeplätze für ältere Menschen genutzt wurden, die Krankenhäuser zudem gerade in kleineren Orten oft nur wegen des damit verbundenen Lokalprestiges errichtet und ausgebaut werden. Da ein großer Teil der mit herkömmlichen Mitteln behandelten „Krankheiten" – je nach Symptom zwischen 20 und ca. 60% – nicht primär organischer sondern „seelischer" (psychosomatischer) Natur sind, ergibt sich hier das Bild, daß unser Gesundheitswesen sich in gewissem Sinne seine Kranken selber züchtet: Ginge es z. B. nach der Zahl der in der Bundesrepublik pro Jahr abgerechneten Krankenscheine der Sozialversicherung (1977 über 200 Mill.), könnte man zum Schluß kommen, daß der Durchschnittsbürger entweder ständig „krank" ist oder dauernd seinen Arzt wechselt.

Wieviel Nutzen bringen Spezialärzte und Spezialmedikamente?

„In der *Krankenversorgung* führt die zunehmende Aufsplitterung in Spezialdisziplinen unter anderem zu dem Problem, wie Kliniken organisiert werden sollen, in denen alle für die Klärung eines Krankheitsbildes und seine Behandlung erforderlichen Spezialisten zugezogen werden können. Oder wie ein Kranker überhaupt den für ihn zuständigen Spezialisten finden soll . . .

Spezialisten sind nur auf ihrem Gebiet Experten. Mit zunehmender Spezialisierung verlieren sie die Kompetenz als Patientenberater. Das ist deshalb gefährlich, weil die medizinischen Disziplinen, der Einteilung der Anatomie folgend, Organfächer sind, Krankheiten sich aber fast nie auf ein Organ beschränken. So kann man ohne Übertreibung sagen, daß ein Kranker bei einem hochspezialisierten Arzt nicht nur häufig unzureichend versorgt, sondern auch in Gefahr ist, falsch behandelt zu werden. Fehldiagnosen und Fehlbehandlungen durch Überspezialisierung gehören ebenfalls zur Kontraproduktivität in der modernen Medizin . . .

Das Problem, diese Fächer zu integrieren, war ungelöst; man überließ es den Fachvertretern, sich mit einer Dekanatssekretärin über den Lehrplan abzustimmen, und erwartete von den Studenten, daß sie sich aus 24 Spezialaspekten selber das Bild einer einheitlichen Medizin zusammensetzen würden. Die neue Approbationsordnung, die seit kurzem die alte Bestallungsordnung abgelöst hat, stand bereits vor der Aufgabe, 42 Fächer am Unterricht zu beteiligen. In wenigen Jahren werden es über 60 Fächer sein, und diese Entwicklung geht ständig weiter. Es gehört nicht viel Phantasie dazu, um einzusehen, daß die schon vorher ungelösten Ausbildungsprobleme jetzt nicht mehr auf die herkömmliche Weise zugedeckt werden können. Die Wissensexplosion in jedem einzelnen Fach und die kürzer werdende Halbwertzeit des Wissens verlangen zwingend eine Begrenzung auf ein erforderliches Grundlagenwissen und Grundlagenkönnen. Aber wo sind die Kriterien, um diese Grundlagen und damit das Ausbildungsziel des Arztes zu definieren?"

(*T. v. Uexküll,* 1976, 120 f.)

Richtiger ist wohl, daß Gesundheit und Krankheit zwar begrifflich Gegensatzpaare sind, in der Praxis aber oft kaum auseinandergehalten werden können – unser *Krankheitsbegriff* ist revisionsbedürftig. Dafür sprechen schon Beobachtungen, die man jeden Tag machen kann: Redet man etwa über einen älteren Menschen und attestiert ihm eine „zufriedenstellende Gesundheit", dann sind dabei meist eine ganze Reihe altersbedingter Leiden oder Beschwerden (Rheuma, Arthritis, Kreislaufprobleme, Weitsichtigkeit, Haar- und Zahnausfall, Gedächtnis- oder Sprachstörungen etc.) von vornherein als nicht weiter erwähnenswert mit einkalkuliert. Geradezu in einen ernsten Konflikt geraten Sprache und Verhalten zum Beispiel auch, wenn wir mit dem Wunsch „Zum Wohl" oder „Zur Gesundheit" ein Glas durchschnittlichen Moselweins ergreifen und einander zuprosten – schwefelige Säure, Zuckerung und andere „Zutaten" sorgen hier dafür, daß dieser freundliche Spruch kaum in Erfüllung gehen kann. Aus einer Arztpraxis im Fränkischen ist folgende treffende Äußerung einer wartenden Patientin über eine soeben ins Sprechzimmer entschwundene Bekannte verbürgt: „Wos mus die Fraa (Frau) fier a eiserna Gsundheit hom (haben), des die oll die Gränk (Krankheiten) derdrächd (aushält)!"

Dadurch, daß wir reich genug sind, große Teile unseres Sozialprodukts in die medizinische Versorgung hineinzustecken und uns dabei auch intensiv um „Fälle" zu kümmern, die bei sinnvollerer Lebensweise und bei weniger Streß im Alltagsleben sich als Krankheiten gar nicht ausprägen könnten, gelingt es uns, durch Quantität noch einigermaßen auszugleichen, was uns an gesundheitlicher und ärztlicher Qualität verloren geht. Die sogenannten Entwicklungsländer sind hier in einer anderen Lage: Einerseits können sie – jedenfalls in den eher ländlichen Gebieten – davon ausgehen, daß die Bevölkerung sich, trotz oder wegen der oft schlechten hygienischen Verhältnisse, in ihrer Lebensweise auf zahlreiche Gesundheitsrisiken eingestellt und sogar eine beachtliche Immunität gegen bestimmte Krankheitserreger entwickelt hat, die sich für die Gesundheit eines Europäers fatal auswirken müßten (z. B. Tuberkulose). Auch sind außerhalb der großen Städte zumindest noch Reste einer traditionellen Volksmedizin verbreitet, auf deren Erfahrungen selbst die europäische Medizin inzwischen wieder aufbaut. Doch stellen sich vor allem in den Einzugsgebieten der großen Städte mit ihren Slumzonen ohne nennenswerte sanitäre und medizinische Infrastruktur die Probleme inzwischen völlig anders dar: Ob in Santiago de Chile, Lagos oder Kalkutta, stets trifft man auf Millionen von Menschen, die ihrer sozialen Bezüge und damit auch ihrer körperlich-psychischen Stabilität weitgehend beraubt wurden und deren Widerstandskraft gegen Epidemien, Mangel- und Zivilisationskrankheiten etwa so gering ist wie ihre Chance einer qualifizierten medizinischen Versorgung.

Das Dilemma der Gesundheitspolitik in den meisten Ländern der „Dritten Welt" formulierte der tansanische Präsident *J. Nyerere:*

> „Wir müssen „tanzanianisch denken", bei der Gesundheit wie bei anderen Dingen. Es hat keinen Sinn, wenn wir bei den Gebäuden, sanitären Anlagen und Einrichtungen unsere ländlichen Gesundheitszentren so hohe Maßstäbe zugrunde legen, daß wir es uns lediglich leisten können, ein oder zwei pro Jahr zu bauen anstelle der Hunderte, die nötig sind. Für unser Volk ist wichtig, daß es medizinische Fürsorge erhält, es braucht keine Paläste . . .
>
> Selbst in den Städten muß sich diese Einstellung durchsetzen. Wir haben gegenwärtig einige wunderbare Krankenhäuser mit komplizierten Geräten. Aber sind wir uns auch darüber im klaren, wieviel es kostet, diese Gebäude und Geräte zu unterhalten? In Zukunft müssen wir es uns zehnmal überlegen, ehe wir solche ständigen Ausgaben auf uns nehmen. Denn im Gesundheitswesen wie bei anderen Dingen müssen wir uns zuerst auf die grundlegendsten Bedürfnisse konzentrieren. Wir können es uns nicht leisten, Einrichtungen zu haben, mit denen wir einigen wenigen Menschen mit speziellen Herzkrankheiten eine fortschrittliche Behandlung angedeihen lassen können, während die Massen unseres Volkes nicht in der Lage sind, ganz gewöhnliche Krankheiten behandeln zu lassen, die ihr Leben elend machen. Das ist ein harter Satz, aber es geht hier um Prioritäten." (aus: DER ÜBERBLICK Nr. 3/1975)

Vielen europäischen Beobachtern ist die Ambivalenz unserer Fortschrittsvorstellungen gerade im Bereich der Medizin aus eigener Anschauung ebenfalls bewußt geworden. Der Schweizer Arzt *F. Perabo* in einem Leserbrief:

„Im Zentrum von Abidjan, auf dem ganz europäisch gestalteten „Plateau", wurde die „Cité Aesculap" gebaut – moderne Appartements für Ärzte, doch nur für weiße Ärzte. Im residentiellen Stadtteil Cocody entstand das riesige, hochmoderne, elektronisch gesteuerte Krankenhaus für die Hauptstadt, das 40 Millionen Mark kostete. Die Betriebskosten allein beliefen sich pro Jahr auf 4 Millionen Mark ohne die Gehälter für das Personal. Im Busch, der unmittelbar hinter Abidjan beginnt, sind die Ärzte froh, wenn sie überhaupt ihre Gehälter bekommen. Ich habe im Busch Regierungskrankenhäuser gesehen, die nicht einmal eine Aspirintablette hatten – Rezepte werden geschrieben für die nächste Apotheke, die 100 Kilometer oder mehr entfernt sein kann. Für das Mammutkrankenhaus in der Hauptstadt hätten (so der neue Gesundheitsdirektor) 100 funktionstüchtige Buschkrankenhäuser erbaut werden können für die 90 Prozent der Landbevölkerung. Zu Hunderten gab es Fälle von Kinderlähmung, doch hatte die Regierung keinen Pfennig, um ein Impfprogramm durchzuführen. Polio-Impfstoff für eine dreifache Impfung kostete 20 Mark in der Apotheke und 2 Mark vor der Zollschranke! Für den kranken Weißen stand alles zur Verfügung, weil er alles bezahlen konnte, auch das tägliche Flugzeug nach Paris. In nur 100 Meter Distanz vom luxuriösen Hotel Ivoire liegt das armselige Dorf Blocossi, durch einen Zementwall von den Gärten des Hotels abgeschirmt. Jede Tropenkrankheit ist in diesem Dorf heimisch. Während die Gäste des Hotels sich auf einem 1000 Quadratmeter großen Eisplatz tummeln und in 4 oder 5 Tagen das Jahres-Einkommen eines Einheimischen ausgeben, sind die Dorfbewohner froh, wenn sie überhaupt Trinkwasser haben." (FAZ v. 14.2.1972).

Die europäischen Kirchen, die auch heute noch zu den wichtigsten Trägern der medizinischen Dienste in der Welt zählen, sind inzwischen zu einer Neubewertung ihrer Aufgaben gelangt:

„Die skandalöse Ungleichverteilung medizinischer Fürsorge in der Welt hat vor zehn Jahren den Ökumenischen Rat der Kirchen veranlaßt, eine „Christliche Medizinische Kommission" zu gründen. Sie sollte erforschen, ob das traditionelle, weitgehend von christlichen Missionen getragene System der Gesundheitsfürsorge in vielen Entwicklungsländern noch zeitgemäß ist, und sie sollte neue Modelle für die christliche Krankenpflege entwerfen. Aus 16 Länder-Studien folgte, daß 95 Prozent der für Gesundheitsfürsorge verfügbaren Mittel Krankenhäusern zugute kommen, daß aber nur 20 Prozent der Bevölkerung (weil sie Geld haben oder in der Nähe wohnen) Krankenhäuser nutzen können . . .

Zwei Drittel aller Krankheiten können aber in sehr einfachen Polykliniken ohne Mitwirkung von Ärzten und zu weniger als 10 Prozent der Kosten im Krankenhaus geheilt werden. Der indische Wirtschaftswissenschaftler Professor Parmar glaubt, daß sich wenigstens für das Gesundheitssystem in den armen Ländern ein neues Konzept von Entwicklung durchsetzt. Bei einer Tagung über Medizin und Mission in Tübingen sagte er: Nicht Vernunft und Einsicht werden uns zur Abwehr von dem „imitative development", der Entwicklung durch Nachmachen, bringen, sondern allein der Geldmangel.

Das neue Konzept sieht so aus: Wo staatliche Gesundheitsdienste nicht hinkommen (das ist ein großer Teil der bewohnten Erdoberfläche), sollen Kirchen und Missionen oder einzelne unternehmende christliche Ärzte Einfach-Krankenhäuser einrichten: Einige Betten, ein Labor, ein Röntgengerät, ein Arzneimitteldepot, ein Wartezimmer mit Schaubildern und Wandtafel zur Unterweisung der Wartenden durch eine einheimische Krankenschwester. Hierher soll nur kommen, wer etwa nach einem Beinbruch oder wegen einer Operation stationäre und ärztliche Behandlung braucht. *Die medizinische Massenbetreuung soll aber durch ausgebildete Laien in der Sozialstation eines jeden Dorfes unter Einbau traditioneller Heilmethoden und Mitwirkung von Medizinmännern erfolgen. Das Ziel: präventive Medizin in Form von Beratung und kurative Medizin durch richtiges Verhalten der Angehörigen.* Colin Forbes, Kinderarzt aus Nairobi, hat ermittelt, daß in 95 von 100 Fällen Kinderkrankheiten mit zehn billigen Medikamenten geheilt werden können, wenn die Eltern rechtzeitig zur Diagnose kommen und einfache Verhaltensregeln mitnehmen können." (*Süddeutsche Zeitung* v. 22.5.1976)

Zum ernsten Konflikt zwischen europäischem *Spezialistendenken* und den schwierigen Bemühungen, in einem Land der 3. Welt eine vorbeugende medizinische *Grundversorgung* aufzubauen, kam es 1976 in *Nepal.* Während sich die Bemühungen der Regierung darauf konzentrieren, in einem Fünfjahresplan die soziale Infrastruktur („basic services") mit Grundschulausbildung, Trinkwasserversorgung und einem einfachen Gesundheitsdienst überall im Land zu entwickeln, „erscheint im Frühjahr 1976 eine 26köpfige Delegation bundesdeutscher Internisten unter Führung von zwei Professoren in Nepal, um eine von zwei gespendeten ‚künstlichen Nieren' zu übergeben und sich dafür feiern zu lassen." *(J. Sanio,* 1977, 27ff.). Als die seit Jahren im evangelischen Entwicklungsdienst tätige Kinderärztin *L. N.* in einem Brief auf die gesundheitspolitische Problematik dieser „Spende" einer deutschen Firma hinweist, wird sie vom Stuttgarter Hochschulprofessor *H.-J. H.* als „unheilvoller" Versager hingestellt: Auszüge aus den Briefen:

„Als ich im Oktober 1970 nach Nepal kam, dachte ich, Hilfe für dieses Land bedeutet für mich Behandlung kranker Kinder. Im Laufe der letzten Jahre hat sich meine Meinung entscheidend geändert, und ich glaube sagen zu dürfen, der Wahrheit ein wenig nähergekommen zu sein, trotz aller Hilflosigkeit und Unsicherheit, mit der wir täglich zu kämpfen haben. Die Kurativmedizin ist in diesen Ländern nur dann gerechtfertigt, wenn sie zur Präventivmedizin führt. Mit anderen Worten: es ist nur berechtigt, Geld für die Behandlung eines schwerkranken Kindes auszugeben, wenn sich die Mutter zugleich von der Wichtigkeit der Impfungen, Ernährungsberatung, Hygiene und Familienplanung überzeugen läßt. Das Geld wäre immer viel sinnvoller in der Präventivmedizin angewendet, wir brauchen aber zur Zeit noch die kurative Medizin, um das Vertrauen der Bevölkerung zu gewinnen . . .

Ich darf gar nicht daran denken, wieviel medizinisches Hilfspersonal man für 600 000 Rs. hätte ausbilden oder Impfstoffe hätte kaufen können. Was mich vielmehr bedrückt, ist die Tatsache, daß die Benutzung der Dialyse-Geräte möglicherweise (!) 50 Menschen im Jahr hilft, das kurative Budget aber von 80% noch erhöht, und tausenden von armen Menschen damit die notwendige Hilfe entzogen werden muß. Sie wissen selbst, wie viele Blutkonserven und Infusionslösungen für die Durchführung einer Dialyse notwendig sind. Besonders jetzt im Monsun kommen wir immer wieder in Situationen, wo Infusionslösungen wegen des erheblichen Mehrverbrauchs knapp oder nicht erhältlich sind, oft ein Todesurteil für die schwerdehydrierten Patienten . . .

Ich weiß, daß Sie alle das Beste für Nepal tun wollten. Vor 5 1/2 Jahren hätte ich das auch so gedacht. Heute weiß ich, daß Sie Nepal leider keinen guten Dienst erwiesen haben. Seien Sie mir bitte nicht böse, wenn ich das so offen ausspreche, sondern, um der Sache selbst willen, versuchen Sie, mich zu verstehen . . .

Wie Sie wissen, gibt es in Nepal noch keine medizinische Hochschule, sondern nur ein „Institute of Medicine". Dort werden Schwestern, medizinisch-techn. Personal und medizinische Hilfskräfte ausgebildet. Sollten Ihnen nochmals größere Summen zur Verfügung stehen, mit denen Sie Nepal helfen möchten, würde ich Ihnen raten, mit diesem Institut Kontakt aufzunehmen. Ich glaube, daß nur, wenn diesem armen Land genügend medizinisches Personal (möglichst einheimisches) zur Verfügung steht, wirklich geholfen ist. Bis dahin ist es noch ein weiter Weg . . ." (Die Kinderärztin)

„. . . Ich habe nicht das geringste Verständnis für Ihre Ausführungen gegenüber der von der Deutschen Gesellschaft für Fortschritte auf dem Gebiet der Inneren Medizin nach Nepal gebrachten Spende.

Ich kann auch nicht verstehen, wie Sie sich so negativ über Nepal äußern können und dort ärztlich tätig sind. Wenn Sie die Probleme der Entwicklungsländer, die ich genau so gut kenne wie Sie, nicht verstehen, sollten Sie in einem Land ärztlich tätig sein, in dem Ihre Erwartungen erfüllt werden. Die Tatsache, daß Sie in einer Angelegenheit und dann noch als Deutsche Schritte unternehmen, humanitäre Hilfsmaßnahmen in ihrer Auswirkung einzudämmen, ist geradezu unglaublich . . .

Außerhalb jeder Debatte steht sicher auch der kulturpolitische Effekt für die Bundesrepublik. Wenn Sie dagegen halten, was man für 600 000 Rupien hätte kaufen können, dann muß ich Ihnen sagen, daß zum Ankauf dieser Geräte kein einziger Pfennig bezahlt wurde, weil es möglich war, aus der Produktion der Firmen ein Gerät unentgeltlich zu bekommen. Rückschlüsse, daß damit notwendige Hilfe für arme Menschen entzogen worden wäre, sind völlig unbegründet und basieren auf Ihrer Unkenntnis . . .

Ich bedaure es ganz außerordentlich, daß es ausgerechnet eine deutsche Medizinerin sein muß, die sich hier so unheilvoll auswirkt." (Der Hochschulprofessor)

Beispiel 3: Wasser aus dem deutschen Teich

„Fortschrittsfehler" wie die eben geschilderten, werden inzwischen zwar nicht unbedingt von ihren materiellen Nutznießern, wohl aber im Planungsfortschritt von Entwicklungsbehörden berücksichtigt:

„Aus den Fehlern der Vergangenheit sind wichtige Erfahrungen gewonnen worden. Die begleitenden Maßnahmen wie Energieversorgung, Verkehrsverbindungen, Infrastruktur müssen rechtzeitig und in ausreichendem Maße in die Planungen mit einbezogen werden. Prestigeprojekte wie der Bau von supermodernen Industrieanlagen in unerschlossenen Gegenden gehören der Vergangenheit an. Sie brachten oft wirtschaftliche Rückschläge ein.

Statt alte Abhängigkeiten zu beseitigen, hatten diese Fehlschläge zur Folge, daß sich die Entwicklungsländer zunehmend verschulden mußten. Neue Abhängigkeiten entstanden. Bereits jetzt kostet in Ländern wie Peru, Uruguay, Israel, Mexiko, Afghanistan und Kolumbien der jährliche Schuldendienst bis zu einem Drittel der Ausfuhrerlöse." (BMZ, Politik der Partner, 1977, 30).

Das ändert vorläufig jedoch nichts daran, daß die Welt voll ist mit solchen Spezialisierungsplanungen – bei uns wie anderswo. Die Rückschläge und Reformen und Reformrückschläge dieses noch keineswegs veralteten eindimensionalen Fortschrittsdenkens im technisch-wirtschaftlichen Bereich haben in manchen Planungsbehörden, in den Entwicklungsländern, auch in der multinationalen Großindustrie und bei kritischen Beobachtern dieses Prozesses zu einem heute sehr modifizierten Fortschrittsdenken geführt. Der Schachbrettoptimismus, mit dem anfangs leergefegte Nachkriegsschauplätze oder verfallende Kolonialreiche oder angeblich herrenlose Landstriche verplant und umgepflügt wurden, ist den Eingeweihten längst verflogen. Der Rückgriff auf die Erfahrungen der Vergangenheit ist keine Entweder-Oder-Alternative. An der Balance wird gearbeitet.

Die Überschätzung des quantitativ meßbaren Wachstums, des technisch hochentwickelten Fortschritts und vor allem die Selbstüberschätzung in der Pionier- und Erlöserrolle, die „die entwickelten Nationen" dabei vorgeblich spielen, ist aber nicht nur bei „den Mächtigen" des schnellen Profits und des schnellen politischen Erfolgs, sondern auch in unserer eigenen öffentlichen Meinung nicht so leicht auszurotten. Selbst Entwicklungsprojekte, die nicht (mehr) in diesem Geiste durchgeführt werden, in denen wir eine arbeitsteilige Rolle spielen, in denen die geschichtlichen Vorleistungen ebenso wie die politische Machtstruktur und ökologische Folgen zu den bewußten und einkalkulierbaren Planungsbedingungen gehören, lassen sich zu Hause offenbar einfacher als „moderne Reißbretterfolge" verkaufen:

„Wasser aus dem deutschen Teich . . ."
(DER SPIEGEL, März 1971)

„Erfolg . . . deutscher Baukunst"
(Die Welt 28.5.1969)

so wurde noch Anfang der 70er Jahre ein großes Bewässerungsprojekt in Peru, das „Tinajones-Projekt" in „unserer" Presse gefeiert, denn es war 1967 mit deutschen Entwicklungshilfemitteln begonnen worden. Ähnlich wie vor etwa 10 bis 15 Jahren das Stahlwerk Rourkela in Indien die Phantasie deutscher Journalisten und Schulbuchautoren auf das märchenhafteste bewegte (spätere Erfahrungsberichte klingen schon weit nüchterner), so schwärmte man auch an diesem Beispiel ungetrübt vom deutschen Pioniergeist. Ein Bericht aus dem STERN (Nr. 53/1970), der hier ironisch zusammengekürzt wird:

„Gleich zu Beginn erfahren wir, was wir über die Verhältnisse in Südamerika (vor dem Aufkreuzen der Deutschen) immer schon gewußt oder vermutet haben: Da gibt es also

„ein kleines ödes Wüstenkaff", „sandige, rillige Holperstraßen" und „ein paar hundert Lehmhütten", in denen 20 483 Menschen, 176 Hunde, 87 Esel und ein paar Schweine hausen".

Ziemlich gedrängt, so darf man nach diesen Angaben vermuten. Die Landschaft ist natürlich

„Trostlos und unfruchtbar, nur ein paar mickrige Sträucher mit fahlgrünen Blättern, sonst nichts".

Damit der Leser nicht auf falsche Gedanken kommt, heißt es auch gleich:

„Das Elend westlich der Anden hat geologische Ursachen."

Das Elend westlich der Anden ist jedoch nicht von Dauer, denn:

„ZEHN AUTOSTUNDEN VON LIMA ENTFERNT ENTSTEHT DAS WUNDER VON PERU"

Und weil heute niemand mehr so recht an Wunder glauben mag (das „Wirtschaftswunder" im eigenen Land einmal ausgenommen), findet sich auch gleich eine Präzisierung dieser Aussage:

„WIE DEUTSCHE FIRMEN AUS TROSTLOSER WÜSTE FRUCHTBARES LAND MACHEN"

Wenn es auch nur vier Deutsche sind, die zusammen mit 1000 Peruanern den Bewässerungskanal von Morrope bauen, so sollte dies nach Meinung des Stern aber nicht zu Überheblichkeit bei den Peruanern führen:

„Sie verdanken diese unverhoffte Fruchtbarkeit ihres Landes den Gringos, den fremden Weißen . . ."

ist zu lesen. Und darum ist es eben

„deutsches Wasser für Peru", das hier, „an der Front der Zivilisation"

einmal fließen wird. Falls nun dennoch beim Leser die Ansicht aufkommt, es könne sich hier vielleicht um ein Projekt der (bekanntlich unpopulären) „Entwicklungshilfe" handeln, wird dies schnell von Werner Schöttler, dem „Boß von Tinajones" korrigiert. Der 35jährige Projektleiter der „Salzgitter-AG",

„der schon in Thailand, Surinam und Griechenland gearbeitet hat . . . fühlt sich nicht als Missionar des Fortschritts, er geht nur seinem Job nach."

Warum er diesen Job gerade in Südamerika ausübt?

„In Deutschland (sagt Schöttler laut Stern) muß ich erst alt und grau werden, bis ich mal 40 Millionen (DM) verbraten kann. Hier habe ich jetzt Verantwortung."
(*K. Fohrbeck, A. J. Wiesand, R. Zahar,* 1971, 135f.)

Spätere Berichte, etwas nüchterner und sachlicher geworden, wollen es dem Leser ebenfalls nicht zu kompliziert machen, sie bleiben daher bei er verhältnismäßig eingängigen Schilderung von Planungen und ihrer technischen Realisierung stehen. Wunschdenken überspringt dann flügelleicht die solchen Arbeiten sonst anhaftende Erdenschwere:

Als Musterbeispiel deutscher Ingenieurleistung gilt dieses Entwicklungsvorhaben *H. Droscha* (1974), 7ff.), der trotz unterkühlter, überwiegend auf technische Fakten beschränkter Berichterstattung auch Superlative nicht scheut: Er erwartet eine „drastische Verbesserung der landwirtschaftlichen Verhältnisse" durch das Wasserprojekt, das auf „eingehenden Analysen und Diagnosen" sowie einer „genauen Durchrechnung" der potentiell verfügbaren Wassermengen beruht; insbesondere bei den Bohrarbeiten bedürfte es nach dieser Darstellung einer „besonderen technischen Sorgfalt", um ein „lückenloses" Zuleitungssystem zu gewährleisten, mit dem auch die zur Auffüllung des Tinajones-Speichers notwendige Anzapfung der östlich der Anden gelegenen Amazonas-Zuflüsse vollständig gelingen soll.

Entwicklungshilfeprojekte der Industrieländer, die sich mit der *Wasser- und Energiewirtschaft* befassen, eignen sich offenbar besonders gut zur Demonstration unserer Überlegenheit in der Naturbeherrschung. Vergessen und verdrängt wird dabei oft genug, daß es noch gar nicht lange her ist, bis wir im klimatisch noch dazu recht begünstigten Mitteleuropa in der Wasserversorgung die technischen Standards früherer Hochkulturen (etwa der Ägypter oder Römer) aufgeholt hatten: Noch bis weit ins 19. Jahrhundert hinein wurden z. B. unsere großen Städte überwiegend mit hygienisch mehr oder weniger zweifelhaften Brunnenanlagen versorgt, von den unvollkommenen Abwassersystemen gar nicht zu reden. Noch heute geht die Zahl der Wohnungen in Europa in die Millionen, die keinen eigenen Wasseranschluß haben und jeder trockene Sommer kann hier wie auch in der Feldbewässerung zu katastrophalen Engpässen führen. Vergessen und verdrängt werden also nicht nur die Maßstäbe, die in der Vergangenheit schon einmal gesetzt worden sind, unterschlagen wird in „fortschrittlicher" Selbstüberschätzung auch leicht die ständige Gefährdung des Erreichten durch nachhaltige Störungen des gesamten Ökosystems – im Falle der Wasserversorgung z. B. durch Flußverschmutzung, gesenkten Grundwasserpegel (durch Kanäle, Straßenbau etc.) oder die Verseuchung des Wasserdargebots durch Abschwemmung von Kunstdünger.

Insbesondere mit der Geschichte scheinen die meisten Berichterstatter über die Dritte Welt auf dem Kriegsfuß zu stehen, obwohl sich selbst der moderne technische Fortschritt gar nicht so ungeheuerlich ausnimmt, wenn man Vergleichsmaßstäbe mit den Leistungen früherer Kulturen zuläßt. Allgemeingut sollte etwa die Kenntnis sein, daß nahezu alle frühen Hochkulturen, aber auch eine Vielzahl sogenannter primitiver Gesellschaften über umfangreiche Wasserversorgungsanlagen verfügten, die auch von modernen Regierungen wo immer es möglich ist, wieder instand gesetzt oder für Neukonstruktionen genutzt werden: Wie Hunderte von Kilometern alter römischer Aquäduktleitungen in der Türkei oder der etwa 2300 Jahre alte Darius-Damm im iranischen Khusestan, wie noch intakte Kanalsysteme und Vermessungsgrundlagen gerade auch im heutigen peruanischen Tinajones-Gebiet – alles Bauten und Anlagen, die in Verfall gerieten, aber nicht, weil die Menschen dort „in der Steinzeit" gewohnt hätten.

Vernachlässigt werden nicht nur historische Grundlagen heutiger Entwicklungspolitik; unbeachtet bleiben in dieser etwas zu primitiven globalen Dorfbetrachtung zumeist auch die aktuellen sozialen und politischen „Begleitumstände“ und mögliche ökologische Nebenwirkungen (z. B. hier durch den Wasserentzug östlich der Anden). Dabei war, wie vom Bonner Entwicklungsministerium auch als Zielsetzung angekündigt (und von einzelnen Journalisten durchaus begriffen) die Hauptaufgabe beispielsweise des Tinajones-Projekts nicht etwa die Konstruktion und technische Realisation von Staubecken und Wasserkanälen, sondern die Unterstützung eines großen Agarreform-Programms der peruanischen Regierung.

Dieses Programm, in dessen Verlauf die vom bisherigen Bewässerungssystem bevorzugten Großgrundbesitzer zum Teil enteignet und an Stelle ihrer Latifundien Genossenschaften gesetzt wurden, zielte nicht allein auf die Steigerung von Anbauerträgen, sondern sollte durch ein attraktiveres Arbeitsplatzangebot auch die Landflucht verarmter Kleinbauern stoppen. Daß die Verwirklichung derartiger Konzepte durchaus keine konfliktfreie Angelegenheit ist, sich z. B. gerade bei der Wasserverteilung erhebliche Differenzen zwischen den Eigentumsvorstellungen von Großagrariern, Genossenschaften und Kleinbauern sowie kollektiven Indio-Gemeinschaften auftun, ist in diesem Zusammenhang nur zu erwähnen.

Fortschrittsmaßstäbe

„Es ist besser, hundert Indianer einen Schritt voranzubringen als einen Indianer hundert Schritte“, weiß ein altes Sioux-Sprichwort. Für weite Gebiete unserer Erde und dabei vor allem für jene, in denen relativ wenige Menschen in relativ großer, den Umweltbedingungen angepaßter kultureller und wirtschaftlicher Eigenständigkeit leben, hat dieser Spruch nach wie vor seine Bedeutung für die Bildung von zeitlichen und inhaltlichen Maßstäben der gesellschaftlichen Entwicklung. Es gibt sogar Stimmen, die unter Zurückweisung der herkömmlichen Methoden und Planungsziele sowohl der Entwicklungspolitik in der Dritten Welt wie auch der wirtschaftlich-technologischen Wachstumspolitik in den Industrieländern eine völlige *Umkehr im bisherigen Fortschrittsdenken* fordern: Zahlreiche Publikationen haben in den vergangenen Jahren auf die „Grenzen des Wachstums“ *(D. L. Meadows* u.a., 1972) oder die wirtschaftlich-technische „Selbstbegrenzung“ *(I. Illich,* 1975) hingewiesen und die „Rückkehr zum menschlichen Maß“ *(E. F. Schumacher,* 1977) gefordert. Der in den 60er Jahren noch ungebremste Fortschrittsoptimismus hat durch die ständige öffentliche Infragestellung erheblich an Gewicht verloren, es haben sich bei uns zugleich neue Bewegungen und experimentelle Lebensgemeinschaften (z. B. „Landkommunen“) gebildet, die einer ungehemmten industriellen Entwicklung offen den Kampf ansagen.

Hier erhebt sich allerdings die Frage, ob man zumindest mit den am „grünen“ Tisch entworfenen oder aus reinem Überdruß an der Zivilisation praktizierten Alternativmodellen nicht vom Regen in die Traufe gelangt: Zunächst einmal gefallen wir uns hier erneut in der Rolle der Weltbeglücker – der Missionsgeist mit dem diese oder jene entwicklungspolitische Neuorientierung gefordert wird, läßt das Selbstbestimmungsinteresse eigenständiger Kulturen wiederum weitgehend außer acht (vor einer

Uralt ist die künstliche Bewässerung. Mehr als etwas anderes hat sie die Felder dauerhaft gemacht und bezeichnet deshalb den ersten Schritt zur Entwicklung des höheren Ackerbaus. Es leuchtet ein, daß sie in trockenen Gegenden entstanden sein muß. Wo Bergströme reichlich Wasser ins tiefer liegende Land führen, wo große Flüsse, wie der Nil, der Euphrat und der Indus, die Ebenen weit und breit überschwemmen, kann man verhältnismäßig leicht dazu gelangt sein, aus dem Wasser Nutzen zu ziehen. Auf die ältesten Zeugnisse für künstliche Bewässerung stößt man in Ägypten und Westasien. . . Von der alten Kulturwelt des Orients verbreitete sich die Kenntnis der künstlichen Bewässerung nach den europäischen Mittelmeerländern. . . Hauptsächlich unter der arabischen Herrschaft kam es in Spanien und Sizilien zu einem großen Vorstoß der künstlichen Bewässerung . . . Als Wiesenbewässerung hat die Überrieselungstechnik sich auch nördlich der Alpen verbreitet und in der Landnahmezeit auch Island erreicht. Als echte Ackerbewässerung trifft man sie sogar im trockenen Teil des Gudbrandstales in Norwegen. In Afrika bildet Abessinien die Hochburg der künstlichen Bewässerung, weiter nach Süden als bis nach Rhodesien (zu den Maschona) hat sie aber nicht vorzudringen vermocht. Wenden wir uns Asien zu, so finden wir die künstliche Bewässerung vor allem im innern Trockengürtel, vom Orient bis nach China. Reste von alten Bewässerungskanälen sind weit im Norden, im Altaigebirge und bei Minussinsk, gefunden worden. In den Monsunländern Süd- und Ostasiens mit ihren reichlichen Sommerregen möchte man die künstliche Bewässerung von vornherein als mindestens ebenso überflüssig betrachten wie in Europa; wenn sie gleichwohl vorkommt, und dazu noch in ungeheurem Ausmaß, so ist der Anbau des Reises daran schuld, der eine Sumpfpflanze ist. Von Indonesien her ist die Bewässerungstechnik weiter in große Teile Ozeaniens gelangt, über die Karolinen und Neuguinea hinaus bis zu so fernen Inselgruppen wie Neukaledonien, den Marquesas-Inseln und Hawaii. In Amerika gibt es ein anderes, anscheinend selbständiges Gebiet der künstlichen Bewässerung, das die alten Kulturländer Mexicos und Perus, mit Ausläufern nach Norden zu den Puebloindianern und nach Süden ins nordwestliche Argentinien, umfaßt.

An allen diesen Orten wird das Wasser mit größter Sorgfalt über den bebauten Boden geleitet, der dadurch nicht nur das nötige Naß zugeführt erhält, sondern auch eine äußerst wertvolle Menge aufgelöster Mineralstoffe. Die Arbeit, die erforderlich ist, ist oft imponierend. Der Wasserlauf wird gestaut, Bergabhänge werden zu Terrassen umgebildet, riesenhafte Leitungen entstehen. Seit dem Altertum hat man es in Indien und Ceylon verstanden, die Wasserzufuhr mithilfe gewaltiger, künstlich eingedämmter Seen zu regulieren. Die alten Peruaner waren Meister in der Kunst der Terrassierung, und in den südwestlichen Vereinigten Staaten konnte man in neuester Zeit einmal die nette Summe von $ 20 000 sparen, indem man eine indianische Wasserleitung benützte, die auf eine Länge von 4 bis 5 km einen vulkanischen Höhenzug durchsticht und bis zu 7 m in den festen Fels einschneidet."

(K. Birket-Smith, 1948, 176 ff)

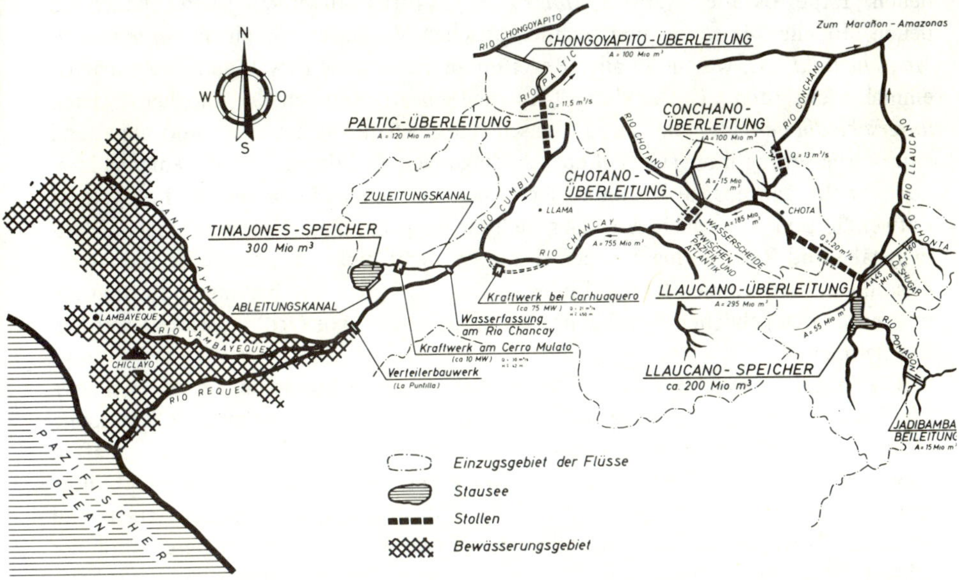

Übersichtskarte zum *„Tinajones-Projekt“ in Peru,* das eine Verbindung von Bewässerungssystemen aus der Vergangenheit (Moche-Kultur vor ca. 1500 Jahren) mit heutigen Speicherungs- und Leitungstechniken sowie agrar- und sozialpolitischen Entwicklungsprogrammen des Staates beinhaltet. Das künftige Bewässerungsgebiet soll eine Ausdehnung von ca. 100.000 ha haben.

Eine Bewässerungsanlage in Zentral-*Ekuador.* Sie ist so angelegt, wie es die Inkas einführten. Deren gigantisches Bewässerungssystem war so wirksam, daß sie reichlich ernteten. Der Überfluß wurde den Göttern geopfert. Kanäle, die im Andengebiet von den Inkas angelegt wurden, funktionieren noch heute einwandfrei und versorgen Land, das ohne sie längst Wüste wäre. (*McIntyre* in GEO, Heft 11/1976)

neuen „Expertokratie“ warnt *R. Jungk*, 1973, 147ff.). Außerdem gehen oft auch die neuen Modelle wie schon ihre technokratischen Vorläufer von einem *einheitlichen Menschenbild* aus, was sie in aller Regel untauglich für die Bewältigung der zunächst einmal wichtigsten „Entwicklungs“-Aufgabe macht, nämlich der, möglichst vielen *unterschiedlichen* Menschen und Menschengruppen möglichst rasch und anhaltend eine Verbesserung ihrer (Über-)Lebensbedingungen zu bringen. Bei diesem Ziel können sowohl „angepaßte Technologien“ wie höchstentwickelte technische Systeme notwendig sein – je nach Art der gestellten Aufgabe, denn Vorbedingungen, Wertmaßstäbe und Realisierungschancen sind eben nicht bloß theoretische Bestimmungsgrößen, sondern können letzten Endes nur in praktischer Anschauung und Erfahrung und unter maßgeblicher Beteiligung der Betroffenen „vor Ort“ entwickelt werden. Ein Beispiel:

Die Frage, für welche Art von *Verkehrssystem* man sich entscheiden, ob man etwa Pferdekarren, Autos oder neuartige Magnetschienenbahnen bevorzugen soll, ist keine Glaubenssache, sondern muß in einer tansanischen Kleinstadt, in den riesenhaften Slumbezirken vor Sao Paulo, in einem gewachsenen holländischen Stadtgebiet unter Denkmalschutz, im zersiedelten deutschen Industriezentrum zwischen Rhein und Ruhr, in einem japanischen Naturschutzgebiet oder in einer Indianer-Reservation der USA zu ganz verschiedenartigen Antworten führen. Neben Aspekten der Praktikabilität, der Umweltbelastung, der Bau- und Unterhaltskosten (einschließlich der oft übersehenen sekundären Infrastrukturkosten) und der Qualifikation des Personals für den Unterhalt wird man bei Antworten auf derartige Problemstellungen künftig noch viel öfter zu beachten haben, welche verkehrsmäßige oder sonstige „Erschließung“ überhaupt im Interesse der ansässigen Bevölkerung liegen kann.

Es gibt qualifizierte Stimmen bei uns und in der „Dritten Welt“, die mit guten Gründen Zweifel daran anmelden, daß es stets das Interesse der armen Länder sein muß, sich an den „weltumspannenden Prozeß“ der raschen Industrialisierung, der Konsumorientierung in den städtischen Zonen oder der Umstellung auch der landwirtschaftlichen Produktion von weitgehender Selbstversorgung auf die Bedürfnisse eines euro-amerikanisch gesteuerten Weltmarkts anzupassen. Diese Zweifel müssen selbst dann bestehen, wenn als Entwicklungsmaßstäbe uns vertraute Kriterien wie Beschäftigungseffekte oder Devisenlage herangezogen werden, von kulturellen Maßstäben ganz zu schweigen (dazu ausführlich *D. Senghaas,* 1977, 48ff. und 263ff.).

Angesichts der desolaten wirtschaftlich-sozialen Lage in vielen Ländern kann das aber nicht heißen, daß wir die Zusammenarbeit mit der „Dritten Welt“ nun ganz einstellen sollten. Vielmehr kommt es auf eine sorgfältigere Interessenabwägung an, die sich nicht in erster Linie auf die bisherige Rolle dieser Länder als Absatzmärkte für unsere Produkte, als Rohstofflieferanten, als Billiglohngebiete oder als strategische Vorposten beziehen darf. Es kann kein Zweifel daran bestehen, daß sich „Entwicklungshilfe“ bisher vorwiegend an solchen Kriterien orientierte, zumindest aber vor heimischem Publikum mit entsprechender Beruhigungspropaganda gerechtfertigt wurde. Eine fatale Rolle haben mit ihrem Wachstums- und Fortschrittsfetischismus dabei die Wirtschaftswissenschaften gespielt und tun dies weitgehend noch heute. Gesellschaftliche Realität, wo immer sie auch anzutreffen ist und welche geschichtlich-sozialen Bedingungen sie zu ihrer Existenz auch immer bedarf, dient hier als

Spielmaterial für die Eroberung globaler Marketing-Strategien, Entwicklungstheorien und Glaubenssätze:

Kleinbauern in Lateinamerika, die sich mit einfachen Mitteln bislang selbst von ihren Erträgen ernähren konnten, werden durch eine sogenannte „Grüne Revolution" in ihrer Existenz bedroht, weil sie die Kosten der von oben verordneten *Mechanisierung* nicht aufbringen können *(P. Eisenburger* 1978, 16ff.). Hochmechanisierte Fabriken für die *Halbfertigung von Elektrogeräten* werden nach Südostasien verlegt, obwohl ihr Beitrag für eine den Verhältnissen des Landes angepaßte Entwicklung fragwürdig und die Vorteile zwar für die teilnehmenden Firmen, nicht aber für die nach wenigen Jahren wieder entlassenen Billig-Arbeiter offensichtlich sind. Die *touristische Großindustrie* wird in extrem armen westafrikanischen Ländern angesiedelt, obwohl bekannt ist, daß die damit verbundenen Belastungen der einheimischen Volkswirtschaften (u. a. für die Bereitstellung einer Versorgungs-Infrastruktur) und die Veränderung der Lebensgewohnheiten (Anpassung an westliche Konsumideale, „Verkauf" von vorher lebendigen Traditionen) die geringen Devisenvorteile bei weitem in negativer Hinsicht übertreffen . . .

Für unsere vermeintlich „wertfreien" Wissenschaftler und Absatzplaner sind solche Überlegungen natürlich politisierter oder gefühlsduseliger Humbug, sofern sie sie überhaupt zur Kenntnis nehmen: Überwiegend trifft man sogar auf helle Verwunderung, daß die Realitäten dieser Welt sich so schlecht mit unseren Fortschrittstheorien in Übereinstimmung bringen lassen. Der Wirtschaftsprofessor *B. Röper:*

> „Weitgehend ungeklärt ist, warum der technische Fortschritt höchst unterschiedlich in den einzelnen Wirtschaftsräumen vorangetrieben wird, warum es einige Brutstätten für Erfindungen auf der Welt gibt, wo zahlreiche wichtige wissenschaftliche Erkenntnisse in die Praxis umgesetzt werden und daneben weite ‚weiße Felder' bestehen . . . Offensichtlich gibt es zahlreiche Hemmnisse, durch die die kühnen Erwartungen der fünfziger und sechziger Jahre nicht in die Wirklichkeit umgesetzt werden konnten. Das liegt nicht nur an dem noch geringen Aussagewert der Wachstumstheorie und der Schwierigkeit, den technischen Fortschritt mit seinen vielen Facetten hinreichend in die ökonomische Theorie zu integrieren, sondern auch an zahlreichen ungeklärten Problemen der Theorie der räumliche Ordnung." (in *M. M. Opp* 1974, 7)

Die Zentralisierung nicht nur einzelner Länder sondern der ganzen Welt zum Zweck einer besseren Planung und Verwaltung muß, vertraut man solchen Stimmen, in Kauf genommen werden, und sei es auch nur, damit endlich die Lebenswirklichkeit mit den Theorien in Einklang zu bringen ist:

> „Entwicklung ist mehr als eine Summe von Einzelproblemen oder geografisch-historisch fixierbaren Völkerschicksalen. Sie ist ein weltumspannender . . . Versuch der Anpassung an die Lebensverhältnisse und das wirtschaftlich-technische Potential der hochentwickelten Länder." (*W. Storkebaum* 1973, 19)

Hier ist immer noch jenes Modell von Entwicklung und Fortschritt lebendig, das als Schlagwort vom zentral „gelenkten dynamischen Kulturwandel" *(R. F. Behrendt* 1965) einmal populär war. Der Freibrief für Veränderungen um der Veränderung oder um unserer Interessen willen, führte zu Entwicklungskonzepten und -Projekten, die die historische Eigenständigkeit und die sozio-kulturelle Verschiedenheit in der „Dritten Welt" bewußt vernachlässigten. Statt dessen nahmen Wirtschaftswissenschaftler wie der Amerikaner *W. Rostow* und sein deutscher Kollege *B. Knall* globale Aufteilungen der Welt in angeblich „aktive" und „passive" Gesellschaften vor, wobei sich letztere unter anderem durch den „großen Einfluß der entwicklungshemmenden Faktoren wie Religion, Tabus, Traditionen u. ä." negativ auszeichnen sollen (*W. Manshard* 1968, 72f.). Wenn man dies auch, jedenfalls in der offiziellen Entwicklungspolitik, heute nicht mehr so formulieren würde, bleiben doch für die von einer derart motivierten „Hilfe" betroffenen Länder und Gesellschaftsgruppen noch auf lange Jahre die Hypotheken bisheriger Fortschrittsmagie in Gestalt überflüssiger Großbauten, unangepaßter Technologien, arbeitskraft-verzehrender Investitionen oder elitärer Bildungsstrukturen zu bewältigen, und sei es auch nur durch die Zwänge zur Rückzahlung von *Entwicklungsschulden,* die ihrerseits wieder die Umstellung der Eigenwirtschaft an Bedürfnisse des Weltmarkts erfordern.

Heute geht es darum, *den Fortschritt vom Kopf wieder auf die Füße zu stellen,* und zwar gleich im doppelten Sinne: Von der notwendig einfältigen Theorie auf die notwendig vielfältige Praxis und von der Entwicklung im Interesse kleiner Oberschichten an der Spitze der jeweiligen Sozialpyramide auf eine Entwicklung im Interesse der großen Bevölkerungsmehrheit an der Basis. Beispiele für eine derart motivierte Entwicklungspolitik gibt es in den letzten Jahren in zunehmendem Maße und es dürfte kein Zufall sein, daß sie überall dort Erfolge im Interesse der Vielen erbringen, wo sie an die konkreten Erfahrungen, Rechtsgrundlagen und kulturellen Besonderheiten der betroffenen Menschen anknüpfen, also nicht nur Teilinteressen befriedigen und damit letztlich nur immer wieder neue „ungesättigte Bedürfnisse" entstehen lassen. Der frühere deutsche Entwicklungsminister *E. Eppler:*

> „Noch nie in der Geschichte hat es auf längere Sicht wirtschaftliches Wachstum gegeben, weil die Menschen meinten, sie müßten Wachstum haben. Primär waren immer politische, kulturelle, religiöse Antriebe . . .
>
> Wachstum ist eine abgeleitete, keine primäre Größe, Wachstum kann nicht Ziel, sondern nur Nebenprodukt von Prozessen sein, die anderswoher ihre Ziele und Triebkräfte nehmen. Wir müssen uns – und wir können es auch – entscheiden, wie wir leben wollen . . .
>
> Wer immer nur „Wachstum" will, ohne zu sagen, welches, dem werden die Ökonomen und Technokraten schon sagen, was er zu tun hat. Und er wird es schließlich tun, er wird sich, auch wenn ihm dabei nicht wohl ist, den so geschaffenen Sachzwängen fügen. Politik, die bewußt darüber entscheidet, was im Interesse der Menschen und ihrer Lebensqualität wachsen soll, löst Kontroversen aus, aber sie mobilisiert auch Engagement und Hoffnung." (VORWÄRTS v. 2.2.1978)

„Angepaßte Entwicklung" – Erfahrungen und Erfolge

Abschied vom Bildungsprivileg (Obervolta)

Obervolta gehörte zu den ersten Ländern, die das akademische Monopol in der Erziehung brechen wollten. Schon 1961 wurde das erste ländliche Bildungszentrum eröffnet . . . 1973 gab es schon 750 dieser Zentren. Aber trotz aller guter Absichten war dieses Programm – wie heute anerkannt wird – ein Fehlschlag: Französisch war immer noch die Ausbildungssprache, und zwei der drei Jahre verschwendeten Schüler meist im Versuch, sich genügend Sprachkenntnisse anzueignen, um den Unterrichtsstoff des dritten Jahres verstehen zu können; dieser Stoff wiederum bestand im wesentlichen aus wenig anschaulichen Einführungen in die Theorie landwirtschaftlicher Arbeit. Auch die Lehrer waren kaum in der Lage, sich von der akademischen Mentalität freizumachen, die sie bei ihrer eigenen Ausbildung kennengelernt hatten . . . 1973 beschloß die Regierung, dieses Bildungssystem wieder aufzugeben, nachdem es inzwischen so unpopulär geworden war, daß die Teilnehmer dafür zwangsrekrutiert werden mußten. Mit entwicklungspolitischer Hilfestellung des Europäischen Entwicklungsfonds Frankreichs und Deutschlands ging man daran, die alten Bildungszentren in Trainingsstätten für junge Landwirte zu verwandeln. Hier werden nun landwirtschaftliche Methoden in einheimischen Sprachen und mit dem wichtigsten Ziel vermittelt, den Absolventen eine Grundlage für die eigene Weiterarbeit an ihren Heimatorten zu vermitteln.

Bassanko ist eines der ersten dieser neuen Zentren, in einem Dorf des Mossi-Stamms gelegen . . . Die beiden jungen Lehrer, Bassirou Sawadogo und seine Frau Sidonie konnten 48 Schüler gewinnen (die alte Schule hatte zum Schluß nur noch 2) . . . die Hälfte davon sind voll eingegliederte Mädchen: in einer noch weitgehend patriarchalisch strukturierten Gesellschaft ist schon das ein großer Fortschritt . . . Eine der interessantesten Neuerungen ist auch die Vorsorge für das Ende der Ausbildung: Früher gingen die meisten ehemaligen Schüler in die (städtischen Zentren der) Elfenbeinküste und diejenigen, die am Ort verblieben, waren meist zu jung, um ihre Angehörigen zur Übernahme von Neuerungen zu bewegen. Heute wird die Bildung von Agrargenossenschaften gefördert, denen eigenes Land zugewiesen wird.
(*The Guardian*, 25. 5. 1976)

Hat Handwerk „goldenen Boden"? (Nepal)

Bei seinem Staatsbesuch in Nepal im Jahre 1962 eröffnete der damalige Bundespräsident Lübke ein neues Lehrinstitut, das mit Mitteln der deutschen Entwicklungshilfe finanziert worden war und dann zehn Jahre lang unter deutscher Leitung stand. Dieses Technical Training Institute ist eine Ausbildungsstätte für Handwerker. Bis vor kurzem lernten dort, von deutschen Meistern angeleitet, nepalische Lehrlinge ihr Handwerk nach den in Deutschland herrschenden Methoden, und einer der Meister sagte voll Stolz, jeder seiner Absolventen könne es mit einem Deutschen aufnehmen, der die Gesellenprüfung bestanden habe. Das war gewiß keine Übertreibung. Die Kurse waren sorgfältig geplant, die Lehrmittel gut und reichlich, die Ausbilder unermüdlich und genau: stets gab es weit mehr Bewerber als Plätze, so daß die Schulleitung auswählen konnte.

Ein erfolgreiches Projekt also? – Leider nicht. Denn niemand hatte bei der Planung daran gedacht zu fragen, ob eine Ausbildung, wie sie die Bundesrepublik anbot, den nepalischen Bedürfnissen gerecht würde. So stellte sich sehr bald heraus, daß viele Applikanten die Berufschancen ungeheuer überschätzten, die sie sich von der Ausbildung erhofften. Das Institut umgab sich nämlich mit all dem Prestige, das westlicher Technologie anhaftet; es war mit Maschinerie und Know-how ausgestattet, die es in diesem Ausmaß damals nirgends sonst im Lande gab. Bereits die Aufnahme in ein solches Institut sahen die Schüler als Garantie auf einen mit hohem Sozialprestige versehenen Posten an.

Doch Nepal gehört nun einmal zu den Gesellschaften, in denen handwerkliche Tätigkeit nicht von sozialen Eliten ausgeübt wird. Die Erwartungen der Bewerber waren also unbegründet, und es lag auch niemals in deutschem Interesse, sie zu nähren. . .

Nun sind ähnliche Irrtümer nicht selten. Das Beispiel illustriert ein ganz allgemeines Problem, das westliche Hilfe in Ländern der Dritten Welt mit sich bringt. Solche Hilfe nämlich bewegt sich zwischen zwei Polen: da ist einmal die technisch optimale Lösung, zum anderen aber auch die notwendige Einpassung dieser Lösung in die Verhältnisse des Empfängerlandes. Das heißt konkret: befriedigend ist ein Plan nicht schon dann, wenn er nur technisch in Ordnung ist; vielmehr muß in der Planung auch das soziale Umfeld berücksichtigt werden, in dem ein Projekt laufen soll.

So plausibel dies klingen mag – in der Praxis sieht es allzuhäufig anders aus. Immer wieder gelten hierzulande bewährte und erprobte Modelle automatisch als absolut richtig, als immer und überall anwendbar, nach dem Motto: Die Überlegenheit der westlichen Methoden wird sich schon herumsprechen, wenn man sie nur erst kennt. . .

(*W. und B. Kölver,* in DIE ZEIT, 26.3.1976)

Weltmarkt und Rechtstraditionen (Südl. Sahara)

. . . Der Sahel wird noch lange brauchen, bis er sich von der Dürrekatastrophe von 1968 bis 1974 erholt haben wird. Ackerflächen sind zu Staub reduziert, der dünne Humus wurde zerstört. Baumbestände verdorrten oder wurden abgeholzt. Ein Drittel des Viehbestandes – in manchen Gegenden sogar achtzig und mehr Prozent – ging ein. Vor allem die küstenfernen Länder kamen in katastrophale Zahlungsschwierigkeiten, weil ihre Exporte ausfielen und weil sie noch jahrelang auf die Viehsteuer, eine wichtige Einnahmequelle, verzichten müssen. Und die nächste Katastrophe kommt bestimmt. Denn regelmäßig wiederkehrende Dürre ist im Sahel der Normalzustand; nur ein paar fehlende Gewitterregen, ein paar Millimeter ausfallende Niederschläge verwandeln den Normalzustand in die Katastrophe.

Doch die Ursachen der prekären Lage des Sahel sind nicht nur in den Härten der Natur, im Mangel an Regen zu suchen. Sie liegen auch im Verhalten der Menschen, das sich unter dem Einfluß der Kolonisierung verändert und zu einem Ungleichgewicht zwischen Mensch und Natur geführt hat. Am schlimmsten wirkten sich wohl die Einführung der Geldwirtschaft und die (teilweise) Integration in den Weltmarkt aus. Denn früher mußten Bauern und Nomaden der kargen Natur nur abringen, was sie selber zum Leben brauchten; sie produzierten kaum Überschüsse. Heute aber sind sie gezwungen, Erdnüsse, Baumwolle oder Vieh für den Export zu produzieren. Die kargen Ackerböden und Weiden werden dadurch überfordert. Doch die Finanzbedürfnisse der modernen Verwaltungen mit Armee und Polizei, Gesundheits- und Erziehungswesen, Straßenbau und Flugverbindungen verstärken noch den Trend zum Export landwirtschaftlicher Rohstoffe. Nicht nur mangelnder Regen, sondern auch wachsende Devisenbedürfnisse der Regierungen bedrohen die Lebensfähigkeit des Sahel und seiner Bevölkerung.

Die Nomaden des Sahel, die am meisten unter der Dürre zu leiden hatten, kannten früher ein ganzes Regelwerk von Verhaltensweisen und Gesetzen, die ihnen das Überleben am Rande der Sahara ermöglichten. Dazu gehörten auch jahrhundertealte Weide- und Brunnenrechte, die den Zug der Nomaden regelten. Die Franzosen schafften diese Rechte ab und erfanden statt dessen die Viehsteuer, die die Nomaden zwang, ihre Herden kommerziell zu verwerten, also mehr Vieh zu halten. Das waren wesentliche Ursachen für den Zusammenbruch der nomadischen Viehwirtschaft in den Jahren der Dürre.

Die Tuareg der Sechsten Region von Mali zum Beispiel verloren etwa neunzig Prozent ihrer Herden und fast alle Kamele. Nach Meinung der Experten würde es etwa 85 Jahre dauern, bis die Herden wieder den Stand von 1970 erreicht hätten. Deshalb ist es nötig, den Tuareg beim Wiederaufbau ihrer Lebensgrundlage beizustehen.

In Malis Sechster Region entstehen heute durch die Tuareg selbst verwaltete Viehzuchtgenossenschaften. Sie geben den Genossenschaftern nicht nur den Grundstock für den Wiederaufbau ihrer Existenzgrundlage ab, sondern legen auch Regeln für die Benutzung der Weideflächen fest. Bestimmte Gebiete dürfen nun nicht mehr beweidet werden. Sie dienen als Reserve für schlechte Jahre; die angeschlagene Natur kann sich erholen.
(*Neue Zürcher Zeitung*, 20. 7. 1976)

Wie soll man Eisbären jagen? (Grönland/Kanada)

Die uralten Jagdgesetze der Eskimos sorgen dafür, daß nanoq (Eisbären) und die anderen jagdbaren Tiere nicht dezimiert werden oder aussterben. Und eine in diesem Punkt weise grönländische Regierung hat diese Tradition legalisiert. So darf in Grönland nur mit dem Hundeschlitten gejagt werden, denn man hat vom Beispiel Kanada gelernt, wo der Einsatz von schnellen Motorscootern den Aktionsradius der Jäger erweitert und damit unter der Tierwelt gründlich aufgeräumt hat. Die Rechnung, die man dort ohne den Wirt machte, ist so eindeutig wie einfach: Ein Motorscooter ist dreimal so effektiv wie ein Hundeschlitten, also erbeutet man auf einem Jagdgang dreimal mehr Tiere.

Und die Quittung? Heute muß man dreimal so weit reisen, um ein Tier zu erlegen – die Effektivität des schnelleren Fahrzeugs hat sich mit jener des Hundeschlittens wieder aufgehoben: Nur gibt es jetzt in Kanada dreimal weniger Tiere als in einem vergleichbaren grönländischen Jagdgebiet.
(*I. Silis*, 1978, 40)

Rückschritt zum Fortschritt (Tansania)

Ochsen lösen starke Dieselmotoren ab, moderne Müllfahrzeuge werden durch zweiachsige Holzkarren ersetzt. Was dem Europäer als technologischer Rückschritt erscheinen mag, kann für das ostafrikanische Tansania, eines der ärmsten Länder der Welt, wirtschaftlichen Fortschritt bedeuten. Schauplatz: Provinzhauptstadt Moshi, gut 30 000 Einwohner. Stichwort: Angepaßte Technologie.

Seit über einem Jahr arbeitet der deutsche Entwicklungshelfer Dieter Moll als Bauingenieur bei der Stadtverwaltung von Moshi. Neben dem öffentlichen Hoch- und Straßenbau zählt auch die Müllabfuhr zu seinen Aufgaben. Und die macht ihm ganz besondere Sorgen.

Zwar besitzt die Stadt sieben moderne Fiat-Müllwagen. „Aber fünf davon sind ständig in der Werkstatt", sagt Moll. Der Grund: Erhöhter Verschleiß durch schlechte Straßenbedingungen und lange Wartezeiten auf Ersatzteile. Hinzu kommen noch enorme Kosten. Allein für Kraftstoff müssen jährlich 40 000 Mark in kostbaren Devisen aufgewandt werden. Hinzu kommen noch die teuren Ersatzteile.

Moll machte den Kommunalpolitikern von Moshi einen kostensparenden Vorschlag: Die LKWs sollen durch sieben Ochsenkarren ersetzt werden. Anschaffungspreis und Betriebsaufwand für ein Jahr: die Hälfte der Kraftstoffkosten der Müllwagen. Außerdem spart Tansania Devisen, denn Ochsen und Karren brauchen nicht importiert zu werden. Molls Vorschlag wurde angenommen.

(*Neue Rhein-Zeitung,* 27. 8. 1976)

Entwicklungspolitisches Fazit

Das entscheidende Kriterium bei der Beurteilung von Projekten der Entwicklungshilfe kann nicht sein, ob sie den Leistungsvorstellungen und Wertmaßstäben einer modernen Industriegesellschaft entsprechen, sondern ob sie die in den Entwicklungsländern vorhandenen Kräfte zur Selbsthilfe mobilisieren und helfen, die Lebensbedingungen der Menschen dort zu verbessern.

(aus einer Informationsschrift des Bonner Entwicklungsministeriums)

Nachdenkwort – Rohstoff für Fortgeschrittene: Kulturvölker und Analphabeten

Rohstoff Kultur

Am Anfang war die Schrift

Analphabetisierung – Ausschluß von der Macht
Alphabetisierung – Leben aus zweiter Hand?
Denn was man schwarz auf weiß besitzt
Aberglaube Buchwissen

Am Anfang war die Zahl

Zahlen-Vernunft
Zahlen-Magie
Zahl- und Statistikanalphabeten

Am Anfang war das Bild

Die allsehende Gottheit
Aber macht Euch kein Bildnis
Bilderstürme, Bilderkriege, Bilderausverkauf
Bildanalphabeten
Schwierigkeiten beim Bildersehen

Am Anfang war die Musik

Musikalische Vorurteile
Lebendige und Schriftmusik
Musik – Therapie

Zum Schluß bleibt die Körpersprache

Internationale Körpersprache
Gelernte Körpersprache
Professionalisierte Körpersprache

Technische und kulturelle Konkurrenz

Am Anfang war das Wort ... und vom Wort kündet nur die Schrift, so die beglaubigte Überlieferung. *Heilige Schriften* beflügel(te)n Juden, Christen und Moslems in ihrem Missionsgeist. Die *weltliche Schrift- und Zahlengelehrsamkeit* bildete die Basis für Bürokratien, Steuer und Rechtssysteme, das Militär und damit für die Überlegenheit aller Oberschichten gegenüber allen „Analphabeten".

Wer nicht lesen und schreiben kann, ist beinahe nicht existent; er gilt zumindest in den Schriftkulturen als „sprachlos" – und als Objekt für eine umfassende „Bildungshilfe", die allein ihn erst zum Kulturwesen formen kann. An die Stelle von Missions- sind Alphabetisierungs-Programme getreten und kultureller Fortschritt wird in den statistischen Jahrbüchern der UNESCO ganz offiziell in Tonnen von Druckpapier pro Kopf der Bevölkerung gemessen.

Damit sind früher die priesterlichen Schrift- und heutzutage die wissenschaftlichen Fach-Gelehrten sowie die Publizisten zur obersten Klasse der Sinndeuter und Sinngeber der Welt aufgerückt. Die Künstler stochern zwar von Berufs wegen im vorherrschenden Wort- und Zahlenbrei herum; die von ihnen entwickelten Ausdrucksfähigkeiten der *Bild-*, der *Musik-* und der *Körpersprache* werden aber oft genug nur als beiläufige Illustration, teilweise sogar als Luxus angesehen.

Wie bei der Schrift kommt es jedoch auch hier darauf an, wer über diese Ausdrucksmittel verfügt. Abgesehen von den individuellen Gestaltungsbemühungen der Künstler, die sich als eigenständige „Berufsgruppe" schon in den einfachsten Gesellschaften nachweisen lassen, wird die „gesellschaftliche Relevanz" der nicht schriftgebundenen Medien vor allem im Zusammenhang ihrer massenhaften Verbreitung offenkundig.

Der *Kampf um die Bilder* war in der Geschichte oft ebenso erbittert wie der um die Dogmen. Ohne Kirchenväter oder Feudalherren zu bemühen, liefert aber auch die jüngste Geschichte genügend Anschauungsmaterial:

– Im 3. Reich: Die bewegten, „magischen" Bilder der gleichgeschalteten Filmindustrie, das Radio, der Einsatz von Körpersprache und Rhythmik marschierender Kolonnen bei Reichsparteitagen, das Rednertalent des Führers und seiner Paladine ...
– Heute: das Fernsehen, Kino, Werbung, Illustrierte, Pop-Musik und Schlager, aggressionsdämpfende oder produktionsfördernde Musikberieselung ...

Die Geschichte der *Spezialisierung und massenhaften Verbreitung der Kultur-Medien* und ihre vorzügliche Verwendung im Interesse der jeweils an der Macht befindlichen Gruppen, hat wiederum die Suggestion eines absoluten *kulturellen Fortschritts* erzeugt, (womit die Annehmlichkeiten der Kulturindustrie für die „Massen" in den Industrieländern nicht bestritten werden sollen).

Diese Geschichtsbetrachtung verführt erneut dazu, den jeweils Nicht-Mächtigen Kulturlosigkeit zu unterstellen, zumindest aber (unter Stichworten wie „Informationsfreiheit" oder unbeschränkter „Kulturaustausch") die Öffnung ihrer Märkte für die Angebote der entwickelten Kulturindustrie zu verlangen.

Unter anderem Blickwinkel, sozusagen aus der Froschperspektive, ließe sich die Geschichte des kulturellen und künstlerischen Fortschritts (für eine begrenzte Schicht) sicher auch als Geschichte des *kulturellen Rückschritts* (für die Vielen, für den Alltag, für um Autonomie kämpfende Gruppen, für die Aktivierung von Ausdrucks- und Wahrnehmungsfähigkeiten, für die Integration der Sinne) beschreiben.

Eine vergleichende Kunstgeschichte, die Vogelschau und Froschperspektive wechselweise in ein Gesamtbild einbeziehen müßte und die eine (uns) verblüffende kulturelle Ausdifferenzierung gerade in den sogenannten unterentwickelten Gesellschaften zutage fördern würde, kann aber nicht mehr Aufgabe dieses Buches sein. Um wenigstens den Blick dafür zu öffnen und das Nachdenken über den permanenten „Kulturkrieg" anzuregen, folgt daher noch ein Material-Anhang mit Dokumenten und Bildern zum „Rohstoff Kultur", der der Phantasie des Lesers zur Bearbeitung überlassen bleibt.

Plakat der National Arts School von Papua Neu Guinea 1978

Am Anfang war die Schrift

Analphabetismus – Ausschluß von der Macht

Seit der Erfindung der Schrift war die Lese- und Schreibkundigkeit für Jahrtausende das Privileg sakraler und bürokratischer Eliten. Noch zu Beginn der Industriellen Revolution um die Mitte des 18. Jahrhunderts konnten wahrscheinlich mehr als 90 % der Weltbevölkerung weder lesen noch schreiben (vgl. Cipolla 1969). Bemerkenswert ist jedoch, daß ein großer Teil *Europas* zu diesem Zeitpunkt bereits einen entscheidenden Vorsprung gegenüber den anderen Weltregionen hatte. Dieser Vorsprung, der sich im folgenden ständig vergrößerte, war das Resultat einer zum Teil bis in das Mittelalter zurückreichenden Bildungsentwicklung. Während die Unterschiede auf der Stufe der elementaren Lese- und Schreibkundigkeit sich seit dem zweiten Weltkrieg langsam wieder angleichen, nehmen sie auf der Stufe sekundärer und höherer Bildung, wenn auch in geringerem Maße als früher, weiter zu (vgl. Banks 1971). Die weltweite Distribution der Bildungsexpansion läßt sich somit als eine Aufeinanderfolge von immer neuen ‚Scherenentwicklungen' auf immer höherem Niveau charakterisieren.
(*P. Flora*, 1974, 140)

Nach Schätzungen der UNESCO waren in den Jahren 1975 und 1976 etwa 800 Millionen Menschen in Entwicklungsländern Analphabeten; dies ist etwa die Hälfte der erwachsenen Bevölkerung in der Dritten Welt. Die Zahl der Analphabeten hat in den vergangenen Jahren infolge des starken Bevölkerungswachstums ständig zugenommen, obwohl der Prozentsatz der Analphabeten zurückging (nach UNESCO-Angaben von 39 % im Jahre 1960 auf 34 % im Jahre 1970, wobei 28 % Männer und 40 % Frauen sind).

Nur jedes zweite Kind im schulpflichtigen Alter in Afrika (südlich der Sahara), in den arabischen Staaten und in Asien sowie drei von vier Kindern in Lateinamerika erhalten eine Schulbildung, zudem meist nur für wenige Jahre; von 100 Kindern in den Grundschulen kommen nicht mehr als 30 bis zum Ende der Schulzeit. Zwischen 1960 und 1968 ist die Zahl der Kinder zwischen 5 und 14 Jahren, die nicht eingeschult werden konnten, pro Jahr um 2 Millionen gestiegen.
(*Journalistenhandbuch* BMZ 1977, 133 f)

Am Ende der 500jährigen portugiesischen Kolonialherrschaft: „Wir können kämpfen und gewinnen, aber mit einem befreiten Land, dessen Volk weder lesen noch schreiben kann, haben wir noch gar nichts erreicht. Das heißt nicht, daß diejenigen, die gebildet sind, wichtiger sind als die anderen; vielmehr muß das Volk insgesamt lesen können. Es muß lesen können, damit es nicht mehr hintergangen werden kann. . . Wir müssen weitermachen, denn nichts kann mehr den Kampf unseres Volkes aufhalten. Aber es gibt noch etwas, was wichtiger ist: Wir werden versuchen, aus jedem Sohn unseres Volkes einen bewußten Menschen zu machen."[17]
Amilcar Cabral (Guinea-Bissau), nach I Z 3 W Nr. 51/1976

Neue Zahlen liegen vor, die erschrecken lassen: In Nordrhein-Westfalen gehen von 148 000 Kindern *ausländischer Arbeitnehmer* nur 31 654 regelmäßig zur Schule, knapp 25 Prozent. In anderen Bundesländern soll es kaum anders sein. Nach einer Hochrechnung verlassen von den 25 Prozent ausländischer Schüler 80 Prozent die Hauptschule ohne Abschluß.

Mehr noch: Die Arbeitslosenquote der jugendlichen Ausländer, so wird geschätzt, liegt doppelt so hoch wie die ihrer bundesdeutschen Altersgenossen. Nach den Aussagen von Experten ist abzusehen, wann sich ein Teil der ausländischen Jugendlichen in Rollen flüchten wird, in die – beispielsweise – Puertoricaner in New York schon seit langem geflohen sind. Um Bildung und Integration gebracht, terrorisieren sie mit steigender Brutalität diejenigen, von denen sie sich ums Leben betrogen meinen. „Mitten in einem hochindustrialisierten Land ziehen wir die Analphabeten und Hilfsarbeiter von morgen heran.“ So der Präsident des Diakonischen Werkes der Evangelischen Kirche in Deutschland, Dr. Theodor Schober, bei Veröffentlichung der Statistik.
Welt der Arbeit-Magazin, Mai 1976

„In den Vereinigten Staaten erstreckt sich die Schulpflicht bis zum Alter von 16 Jahren, aber die Qualität der Schulbildung läßt viele Wünsche offen. Eine kürzlich angestellte Untersuchung ergab, daß schätzungsweise 1/5 der Gesamtbevölkerung nicht imstande ist, den Inhalt einer guten Zeitung zu erfassen.“
(*L. Edson*/Time Life 1976)

Wissenschaftsbericht

1: Wissenschaftler, verständlich schreibend

2: Redakteur, pressegerecht aufbereitend

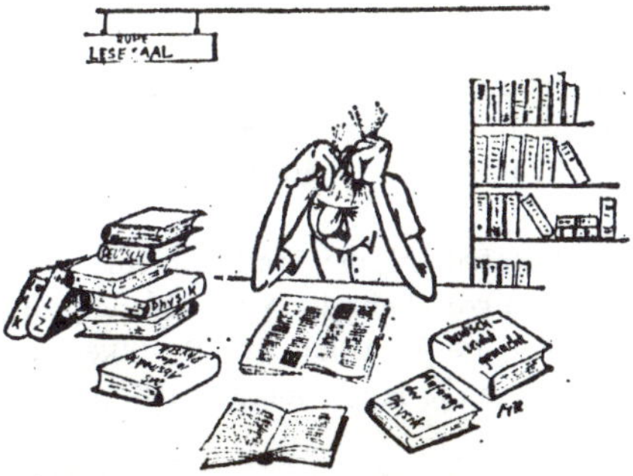

3: Mann aus dem Volk, lesend Zeichnungen: uni-presse Freiburg

Handelsblatt 27.12.1973

Alphabetisierung – Leben aus zweiter Hand?

„Fremde Lehrer, fremde Sprache. (auf der *Reservation der Navajo-Indianer)* ... Es gibt praktisch keine Navajo-Lehrer. Man rechnet mit ca. 1 % ... Wenn man von der Annahme ausgeht, daß der Navajo an sich außerstande sei, ein brauchbares Erziehungssystem aufzubauen, dann wird man konsequenterweise nicht nur die Erziehungsziele aus der weißen Welt entlehnen, sondern gleichzeitig auch das Erziehungspersonal. Wenn man ferner das ganze Problem als nur sekundärer Natur ansieht, dann wird man dies Personal auch noch schlecht bezahlen, so daß der Beruf eines Lehrers an einer Indianerschule alles andere als attraktiv ist ..."
(*R. König,* 1973, 155)

Lesen und Schreiben sind für den Brasilianer Paolo *Freire* nur Instrumente einer „Bewußtmachung" (conscientizacao) menschlicher und gesellschaftlicher Zusammenhänge, die weit über das Beibringen einer Fertigkeit hinausgeht. Sie kann und soll die Lernenden auf ihre gesellschaftliche und historische Rolle hinweisen, die sie in der Geschichte zu spielen haben. Der Analphabetismus alter Art wurde durch eine neue Variante der Verständnislosigkeit abgelöst. „Zwar können die Menschen der hochindustrialisierten Nationen lesen und schreiben, aber es fehlt den meisten die Kenntnis der komplexen wirtschaftlichen Interessengewebe, in die ihr Leben und ihre Arbeit verstrickt sind. Die Hintergründe ihrer Abhängigkeit erfassen sie kaum. Weder wissen sie, weshalb sie die Arbeit leisten, die sie finden konnten, noch, weshalb gerade sie das konsumieren müssen, was man ihnen anbietet.

Der „Analphabetismus" in bezug auf ökonomische Zusammenhänge, wissenschaftliche und technische Tatbestände kann aber, wie sich gezeigt hat, durch die übliche Weise des „Lehrens" kaum beseitigt werden."
(*R. Jungk,* 1973, 193 f)

„Der *afrikanische Dichter* möchte nicht nur im Umkreis von wenigen Meilen verstanden werden. Er schreibt also in einer europäischen Sprache, die weit über seine Heimat und den Kontinent hinaus verstanden wird und trägt so selbst zur weiteren Verbreitung der europäischen Sprache bei. Den Europäern gegenüber wird er zum Wortführer seines Volkes, zum Kritiker, zum Ankläger. Und dabei bleibt er bemüht, seine ihm eingeborenen afrikanischen Empfindungen und Anschauungen, alles was ihm an traditionellen Vorstellungen bewahrenswert und noch lebenskräftig erscheint, den veränderten Umständen angepaßt in die Lehnsprache einzufügen. So verleiht er dieser oft eigenartige und neuartige Klänge, die die betreffende europäische Sprache bereichern und in ihr fortwirken.

Gedichte zum Preise von Toten setzen eine alte afrikanische Tradition fort. Daneben dient die Dichtung in afrikanischen Sprachen vor allem der Verbreitung politischer und religiöser Anschauungen. Überall, wo die Mehrheit der Bevölkerung nicht lesen und schreiben kann, hat der Vers, der sich ja leicht merken läßt, große propagandistische Bedeutung."
(*J. Jahn,* 1977, Nachwort)

Magie der Bildungsattrappen

Konfektion nach europäischem Schnitt verdrängt sehr rasch die traditionelle Kleidung. Aufgedruckte Buchstaben erwecken den Anschein von „Bildung", sie gelten als Prestigesymbole.
(*P. Fuchs,* 1966)

Doktor-Fabriken verkaufen Titel bis zu 20000 Mark

Pfarrer, Fabrikanten, Abgeordnete und Offiziere unter den Interessenten
(*Handelsblatt,* 1973)

★ ★ ★ ★ ★ ★ ★ ★ ★ ★

Konrad Adenauer besaß 24 Doktorhüte, und sein leuchtendes Vorbild haben die Deutschen noch immer vor Augen: Titel gelten was bei uns – auch wenn sie Geld kosten. So dankte ein Wiesbadener Dentist seinem Wohltäter, der ihm für 2500 Mark einen akademischen Grad besorgt hatte: „Die Zahl meiner Patienten hat sich, seit das Doktordiplom im Wartezimmer prangt, fast verdoppelt." Und so hatte Dr. (?) Gerhard Kurtz, Wirtschaftsjournalist aus Liechtenstein, in einer Kleinanzeige in der „FAZ" seine Dienste und Titel angeboten: „Käufliche Titel – Alle – wirklich alle! – Fakten, Adressen und Preise . . ."

Die Reaktion auf die Kurtz-Offerte beschrieb dessen Sekretariat so: „Das Echo auf unsere Anzeige ist ziemlich überwältigend. Die Schweizer sind schon schlimm mit Titeln – aber die Deutschen, die sind verrückt!"

Denn was man schwarz auf weiß besitzt . . . Aberglaube Buchwissen

„Wir empfehlen die allgemeine Verschulung als ein Allheilmittel gegen alle gesellschaftlichen Mißstände, die uns nicht passen. Das Schulwissen, der ständige Verhaltensdrill, die rechten Verhaltensweisen und die rechte Denkungsart, die in den Schulen gelehrt wird, sind angeblich dazu da, den einzelnen für seinen Daseinskampf besser auszurüsten. Ein gebildeter Mensch wird schneller reich als ein ungebildeter. Aber . . . weder der wachsende Reichtum noch der bessere Charakter sind schlüssige Beweise. Unser Glaube an die Macht des Buchwissens ist grenzenlos und unbegründet. Er ist ein typischer Aberglaube unserer Zeit. Diejenige Erziehung, die den Charakter wirklich formt und uns gesunde Lebensgrundsätze einprägt, bleibt an den Einfluß einzelner Personen gebunden und an Beispiele. Sie wächst aus dem lebendigen Verhalten. Gute Schulkenntnisse können den eigenen Einflußbereich vergrößern, aber der moralische Wert all dieser Kenntnisse hängt von ihrem Gebrauch ab. Buchwissen fördert den Verstand, nicht die Gefühle. Aber die Gefühle sind die Wurzeln alles Handelns."
(nach *G. W. Sumner,* 1960, 520)

„Prüfe dein Wissen: (Ergänze)
In vielen . . . hungern die Menschen, weil die . . . nicht mit der . . . Schritt hielten. Der Aufbau der Wirtschaft leidet unter dem . . . den . . . und der . . . Das Land befindet sich oft in den Händen von . . . "
(*H. Neumann,* Unser Weg durch die Geschichte Bd. 3 Hirschgraben)

Wie kann man über die Liebe schreiben? Ein Stuttgarter Verlag weiß Rat. In der Samstagausgabe einer Tageszeitung bietet er seine Dienste an: „So schreibt man Liebesbriefe für Freundschaft u. Ehe, 6,50 DM." Dafür erhält man eine orangerote Broschüre, in der steht: „Viele Menschen greifen nicht gern zur Feder. Woher das kommt, das wissen wir alle: Einmal fühlt man sich nicht in Stimmung, ein andermal kommt man müde und abgearbeitet nach Hause. Manchmal macht auch die Formulierung Kopfzerbrechen."

Doch diese Zeiten sind jetzt vorbei. Mit Blick auf eine Marktlücke, die „wiederholt ausgesprochene Bitte vieler Kunden" und den kleinbürgerlichen Traum vom „anspruchsvollen" Brief, der „schön und gefühlvoll", „interessant abgefaßt ist", „fasziniert", „beeindruckt" oder „freudig erregt", entschieden die Verlagsleute, „helfend einzugreifen und brauchbare Vorlagen zu schaffen".

Zum Beispiel so: „Heute ist ein herrlicher Tag. Während draußen die Sonne lacht, die Vögel zwitschern und von irgendwoher leise Musik erklingt, sitze ich an meinem Schreibtisch und denke an Dich." . . .

Auch das Ende einer Beziehung bedeutet für sie nicht das Ende des Geschäfts mit den Phrasen. Die „unglückliche Irma" im vorbildlichen Abschiedsbrief: „Liebster, frage nicht, in welcher Verfassung ich mich befinde, und wie ich leide . . . Ich bin am Ende meiner Kräfte. Kannst Du mir verzeihen, wenn ich dem Willen meiner Eltern nachgebe und Dich notgedrungen verlasse . . .?

. . . Und selbstverständlich darf der verunsicherte Kleinbürger nicht vergessen, „daß ein guter Brief Ihr ganzes Schicksal beeinflussen kann" – durch Briefe aus zweiter Hand fürs Leben aus zweiter Hand – fremde Worte fürs entfremdete Leben.
(DIE ZEIT 26.8.1977, *Raimund Hoghe*)

„Wir haben beim Lernen auch große methodologische Schwierigkeiten. Obwohl die Methoden in unserem Institut sehr modern sind, sind wir einfach dadurch gehandicapt, daß wir in einer ausgesprochenen Schriftkultur sozialisiert sind. Wir können uns alles nur merken, wenn wir es geschrieben gesehen haben, während man hier vom Hören und Wiederholen lernt. Unsere Mitschüler können die unglaublichsten Dinge wiederholen und im Kopf behalten, machen aber schwere Lesefehler. Wir sind gut in geschriebenen Grammatiktests, sie sind gut im Sprechen, und darauf kommt es ja schließlich an. Wir können Dinge nur kapieren, wenn man uns Regeln erklärt, die wir anwenden können, was der Tamil-Kultur völlig gegen den Strich geht. Unser Lehrer in Madurai war darüber hell verzweifelt und verstand die Fragen nicht. Hier »absorbieren« die Leute die Sprache einfach, ohne die Regeln zu kennen – wie man das als Kind ja auch tut.“
(*Der Überblick* Nr. 2/1977, Entwicklungshelfer in Indien)

Kulturelles Niveau
mit der Elle gemessen.
(Aus einem Versandhauskatalog)

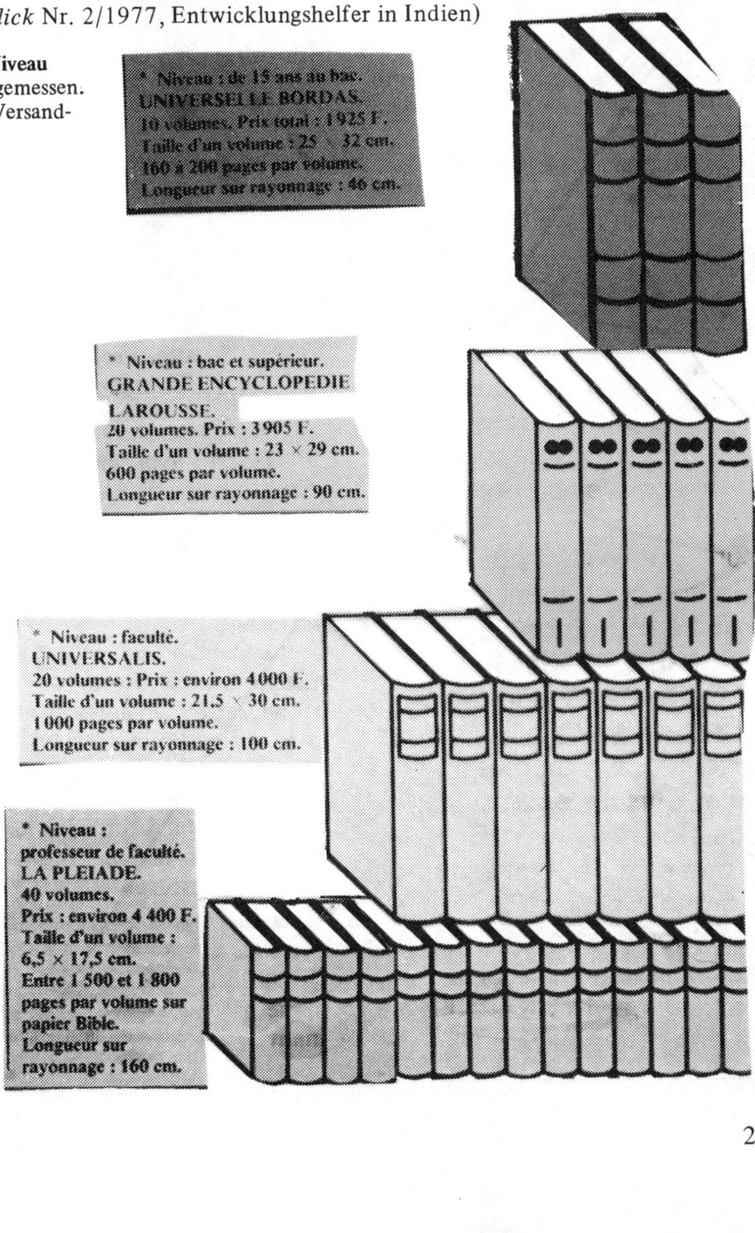

Quipus – Knotenschüre

Ein Kommunikationsmittel, das schon die Inkas nutzten

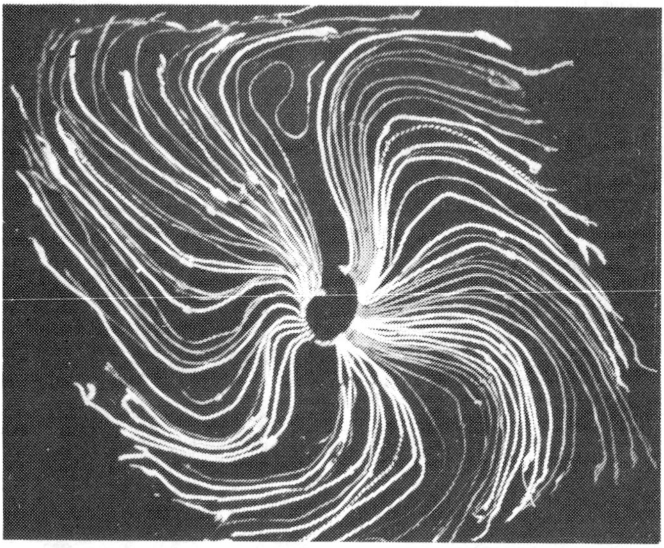

Mit Hilfe der quipus registrierten sie alles akkurat: Einzelheiten über die Ernte, über Waffen, Geburten und Todesfälle, die Zahl der jungen Männer, die für den Krieg verfügbar waren, und der alten Männer, die im Tempelbau Erfahrung hatten. Die quipus wurden von quipu camayocs bedient, den „Haltern des quipu", also von *Inkas,* die Codes für die Kombination von Farben und Knoten beherrschten.

In einem Dorf bei Cuzco zählt ein Indio noch heute mit seinem „quipu" seine Herde

Knotenschnüre waren vermutlich im vorgeschichtlichen China bekannt und werden heute noch in Tibet und auf den Ryukyuinseln gebraucht. Sie kommen auch in Ozeanien, im westlichen Nordamerika und nordwestlichen Südamerika vor. Diese Knotenschnüre bilden ein äußerst sinnreiches Rechnungsmittel, wobei die Zahlen – nach dem Dezimalsystem – durch Knoten verschiedener Form und Stellung ausgedrückt werden. Mit der Farbe der Schnüre kann man überdies die Art der behandelten Gegenstände bezeichnen.

Aztekische Mengenlehre
Kakao in einer aztekischen Tributliste, links 5 x 20 Säcke Kakaobohnen, rechts 20 Körbe Kakaopulver, enthaltend je 1600 zermahlene Bohnen.

Abacus – Rechenbretter
Der chinesische Rechenapparat, Suanpan, trägt 11 Stäbchen mit 5 und 2 abgeplatteten Kugeln. Es kommen auch Rechenapparate mit mehr Stäbchen vor. Jeder Knopf auf dem größeren Stück eines Stäbchens gilt 1, jeder Knopf auf dem kleineren Stück 5 Einheiten. Die in der Abb. 2 im Rechenapparat dargestellte Zahl heißt 5 123 639.
Der japanische Abacus besteht aus Holz und enthält 13 Stäbchen, die unten je 5 und oben je 1 Doppelkegel tragen. Man kann auf diesen Rechenbrettern die vier Spezies rechnen und auch Quadrat- und Kubikwurzeln ziehen. Er macht im Geschäftsalltag den Taschenrechnern durchaus Konkurrenz.

Römischer Abacus (1)

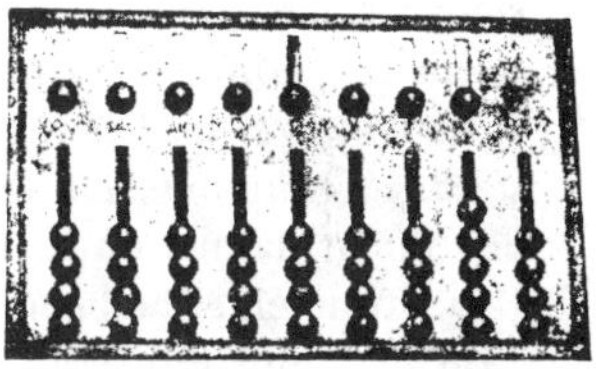

Chinesischer Abacus (2)

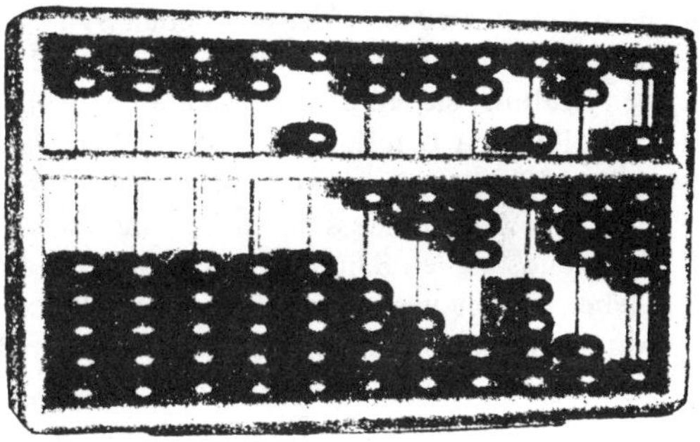

Japanischer Abacus (3)

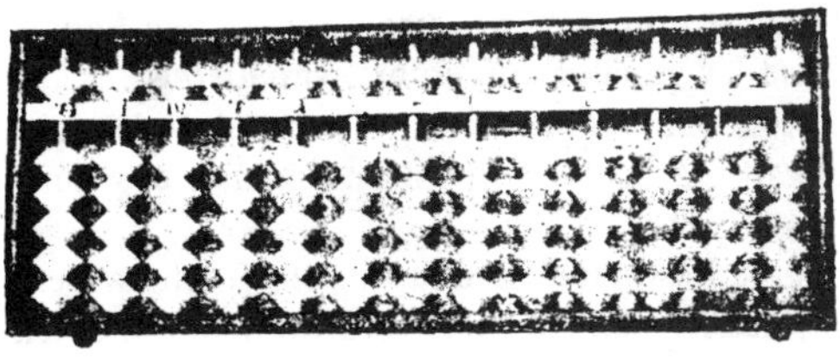

Zahlen-Magie

„Rund ein Vierteljahr nach dem ‚Jahrhundertdatum' 7. 7. 77 haben jetzt die Postämter in 7777 Salem und 777 Überlingen ihre Gefälligkeitsstempelungen für Philatelisten aus aller Welt abgeschlossen. Die von der Oberpostdirektion Freiburg kurzfristig verdreifachte Postbelegschaft hat, wie am Wochenende mitgeteilt wurde, auf annähernd zwei Millionen Brief- und Kartensendungen schätzungsweise fünf Millionen Sammlerstempel gedrückt."
(dpa.) FAZ 3. 10. 1977

So machte die Glückszahl „7" Geschichte

„Zuerst einmal begegnet sie uns als Körperzahl. *Die Papuas*, die jede Mengeneinheit einem Körperteil zuordnen, nehmen ihren Ellenbogen für die Sieben. Und *die Inder*, die Zahlen durch Sinnbilder ersetzen, halten ihren Kopf für die Sieben hin, weil er sieben Löcher hat! Man kann die Sieben aber auch viel komplizierter sehen: In der Reihe der einfachen Zahlen zeichnete sie sich dadurch aus, daß sie aus der *Vereinigung von drei und vier hervorgeht. Diese aber gelten als vollkommene Zahlen, weil sie auch räumlich, als Dreieck und Viereck auftauchen.* Der mystische Anspruch, der ihnen daraus entspringt, ist auch auf die Sieben übergegangen und hat ihr die Bedeutung einer heiligen Zahl beigelegt.

Im ältesten Kulturland, in *Ägypten,* scheint die Heiligkeit der Sieben aus der Astronomie abgeleitet worden zu sein. Sieben Planeten beherrschen den Himmel: Sonne, Mond, Venus, Merkur, Mars, Jupiter und Saturn. Sieben Tage sind eine Woche, der siebte Tag wurde heilig gehalten. Ein Brauch, den *Israeliten* und *Christen* übernommen haben. In *Indien* ist die Sieben Symbol der kosmischen Harmonie, der Mensch hat sieben Haupt-Körperteile und sieben Lebensalter. Man zählt sieben Meere, sieben Erdteile, sieben Berge des Paradieses und sieben Ströme.

... Bei den *Griechen* war die Sieben dem Apollo heilig. Sieben Weise, vor und nach 600 vor Christi, verkündeten ihre Lebensweisheiten in prägnanten Sprüchen. Es gab sieben Bundesstaaten in Kalauria, die Panflöte hat sieben Röhren, die Leier des Helios sieben Saiten, die Seele sieben Kräfte. Auch in der Baukunst taucht die Sieben immer wieder auf: die sieben Weltwunder, die Städte Babylon und Niniveh waren mit sieben Mauern umgürtet, Pyramiden haben sieben Stufen, Theben hatte sieben Tore und Rom wurde auf sieben Hügeln erbaut.

Im *Alten und Neuen Testament* finden wir: Pharaos Traum von den sieben fetten und sieben mageren Kühen, sieben Bußpsalmen, sieben Bitten, sieben Seligpreisungen, siebenfältige Rache. In der Apokalypse sind sieben Gemeinden, sieben Leuchter, sieben Sterne und ein siebenköpfiges Ungeheuer aufgeführt. Im *Mittelalter* gab es sieben freie Künste und in der Kirche sieben Sakramente, sieben Todsünden, sieben Tugenden und Laster, sieben klerikalische Amtsgrade, sieben Stufen des inneren Heiligungslebens.

Bei den *Germanen* hatte die Sieben eine besondere Bedeutung im Rechtswesen. Am Gerichtsplatz stehen sieben Eichen, sieben Schöffen sind erforderlich, um einen gültigen Spruch zu fällen, sieben Zeugen braucht man für einen Beweis. Alle sieben Jahre sind Grenzbegehungen fällig, sieben Frieden werden geboten für: Haus, Weg, Ding, Kirche, Wagen, Pflug und Teich. In Friesland gab es sieben Straßen, drei

Land- und vier Wasserstraßen. Man entrichtete sieben Pfennig, vier dem himmlischen und drei dem weltlichen König.

Auch in unseren *Märchen* geht es siebensinnig zu. Bei den Gebrüdern Grimm erscheinen: Die Sieben Raben, Der Wolf und die sieben Geißlein, Schneewittchen und die sieben Zwerge hinter den sieben Bergen, die Sieben Schwaben. Bechstein bringt: Die Sieben Schwäne, Siebenhaut. Die Sieben-Meilen-Stiefel sind eine deutsch-derbe Variante des klassischen Modells aus der Mythologie. Die Flügelsohlen des Merkur symbolisieren die Schnelligkeit der Götter."
(*H. Schwabe* in Hamburger Abendblatt 7. 7. 1977)

„Das ganze *weibliche* Leben wird von einer ungeraden Zahl, der 7, beherrscht. Die ersten Zähne wachsen in 7 Monaten und fallen nach 7 Jahren aus, die Pubertät tritt mit 14 Jahren und das Klimakterium nach 49 Jahren ein. 8 ist die *männliche* Zahl. Das Zahnen hat zwei Zahlen: 8 Monate und 8 Jahre, die Pubertät verschiebt sich auf 16 Jahre, und die Andropause tritt mit 64 Jahren ein. Etwa in diesem Alter dürfte die sexuelle Aktivität des Mannes aufhören.

Analoge Auffassungen finden sich bei Agrippa von Nettesheim (1486 bis 1533). Von der Zahl 7 ausgehend (ohne Rücksicht auf geschlechtliche Unterschiede), teilt er das Leben folgendermaßen ein: 5 x 7 = 35 Monate = Entwöhnung; 7 Jahre = Ausfall der Milchzähne; 7 x 2 Jahre = 14 Jahre = Pubertät; 3 x 7 = 21 Jahre = heiratsfähiges Alter; 5 x 7 = 35 Jahre = endgültiges Ende des Wachstums; 6 x 7 = 42 Jahre = die Kräfte nehmen nicht mehr zu; 7 x 7 = 49 Jahre = Beginn des Greisenalters; 7 x 9 = 63 Jahre = klimakterische Jahre; 7 x 10 = 70 Jahre = normalerweise das Lebensende."
(*Huard / Wong*, 1973, 66 f)

Wer dem Glück auf die Sprünge helfen will, der sollte es mal mit diesem attraktiven Talisman versuchen: Nachbildung eines original huflastig abgelaufenen Hufeisens mit den (man beachte die Glückszahl . . .!) berühmten sieben Nagellöchern! Verchromt. 11,5 x 11,5 cm. Inkl. Montagezubehör. Im Geschenketui mit Glückwunscheindruck. Ein hübsches Präsent, nicht nur für Pferdenarren!
Hufeisen Best.-Nr. 14 329-75 **DM 29,80**

Zahl- und Statistik-„Analphabeten"

Logik als Schulfach

Newark, 14. November

„Alle Puertoricaner sind frech," sagte der Schüler zur Lehrerin. Dann verbesserte er sich: „Die meisten Puertoricaner sind frech." Und schließlich: „Die Puertoricaner, die ich kenne, sind frech." Dem Zwölfjährigen war eingefallen, was er gerade in der Schule gelernt hatte, nämlich nicht zu verallgemeinern.

Der Junge gehört zu einer Versuchsgruppe in der Grundschule von Newark (New Jersey), in der Sechs- bis Zwölfjährige die Anfangsgründe der Philosophie kennenlernen. Ziel dieses ungewöhnlichen Experiments ist es, Kinder schon im frühen Alter in logischem Denken und präzisem Formulieren zu schulen.

Der Kursus wurde von Matthew *Lipman* (51), Professor für Philosophie, entwickelt. Nach seiner Ansicht wird im bisherigen Schulsystem die Förderung rationalen Denkens vernachlässigt. Weil auch die Lehrer von dem Erfolg der Sache überzeugt sind, soll Logik demnächst als ordentliches Lehrfach an weiteren amerikanischen Grundschulen eingeführt werden."

(HAMBURGER ABENDBLATT, 14.11.1974)

Schwierigkeiten mit der Statistik

„Alle Ausländer haben einen ungewöhnlich starken Hang zur Kriminalität. Muß man doch glauben, wenn man die Zeitungen liest: „Sardinier übte Blutrache", „Eifersüchtiger Türke erschoß Bardame", „Der Boß der Bande war ein Portugiese".

Nur gut – fällt mir da sofort ein – daß der behördliche Umgang mit Ausländern in den Händen der Polizei, der Ausländerpolizei, liegt. Da sind die dann gleich bei der richtigen Adresse.

„Die Kriminalität der ausländischen Arbeitnehmer bei den Massendelikten Diebstahl und Betrug, die über 70 Prozent aller bekanntgewordenen Straftaten ausmachen, ist geringer als die der männlichen deutschen Bevölkerung," erfahre ich von Heinz-Günter Zimmermann vom Bundeskriminalamt in Wiesbaden.

Ja, wie denn nun?

Nur bei einigen anderen Straftaten unter den restlichen 30 Prozent – darunter allerdings auch Mord, Totschlag, gefährliche und schwere Körperverletzung sowie einige Sittlichkeitsdelikte – sind Ausländer häufiger beteiligt als Deutsche.

Also doch! Ich hab' es ja gesagt.

Man muß jedoch – Zimmermann weist darauf hin – unterscheiden zwischen der Ausländerkriminalität allgemein und der Kriminalität ausländischer Arbeitnehmer im besonderen. Den überwiegenden Anteil der Ausländerkriminalität haben Ausländer, die sich illegal in der Bundesrepublik aufhalten.

Natürlich! Die illegalen Gastarbeiter müssen alle raus!

Wieder gibt es einen Unterschied: Die illegal Arbeit Suchenden verhalten sich bei uns lammfromm. Denn bei der allergeringsten Auffälligkeit würden sie ja ausgewiesen. Das in die Reise investierte Geld – für die Gastarbeiter eine astronomische Summe – wäre verloren. Das kriminelle Verhalten dagegen geht zum größten Teil auf Ausländer zurück, die schon als Kriminelle in die Bundesrepublik einreisen.

Also, jetzt glaub' ich, mich streift ein Bus!"

(WELT DER ARBEIT MAGAZIN 2/1976)

CAPITAL 1/1975

Der Bürger Helmut Schmidt, Diplom-Volkswirt, und das Gedruckte, das aus dem Computer kommt:

„SZ: Herr Bundeskanzler, Sie haben die zunehmende bürokratische Einengung der Bürger kritisiert. Gibt es konkrete Vorstellungen, wie Änderungen aussehen könnten?

SCHMIDT: Ich könnte Ihnen viele Beispiele geben, an denen ich persönlich Anstoß genommen habe. Zum Beispiel konnte ich einige Telephon- und Stromrechnungen nicht verstehen, die ich als Bürger in Hamburg bekam. Ich habe die Computer-Sprache nicht entziffern können. Einiges war offenbar mit Absicht verschleiert. Ich habe Rentenabrechnungen nicht verstehen können, die durch die Computer der Bundesanstalt für Angestelltenversicherung ausgespuckt waren. Das sind wenige Beispiele für viele, die insgesamt bei den Menschen das unbestimmte, unheimliche Gefühl auslösen, an Maschinerien ausgeliefert zu sein, die man nicht durchschaut und die man schon gar nicht nachkontrollieren kann.“
(SÜDDEUTSCHE ZEITUNG 26.2.1977)

Am Anfang war das Bild
Die allsehende Gottheit

Wotan, der oberste *Germanengott,* hat ein neutrales Auge für die Erkenntnis der sichtbaren Welt. Ein Auge aber hat er geopfert, damit er aus dem Brunnen der Weisheit seherische Erkenntnis erlange. Seine Einäugigkeit ist seine Alläugigkeit, denn er hat ein nach innen und ein nach außen gesandtes Auge.

Das Auge ist bei vielen Völkern das Symbol des Sonnengottes. In christlicher Symbolik ist es Zeichen der Allwissenheit und Allgegenwart Gottes, eingefügt in das Dreifaltigkeitszeichen (Dreieck, drei Balken).

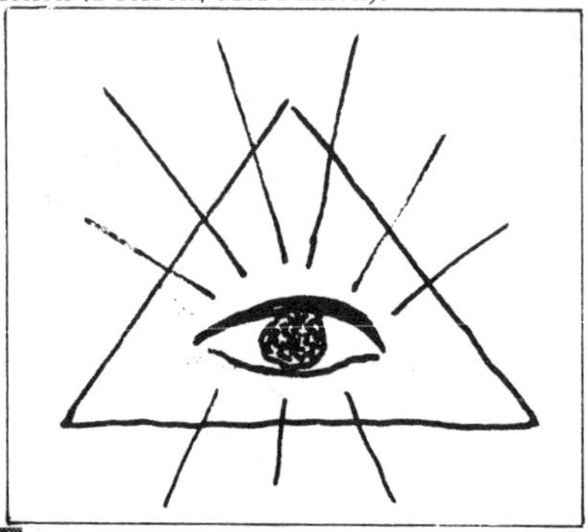

* * * * * * * * * * * * *

Vieläugige *indische* Gottheit (Brahma)

Argos mit zwei Gesichtern und Augen auf dem Körper, Rotfigurige Vase von Ruvo

Die dreigesichtige Sonne, Teil des Ornamentes einer Bronzevase von Hamadan Palast Gulistan zu *Teheran.*

Big Brother is Watching You

Aber macht Euch kein Bildnis – Monopolansprüche auf Gottes- und Weltbilder

„Das Göttliche offenbart sich bei dem heidnischen Denken in den Mächten der Natur, im Himmelslicht, im Regen und Wind; es erscheint an heiligen Orten, wo die Erdgeister wesen, in Hainen und Schluchten, in der Pflanze, in Tiergestalt oder im Menschen. Die seinshafte Gegenwart gehört nach heidnischen Vorstellungen zum Wesen des Numinosen, und diese Präsenz wird festgehalten und gebannt durch das Bild.

Mit der Entstehung der monotheistischen Religionen wird es anders. Der Gott des *Judentums* entzieht sich als reine Geistigkeit dem sinnengebundenen, erdhaften Anblick; er ist der unsichtbare Gott, der nur von einem bildlosen (abstrakt-begrifflichen) Denken erfaßt wird. Die alttestamentarische Religion ist daher geradezu die „Religion des gehörten und zu hörenden Wortes“ und ihr ständiger Anruf „Höre, Israel!“ richtet sich an ein horchendes Gottesvolk. Nicht im Bild, sondern im Wort offenbart sich der Gott. Damit verliert aber das Gottesbild seine Existenzberechtigung, und im Alten Bund (Exodus 20,4) wird es einem strengen Bildverbot unterstellt: „Du sollst Dir kein Bildnis, noch irgend ein Gleichnis machen, weder dessen, das oben im Himmel, noch dessen, das unten auf Erden, oder dessen, das im Wasser unter der Erde ist. Bete sie nicht an, und diene ihnen nicht. Denn ich, der Herr, Dein Gott, bin ein eifernder Gott . . .“

Bilderstürme, Bilderkriege, Bilderausverkauf

Mittel- und Südamerika

„*Der Sturz der Idole.* Gleich nach der Eroberung bereitete der selbstgerechte Fanatismus mittelalterlicher Kleriker einem großen Teil der präkolumbischen Indianerkunst ein jähes Ende, vor allem Gegenständen, die die Spanier für götzendienerisch hielten. Da die indianische Kunst großenteils kultischer Natur war, bedeutete das massenhafte Vernichtung. Statuen wurden zerschmettert, Holzfiguren in die Flammen geworfen, Tonbildwerke zerbrochen und kleinere Stücke vergraben, zu Mörtel gemahlen oder auf andere Weise beseitigt. Gold und anderes wertvolles Material waren heiß begehrt und wurden nach Spanien gesandt. Eine noch viel größere Katastrophe war das Einäschern ganzer Bibliotheken wertvoller Werke, der Gelehrten-Codices der Mixteken, Azteken und Maya, in denen das Wissen über ihre Welt bewahrt war, ein Wissen, über das wir heute nur ganz unbestimmte Vermutungen wagen dürfen.
(*F. J. Dockstader* 1968, 71)

Ceylon

Befehl an die englischen Kolonialoffiziere:
‚Wir befehlen, durch gewissenhafte Offiziere alle Götterbilder („idols“) aufzuspüren, zerschlagen und vollständig vernichten zu lassen . . . und strenge Strafen gegen jene Personen zu verhängen, die es wagen sollten, derartige Figuren herzustellen . . . und die privat oder öffentlich Feste von heidnischer Verderbtheit feiern oder dazu anstiften.‘
(*H. H. Bandara,* 1972)

Moderner Bilderkrieg

„In allen Bilderkriegen geht es um die Frage, ob das Bild den gleichen Anspruch auf Wirklichkeit erheben kann wie das auf ihm Abgebildete; oder ob Abbildung und Abgebildetes vom Wesen her eine Einheit sind. Gibt es zwei getrennte Wirklichkeitsebenen für Abbildung und Abgebildetes oder fallen beide Wirklichkeitsebenen zusammen.

Heute geht es um die gleiche Frage: nur anstatt um Wirklichkeit von Gott und Heiligen als Abgebildeten und Ikone als Abbildung wird um die Wirklichkeit von Frischwärts und Neuweiß gekämpft. Der Bilderkampf unserer Zeit wird von Wissenschaft, Kunst, Politik und Produktion mit massenhaftem Einsatz von Mikrophonen und Kameras geführt. Die Welt wurde zu einem einzigen großen Bildschirm.“
(*B. Brock,* 1977, 265 f)

Südsee

Der „Ausverkauf der Götter“ geht zügig vonstatten, die Fetische und Kulturgeräte werden aus dem unfreiwilligen Ausgedinge hervorgeholt und bringen gute Preise. Am Handel beteiligen sich auch die Missionare.

Ein „Warenhaus der Götter“ hat ein Engländer auf den Neuen Hebriden über der Bucht von Port Vila eingerichtet. Für Museen und Sammler hält er hier Rangsymbole und Götterfiguren aus Farnbaumholz bereit, das auf den schwer erreichbaren Inseln zum Schnitzen verwendet wird. (*P. Baumann/H. Vhlig* 1977, 168 ff.)

Bild-„Analphabeten" – Schwierigkeiten beim Sehen

Tests für *Bantus:* „Den meisten Afrikanern geht die Fähigkeit der perspektivischen Wahrnehmung ab ... Die Eingeborenen vermochten nur die linke, flächig ausgebreitete Zeichnung zu deuten ..." DIE ZEIT 5.1.1973

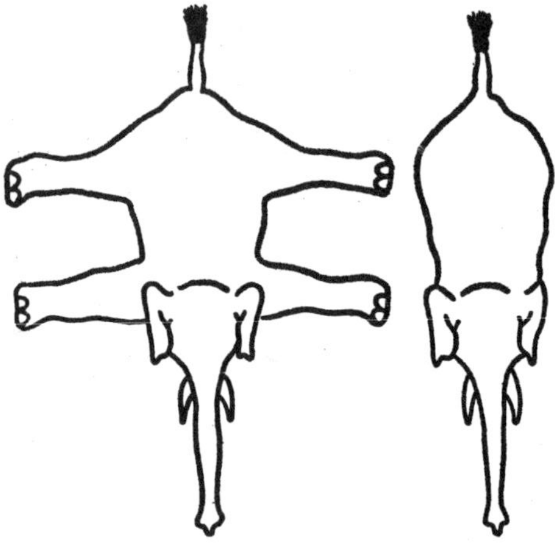

Tests für uns: „Den meisten Fernsehzuschauern geht die Fähigkeit der kritischen Wahrnehmung ab. Sie glauben alles, was sie im Bilde sehen, die Magie der Bilder wird ihnen zur primären Wirklichkeit" ...

„Kinder, kommt schnell — genau wie im Fernsehen!"

DIE WELT

„Was einmal beschrieben war, ja während der Beschreibung in dem Maße als Original verschwand, in dem die Beschreibung zunahm, hinterließ keine Spuren mehr . . . Die Welt war leer, Farben und Formen waren nur noch Reflexe der Bibliotheken und Museen. Von denen und in denen lebten wir, ein Film- und Konservenleben. So verschwand auch das Soziale und machte der Lehre vom Sozialen Platz, so peinigten uns nicht Krankheiten mehr, aber die Medizin, und so verloren wir schließlich unsere Körper an die Physiologie und an die Psychiatrie; schließlich war Gott untergegangen, die Theologie auferstanden! Filmleben, das sich auch schon wieder in verfilmbare Wirklichkeit verwandelte. Hohler kommen wir uns entgegen, wenn wir nur noch Erinnerungen sind. Und das Gras wird verschwunden sein, wegerklärt mit den Wurzeln. Und es wird immer schwieriger, neue Täuschungen zu erfinden, an denen eine Wirklichkeit Halt finden kann."
(N. Born, 1976, 56)

(Sempé, „Wie sag ich's meinen Kindern?)

Am Anfang war die Musik

Musikalische „Vorurteile"

Ägypten

„Das Schreien der egyptischen Tänzerinnen wird auch kein Europäer schön finden," schreibt Carsten *Niebuhr* in seiner „Reisebeschreibung nach Arabien und anderen umliegenden Ländern". . . . *„Hingegen gefällt unsere Musik den Türken und Arabern eben so wenig. Die Melodien der Morgenländer sind alle ernsthaft und simpel. Sie verlangen von ihren Sängern, sie sollen so deutlich singen, daß man jedes Wort verstehen kann.* Wenn verschiedene Instrumente zusammen gespielt werden, und noch dazu gesungen wird, so hört man von allen fast dieselbe Melodie, wenn nicht etwa einer einen beständigen Baß, nemlich durchgehend denselben dazu singt oder spielt. Und so wie diess eben nicht nach unserm Geschmack ist, so können sie auch nicht viel schönes in der Musik der Europäer finden."

Indien

Friedrich Max *Müller,* Professor der Vergleichenden Sprachwissenschaft zu Oxford, gibt eine Unterhaltung wieder, die er mit einem gelehrten Hindu zwischen 1841 und 1844 in Paris über die Musik der Hindus und die europäische Musik geführt hat: D. *Tagore* . . . war „ganz erstaunlich für Musik begeistert und hatte sich einen sehr guten Geschmack inbezug auf italienische und französische Musik angeeignet . . . Eines Morgens, als ich ihm meine staunende Bewunderung über seinen vorzüglichen Geschmack in der italienischen Musik aussprechen mußte, bat ich ihn, mir auch einmal etwas Indisches zum besten zu geben. Da sang er zuerst, was man so indische Musik nennt, was aber thatsächlich persische Musik ist, ohne Stil und Charakter. Danach hatte ich nicht verlangt; und ich fragte ihn, ob er nicht etwas wirklich Indisches vortragen könne. Er lächelte und wandte sich ab. – Sie würden es nicht schön finden, sagte er; aber als ich immer wieder bat, setzte er sich an das Klavier, griff einige Akkorde und fing an zu singen und zu spielen. Ich muß gestehen, daß es mich einigermaßen befremdete. Ich konnte weder Melodie, noch Rhythmus, noch Harmonie in seinem Gesang heraushören; als ich es ihm sagte, schüttelte er den Kopf und sagte: Ihr Europäer seid doch alle gleich: wenn euch etwas fremd anmutet und euch nicht gleich gefällt, dann springt ihr ab. Als ich zum ersten Mal italienische Musik hörte, konnte ich gar keine Musik heraushören; aber ich hörte sie immer wieder, bis ich sie lieben, oder – wie es bei euch heißt – verstehen lernte. Es ist auf allen Gebieten dasselbe. Ihr behauptet, unsere Religion sei keine Religion, unsere Dichtung keine Dichtung, unsere Philosophie keine Philosophie. Wir bemühen uns, alles, was Europa hervorgebracht hat, verstehen und würdigen zu lernen, ohne darum das Heimische zu verachten. Wenn ihr unsere Musik studieren wolltet, wie wir eure studieren, so würdet ihr ebensoviel Melodie, Rhythmus und Harmonie darin finden als in eurer. Und wenn ihr unsere Dichtung, Religion und Philosophie studieren wolltet, so würdet ihr auch entdecken, daß wir weder Heiden noch Ungläubige sind, sondern genau so viel von dem Unerforschlichen wissen, wie ihr davon wißt, nur vielleicht etwas tiefer hineingeschaut haben als ihr!"
(beides nach *P. Gradenwitz*, 1977, 245 bis 253 f)

Brasilien

„Ein hohes Maß an Spontaneität sieht Fernando Cerqueira, dessen „Parabola" den ersten Preis im diesjährigen Komponistenwettbewerb von Salvador erhielt, als Charakteristikum neuer brasilianischer Musik an: seines Erachtens orientieren sich die Europäer zu stark an Modellen und Schemata. In Brasilien wird unbekümmerter und legerer, großflächiger und klangsinnlicher komponiert."
(*FAZ* 2. 10. 1976)

Indonesien

„Selbstverständlich sind Musik und Theater Indonesiens differenzierter, als wir es uns vorstellen – und wohl auch nachvollziehen können. So sollen zwischen javanischer und balinesischer Gamelanmusik beträchtliche Unterschiede bestehen, und angeblich finden die Javaner balinesische Musik „barbarisch", die Balinesen die javanische „langweilig". Der Abbau des Feudalismus in Indonesien hat die alte höfisch-religiös bestimmte Gamelanmusik nicht zum Verschwinden gebracht, sondern im Gegenteil ihr einen neuen Aufschwung gebracht und ihr zu neuer Breitenwirkung und Vitalität verholfen, wobei es wohl, wie überall, zu einem Kräftegeschiebe zwischen bewahrenden und modernistischen Tendenzen kommt."
(*FAZ* 12. 6. 1975)

Südafrika

Johannesburg, 10. Februar (dpa). „Das neue Opernhaus in der südafrikanischen Hauptstadt Pretoria, das 1980 eröffnet werden soll, wird den Nichtweißen grundsätzlich verschlossen bleiben, weil „die Schwarzen eine andere Form der Unterhaltung vorziehen". Mit dieser Begründung hat der Provinzialchef von Transvaal, Sybrand van Niekerk, schon jetzt seine vorsorgliche Grundsatzentscheidung „nur für Weiße" verteidigt. Der Verwaltungschef sagte am Freitag gegenüber der Johannesburger Tageszeitung „Rand Daily Mail": „Wir bieten sehr wenige Aufführungen, die Nichtweiße interessieren. Sie glauben nicht an unsere Form der Unterhaltung. Sie führen Kriegstänze auf."
(*FAZ* 11. 2. 1978)

Lebendige und Schriftmusik

„Das zwölfstufige System, das unserer Notation zugrunde liegt, reicht nicht annähernd aus, um die Eigenarten außereuropäischer Intonationen und Leiterbildungen wiederzugeben, und sie ist vollends unfähig, die Vortragsweise festzulegen, all das Näseln, Jodeln, Vibrieren, Stoßen, Gleiten, das fast noch mehr als der Bau der Stücke das wesentliche Merkmal der einzelnen Tonsprachen ist.

Denn was wir aufschreiben können, das ist nicht einmal wissenschaftlich das Wichtigste. Die Stimmfärbung, der Ansatz, die Nachdrücklichkeit der Tongebung, das Temperament, die musikalische Gebärde, kurz, die unzähligen Eigenheiten, die das Auszeichnende der einzelnen Rassen und das Wesentliche aller außereuropäischen Musik bilden – all das fehlt, und es bleibt nichts als eine trockene, magere Umschreibung.

Aller außereuropäischen Musik ist das unmittelbar Lebendige gemein: Schöpfung und Wiedergabe verschmelzen in Eins, und wenn auch die wirkliche Improvisation kaum einen breiten Raum einnimmt, so hat doch das Musizieren ein Stegreifgepräge, weil das Überkommene und sogar das Selbstgeschaffene bei jedem Vortrag aus der Eingebung des Augenblickes neugeboren wird. Sie besteht nur als Idee; ihre Verkörperungen gleichen einander niemals bis in die letzten Züge. . . .

Für eine Notenschrift fehlt daher das Bedürfnis, ja die Möglichkeit. Erst da, wo das Gedächtnis bedroht ist, wo, etwa in Zeiten der Fremdherrschaft und der Fremdreligion, kultische Ziele gefährdet sind, da wird nach graphischen Behelfen gesucht." (*C. Sachs*, 1974, 9/ 15/ 36)

Chinesisches Stück

nach v. Hornbostel

in Notenschrift,
in Lautenwiedergabe,
in Geigenwiedergabe

15

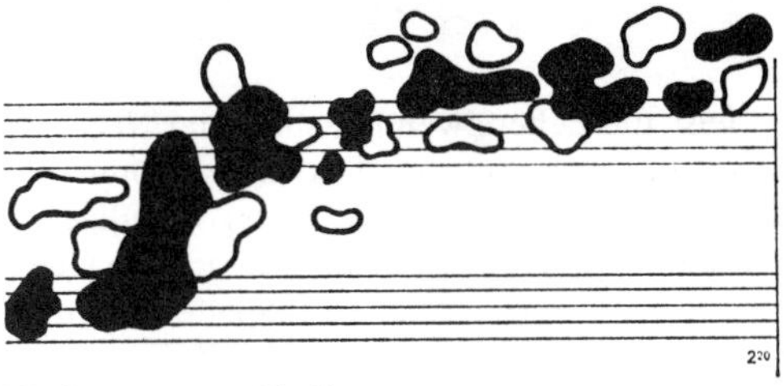

Notierung neuer Musik:
Cembalo: Tonwolken. Auf oberes Manual 8′ + 4′ allein übergehend – mittleres Tempo – große Dichte.
Band: Tonwolken – leiser werdend.

„Die musikalische Standardisierung, durch die aus der Musik ein Handelsartikel werden konnte, hat ihren Ursprung in der Schrift und vor allem in der Möglichkeit, diese Schrift zu drucken. Nicht, daß die Schrift an sich als Gedächtnisstütze nicht von Nutzen wäre; in der einen oder anderen Form hat es sie stets und überall gegeben. Doch die Tatsache, daß das gedruckte Produkt an die Stelle der mündlichen Überlieferung und ihrer künstlerischen Manifestationen tritt, führt zu einer ersten Entpersönlichung der schöpferischen Gemeinschaften. Sie läßt in dem Ignoranten von Schreiberling einen unwahrscheinlichen Überlegenheitskomplex entstehen gegenüber dem geschickten, aber des Schreibens unkundigen Künstler. Die Notenschrift, die darauf abzielt, die Musik ausschließlich auf das schriftlich Fixierbare zu reduzieren, hat sogar in Ländern, die sich ihrer bedienen, zu einer Einengung und Verzerrung des Begriffs Kunstmusik geführt. Sie hat den Komponisten vom Interpreten und vom ausführenden Musiker getrennt und die Musik überall da, wo der Notentext als Grundlage der Ausführung dient, in eine Sackgasse manövriert, aus der sie sich übrigens heute zu befreien sucht. . . .

Die alten Vorstellungen von Musik, die sich am Leben zu erhalten vermochten und an die Konzeptionen der jüngsten Zeit anknüpfen, sind jene, die die Notenschrift entweder nicht kannten oder sie ablehnten und die wir aus diesem einzigen Grunde allzu leichtfertig Folklore nennen, mag es sich nun um die Kunst der Zigeuner oder die Flamenco-Kunst, um die großartige indische, iranische oder arabische Musik handeln.

(Es) drängt sich der Vergleich mit einem Redner auf, der seinen Text abliest, anstatt aus dem Stegreif zu sprechen. . . .

Diese Priorität, die man der Transkription gegenüber dem Original vom rechtlichen Standpunkt her einräumt, führt zu absurden Situationen. So nehmen berühmte indische Sitar-Spieler bisweilen nicht mehr die großen klassischen modalen Themen auf Band oder Platte auf, sondern sind gezwungen, Varianten zu erfinden, die sie als neue Ragas bezeichnen und als deren „Komponist“ sie sich ausgeben.“
(*A. Danielou,* 1973, 11 f und 111)

Verlust der Rhythmik beim gesunden – und ihre Wiederentdeckung für den kranken Menschen

Musik –

„Der Wedda regt leise die Zehen, wenn er singt, der Neger ist unfähig ein Lied vorzutragen, wenn man ihm verbietet den Takt mitzutrommeln, fast auf dem ganzen Erdenrund stampfen die Sänger, und die Hörer beteiligen sich mit taktmäßigem Händeklatschen. Noch in die Hochkulturen reicht diese Gewohnheit ungeschwächt hinüber: assyrische Reliefs zeigen die Hofkapelle mit dem gleichen hüpfenden Schritt, den heute noch ägyptische Musiker tanzen[58].

Aus dieser Körperhaftigkeit erwächst als erste Folge eine rhythmische Verfeinerung, die der europäischen Auffassung unendliche Schwierigkeiten bietet. Beim Hören afrikanischer Tonstücke sind wir oft genug in einem Maße ratlos, daß wir uns völliger Anarchie gegenüber fühlen. . . .

Der europäische Betrachter steht dieser Erscheinung in gewissem Sinne ratlos gegenüber. Er würde es verstehen, wenn ein Naturvolk auch hier ‚einfach' und ‚natürlich' wäre, muß sich aber mit der Tatsache abfinden, daß die Rhythmik sehr verwickelt und ganz und gar nicht ‚natürlich' in unserem Sinne ist. . . .

Je mehr sich der Mensch von der Natur entfernt, um so mehr erstarrt die frei und ungewollt strömende Rhythmik zum bewußten und erlernten Taktschema. Anstelle treibenden Körpers schaltet ordnender Geist.

Diesem Geist verdanken die Hochkulturen ihre theoretisch festgelegte Taktsystematik. Nirgends wird sie ärmlicher als in China, das seine Vorliebe für beruhigende, abklärende Musik mit äußerster rhythmischer Einfachheit bezahlt. Das klassische Idealschema der Tempelmusik lautet:

Wir haben uns erst in den letzten Jahrhunderten in den Fesseln eines starren Taktschemas verfangen, das allen metrischen Fluß in das Stampfwerk gleichmäßig abfolgender Hebungen und Senkungen zwängt. Es ist unser harmonisch-akkordischer Satz, der das auf dem Gewissen hat, und nur aus der Enge dieses Stiles ist unser Glaube entstanden, die nivellierende Einförmigkeit sei etwas Natürliches. . . .

Daher ist Europa in allen Zeiten auf die frische, mannigfaltige Rhythmik der motorischen Völker angewiesen. Es bereichert seine musikalische Bewegung bald mit den Tanzweisen der Sklaven, bald mit denen der Kreolen oder der amerikanischen Neger. Und hier liegt der innere Grund für den Einbruch des Jazz."
(*C. Sachs,* 1974[3], 67-72)

– **Therapie**

Musiktherapie ist auch bei uns wieder modisch geworden. Medizinische Kongresse im Westen betonen die Zukunftsträchtigkeit dieser von ihnen neu entdeckten „jungen Wissenschaft“. In Wirklichkeit wurde bisher nur die jahrtausendealte Kenntnis des Einflusses der Musik auf die menschliche Psyche ignoriert. Schamanen und Medizinmänner „primitiver“ Gesellschaften bis hin zu den Astrologen, Philosophen und Ärzten der Hochkulturen von China bis Griechenland wußten um die Heilkraft von Rhythmik, Bewegung, Musiktanz, Affekte besänftigender oder steigernder Tonarten. Obwohl alle diese früheren Gesellschaften die Qualitäten der Musik(tanz)therapie auch zum Wohlbefinden der gesunden Bevölkerung einsetzten oder zur Bewältigung normaler Lebenskrisen wie Trauer, Freude, Angst und nicht nur in Krankheitsfällen, im Krieg oder als Hintergrundmusik zur besseren Arbeitsleistung im Betrieb, gilt sie dem überheblichen Westen dort als magisch und erst unter dem ehrenden Deckmantel der modernen Wissenschaft als rational und vernünftig.

Begräbnismusik bewirkt, „daß das Trauerlied und die Grabesflöte zuerst in leidenschaftliche Aufregung treiben und Tränen hervorlocken, aber indem sie das Gemüt in Klage ausbrechen lassen, allmählich die Trauerkraft ausschöpfen und auszehren.“ (der griechische Philosoph *Plutarch*)

„Mit Musik geht zwar nicht alles, aber doch manches besser: Das Schlaflied ersetzt die Schlaftablette, Jazz und Beat steigern den Blutdruck und beschleunigen Atem und Puls„ Marschmusik hat aktivierende, unter Umständen auch aggressionsfördernde Effekte. Das hat das nordrhein-westfälische Institut für Dokumentation und Information über Sozialmedizin und öffentliches Gesundheitswesen nachgewiesen.

In einer Dokumentation über Musiktherapie wird die Wirkung der Schlafmusik so beschrieben: Geringer Tonumfang und fehlende große Intervalle der Wiegenlieder bewirken den Eindruck ruhigen Gleitens. Die Atmung paßt sich dem melodischen Ablauf an, sie wird flach und regelmäßig, das Herz schlägt langsamer. Der Einschlafeffekt ist so stark, daß bei klinischen Untersuchungen Patienten schon nach wenigen Tagen die Schlaftablette nicht mehr benötigen.“
(*Harmonika Revue* 3/73)

„Aus solcher Beeinflussungskraft Möglichkeiten der Heilung zu gewinnen, also Musik und Medizin zueinander in Beziehung zu setzen, ist ein Bemühen, das bis in die frühe Menschheitsgeschichte zurückreicht. Das biblische Beispiel vom Hirtenknaben David, der mit seinem Harfenspiel den König Saul von seinen Depressionen befreit, wird in diesem Zusammenhang häufig erwähnt. Oder die Theorien über Heilwirkungen der Musik, die in der Blütezeit der griechischen Antike von Pythagoras, Platon, Aristoteles aufgestellt wurden. Und da ist, als eines der berühmten historischen Beispiele aus jüngerer Zeit, der italienische Sänger Farinelli, der im 18. Jahrhundert am spanischen Hof jahrelang die Schwermut Philipps V. durch seinen Gesang aufhellte.“ (MUSIK UND BILDUNG 9/72)

Zum Schluß bleibt die Körpersprache

Internationale Körpersprache

Ein Teil der menschlichen Gestik und Mimik ist von universaler Verbreitung. Obwohl im allgemeinen individuell und kulturell variiert und überformt, bleibt dieses Repertoire trotzdem eine anthropologische Grundkonstante sozialer Kommunikation. In der Anthropologie existieren eine Reihe von Theorieansätzen, die diese Verhaltensmuster zu Kommunikationsformen der Tierwelt in Beziehung setzen, so zum Beispiel bei typischen Unterwerfungs- oder Beschützergesten, beim ritualisierten Balz- und Sexualverhalten, bei Drohgebärden u. a. Umgangsformen.

Die Erhöhung des Kopfes

Oberhaupt der römisch-katholischen Kirche

Indianerhäuptling

Anatomie eines Flirts

Mütterliche Schutzhaltung

Gelernte Körpersprache

Im wahrsten Wortsinn „von Kindesbeinen an" lernen die Kinder der Eje-Pygmäen (Zentralafrika) ihren Körper in seinen Haltungen zu studieren.

Verkümmerung der Ausdrucksfähigkeiten
„Im beruflichen Leben und auch in den meisten Familien ist es nicht üblich, Gefühle der Zu- oder Abneigung körpersprachlich auszudrücken. Aus einem einstmals reichhaltigen Repertoire sind nur wenige ritualisierte Gesten übriggeblieben: der leere Händedruck, das militärische Grüßen, der Wangenkuß bei Parteiführern des Ostblocks. Kindern wird die natürliche Neigung zum Schmusen und Raufen energisch ausgetrieben. Die späteren sexuellen Kontakte sind dann nicht mehr in eine breite Palette körpersprachlicher Signale eingebettet, sondern auf verhängnisvolle Weise isoliert.
Medizin, Sport und Tanz als drei Lebensbereiche, die sich mit dem Körperlichen beschäftigen, scheinen mir auf gespenstische Weise entseelt: die Medizin wird körpermechanisch betrieben und ist kommerzialisiert, der Sport wird von Stoppuhr und kaltem Leistungsehrgeiz regiert, der Tanz ist zu einer gesellschaftlichen Geste geworden."
(Leserbrief in der FAZ vom 1.2.1977)

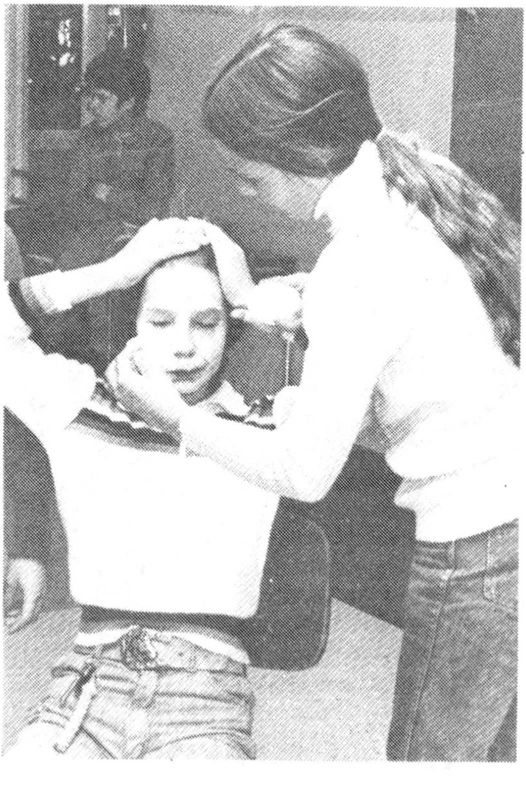

Kinder üben „sich schminken"

Körper-Management
Die Seminar-Premiere fand Mitte Januar im Kieler Nobelhotel Maritim-Bellevue statt. Zwei Tage lang erschloß der Marketing-Berater Jan C. Friedemann deutschen Top-Managern auf der vom Rationalisierungs-Kuratorium der Deutschen Wirtschaft (RKW) organisierten Veranstaltung ein neues Wissensgebiet: die Kinesik, die Kunst der nichtverbalen Kommunikation . . .
„Bei der zwischenmenschlichen Kommunikation spielt das gesprochene Wort nur eine untergeordnete Rolle“, belehrte sie Friedemann. „Weit bedeutungsvoller für das gegenseitige Verständnis sind Körpersignale, die der Mensch durch Mimik, Gestik und Fortbewegung unentwegt aussendet.“ So habe der amerikanische Psychologe Albert Mehrabian festgestellt, daß Gefühle zu 93 Prozent auf nichtverbalem Wege zum Ausdruck gebracht werden . . .
Die Deutung der Körpersignale gelingt nur geschulten Beobachtern. Die Körperzeichen, von den Experten Kinons genannt, drücken sich in vielfältigen, zumeist sehr subtilen Veränderungen von Mimik und Gestik aus. Erweiterung oder Verengung der Augenpupillen können Unwillen oder Interesse anzeigen; Verschränken oder Ausbreiten von Armen und Händen sind oft Zeichen der Ablehnung oder Zustimmung; Reiben an Nase und Stirn sowie Fingerschnipsen gelten als Ausdrucksformen der Unsicherheit. Auch die Beinhaltung vermittelt geschulten Beobachtern wertvolle Aufschlüsse über den inneren Zustand des Partners – besonders, wenn er sie unter der Tischplatte dem Blick entzogen glaubt.

(Manager-Magazin)

erstaunt
zynisch
angriffslustig

abwehrend
kapitulierend
kein Kompromiß

sicher
entschlossen
begütigend

energisch
versachlichend
negativ darstellend

Professionalisierte Körpersprache
Stellvertreter oder Leitbild?

Mimen, Masken, Mimikri

Clown, Akrobat, Javanische Schattenfigur, Schauspielerin

Tanzende Göttinnen

Indische Göttin Shiva
und europäische
Balettänzerin

Technische und kulturelle Konkurrenz:

Für Leute, für die es klar scheint, daß sich die Geschichte linear dem *Fortschritt* zubewegt, mag die trockene Unterscheidung eines Anthropologen wie *C. Levi-Strauss* zwischen

- Gesellschaften mit geringer ökonomischer Differenzierung (und einfacher Technik), aber vergleichweise hoher kultureller Differenzierung
  und
- Gesellschaften mit hoher ökonomischer Differenzierung (Kasten, Klassen, Berufsstruktur) und vergleichweise geringer kultureller Differenzierung ihrer Mitglieder

ernüchternd klingen. Solche Herausforderung stört den Glauben, daß technische und wirtschaftliche mit kultureller Überlegenheit identisch sei.

Wir haben uns daran gewöhnt, daß wir eine reiche abendländische Kulturgeschichte haben – nach dem schönen Motto einer aktuellen Reklame: Tradition ist Fortschritt genug. Und wir haben uns daran gewöhnt, nicht mehr die Teilhabe des einzelnen Bürgers an der Gesamtkultur, seine aktiven Kulturfähigkeiten, den qualitativen Fortschritt seines Alltags zum *Maßstab für Fortschritt und Lebensqualität* zu machen, sondern übernehmen auch für unsere subjektive politische Orientierung die quantitativen Erfolgsziffern des Konsums, des isolierten Wachstums bestimmter Industriezweige, der Einkommenszahlen.

Auf ererbte *kulturelle Überlegenheit* läßt sich unser Vorsprung gegenüber der östlichen 2. und der südlichen 3. Welt jedoch nicht mehr begründen. Die Werte und Utopien und Kulturschätze des Abendlandes, auf das wir unser Selbstverständnis als Kulturnation so gerne stützen, sind uns längst fremd geworden. Sie werden im Grundgesetz und in den Museen und Bibliotheken noch gespeichert – aber wer machte sie lebendig oder sorgte für ihre Verwirklichung im Alltag?

Man sollte denken, wenn schon nicht in kultureller Hinsicht, dann wenigstens in *technischer* habe der Westen enorme Vorsprünge vor allem vor den unterentwickelten Kontinenten aufzuweisen. Das westliche Selbstverständnis und Überlegenheitsgefühl wird speziell seit dem 2. Weltkrieg stark durch das ökonomische Weltgefälle bestimmt.

Die Bundesrepublik als Industriestaat schneidet schließlich im Nord-Süd-Gefälle unter wirtschaftlichen Konkurrenzgesichtspunkten hervorragend ab. Der einzelne Bundesbürger kann sein Selbstwertgefühl auf wachsendes Einkommen und Konsumgüter stützen.

Aber auch dieser *Vorsprung an technischer und wirtschaftlicher Überlegenheit* schrumpft augenfällig zusammen. Man hätte schon nachdenklich werden können durch die Beispiele der letzten Jahrzehnte: China und die Sowjetunion haben in relativ kurzer Zeit (mit anderen Gesellschaftsmodellen und unter Nutzung der Kenntnis gewisser „Fehler“ in unserer westlichen Entwicklung) technisch-wissenschaftliche Leistungen vollbracht, für die die Europäer zwei Jahrhunderte brauchten. Japan, das wir noch in den 50er Jahren belächelten, es würde nur alles nachahmen und unsere Lizenzen „klauen“, konkurriert als Industrienation längst nicht mehr nur mit billigen Preisen und quantitativen Erfolgen, sondern mit international anerkannter

Qualität in allen technischen Sektoren. Die Öl- und Rohstoffkartelle der Dritten Welt lehren uns im Umkehrverfahren wie es ist, wenn man von Monopolisten auf dem Weltmarkt abhängig wird. Selbst der Versuch, sich als „Blaupausnation" solchen Vorsprung zu sichern und alles Know-How auf uns zu konzentrieren, ist längst kein Patentrezept mehr zur Sicherung irgendeiner Vormachtstellung.

Obwohl sich die hiesige Wirtschaftsethik längst aus dem Rahmen von Religion und Kulturtradition gelöst hat und nicht mehr geschichtlich, sondern nur durch die „Rationalität" des Systems funktional bestimmt wird – so sucht man neuerdings doch wieder nach kulturellen und moralischen Rechtfertigungen für Vorsprungsmöglichkeiten. Da zieht man dann die altbekannte Abgrenzungsmarke Kultur wieder aus der Tasche und sieht auf die „Neureichen" unter den außereuropäischen Ländern herab, die sich in Europa einkaufen und die bloß Geld, aber keine (uns verständliche) Kultur horten konnten. Dabei wußte schon *J. W. v. Goethe,* was der ehemalige französische Kultusminister A. Malraux vor einigen Jahren so formulierte: „Kultur wird nicht ererbt, sondern erworben".

Es ist absehbar, daß wir uns sowohl als „System" wie als einzelne mit der Notwendigkeit auseinandersetzen müssen, ökonomische Entwicklungen in ihrem naturgewaltähnlichen Sachzwangcharakter aufzuhalten und mit neuen *gesellschaftlichen und kulturellen Lebenszielen* in Beziehung zu setzen.

In unserem Fortschrittsfeldzug haben wir über Jahrhunderte die technisch-wirtschaftlichen und vorwissenschaftlichen Traditionen anderer Kulturen vernichtet, deren Erkenntnis- und Erfindungsreichtum für die ökologische Überlebenskraft auf unserem Globus mitentscheidend sind. Inzwischen überschwemmen wir die Welt nicht nur mit industriellen und technokratischen Wertsetzungen und Produktionsformen, sondern auch mit westlichen Kultur-, Konsum- und Bildungssystemen mit unserer Moral und den Lebensidealen der Massengesellschaft. Auf der Strecke bleibt dabei die kulturelle Vielfalt, die wir selber zum Leben brauchen.

Das Horrorbild einer künftigen einheitlichen *„Welt-Kultur",* in der sie Interessen und Lebensformen verschiedenster Gruppen im uniformen Massendasein von Konsum-, Slum- und Fließbandmonaden aufgeht, in der kulturelle und humane Lebensinteressen dem technischen und ökonomischen Wachstum nationaler und multinationaler Konzerne oder auch nur dem Zwang zum physischen Überleben bedingungslos unterworfen sind und in dem sich die Menschen auch im aktuell-politischen Bereich nicht mehr als Subjekt ihrer Geschichte begreifen und verhalten können, ist schon Alptraum vieler Science-Fiction-Romane und Filme geworden. Die uniforme Weltgesellschaft, in der Nigerianer, Thailänder, Perser und Eskimos in Schlips und Kragen, mit Plastiktüte, Kofferradio und Aktenmappe bestückt zwischen Hochhäusern herumlaufen, ist aber nicht mehr nur Fiktion, sondern beginnt schon Wirklichkeit zu werden. Ein deutsches Schulbuch fand das bereits vor 25 Jahren ganz in Ordnung: „Nur die Palmen, die Hitze, die vielen Neger . . . erinnern (in Nairobi) daran, daß man in Afrika ist."

Mit dem Abbau von Vorurteilen ist es angesichts solcher Weltperspektiven nicht getan. Auch die Barmherzigkeit oder das schlechte Gewissen des Bundesbürgers, der einmal im Jahr für „Brot für die Welt" spendet, oder das 1/2 % Brosamen, das die Industrienationen von ihrem Bruttosozialprodukt als sogenannte Entwicklungshilfe abzweigen, sind weniger als ein Minimum, mit dem man früher nicht einmal in den Himmel gekommen wäre, geschweige denn das irdische Paradies hätte sichern helfen.

Wir brauchen positive Setzungen und dazu die vergleichende kulturelle Auseinandersetzung damit, wie andere oder frühere Gesellschaften die für uns nur noch pluralistisch erlebten Lebenswerte verbindlich realisiert haben. Der Fortschritt wird sich am geschichtlich schon Erreichten und am Alltagsleben der Gesellschaftsmitglieder zu messen haben. Die Zerstörung der natürlichen Umwelt, das gestörte Verhältnis zur Geschichte und ihren verbindlichen Vorgaben, die Aushöhlung der alltäglichen zwischenmenschlichen Lebensformen – all das sind Probleme, die zunehmend ins öffentliche Bewußtsein rücken, nicht mehr technisch zu lösen sind und sich auch nicht mehr in hierarchischer *Entwicklungspolitik* von oben nach unten lösen lassen. Der internationalen und der jeweiligen nationalen *Kulturpolitik* kommt dabei immer größere Bedeutung zu. Bezeichnend ist hier die Erkenntnis eines deutschen Forschungsministers im Zusammenhang mit Strukturproblemen des Ruhrgebiets, daß inzwischen die „Kunst ein Produktionsfaktor humaner Entfaltung" und keineswegs ein Luxus ist (*R. Jochimsen*, 1980, 5).

Von einer Entwicklungspolitik, die ganz selbstverständlich die *„kulturelle Wiederaufrüstung"* im weitesten Sinne zum Programm erheben würde – letztlich handelt es sich auch hier nur um Akte der Wiedergutmachung einer jahrhundertelangen kulturellen Entfremdung – sind wir noch weit entfernt. So manchem biederen Museumsfachmann verschlägt es immer noch die Sprache, konfrontiert man ihn etwa mit dem Ansinnen, das eine oder andere Stück seiner riesigen „Völkerkunde"-Sammlung durch ein Duplikat zu ersetzen und das Original jenen zurückzugeben, die mit jeder (bei uns als exotischer „Totempfahl" bestaunten) indianischen Wappensäule und jeder afrikanischen Königsskulptur ein Stück ihrer geschichtlichen Identität zurückgewinnen könnten.

Wenn wir heute schon nichts mehr dabei finden, durch Sport-Entwicklungsprojekte (Entsendung von Trainern und Fachberatern in die Dritte Welt) letzten Endes neue Konkurrenten für unsere eigenen Sportler zu fördern, sollte es auch denkbar sein, sich bewußt auf eine Konkurrenz in Fragen der Lebensgestaltung, des Umweltbewußtseins, der Kunst, der Rechtsaufassungen und anderer Bereiche einzulassen, die wir bisher allzugern in einen unwichtigen „kulturellen Überbau" abgeschoben haben.

Anhang

Regional-, Stammes- und Länderregister

(je nach Quellenangabe, Kontinente, Regionen, Staaten, Völker, Stämme)

Stichwort-Register

Das Register berücksichtigt in erster Linie wörtliche Verweisungen, bezieht die Einführung aber nicht mit ein.

Verzeichnis zitierter Literatur

Abendroth, Wolfgang: Sozialgeschichte der europäischen Arbeiterbewegung, Frankfurt/Main 1965 (Edition Suhrkamp)

Adler, Christian: Achtung, Touristen! Anmerkungen eines Verhaltensforschers zum Thema Ferntourismus nebst Anregungen zum besseren Verhalten im Auslande. Frankfurt/Main 1980 (Umschau)

Arens, William: The Man-eating Myth – Anthropology and Anthropophagy, New York 1979 (Oxford U. P.)

Balint, Enid/J. S. *Norell:* Fünf Minuten pro Patient, Frankfurt/Main 1975 (Suhrkamp)

Ballot, Julia: „Frauen in traditionalen Gesellschaften. Ehe, Familie und Sexualität in Afrika", in: IZ 3 W 11/1976

Bandara, H. W.: „Cultural policy in Ghana", Unesco-Studies, Paris 1972

Baumann, Peter/Helmut *Uhlig:* Kein Platz für ‚wilde Menschen'. Das Schicksal der letzten Naturvölker, Wien 1974 (Molden)

Beauvoir de, Simone: Das andere Geschlecht. Eine Deutung der Frau. Reinbek 1965 (Rowohlt)

Behrendt, Richard F.: Soziale Strategie für Entwicklungsländer, Frankfurt/Main 1965 (S. Fischer)

Bell, Daniel: Die Zukunft der westlichen Welt. Kultur und Technologie im Widerstreit. Frankfurt 1976 (S. Fischer)

Benedict, Ruth: Urformen der Kultur, Reinbek 1957 (Rowohlt)

Beuys, Barbara: „Statussymbol Säuglingsflasche – Nichtgenutzte Muttermilch gefährdet Babys und Volkswirtschaften", in: Der Überblick 3/1975

Birket-Smith, Kaj: Geschichte der Kultur. Eine allgemeine Ethnologie, München 1948 (SWV)

Ders.: Streifzüge zwischen Arktis und Tropen, Zürich 1968 (Orell Füssli)

BMZ (Bundesministerium für wirtschaftliche Zusammenarbeit): Journalistenhandbuch, Bonn 1977 (Eigenverlag)

Born, Nicolaus: Die erdabgewandte Seite der Geschichte, Reinbek 1976 (Rowohlt)

Brack, Harro (Hg.): Geschichte für Realschulen. Bd. 1 Altertum (bearbeitet von R. Demeter und P. W. Wührl), Bamberg 1970 (Buchner)

Brandenburg, Dietrich: Medizin und Magie. Heilkunde und Geheimlehre des islamischen Zeitalters, Berlin 1975 (Bruno Hessling)

Brock, Bazon: Ästhetik als Vermittlung – Arbeitsbiographie eines Generalisten, Köln 1977 (DuMont)

Burckhardt, Jacob: Weltgeschichtliche Betrachtungen, Stuttgart 1955 (Kröner)

Catto, P.: Popoli. Uomini. (Völker – Menschen). Idee. Turin 1969 (Paravia)

Codere, Helen: „Mit Besitz kämpfen", S. 236-250, in: René König/A. Schmalfuß (Hg.): Kulturanthropologie, Düsseldorf/Wien 1972 (Econ)

Danielou, Alain: Die Musik Asiens zwischen Mißachtung und Wertschätzung. Ein Beitrag zum Problem kultureller Entwicklung in der 3. Welt, Wilhelmshaven 1973 (Heinrichshafen)

Davidson, Basil: Urzeit und Geschichte Afrikas, Reinbek 1961 (Rowohlt)

Diamond, Stanley: Kritik der Zivilisation – Anthropologie und die Wiederentdeckung des Primitiven, Frankfurt/Main 1976 (Campus)
Dockstader, Frederik J.: Kunst in Amerika, Bd. II: Welt der Indianer Mittelamerikas und Westindiens, Stuttgart 1968 (Belser)
Droscha, Hellmut: Der Schatz im Kiwusee. Technik für die 3. Welt., Düsseldorf 1974 (VDI)
Edson, Lee: Wie wir lernen. Time-Life-Serie: Menschliches Verhalten, 1976
Eibl-Eibesfeld, Irenäus: Menschenforschung auf neuen Wegen. Die naturwissenschaftliche Betrachtung kultureller Verhaltensweisen, Wien 1976 (Molden)
Eickelpasch, Rolf: Mythos und Sozialstruktur. Studien zur Sozialwissenschaft, Bd. 7, Düsseldorf 1973 (Bertelsmann Universitäts-Verlag)
Eisenburger, Peter: „Grüne Revolution: Ruin der Kleinbauern", Blätter des Informationszentrums Dritte Welt 67/1978
Eliade, Mircea: Schamanismus und archaische Ekstasetechnik, Zürich 1954 (Rascher)
Engels, Friedrich: Der Ursprung der Familie, des Privateigentums und des Staats, Berlin 1964 (Dietz)
Ders.: Die Entwicklung des Sozialismus von der Utopie zur Wissenschaft, Berlin 1964 (Dietz)
Erckenbrecht, Ulrich: Mensch, du Affe. Kritische Thesen zur Anthropologie und Verhaltensforschung, Lampertheim 1975 (Kübler)
Evans-Pritchard, E.E./M. *Fortes* (Hg.): African Political System, Oxford 1966[2] (University Press)
Faegre, Torvald: Tents – Architecture of the Nomads, London 1979 (John Murray)
Fanon, Frantz: Die Verdammten dieser Erde. Frankfurt/Main 1961/66 (Suhrkamp)
Feldhaus, M.: Die Technik. Ein Lexikon der Vorzeit, der geschichtlichen Zeit und der Naturvölker, Wiesbaden 1970 (Löwit)
Firth, Raymond: History and Traditions of Tikopia, Wellington/Neuseeland 1961
Flora, Peter: Modernisierungsforschung zur empirischen Analyse der gesellschaftlichen Entwicklung, Opladen 1974 (Westdeutscher Verlag)
Fohrbeck, Karla: Wissen und Bewußtsein als Elemente der Konstitution von Geschichte – am Beispiel primitiver Gesellschaften, Frankfurt 1970 (Diss.)
Fohrbeck, Karla/Andreas Johannes *Wiesand*/Renate *Zahar:* Heile Welt und Dritte Welt. Medien und politischer Unterricht, Opladen 1971 (Leske)
Fohrbeck, Karla/Andreas *Wiesand:* Kulturelle Öffentlichkeit in Bremen. Bremen 1980 (Schmalfeldt)
Frazer, J. G.: The Golden Bough, Part III: The Dying God. A Study in Magic and Religion, London 1912 (MacMillan and Co.)
Frobenius, Leo: Kulturgeschichte Afrikas, Phaidon 1933
Fromm, Erich: Haben oder Sein. Die seelischen Grundlagen einer neuen Gesellschaft, Stuttgart (dva)
Fuchs, Peter: Das Antlitz der Afrikanerin, Stuttgart 1966 (Deutsche Verlags-Anstalt)
Gantner, Theo: Kulturdenkmäler des Alltags. Ausstellung des Schweizerischen Museums für Volkskunde zum Jahr des Denkmalschutzes 1975, Basel 1975
Gehlen, Arnold: Die Seele im technischen Zeitalter. Sozialpsychologische Probleme in der industriellen Gesellschaft, Reinbek 1961 (Rowohlt)
Goldschmidt, Walter: Anthropology and the Coming Crisis: An Autoethnographical Appraisal, in: AA 2/1977
Good, Paul: Das Individuum (Time-Life-Serie: Menschliches Verhalten) 1976

Goody, Jack (Hg.): The Developmental Cycle in Domestic Groups. Cambriage 1971[5] (1958) (University Press)

Gradenwitz, Peter: Musik zwischen Orient und Okzident. Eine Kulturgeschichte der Wechselbeziehungen, Wilhelmshaven 1977 (Heinrichshafen)

Grebing, Helga: Geschichte der deutschen Arbeiterbewegung, München 1970 (dtv)

Griaule, Marcel: „Etendue de l'instruction traditionelle en Soudan", in: Zaire VI 2/ 1952

Gulliver, P. H.: The Family Herds. A Study of two Pastoral Tribes in East Africa: The Jie and Turkana, London 1955 (Routledge & Kegan Paul)

Haberland, Eike: „Das heilige Königtum", in: B. Freudenfeld (Hg.): Völkerkunde, München 1960 (Beck)

Hahn, Alois: Einstellungen zum Tod und ihre soziale Bedingtheit – Eine soziologische Untersuchung, Stuttgart 1968 (Enke)

Ders.: Religion und der Verlust der Sinngebung. Identitätsprobleme in der modernen Gesellschaft, Frankfurt/Main 1974 (Herder & Herder)

Ders.: „Kultische und säkulare Riten und Zeremonien in soziologischer Sicht", in: ders. u. a. (Hg.): Anthropologie des Kults, Freiburg 1977 (Herder)

Halbwachs, Maurice: Das kollektive Gedächtnis, Stuttgart 1967 (Enke)

Heermann, Ingrid (Hg.): Kunst und Öffentlichkeit in Papua New Guinea. Stuttgart 1979 (Institut für Auslandsbeziehungen)

Heine, Heinrich: Werke. Band 2: Epen, Romanzero, Gedichte, Nachlese. Basel/ Stuttgart 1956 (Birkhäuser)

Heumann, Hans: Unser Weg durch die Geschichte, Bd. 3: Die Welt gestern und heute, Frankfurt/Main, o. J. (Hirschgraben)

Hieronimus, Ekkehard: Der Traum von den Urkulturen. Vorgeschichte als Sinngebung der Gegenwart? München 1974/1975 (Carl F. von Siemens-Stiftung)

Hoebel, E. Adamson: Das Recht der Naturvölker. Eine vergleichende Untersuchung rechtlicher Abläufe, Freiburg 1968 (Walter)

Huard, Pierre/Ming *Wong*: Chinesische Medizin, Frankfurt/Main 1973 (Fischer)

Huizinga, Johan: Homo Ludens. Vom Ursprung der Kultur im Spiel. Hamburg-Reinbek 1956 (Rowohlt)

Illich, Ivan: „Selbstbegrenzung – Eine politische Kritik der Technik", Reinbek 1975 (Rowohlt)

Ipsiroglu, M. S.: Das Bild im Islam. Ein Verbot und seine Folgen, Wien 1971 (Scholl)

Jacobs, Paul/Saul *Landau*/Pell, Eve: Brüder, sollen wir uns unterwerfen? Die verleugnete Geschichte Amerikas, München 1975 (dtv)

Jaedecke, Rainer: „Die Einöde", in: GEO-Magazin 2/1977

Jäckel, Eberhard/Ernst *Weymar:* Die Funktion der Geschichte in unserer Zeit. Stuttgart 1975 (Klett)

Jahn, Janheinz: Schwarzer Orpheus (afrikanische Lyrik), Frankfurt 1960 (Fischer)

Janssen-Jurreit, Marielouise: Sexismus – Über die Abtreibung der Frauenfrage, München 1976 (Hanser)

Jaspers, Karl: Vom Ursprung und Ziel der Geschichte, Frankfurt 1955 (Fischer)

Jochimsen, Reimut: „Die Rolle der Kunst in der Politik für das Ruhrgebiet", Düsseldorf 1980 (Rede-Ms.)

Jungk, Robert: Der Jahrtausendmensch. Bericht aus den Werkstätten der neuen Gesellschaft, München 1973 (Bertelsmann)

Junkersdorf, Johannes: „Kranksein und Umgang mit Patienten", in: Praxis 52/1975, Bern 1975

Kattmann, Ulrich: Rassen. Bilder vom Menschen. Biologisch-sozialkundliches Arbeitsbuch, Wuppertal 1973 (Jugenddienst)
Kaufmann, Christian: Über Kunst und Kult bei den Kwoma und Nukuma (Neu-Guinea), Basel 1968 (Museum für Völkerkunde)
Keesenberg, Hermann: Die Altersversorgung im alten Wilhelmsburg. Testamente, Altenteils-, Erb- und Eheverträge aus vergangenen Jahrhunderten als Zeugnisse einer geregelten Alters- und Sozialversorgung, Hamburg 1972 (Hans Christians)
Kerenyi, Karl: Die Mythologie der Griechen. Zürich 1968 (dtv)
Klofat, Rainer: „Die Männer-Demokratie", in: GEO-Magazin 1/1978
Koch, Gerd: Materielle Kultur der Santa-Cruz-Inseln, Berlin 1971 (Katalog)
Kohlenberg, Karl F.: Völkerkunde. Schlüssel zum Verständnis der Menschen, Düsseldorf 1968 (Diederichs)
König, René: Indianer wohin? Alternativen in Arizona, Opladen 1973 (Westdeutscher Verlag)
Ders.: Kleider und Leute. Zur Soziologie der Mode, Frankfurt/Main 1967 (Fischer)
Krader, Lawrence: Ethnologie und Anthropologie bei Marx, Berlin 1976² (Ullstein)
Krauch, Helmut: Die Computer-Demokratie. Hilft uns die Technik entscheiden? München 1972 (Goldmann)
Krause, Fritz: „Maske und Ahnenfigur: Das Motiv der Hütte und das Prinzip der Form", in: W. E. *Mühlmann*/E. W. *Müller* (Hg): Kulturanthropologie, Köln/Berlin 1966 (Kiepenheuer und Witsch)
Krier, Hubert: „Tapferes Paraguay", Würzburg 1973 (Marienburg)
Kuhlbrodt, Eckhard: Wildbeuter-Tänze – Ihre Formen und Funktionen. Hamburg 1959 (Diss.)
Küper, Wolfgang: Tansania. Bonn 1973 (Ländermonographien der Deutschen Afrika-Gesellschaft)
Langre de, Jaques: Do-In 2, Berlin o. J.
Leakey Louis: „Heirat und Verwandtschaft", in: Brockhaus Völkerkunde Bd. 2 (Afrika südlich der Sahara) 1974
Leclerc, Gérard: Anthropologie und Kolonialismus, München 1973 (Hanser)
Legrand, Lucien: „Jungfräulichkeit nach der Heiligen Schrift", Mainz 1966
Lehmann, Hans und Hedi: Vom Volksbrauch im Frühling, München o. J. (Deutsche Hoffmann - La Roche)
Lekturama-Enzyklopädie (o. A.): Ozeanien. Die Länder der Welt und ihre Kulturen, o. O., o. J. (ca. 1973)
Lepenies, Wolf: Soziologische Anthropologie. Materialien. Frankfurt 1977 (Ullstein)
Levi-Strauss, Claude: Das Ende des Totemismus, Frankfurt/Main 1965 (Suhrkamp)
Linfert-Reich, Inge: Römisches Alltagsleben in Köln, Köln 1975 (Römisch-Germanisches Museum)
Linton, Ralph: Die afrikanische Plastik, Köln 1958
Lommel, Andreas: Fortschritt ins Nichts. Die Modernisierung der Primitiven Australiens – Beschreibung und Definition eines psychischen Verfalls, Zürich 1969 (Atlantis)
Lorenz, Konrad: Das sogenannte Böse. Zur Naturgeschichte der Aggression, Wien 1965⁷ (Schoeler)
Mair, Lucy– Studies in Applied Anthropology, London 1957 (The Athlone Press)
Maler, Thomas: „Medizinmann-Praxis bei den Digo", 38ff. in: Merian-Heft 3/29 Kenya, o. J. (1975)
Malinowski, Bronislaw: The Dynamics of Culture Change. An Inquiry into Race Relations in Africa, New Haven 1961 (Yale UP)

Manshard, W.: Einführung in die Agrargeographie der Tropen, Mannheim 1968
Marx, Karl: Der 18. Brumaire des Louis Bonaparte – 1869/1972[5] (Dietz, Berlin-Ost)
Mbiti, John S.: African religions and philosophy, London 1970 (Heinemann)
Mboya, Tom: Afrika: Freiheit – und nachher? Ein Kontinent ringt um die Zukunft, Wien 1966 (Europa)
Mbughuni, L. A.: The Cultural policy of the United Republic of Tansania, Unesco-Studies, Paris 1974
Mead, Margaret: Cultural Patterns and Technical change, New York 1955 (Mentor Books)
Dies.: Geschlecht und Temperament in primitiven Gesellschaften, Reinbek 1959 (Rowohlt)
Dies.: Mann und Weib. Das Verhältnis der Geschlechter in einer sich wandelnden Welt, Reinbek 1960 (Rowohlt)
Meadows, Dennis L. u. a.: Die Grenzen des Wachstums, Stuttgart 1972 (dva)
Meueler, Erhard: Unterentwicklung. Wem nützt die Armut der Dritten Welt? Arbeitsmaterialien für Schüler, Lehrer und Aktionsgruppen, Bd. 1 u. 2, Reinbek 1974 (Rowohlt)
Mühlmann, W. E. in: Mühlmann, W. E./E. W. Müller: Kulturanthropologie, Köln 1966 (Kiepenheuer & Witsch)
Mumford, Lewis: Die Verwandlungen des Menschen. Berlin 1960[2] (Ullstein)
Murdock, George Peter: A Summary of the Ethnographic Atlas, Bd. 7, USA 1967 (University of Pittsburg Press)
Nippold, Walter: Die Anfänge des Eigentums bei den Naturvölkern und die Entstehung des Privateigentums. Den Haag 1954
Opp, Matthias M.: Die räumliche Diffusion des technischen Fortschritts in einer wachsenden Wirtschaft (Reihe „Internationale Kooperation"), Bd. 12, Baden-Baden 1974 (Nomos)
Page, Martin: Managen wie die Wilden. Ein klug-vergnüglicher Vergleich zwischen den Stammesriten der Primitiven und dem Führungsstil unserer Wirtschaft, München 1973 (Droemer Knaur)
Parrinder, Geoffrey: Witchcraft: European and African, London 1963 (Faber)
Piddington, Ralph: An Introduction to Social Anthropology, Vol I, London 1963 *(Oliver & Boyd)*
Portmann, Adolf: ‚Das Spiel als gestaltete Zeit', in: Merkur 9/1975
Ders.: Zoologie und das neue Bild des Menschen, Reinbek 1956 (Rowohlt)
Pott, Pieter H.: „Tibet", in: A. Griswold u. a.: „Burma, Korea, Tibet" (Kunst der Welt), Baden-Baden 1976 (Holle)
Radcliffe-Brown, A. R./Daryll *Forde:* African Systems of Kinship and Marriage, London 1965 (Oxford University Press)
Ramseyer, Urs: Soziale Bezüge des Musizierens in Naturvolkkulturen, Bern 1970 (Francke)
Reinhard, Kurt: Türkische Musik, Berlin 1952 (Museum für Völkerkunde)
Renggli, Franz: „Über die frühe Prägbarkeit" im Katalog: ‚Jugend und Gesellschaft'; Basel 1973 (Museum für Völkerkunde)
Riester, Jürgen: Die Pauserna-Guarasug' wä. Monographie eines Tupi-Guarani-Volkes in Ostbolivien. St. Augustin/Bonn 1972 (Anthropos-Institut)
Rudy, Zvi: Ethnosoziologie sowjetischer Völker, Bern 1962 (Francke)
Sachs, Curt: Vergleichende Musikwissenschaft. Musik der Fremdkulturen, Wilhelmshaven 1974 (Heinrichshafen)

Sanio, Johannes: „Ein Kapitel Entwicklungsmedizin", in: „Der Überblick" 2/77
Schelsky, Helmut: Die Arbeit tun die anderen. Klassenkampf und Priesterherrschaft der Intellektuellen. Opladen 1975 (Westdeutscher Verlag)
Scheuch, Erwin K.: Massenmedien und Religion in der Freizeitgesellschaft, Essen-Werden 1971 (Fredebeul & Koenen)
Schlee, Günther: Im Clan der ,Roten Kamele', in: GEO-Magazin 2/78
Schmitz, Carl August: Grundformen der Verwandtschaft, Baseler Beiträge zur Geographie und Ethnologie – Ethnologische Reihe, Heft 1, Basel 1964 (Hans Rudolf Schwabe AG)
Ders.: Religions-Ethnologie, Frankfurt/Main 1964 (Akademische Verlagsgesellschaft)
Schott, Rüdiger: Anfänge der Privat- und Planwirtschaft. Wirtschaftsordnung und Nahrungsverteilung bei Wildbeutervölkern, Braunschweig 1955 (Limbach)
Ders.: Die Arten des Übergangs vom Gemeineigentum zum Privatbesitz, in: H. Dölle (Hg.): 4. Internationaler Kongreß für Rechtsvergleich in Hamburg 1962, Tübingen 1962
Ders.: Das Geschichtsbewußtsein schriftloser Völker, in: Archiv für Begriffsgeschichte, Bd. 12, 2/1968
Ders.: ,Primitive Gesellschaften', in: Staatslexikon. Recht, Wirtschaft, Gesellschaft, Freiburg, o. J. (Herder)
Ders.: ,Recht und Entwicklung in Afrika', S. 69-88, in: H. D. Ortlieb/J. Zwernemann (Hg.): Afrika zwischen Tradition und Fortschritt, Hamburg 1980 (WWA)
Schulberg, Lucille: Das frühe Indien 1974 (Time-Life-Serie: Zeitalter der Menschheit)
Schulze-Thulin, Axel: Intertribaler Wirtschaftsverkehr und kulturökonomische Entwicklung. Ein Beitrag zur ethnologischen Vwl, dargestellt an einigen Indianergruppierungen Nordamerikas unter besonderer Berücksichtigung der kolonialzeitlichen Irokesen, Meisenheim 1973 (Hain)
Schumacher, E. F.: Die Rückkehr zum menschlichen Maß. Alternativen für Wirtschaft und Technik, Reinbek 1977 (Rowohlt)
Schwalm, Eberhardt: Politische Weltkunde II. Indien und China. Zwei Länder der Dritten Welt. Stuttgart 1974 (Klett)
Schwarzer Hirsch: Ich rufe mein Volk. Autobiographie eines Ogalalla-Sioux, München 1962 (dtv)
Senghaas, Dieter: Weltwirtschaftsordnung und Entwicklungspolitik – Plädoyer für Dissoziation, Frankfurt/Main 1977 (Suhrkamp)
Sibisi, Harriet: „Die Zulu in Südafrika", in: Brockhaus Völkerkunde Band 2, 1974
Sigrist, Christian: Regulierte Anarchie. Untersuchungen zum Fehlen und zur Entstehung politischer Herrschaft in segmentären Gesellschaften Afrikas, Olten 1967 (Walter)
Silis, Ivars: ,Die Jäger von Thule', in GEO-Magazin 2/78
Silone, Ignatio: Vom Sinn der Tradition, München 1970 (Beck)
Slobodin, Richard: Metis of the Mackenzie District, Ottawa 1966 (Saint Paul University)
Spenger, Oswald: Der Untergang des Abendlandes, München 1950 (Beck)
Stackelberg, K. G. von: Alle Kreter lügen. Vorurteile über Menschen und Völker. 1965 (Econ)
Steinbacher, Franz: Kultur. Begriff – Theorie – Funktion. Stuttgart 1976 (Kohlhammer)
Steinberg, Rafael: Mensch und Organisation (Time-Life) 1976
Stern, Horst: Mut zum Widerspruch – Reden und Aufsätze, München 1974 (Kindler)

Stewart, Desmond: Die Frühzeit des Islam (Time-Life) 1975
Storkebaum, Werner: Entwicklungsländer und Entwicklungspolitik, Westermann-Colleg Raum und Gesellschaft, Heft 7, Braunschweig 1973 (Westermann)
Studiengruppe Dortmund: Unterrichtseinheit Indianer, erarbeitet von der Forschungsgruppe zur wissenschaftlichen Begleitung des Gesamtschulversuchs NW an der PH Ruhr, Dortmund 1973 (Ms)
Sumner, William Graham: Folk-Ways. A Study of the sociological importance of usages, manners, customs, mores and morals. New York 1960 (The New American Library)
Tempels, Placide: Bantu Philosophy. Heidelberg 1956
Tenbruck, Friedrich H.: Zur Kritik der planenden Vernunft (Theorie des Glücks), Freiburg 1972 (Karl Alber)
Tournier, Michel: Freitag und Robinson im Bann der wilden Insel. Stuttgart 1973 (Boje)
Tuiavii/Erich *Scheuermann:* Der Papalagi. Die Reden des Südseehäuptlings Tuiavii aus Tiavea. Eine Kritik der europäischen Kultur, verfaßt von einem Exoten, Berlin 1973 (Klaus Bär)
Uexküll von, Thure: Grenzen der Medizin, in: Merkur 2/76
Unesco (Hg.): Cultural Rights as Human Rights. Paris 1977[3]
Unesco (Hg.): Kultur für eine neue Welt. Wien/Paris 1976
Vardimann: Nomaden, Schöpfer einer neuen Kultur im Vorderen Orient. München 1979 (Heyne)
Wehler, Hans-Ulrich: Moderne deutsche Sozialgeschichte, Köln 1968 (Kiepenheuer & Witsch)
Wengert, R./K. *Behringer*/W. *Scherm:* Sozialkunde (Schulbuch), Ingolstadt 1972/73 (26.- 30. unveränderte Auflage, Wengert)
Wieser, W.: Genom und Gehirn, München 1970 (Hanser)
Zülch, Tilmann: Von denen keiner spricht. Unterdrückte Minderheiten – von der Friedenspolitik vergessen. Reinbek 1975 (Rowohlt)

Außerdem Märchen, Karikaturbände, Bilderbücher, Schulbücher, Prospekte, Werbung und 10 Jahre Archivquellen zum aktuellen Tagesdenken.

Bildquellenverzeichnis

Seite	Abbildung/Quelle
14	*Heilige Taube* aus: J. LeGoff, Das Hochmittelalter, Frankfurt 1975[7]
16	*Appenzeller Lederhosenschmuck* aus: GEO 1/78 Foto von H. Munzig
20	*Germanischer Trinkhornbeschlag* aus: H. J. Eggers/E. Will/R. Joffroy/ W. Hollenquist: Kelten und Germanen, Baden-Baden 1964
	Königsgräber von Ur aus: Mesopotamien und Vorderasien, Baden-Baden 1975[2]
21	*Europa auf dem Stier* aus: G. Schwab, Die schönsten Sagen des klassischen Altertums, Reutlingen 1954
	Evangelist Lukas mit dem Stier aus: P. Block: Tilman Riemenschneiders vier Evangelisten vom Münnerstädter Alter, Berlin 1978
30	*Gebt Ihnen etwas Geld . . .*" Cartoon von Markus aus: STERN 1976
36	*Lippenflöcke und Lippenscheibe* aus: P. Fuchs, Das Antlitz der Afrikanerin, Stuttgart 1966
38	*Karikatur Fotosafari* aus: STERN 1976 von Nedermann
41	*Entwicklungshilfe* aus: Juso – Zeitschrift der Jungsozialisten in der SPD Nr. 1/2, 1973
48	*Präparierte Kopfjagdtrophäe der Marind-amin/Südsee* aus: Kopfjagd und Kannibalismus, hrsg. Museum für Völkerkunde, Berlin
66	*Polyandrie* aus: K. Birket-Smith, Geschichte der Kultur, München 1948[2]
90	*Monumentale Totenmale* aus: D. Frazer, Die Kunst der Naturvölker, München 1962
95	*Megalithgrab mit Steingravierungen 1200-1000 v. Chr.* aus: H. Kühn, Die Felsenbilder Europas, Stuttgart 1971[3]
98	*Neger in Salisbury/Rhodesien* aus: H. Hermann, Unser Weg durch die Geschichte Bd. 3: Die Welt gestern und heute, Frankfurt
	Juju-Markt in Nigeria aus: SPIEGEL 52/1970
99	*Diese Glücksbringer trägt Daliah Lavi* aus: Bunte Illustrierte 1974
118	*„Geben wir Ihnen Entwicklungshilfe . . .“* aus: Geld für die goldenen Betten Afrikas, Dokumentation der Anzeigenkampagne des Bundesministeriums für wirtschaftliche Zusammenarbeit, Bonn 1977
119	*„Sollen wir vielleicht Entwicklungshilfe dafür zahlen . . .“* aus: ders.
126	*Der dressierte Mann* Cartoon von papan aus: STERN 1975
	Froschperspektive und *Vogelschau* aus: K. Fohrbeck/A. J. Wiesand/ R. Zahar, Heile Welt und Dritte Welt, Opladen 1971
138	*„Die Leistung der Frau . . .“* aus: M. Marcks, Weißt du, daß du schön bist?, Starnberg 1974
153	*Fortschritt, Freiheit, unveräußerliche Rechte* Cartoon von: M. Marcks
172	*Antikes Weltzentrum* aus: Prospekt des Universum-Verlages zur Peters-Projektion, Müchen
	Jerusalem als Mittelpunkt der Welt aus: ders.
	Weltbild der Yurok-Indianer aus: W. E. Mühlmann, Kulturanthropologie, Köln 1966
173	*Die Erdkarte des Mercator* aus: Prospekt des Universum-Verlages zur Peters-Projektion, München
177	*Landkarte aus Holz* aus: K. Birket-Smith, Geschichte der Kultur, München 1948[2]
	Seekarte aus Holzstöcken aus: ders.

ADAC-Verkehrskarte aus: ADAC-Verlag, München

184 *Afrikanische Landkarte* aus: B. Davidson, Afrikanische Königreiche, 1967

194 *Winter-Counts der Dakota* aus: A. Schulze-Thulin: Indianische Malerei in Nordamerika 1830-1970, Stuttgart 1973

200 *Komposition aus Säulen und Giebeln* aus: werk und oeuvre 1978

208 *Bewässerungsrad bei Hanna, Syrien* aus: K. Birket-Smith, Geschichte der Kultur, München 1948[2]

208 *Bewässerungsgeometrie im alten Ägypten* aus: L. Casson, Das alte Ägypten, 1966

211 *Bidjogofrau mit Kind* aus: H. A. Bernatzki, Im Reich der Bidjogo, Berlin 1960

227 *Tinajones-Projekt in Peru* nach Mitteilung der Salzgitter-AG

Bewässerungsanlage in Zentral-Ecuador aus: GEO 11/76, Foto von L. McIntyre

237 *Preserving Culture* aus: ting ting belong mi, Institut für Auslandsbeziehungen 1975

241 *Konfektion nach europäischem Schnitt* aus: P. Fuchs, Das Antlitz der Afrikanerin, Stuttgart 1966

244 *Quipus* aus: GEO 11/76, Foto von L. McIntyre

245 *Aztekische Mengenlehre* aus: K. Birket-Smith, Geschichte der Kultur, München 1948[2]

Römischer Abacus aus: Feldhaus, Die Technik, München 1970

Chinesischer Abacus aus: ders.

Japanischer Abacus aus: ders.

249 *Fachgespräch* aus: CAPITAL 1/1975

250 *Vieläugige indische Gottheit* aus: Museum: Museum für Indische Kunst, Berlin 1978

251 *Argos mit den zwei Gesichtern* aus: R. Pettazzoni, Der allwissende Gott, Frankfurt 1960

Dreigesichtige Sonne aus: ders.

252 *Gottesanbetung* aus: Siné, Kreuzzug der Liebenswürdigkeiten, Gütersloh 1971

254 *Cartoon: „Kinder kommt schnell . . .“* von hicks aus: DIE WELT, 1971

254 *Test für Bantus* aus: DIE ZEIT v. 5.1.1973

255 *Cartoon* aus: Sempé, Wie sag ich's meinen Kindern, Zürich 1960

258 *Chinesisches Stück* aus: C. Sachs, Vergleichende Musikwissenschaft, Wilhelmshaven 1974[3]

259 *Notierung neuer Musik* aus: E. Karkoschka, Das Schriftbild der neuen Musik, Celle 1966

260 *Indische Tempelmusik* aus: C. Sachs, Vergleichende Musikwissenschaft, Wilhelmshaven 1974[3]

263 *Anatomie eines Flirts* aus: Eibl-Eibesfeld, Menschenforschung auf neuen Wegen, Wien 1976

Mütterliche Schutzhaltung aus: ders.

265 *Körpermanagement* aus: manager-magazin 3/73

Für die Überlassung von Bildrechten danken wir insbesondere Marie Marcks/Heidelberg und Sophie von Plessen/Berlin.

Inhaltsverzeichnis

Inhaltsverzeichnis

Über die Autoren:

Dr. *Karla Fohrbeck* (1942), Dr. rer. pol., Studium der Soziologie, Anthropologie, Philosophie und Wirtschaftspolitik in Freiburg, Frankfurt, London und Paris. Forschungs- und Lehrtätigkeit im Universitätsbetrieb, 1969/70 Assistent am Institut für Sozialforschung/Frankfurt. 1975/76 Gastprofessor für Kultursoziologie/Literaturwissenschaft an der Universität Hamburg.

Dr. *Andreas Johannes Wiesand* (1945), Dr. phil., Studium der Politik-, Kommunikations- und Erziehungswissenschaften in Berlin und Hamburg, Rundfunkvolontariat, Verlagstätigkeit.

Fohrbeck/Wiesand leiteten von 1972 bis 1978 die unabhängige Forschungsgruppe „Institut für Projektstudien" in Hamburg (hervorgegangen aus dem früheren SPIEGEL-Institut für Projektstudien). Seit 1979 sind sie Leiter des „Zentrum für Kulturforschung" in Bonn-Bad Godesberg.

Gemeinsame Buchveröffentlichungen aus den Bereichen Kultur- und Medienpolitik u. a.:
„Heile Welt und Dritte Welt" (1971, zus. mit Renate Zahar, vergriffen), „Autorenreport" (1972), „Bibliotheken und Bibliothekstantieme" (1974), „Künstlerreport" (1975), „Arbeitnehmer oder Unternehmer – Zur Rechtssituation der Kulturberufe" (1976, zus. mit F. Woltereck), „Literatur und Öffentlichkeit in der Bundesrepublik Deutschland" (1976), „Journalisten-Bericht" (1977, nur Wiesand), „Handbuch der Kulturpreise" (1978), „Kulturelle Öffentlichkeit in Bremen" (1980), „Literaturförderung im internationalen Vergleich" (1980), „Kunstförderung im internationalen Vergleich" (1981).

Kontaktadresse:
Zentrum für Kulturforschung
Hochkreuzallee 89
5300 Bonn 2
Tel.: 0228/31 10 81-82